国务院侨务办公室立项

彭磷基人才培养改革基金资助

高等院校新闻传播学系列教材

★广东省高等学校精品教材

高等院校新闻传播学系列教材

广播新闻学

Broadcast Journalism

申启武 著

暨南大學出版社
JINAN UNIVERSITY PRESS

中国·广州

图书在版编目（CIP）数据

广播新闻学/申启武著. —广州：暨南大学出版社，2016. 10
（高等院校新闻传播学系列教材）
ISBN 978 -7 -5668 -1907 -9

Ⅰ. ①广⋯ Ⅱ. ①申⋯ Ⅲ. ①广播工作—新闻工作—高等学校—教材 Ⅳ. ①G222

中国版本图书馆 CIP 数据核字（2016）第 183173 号

广播新闻学
GUANGBO XINWENXUE
著 者：申启武

出 版 人：徐义雄
策划编辑：史学英 颜 彦
责任编辑：颜 彦
责任校对：刘雨婷 李林达
责任印制：汤慧君 周一丹

出版发行：暨南大学出版社（510630）
电 话：总编室（8620）85221601
营销部（8620）85225284 85228291 85228292（邮购）
传 真：（8620）85221583（办公室） 85223774（营销部）
网 址：http：//www. jnupress. com http：//press. jnu. edu. cn
排 版：广州良弓广告有限公司
印 刷：佛山市浩文彩色印刷有限公司
开 本：787mm × 1092mm 1/16
印 张：20. 25
字 数：400 千
版 次：2016 年 10 月第 1 版
印 次：2016 年 10 月第 1 次
定 价：48. 60 元

（暨大版图书如有印装质量问题，请与出版社总编室联系调换）

新闻传播类教材建设与改进教学方法刍议（代总序）

吴文虎①

新闻传播类教材林林总总，大体上可分为新闻、广播电视、广告公关和编辑出版四个系列。现在呈献在广大读者面前的这些教材，虽然还说不上是千淘万漉，披沙沥金，但毕竟凝聚了老中青教师的共同努力，也是大家的一番心血。戏剧界有句行话："剧本剧本，乃一剧之本。"有本可依，演员方能在舞台上施展才华，演出令观众为之动容的好戏。我们也可以说，"教材教材，乃施教之材"。有了出色的教科书，教师便有章可循，在讲台上挥洒自如，令学生如沐春风，得益匪浅。

教材，是培养和教育一代新人的不可或缺的主要载体。说起新闻教育的教材，首推的自然是1919年北京大学新闻学研究会出版的徐宝璜的《新闻学》。这是中国人自撰的第一本新闻学论著。这本理论专著，是他以北京大学新闻学研究会的讲稿为基础修改而成的。换言之，这本专著是应教学之需而诞生的。类似的情况还有很多。如邵飘萍的《实际应用新闻学》。我国思想家孔子和瑞士语言学家索绪尔生前都是"述而不作"，只讲课不写书，他们的讲稿也是由弟子或学生（一说同事）整理、汇编成传世之作，这就是孔子的《论语》和索绪尔的《普通语言学教程》。

那么，怎样才算是一本好的新闻传播类教材？

笔者涉猎不多，以为最耐看而且深受启发的教材都有以下一些共同特点：一是在学理上或对有关原理讲得相当通透，并能追踪当时学术和理论上的最新发展，符合大学教育的"三基"（基础理论、基本知识、基本技能）要求。二是凡实务型教材，都能紧贴现实，可操作性和实战性强。三是教材反映出作者的独特见解，既融会贯通又另辟蹊径，编排也独具匠心。

---

① 吴文虎，暨南大学新闻与传播学院教授，主编全国高等教育自学考试指定教材《传播学概论》、面向21世纪课程教材《新闻事业经营管理》（获教育部全国普通高校优秀教材二等奖）等。

这里，要强调的是，编撰者在教材中要善于处理博采众长与独特见解的关系。笔者以为，前者固然重要，但后者更能体现作者的功力和底蕴。好教材要言人之所未言，或说人之不曾说透者。这样，才能起到醍醐灌顶的作用。

新闻教育是培养通才还是专才，决定着新闻课程和新闻教材的具体安排与不同比例。教材因课程而设，如果是培养专才，那就势必要增加新闻传播类教材在全部课程中所占的比例，并忽视其他有助于提高新闻学专业学生整体素质和知识水平的课程。在这方面，我们应当注意到民国时期新闻教育十分强调培养通才，专业课和教材则要求少而精。比如，1947 年暨南大学新闻系所开课程中，专业课非常有限，大量开设的是文史哲类课程。同期全国 6 所新闻院校中，民治新闻专科学校开设专业课最多，但也只占 58.3%；政治大学开设专业课程最少，仅占 27.7%。[①] 因此，按照上述思路，我们在编写教材时也应贯彻“少而精”的原则，既要加强各校优秀教材的相互交流，又要精编自己撰写的教材，防止和杜绝那些内容芜杂、质量不高的山寨版教材出笼。

教材建设应因时而异，与时俱进，要适应不同时期传播媒介和传播方式的发展态势。暨南大学新闻系首任系主任冯列山当年提出了“大新闻”的超前见解，在广播、电影问世不久时，就把电子媒介纳入了新闻学研究和教学的范畴和视野。他认为，以报纸为研究对象的科学，应称作“报学”，而以新闻事业为研究对象的科学，才可以称作“新闻学”。他把新闻学“描画”为理论新闻学和实用新闻学两个部分。理论新闻学包括新闻哲学、新闻伦理、比较新闻学、新闻法、舆论研究、言论原理、新闻原理、报业史、杂志史、广播史、电影史、出版业史、宣传学、新闻政策、时事分析。实用新闻学包括采访、新闻写作、编辑、社论、报业管理、广告、印刷、电讯、杂志业、广播业、电影业。他打破了我国多年来新闻学研究以报业为中心的理论格局，把广播、电影视为新闻传播的重要组成部分。[②] 这一立论，不仅对新闻学理论研究有着积极意义，而且拓宽了新闻教学和教材建设的内容，即使在今天，对编写新闻传播类教材仍然有其参考价值。与新闻传播类教材建设直接相关的一个问题是教学方法。20 年前，笔者访问美国时曾亲身参与德克萨斯大学传播学博士生的多次课堂讨论，感受到现场集体参与、积极探讨的活跃学术气氛和事前做好充分准备的状况。回国后，又接触到引入我国的哈佛大学案例教学法及有关教材。联想至此，深受感触，为此，笔者建议，我们的新闻传播教学能不能在教材上换个写法、在课堂上换个讲法？如果我

---

① 龙伟，任羽中，等. 民国新闻教育史料选辑：代序. 北京：北京大学出版社，2010：3.

② 冯列山. 什么是新闻学？报学杂志，1948，1（5）. 转引自李秀云. 中国新闻学术史. 北京：新华出版社，2004：216.

们将以课堂宣读为主变为课堂讨论为主，那么教学方式将会是积极的互动式的，学生是群体的参与者，老师是引导、启发、掌控方向和进度的领路人。两者携手并进，可令教学相长，取得更好效果。

哈佛大学提出的案例教学法告诉我们：它是一种多方位的学习模式，而不是自上而下的灌输式教育。它允许学习过程中的不确定性、偶然性和冲突。收获来自所有参与者思想火花的碰撞。讨论答案没有对错之分，只是鼓励作出更为合适的回答。它有利于拓宽学生分析思路，培养和提高学生解决问题的思考能力。[①]哈佛案例教学法应用范围很广。在国外应用的学科领域包括法学、医学、工商管理、跨文化比较、社会学、社区心理学、新闻、政治等等，近年来已陆续引入我国多个学科领域，如 MBA 课程，以及广告、公共关系等。

哈佛案例教学法对教材建设也有其不同要求。教师应精编多讲，力求深入浅出，而不要包罗万象，细大不捐。要给教师讲授和指导讨论、学生理解留下更多的空间。

总之，新闻传播教育界应当重视教材建设，把它视为提升新闻传播教育水平的重要一环。要锐意革新，站在新的制高点上，重新审视以往教材建设之成败得失，汲取经验教训，继续上路。在以教材为本的课堂教学中，要不断改进教学方法。从宣讲式照本宣科逐步发展到互动式课堂讨论，积极介入案例教学法，在教学过程中不断完善和撰写新的教材。

---

① 威廉·埃利特. 案例学习指南. 刘刚，等译. 北京：中国人民大学出版社，2009：8.

目　录

第一章　广播的产生与发展

联合国教科文组织大会于2011年宣布，将每年的2月13日①定为“世界广播日”（World Radio Day），以此彰显广播在促进教育、言论自由与公众辩论以及在自然灾害中传播重大信息等方面所具有的载体功能。至此，全世界的广播人终于有了属于自己的节日。

据国际电信联盟估计，世界上超过75%的家庭拥有收音机。联合国教科文组织指出，广播是世界上普及程度最高的大众媒体，全球95%的人都可以接收到广播信号，由于接收广播不需要昂贵的器材或复杂先进的技术，偏远地区群众及边缘群体都可以收听到广播，而互联网与手机的出现也进一步扩大了广播使用的范围和潜力。②

世界发生着巨变，但是广播还是一如既往的重要。广播是受众最为广泛的大众媒体，特别是我们社会中最边缘的群体也可以收听广播。③

1906年圣诞节前夜，美国匹兹堡大学电气工程师费森登（R. A. Fessenden）在马萨诸塞州布兰特盐城的无线电广播实验室首次成功进行了无线电广播，内容是两段笑话、一支歌曲和一支小提琴独奏曲，在海船上工作的无线电收发报员收听到后大吃一惊，称之为“天籁”。这是世界上第一次成功的无线电传声实验，标志着无线电广播的诞生。

1920年11月2日，由美国匹兹堡西屋电气公司开办的商业广播电台开始播音，它是美国第一家向当局申请商业执照进行正式注册的广播电台，呼号为KD-KA，它被公认为世界上第一家广播电台。

20世纪著名的传播学理论家——加拿大人马歇尔·麦克卢汉（Marshall

---

① 1946年2月13日是联合国电台成立的纪念日。设在纽约联合国总部的联合国电台本着新闻工作的基本原则，客观、如实、公正地报道与联合国相关的事件，通过普通话和英语、阿拉伯语、法语、俄语、西班牙语和葡萄牙语等多种语言向全世界广播。

② 《世界广播日：教科文组织彰显广播强大的传播载体功能》，http：//www. unmultimedia. org/radio/chinese/archives/162560。

③ 《今迎来第一个世界广播日电波跨越时空影响世界》，http：//china. cnr. cn/yaowen/201202/t20120213_509153091. shtml。

McLuhan）认为，广播有一种深刻而古老的力量，是联结最悠远的岁月和早已忘却的经验的纽带。①

什么是广播？在人类进入数字化、网络化的新媒体时代后，媒介融合的步伐加快，作为传统媒体的广播是否还有存在的必要？它是否会随着时代的发展而缓慢消失？广播又如何寻找自身在媒介融合背景下的定位？这是当下广播工作者需要思考的问题。

在探讨广播新闻之前，我们需要认真地审视一下这个曾经辉煌一时，而今却逐渐被人们忽视的媒体——广播。按照通俗的理解，广播是指通过无线电波或导线传送声音的大众传播媒介。按照传播手段或者传播方式来分，通过无线电波传送节目的，称为无线广播；通过导线传送节目的，称为有线广播。按照传播媒介或者传播信号来分，传送声音和图像的，称为电视广播，简称电视；仅传送声音的，称为声音广播，简称广播。

第一节　世界广播的诞生和发展

广播作为一种电子媒介，其诞生和发展与科学技术的进步是分不开的，从有线电报、有线广播到无线广播、无线电话，从模拟信号传送到数字信号传送，从传统媒体独领风骚到与网络媒体携手发展，从单向传播到双向传播、聚合传播，都依赖于新技术的操作平台②。

一、有线电技术的启发

广播出现之前的一些发明创造为广播的诞生奠定了技术基础，莫尔斯（S. F. B. Morse）1844 年发明的电报和贝尔（A. G. Bell）1876 年发明的电话，不但影响作为媒介的广播，而且影响作为产业的广播业。③

1844 年 5 月 14 日，被称为现代通信始祖的美国发明家莫尔斯在华盛顿国会大厦的一间房子里发出世界上的第一份电报，其内容是："上帝创造了什么?"从这一天起，信息传播有了一个质的飞跃，以"通信鸽"为代表的通信时代落下了帷幕。随着莫尔斯的第一封电报问世的还有他编的电码——"莫尔斯电码"，这种电码随后被各国普遍采用。

1876 年 3 月 10 日，波士顿大学教授贝尔进行利用电流传送声音的实验，成

① 麦克卢汉．理解媒介——论人的延伸．何道宽，译．北京：商务印书馆，2000：369.
② 李岩．广播学导论．杭州：浙江大学出版社，2005：1.
③ 王宇．现代广播新闻实务．北京：中国广播电视出版社，2009：2.

功通过送话机喊出了声音，人类有了最初的电话。贝尔研制了世界上第一部电话机，揭开了人类交往史崭新的一页，这意味着在此之前铺设的海底电缆和架空天线不仅可以传送莫尔斯电码，也可以直接传送说话者的声音。[①]

1877 年，爱迪生（T. A. Edison）根据电话传话器里的膜板随着说话声会震动的现象发明了第一台留声机，声音储存于以声学方法在圆盘平面上刻出的弧形刻槽内，这是世界上最早的录音装置。

有线通信实现了声音直接传送的梦想，延长了传输距离，缩短了收发信息的操作过程，提高了传递信息的速度。但是，有线通信存在着“有线”的障碍，科学家们为克服“有线”的障碍开始了探索。于是无线电的发明引领了一场改变世界的信息技术革命。

二、无线电技术的发明

传播史学者认为，人类传播史经历了五次革命——语言的产生、文字的发明、印刷术的发明、无线电的发明、计算机的发明。每一次传播革命都对社会进步产生了巨大的推动作用，将人类带入一个新的时代。无线电的发明是人类传播史上的第四次革命，标志着人类进入了电信传播时代。无线电的发明是科学家们不懈探索、努力的结晶。

1819 年，丹麦基尔大学的奥斯特（H. C. Oersted）博士在做实验时，意外发现了电与磁的关系——电流流过电路时会在其周围产生磁场，即“电生磁”。英国科学家法拉第（M. Faraday）在奥斯特的启发下，经过进一步探索，于 1831 年发现了电磁感应现象——放在变化磁通量中的导体会产生电动势，即“磁生电”。

1864 年，英国理论物理学家马克斯威尔（J. C. Maxwell）发现了电磁学基本原理，从理论上确立了电磁学。他提出了放射性电波可以无线传送的论断，论证了电波传播的速度同光速一样，每秒钟约为 30 万千米。马克斯威尔因为对电磁研究的贡献被后人尊称为“无线电之父”。

1884 年起，德国科学家海尼·赫兹（H. R. Hertz）依照马克斯威尔的理论从事实验，终于找到了产生、发射与接收无线电波的方法，并总结了测量光波和电磁波波长的科学方法，赫兹对电磁学做出了特殊贡献，国际无线电协会于 1965 年决定以“赫兹”为无线电波波长计算单位的名称。

1894 年，俄国物理学家波波夫（A. C. Nonob）提出利用电磁波进行无线电通信的设想，研制出一台无线电发报机，发射地与接收地的距离达到了 148 千

---

① 李岩．广播学导论．杭州：浙江大学出版社，2005：3.

米。意大利科学家马可尼（G. Marconi）在本土无线电通信试验成功的基础上，于1896年把试验推广到了英国并且取得无线电报的专利，次年还在伦敦成立了无线电报通信公司，从事无线电报器材的生产制造。1899年，他成功地拍发了英国至法国的无线电报。1901年，他完成了跨越大西洋的远距离无线电报收发。从此，无线电通信进入实用阶段，无线电报通信事业迅速发展。

三、无线电传送声音的实现

无线电报问世以后，科学家们立即着手研究直接通过无线电波传送声音的方法，广播便应运而生。20世纪早期，美国两位独立实验者费森登和德福雷斯特（L. de Forest）成功利用无线电波完成了发送高品质声音的实验。

费森登按声波的形状调制了无线电波的波幅，继而发明了一系列可传送声音的传声设备。传声设备在1901年取得初步成果，1906年圣诞夜获得了实质性突破。这天晚上，太平洋船只上的无线电收发报员像平常一样戴着耳机注意接收间歇信号，但令他们吃惊的是，他们听到了一位妇女的歌声，接着是拉小提琴的声音，然后是一段《圣经》中的段落朗诵，最后是德国作曲家韩德尔《舒缓曲》的唱片声和“祝大家圣诞节快乐”的人声。这些声音被证实是从费森登的实验室里传出来的。一般认为，这是世界上第一次成功的传声实验。从广播工程的标准看，它标志着无线电声音广播的问世。①

德福雷斯特于1907年获得三极管的发明专利。三极管可以用来检测无线电波，也可以增强和生成无线电波。1908年，他在巴黎320米高的埃菲尔铁塔上做了传声实验。1916年，德福雷斯特利用《纽约美国人报》提供的简讯，广播了1916年威尔逊和休斯在美国总统竞选中的得票数字，这次广播被认为是世界上第一次新闻广播。

四、收音机的制造和推广

首次提出让无线电进入普通家庭的是美国马可尼公司的无线电收发报员萨诺夫（David Sarnoff）。收音机的制造和推广促进了广播的普及。

美国马可尼公司是一家有实力的通信公司。该公司的无线电收发报员萨诺夫向公司提供了一份备忘录，提出要让无线电广播进入家庭，要让无线电广播成为一种大众媒介，要使无线电广播成为和钢琴、留声机一样的家庭用品，并且指出了将无线电作为为普通家庭服务的大众传播媒介的经济盈利途径。他把这种接收

---

① 饶立华，杨钢元，钟新. 电子媒介新闻教程——广播与电视. 北京：中国人民大学出版社，2000：7.

机叫作“无线电音乐盒”。萨诺夫描述说，这一接收机可以在家中收听音质完好的讲课，也可以同时接收国家大事，棒球比分可以用一台安装在球场上的发话机传送到空中。

萨诺夫对收音机设计的天才想象及对收音机商业价值与发展前景的大胆预测没有受到公司的重视，而马可尼公司的错误判断使得美国无线电公司（RCA）成为收音机的最早制造者。在美国无线电公司，萨诺夫从雇员升为总经理。在他的领导下，公司确定新的经营方针，从 1922 年开始批量制造并出售整套收音设备。萨诺夫一直工作到 1969 年，他对广播业做出了巨大的贡献。

五、广播电台的出现

KDKA 广播电台被公认为世界上第一个正式的广播电台，世界广播事业由此正式诞生。

美国西屋电气公司专家弗兰克·康拉德（Frank Conrad）主持建立的试验电台在匹兹堡开始播音，该电台于 1920 年 10 月 27 日获得了美国商业部颁发的执照，并于当年 11 月 2 日正式开始播音，呼号为 KDKA，发射功率 100 瓦。KDKA 广播电台是美国第一个领有执照的商业广播电台，也是公认的全球第一家电台，KDKA 广播电台的正式播音标志着世界广播事业的诞生。

KDKA 广播电台之所以从诸多的试验电台中脱颖而出成为全球首家电台，主要有三点原因：第一，该台是第一座向政府登记并获得执照的商业电台；第二，该台开播第一天就对外播出新闻，播出了俄亥俄州共和党人哈定击败民主党人考克斯当选总统的消息，听众估计超过 2 000 人；第三，该台定期对外界广播。①

KDKA 广播电台虽然只是广播的开始，但它标志着广播将成为报纸威力与影响力的分化力量，KDKA 广播电台刺激了广播事业的蓬勃发展，使广播电台数量迅速增长②。继 KDKA 广播电台之后，美国的一些无线电公司在纽约、芝加哥等地相继开办电台。1922 年年初，美国有 28 家电台，半年后发展到了 378 家，到年底激增至 570 家，收音机拥有量达到 200 万台；到 1924 年，美国已有 600 家商业性无线广播电台，收音机拥有量超过 500 万台；到 20 世纪 20 年代末，几乎半数的美国家庭拥有了收音机。

六、广播事业在世界范围内的兴起

美国广播电台的迅猛发展加快了其他国家广播事业发展的步伐。

---

① 王宇．现代广播新闻实务．北京：中国广播电视出版社，2009：2.

② 饶立华，杨钢元，钟新．电子媒介新闻教程——广播与电视．北京：中国人民大学出版社，2000：11.

苏联也是试验和应用无线电广播较早的国家。1922 年年初，莫斯科建立了中央无线电广播电台，发射功率 12 千瓦，是当时世界上功率最大的电台。1922 年 11 月 7 日，该台被命名为“共产国际广播电台”，并播出了纪念十月革命的节目。

1922 年 10 月，美国马可尼公司等 6 家无线电器材公司经政府批准合资成立了一家广播公司，于当年 11 月 14 日在伦敦正式播出节目。英国政府后将其收归国有，于 1927 年 1 月 1 日改建为公营广播机构，即现在的英国广播公司（BBC）。英国广播公司曾长期垄断英国的广播事业。

1922 年，法国政府批准建立的第一家广播电台——法国国家广播电台借助埃菲尔铁搭用长波开始定时广播。

1923 年 10 月 29 日，德国第一家广播电台在柏林开始广播。

1923 年 1 月，中国出现由外商开办的广播电台。

日本于 1924 年成立了中央放送局，在东京等地设立了广播电台，1925 年 3 月 22 日开始播音。

亚洲、非洲、拉丁美洲的许多国家在 20 世纪 20 年代至 30 年代陆续开办广播公司，殖民地国家的广播业由殖民主义者创办和操纵，经营体制和节目内容都受其影响。

1925 年，全世界开办电台的国家已经超过 20 个。广播一经发明，便得到迅速发展。到 1927 年，广播事业已经从流行产业发展成为主流产业。这一时期，不但出现了广播广告，而且出现了广播网。①

七、世界广播事业的发展

从 20 世纪 30 年代开始，广播进入飞速发展的时期，开始进入人们的生活，成为获取信息的一种重要途径。这一时期，对外广播出现，各国把它作为一种重要的对外宣传方式，“二战”中交战双方也利用广播开展“舆论战”。20 世纪 50 年代以后，随着电视业的崛起，广播出现了一段低谷期。但是，随着广播技术的进步、电台的重新定位以及汽车保有量的增加，广播作为一种重要的伴随性媒介，又重新恢复了生机与活力。

广播迅猛发展，开创了新的新闻和娱乐形式，进入了发展的“黄金时期”。经济危机使企业投入广告的资金减少，因为报纸比较贵而且印刷质量差，而广播内容丰富，对世态反应迅速，且半导体携带方便，这些使广播成为人们获取信息

① 王宇．现代广播新闻实务．北京：中国广播电视出版社，2009：3.

和娱乐的主要工具，所以大量的广告从报纸流向广播。这一时期，世界各国的广播电台数量猛增，节目内容更加丰富，形式趋向多样，社会各领域的生产生活得到全面反映。

对外广播，也称为国际广播，是指利用无线电波跨越国界，以国外听众作为传播对象，使用国际通用语或对象国语言进行对外传播的广播。1927 年5 月，荷兰率先采用本国语言对海外殖民地进行广播，成为世界上最早进行对外广播的国家。苏联在 1929 年、英国在 1932 年、德国在 1933 年、日本在 1935 年分别开设了对外广播，美国于 1942 年开播美国之音（VOA）。到 1945 年“二战”结束时，对外广播的国家增加到 55 个。“二战”以后，各国的国际广播电台播音语种和播音时长都普遍增加，发射功率也逐渐加大，不少第三世界国家也相继开办了对外广播。

美国第 32 届总统罗斯福 1933 年通过广播作了四次“炉边谈话”（Fireplace Chat），成为美国政治史上的重要事件和广播史上的里程碑。罗斯福总统的“炉边谈话”强化了广播在公众心目中的良好形象。在经济萧条时期入主白宫的罗斯福，于壁炉边公开发表了大量的广播讲话。通过广播，普通民众听到了总统沉稳亲切的声音，得到了安慰和鼓舞。广播拉近了总统与民众的距离，罗斯福借助“炉边谈话”展示了自身强大的魅力。

大众传媒无疑是战时舆论战的先锋。有研究者认为，广播决定着第二次世界大战的最终胜利方。“二战”时电视尚未发展壮大，广播作为最强势的媒介，具有极强的跨越时空的优势，与战争发生了必然的联系，成为“二战”中信息传播的主导媒介。“二战”中，英国、美国、法国、苏联等同盟国和德国、意大利、日本等轴心国开展了“广播战”，这也是一场“舆论战”和“心理战”。交战双方都利用广播宣传，分化并瓦解对方的意志和进行心理威慑，以求“攻心夺气”。

战地记者中，广播人的表现也尤为突出。美国哥伦比亚广播公司的爱德华·默罗（Edward R. Murrow）于 1940 年 8 月在伦敦一间民居屋顶上，迎着德军的狂轰滥炸，用平静的语调进行以“Hello. This is London...（你好，这里是伦敦……）”开头的战地现场报道，这也是世界上最早的现场广播报道。

1936 年，英国广播公司开始电视播送服务。“二战”之后，美国三大广播公司开始进军电视，广播明星被挖走，广播的传统节目肥皂剧、情景剧等被移植到电视上，广播的受众“流向”电视，广告商们也逐渐热衷于电视，广播开始寻找新的出路。从 20 世纪 60 年代开始，美国广播开始受众群体的“小众化”定位，广播内容“窄播化”，即推行类型化广播。相对细分的节目受到听众青睐，全新闻频率的广播模式得到推广，频率细分更加明显，如音乐电台细分为乡村音乐台、古典音乐台、摇滚音乐台、怀旧音乐台、轻音乐台等。广播的目标受众和传播内容趋向本地化、社区化。2011 年 8 月全球汽车保有量突破 10 亿辆，世界已经进入“汽车时代”，而广播成了与车同行最好的伴随性媒介，其优势无法为其他媒介所代替。

八、广播技术的不断革新

从技术史的角度来看，广播的问世是技术发展历史的一个自然阶段，它代表着技术进步的意义和技术对人们求新求上的欲望培植。[①] 广播的发展与技术的进步是分不开的，伴随着技术的革新，广播不断以新的形态出现在人们面前。

早期的无线广播是调幅广播，它是一种利用振幅调变技术的广播方式，调幅广播习惯上包括长波、中波、短波的无线广播。长波由于频率低，携带信息量小，不适合传送信息量大的信号，主要应用于无线电通信和导航业务。最初的无线广播有中波和短波两种调幅广播方式。中波和短波载送声音的方式是比较简单的，在技术上容易实现。中波可以沿地球表面传送电波，能够覆盖半径一百多千米的地区，也可依靠地球外层空间的电离层反射天波，传递信号到几百千米甚至上千千米外的地方。短波主要依靠电离层的反射，能够传播到几千千米以外。[②]

调频广播是高频振荡频率随音频信号幅度而变化的广播技术。20 世纪 20 年代，美国科学家已经开始研究调频广播，40 年代美国出现调频电台，调频广播随后在全世界逐渐推广。调频广播抗干扰力强，失真小，音质优美清晰，可做高保真广播。调频广播在技术上容易实现，调频电台在世界各地如雨后春笋般出现，由于其音质较好，为听众所欢迎，欧美西方国家已经在逐步减少和取消中波广播，把调频广播作为国内广播的主要收听覆盖方式。立体声广播一般采用调频方式广播，微波接力传送和卫星传送广播节目通常采用调频制。

数字音频广播，也简称为数字广播（DAB，即 Digital Audio Broadcasting）。数字广播是继调幅广播、调频广播之后的第三代广播——数字广播，它的出现是广播技术的一场革命。数字广播具有抗噪声、抗干扰、抗电波传播衰落、适合高速移动接收等优点，它提供 CD 级的立体声音质量，信号几乎零失真，可达到“水晶般透明”的发烧级播出音质。随着技术的发展，数字广播除了传统意义上传输音频信号外，还可以传送包括视频、数据、文字、图形等在内的多媒体信号。就世界范围看，数字广播已经进入数字多媒体广播的时代，听众可以通过手机、电脑、便携式接收终端、车载接收终端等多种接收装置收听和收看丰富多彩

① 李岩．广播学导论．杭州：浙江大学出版社，2005：7.

② 饶立华，杨钢元，钟新．电子媒介新闻教程——广播与电视．北京：中国人民大学出版社，2000：13.

的数字多媒体节目。①

随着网络技术的发展，媒介融合逐渐成为媒介发展的一种趋势，作为传统媒介的广播开始与网络融合。20 世纪 90 年代，网络广播出现。1995 年之后，世界上主要的国际广播公司纷纷与网络联姻，BBC 建立了在线新闻网站，美国之音用 23 种语言在网络上进行音频广播，法国国际广播电台用 5 种语言在网上进行新闻广播。网络广播除了可以对传统广播进行在线收听之外，还可以对网站上的音频内容进行点播。一些广播机构还开设了专门的网络电台，即只通过网络收听的电台。网络广播克服了传统广播线性传播、选择性差、转瞬即逝、不易保存的缺点，受到年轻人的欢迎。个人化、小众化的“播客”广播，以及新近流行起来的网络微电台都是网络广播的衍生形式。

以手机为视听终端、手机上网为平台的个性化信息传播载体，被认为是继报刊、广播、电视、互联网之后的“第五媒体”。手机与广播的结合产生了“手机广播”，它一是指在手机中的内置 FM 广播，可以直接收听电台广播节目；二是指随着 GPRS、3G、WAP 等无线通信技术的发展，依托于移动通信网和互联网，用智能手机实时收听或点播网络广播节目。通常而言，手机广播多指第二层含义。人们可以利用具有收音和上网功能的智能手机收听广播，实现了跨媒体信息共享、多向互动和个性化传播。手机广播超越了地域、时间和终端设备的限制，在传播效率和接收条件方面，表现出了传统媒体无可比拟的优势，通过网络媒体、电信运营商和广播电台的结合、互动，实现跨媒体传播。②

第二节 中国广播的产生与发展

广播电台在中国最早出现于 1923 年，当时是外商在华创办的电台。1926 年，哈尔滨无线广播电台成为国人自办的第一座电台，是当时的北洋政府筹建的。1927 年，上海新新公司广播电台成为国人自办的第一座民营广播电台。1928 年，国民政府建立的“中央广播电台”开始播音，广播成为政府的宣传喉舌。1940 年 12 月 30 日诞生的人民广播电台，掀开了中国广播新的一页。

一、中国境内广播的出现——外国人在华办广播

中国境内广播电台的最早出现，始于外国人在华开办广播。1920 年，美国匹兹堡 KDKA 广播电台的开播，让广播这种新兴的传播工具很快被引入世界上各

① 百度百科：数字广播，http：//baike. baidu. com/view/1642232. htm。
② 搜搜百科：手机广播，http：//baike. soso. com/v3900442. htm？ pid = baike. box。

个国家。作为中国开埠最早的城市，各种新技术、新思想、新观念均不断进入上海。在KDKA广播电台诞生之后的第三年，上海出现了中国第一个广播电台——奥斯邦电台，也称为“大陆报—中国无线电公司广播电台”。

1922年12月，美国商人奥斯邦（E. G. Osborn）在上海成立中国无线电公司。为了打开无线电产品的销路，他决定与当时在上海租界内的英文报纸《大陆报》（*The China Press*）合作，开办“大陆报—中国无线电公司广播电台”，习惯上简称为“奥斯邦电台”，呼号为XRO，发射功率50瓦。它于1923年1月23日开始播音，播送音乐和《大陆报》上刊登的新闻，还播出过孙中山在上海发表的《和平统一宣言》。奥斯邦电台的开播，开启了外国人在华办广播的先河。

由于条件所限，奥斯邦电台经常受到恶劣天气和各地无线电收发报台的干扰，音质很不稳定，但听众却对这一新生事物表现出极大的热情。根据北洋政府《电信条例》规定，未经政府当局批准，不允许外国在中国境内设立无线电台，擅自收、发无线电报。奥斯邦电台因为违反北洋政府的法令受到查处，不得不在开播3个月后宣布倒闭。

政府的限制并未遏止外商开办广播电台的积极性。1923年5月30日，美商新孚洋行开办的广播电台开始播音，功率50瓦，播出新闻和音乐节目。因财力不支和政府取缔，该电台半年后即告停业。1924年5月14日，美商开洛公司与《申报》合办开洛公司广播电台，呼号KRC，最初发射功率100瓦，由《申报》供给播音内容，每天上午和晚上各播音一次，主要内容是市价行情、重要新闻、名人演说和唱片音乐等。该台播音维持5年多，一直到1929年10月。

外国人早期在华开办广播电台主要是为了经济利益，是与列强的政治入侵和经济剥削同时进行的。虽然外商们是为了商业利益而引进广播，但是对广播事业的经营运作毕竟进行了有益的探索，也为中国人创办自己的电台提供了借鉴。①

除了早期外商在华办广播电台之外，抗日战争时期，英国、美国、法国等反法西斯国家在中国的租界内也开办了广播电台，进行反法西斯宣传。日本和日伪统治者在华也建立了不少广播电台，其目的是美化侵略战争，为其殖民统治服务。

二、本土广播的起步——政府支持下的官办广播

北洋政府虽然起初不允许在华私自设立电台，但在认识到这一媒介的独特优势后，开始转变态度，由排斥到接受。1924年8月，北洋政府公布了中国历史上

① 赵玉明，艾红红．中国广播电视史教程．北京：中国广播电视出版社，2009：4.

第一个关于无线电广播的法令——《装用广播无线电接收机暂行规则》，根据规定，装用无线电接收机只要符合规则的规定，得到政府允许后，不再属于非法。法令的出台，为国人自办广播提供了政治上和法律上的保障。

1925 年 3 月，为表达对孙中山先生逝世的哀悼，北洋政府借用无线电话机在北平中央公园播放孙中山先生生前录制的演讲留声片，但这种临时的广播，还不能称之为真正的广播事业。国人自办的第一座电台出现于哈尔滨。1926 年 10 月 1 日，由我国早期无线电专家刘瀚主持筹建的哈尔滨无线广播电台开始播音，这是国人成立的第一座无线广播电台，呼号 XOH，发射功率 100 瓦，每天播音 2 小时，内容有新闻、音乐、演讲和市价行情等。

哈尔滨无线广播电台创办的两年内，沈阳、天津、北京也都出现了无线广播电台。北洋军阀统治时期艰难起步的中国无线电广播事业，由于各方面原因，一直规模不大，广播电台也只有十来座，这些电台的发射功率一般比较小，收听范围仅限于电台所在城市及其周边地区。当时还没有一个全国性的中央电台，但早期广播人筚路蓝缕的实验与探索，为广播这一新兴媒体培育了最早的一批听众。①

1927 年 4 月，国民党在南京成立国民政府，经过一年多军阀混战之后，南京国民政府实现了形式上的统一。为在全国统一政令、统一舆论、巩固政权，国民政府对无线电广播非常重视，认为“广播为宣传最迅速、最有效的工具”，决定设立专门的管理机构，筹划建设覆盖全国的党营广播事业网，作为“党国喉舌”。

1928 年 8 月 1 日，国民党创办的全国性广播电台“中央广播电台”在南京开始播音，全称为“中国国民党中央执行委员会广播无线电台”，呼号 XKM，发射功率 500 瓦。1932 年 11 月 12 日，“中央广播电台”呼号改为 XGOA，发射功率扩大为 75 千瓦，成为当时亚洲地区发射功率最大的广播电台。广播新闻稿件由“中央通讯社”提供，播出内容主要有新闻、演讲、通告以及教育和娱乐节目等。从 1936 年 4 月 20 日起，国民党当局规定，全国各广播电台每日均须转播该台晚间约 1 小时的新闻、演讲和娱乐节目，无转播设备者一律停播。1937 年 11 月，南京沦陷后“中央广播电台”在重庆恢复播音。“抗战”胜利后，1946 年 5 月，“中央广播电台”随国民党政府迁回南京，1949 年 4 月改在台湾播音。

在重点建设“中央广播电台”的同时，国民政府利用其执政党的优势地位，加紧在全国各省市建立地方广播电台，组建由政府统一掌控的党营广播事业网。1928 年 10 月，国民党当局开办的第一座地方广播电台——浙江省政府广播电台开播。1929 年 5 月 6 日，广州市政府无线电台成立，节目内容以粤曲和方言报告

---

① 赵玉明，艾红红．中国广播电视史教程．北京：中国广播电视出版社，2009：7.

为主。此外，国民党还在福州、西安、南昌、汉口、南京、北平、上海、成都、太原、南宁、重庆等市和云南、山东、河北、湖南、河南、江苏、新疆等省建立了20多座广播电台，配合政府进行宣传。“抗战”时期，国民党广播事业严重受挫。解放战争时期，国民党的电台陆续被人民解放军占领和接管。新中国成立以后，国民党在大陆的广播事业终结。

三、民间广播一度繁荣——旧中国民营广播的发展

中国的民营广播是从20世纪20年代后期开始出现的。1927年3月，上海新新公司广播电台成立，发射功率50瓦，呼号为XHHC，主要播送新闻、市价、音乐、戏曲等，这是中国人自办的第一座民营广播电台。

20世纪20年代末至30年代初，北京、天津等地也相继出现了一批民营广播电台。据统计，至1936年6月，全国有民营电台55座。其中，上海27座，江苏9座，浙江6座，天津4座，北平、山东、安徽各2座，江西、福建、广东各1座。民营电台的听众数量日渐增多，收音机逐渐成为市井街头的消遣娱乐工具。

1928年12月，国民政府颁布了《广播无线电条例》和《电信条例》，允许公私团体和个人经营广播电台，使民营电台的存在有了法律保障。另外，时局动荡，民族危机严重，民众关心时局的变化，由于广播能及时迅速地传达信息，满足听众的新闻欲求，民营电台得以蓬勃兴起，其中半数以上集中在上海。民营电台主要有三种类型：一是面向小市民以播放娱乐节目和商业广告为主的商业性广播电台，这类电台最多，影响也最大；二是传播文化科学知识的教育性广播电台；三是得到在华宗教势力支持的宗教性广播电台。

1936年10月和1937年4月，国民政府公布了《电台播送节目办法》和《节目内容审查标准》，对民营电台的播出内容做出了规定。政府当局还设置了专门机构，监听各台广播节目。当时，民营广播电台的节目主要有新闻、教育和娱乐三大类内容。新闻节目按规定需根据中央社稿或收录国民党中央电台的广播新闻。

抗日战争爆发后，部分民营电台进行积极的抗日宣传。上海的租界地区成了一座“孤岛”，一直持续了四年多时间。中国共产党人和爱国人士利用租界的特殊地位和英、法、美等国与日本的矛盾，同日本侵略者展开了一场形式特殊的斗争——“孤岛抗战”。在“抗战”精神的影响下，上海的部分民营电台对日本占领当局进行了一场抗争。上海沦陷之际，亚美、华美等几座电台自动拆机停播，以示无声抗议。一些接受日方要求继续维持播音的电台也曾播送过爱国进步歌曲，并通过电台募捐衣物支援前线，做了些有益于抗战的事。但是多数民营电台

为了苟且图存，遵守了日方要求，不进行抗日宣传，大量播出庸俗低级的娱乐节目。1941 年 12 月，太平洋战争爆发，日军占领上海租界，民营电台一律被关闭。

“抗战”期间，国民政府以“非常时期”为由，不准开设民营电台。“抗战”胜利之后，民营广播有恢复发展之势。1946 年年初，上海的民营电台增加到 43 座。1946 年 2 月，国民政府交通部公布《广播无线电台设置规则》，对电台数量、分布和广播内容做出种种限制，并开始整顿上海的民营电台。上海电信局封闭 54 家民营电台，获准营业的 22 家民营电台只允许使用 15 个频率，有的只能两家轮流使用一个频率。经过这次沉重打击，加上经营不善，民营电台的经营从此愈发艰难，民营广播事业日薄西山，走上了每况愈下的道路。

在上海的民营电台中，出现了一座以民营电台的名义登记，由中国共产党地下组织秘密创办的“中联广播电台”。中联广播电台是中国共产党在国统区唯一的一座广播电台，以“上海市文化运动促进会”的名义开办，台长是一个挂名人物，台址设在一名地下党员的家里，1946 年 3 月初开始播音，除播出与民营电台类似的节目外，还根据党内外进步报刊提供的材料改编播出新闻节目，报道了国统区人民反饥饿、反内战、反迫害的斗争和一些重要新闻，前后播音 5 个多月，后被国民党上海当局“整顿”查封。

四、人民广播的诞生与成长——中国共产党领导下的广播事业的起步

人民的广播事业是在人民无线电事业发展的基础上建立起来的。20 世纪 20 年代末至 30 年代初，在中国共产党的领导下，人民的无线电事业开始筹建。①

大革命失败后，全国处于白色恐怖之中，革命进入低潮，通信联络工作也不顺畅，要改变落后的通信状态，共产党急需发展自己的无线电事业。1929 年冬，在周恩来等人的筹划下，上海的秘密电台建立了。此后，全国多地建立了地下电台。1931 年 1 月，中央红军无线电队在江西宁都成立。无线电队负责抄收国民党“中央通讯社”电讯和对方军事情报供领导机关参阅。

红军的无线电台除担负通信和侦听任务外，还担负起宣传任务。1931 年 11 月，中央根据地利用缴获的一部 100 瓦无线电台，创办了播发文字广播的通讯社——红色中华通讯社（简称“红中社”，是新华通讯社的前身）。11 月 7 日，红中社开始播音，呼号 CSR，播出了中华苏维埃第一次全国代表大会在江西瑞金召开的消息，此后，还播发了有关大会的动态、报告、决议案和中华苏维埃共和国成立以及毛泽东当选临时中央政府主席等消息。

---

① 赵玉明，艾红红．中国广播电视史教程．北京：中国广播电视出版社，2009：34.

红军长征时，无线电通信虽发挥了重要作用，但也遭受了损失。党中央到达陕北后，着手恢复和重建无线电通信网，建立了一个以延安为中心，联系国内大城市、革命根据地和红军指挥机关的无线电通信网络。“抗战”以后，陕北前线缴获了大量日伪无线电设备，同时通过秘密采购设备等方式，为延安建立广播电台奠定了必要的物质基础。

抗日战争爆发后，日本侵略军和国民党顽固派对解放军实行“新闻封锁”，党中央向全国人民进行抗日宣传的活动受到很大限制，因此，党中央提出在延安建立广播电台，以便更有效地向大后方和敌后同胞宣传党的抗日民族统一战线政策①。1940 年春，党中央决定成立广播委员会，筹建人民广播电台，由周恩来任主任，台址选在了延安西北 19 公里处的王皮湾村。

在克服重重困难之后，1940 年 12 月 30 日，中国共产党领导下的第一座广播电台——延安新华广播电台（简称“延安台”）开始第一次广播：“延安新华广播电台，XNCR，现在开始播音……”其呼号 XNCR（X 是国际公约规定我国无线电台使用的第一个字母，NCR 是英文 New Chinese Radio 的缩写，意为新中华广播电台，即新华广播电台），发射功率 300 瓦，使用短波广播，稿件由新华社提供。

延安台的广播内容主要为国际国内要闻及抗战消息、中共中央重要文件及重要通知、《新中华报》社论、《解放》周刊重要文章、名人演讲、抗战歌曲等。延安台宣传了党的抗日民族统一战线政策，推动了抗日根据地的政权建设，揭露了皖南事变的真相，反击了国民党反动派的第二次反共高潮。它是抗日根据地的一座灯塔，许多人通过收听广播，加深了对党的认识、对革命的了解，增强了“抗战”必胜的信心。1942 年年底，由于设备简陋，无线电器材缺乏，播音时断时续。1943 年春，斗争环境越发艰苦，无线电器材来源不能保证，延安台不得不暂停播音。

1945 年 9 月 5 日，延安台正式恢复播音，主要任务是向国民党统治区广大人民和国民政府军官兵宣传中国共产党的路线和政策，揭露国民党当局污蔑我军并抢夺抗战胜利果实的阴谋。解放战争爆发后，延安台转移至陕北瓦窑堡播音，1947 年 3 月 20 日，延安台更名为陕北新华广播电台（简称“陕北台”），后因战略发展需要，陕北台转移至河北涉县播音。1948 年 5 月，党中央迁至河北平山县西柏坡，陕北台随新华社一起来到了西柏坡附近，开始在平山县广播。广播内容紧密配合解放战争时期形势发展的需要，宣传党的政策和主张，以新闻和评论为

---

① 饶立华，杨钢元，钟新．电子媒介新闻教程——广播与电视．北京：中国人民大学出版社，2000：50.

主，先后办有《解放区介绍》《人民呼声》和《对国民党军广播》等节目，曾被国统区的听众称为“茫茫黑夜中的灯塔”。

1949 年 3 月 25 日，党中央迁往北平，陕北台也开始在北平播音，并更名为北平新华广播电台，播出过《向全国进军的命令》《我三十万大军胜利南渡长江》《人民解放军百万大军横渡长江》《南京国民党反动政府宣告灭亡》等重大消息。1949 年 9 月 27 日，随着第一届全国政协会议将北平改为北京，北平新华广播电台改称北京新华广播电台。1949 年 10 月 1 日下午 3 点，北京新华广播电台实况直播了新中国开国大典，人民广播历史上有了第一次大规模全国性的实况广播。同年 12 月 5 日，北京新华广播电台改称中央人民广播电台，同时，各地广播电台均改称为人民广播电台。

解放战争时期，随着人民解放军不断取得胜利，一座座城市相继获得解放，一些地方电台相继被人民接收，各地的新华广播电台也相继建立，后改名为人民广播电台。1949 年 9 月新中国成立前夕，全国各地的人民广播电台有 39 座，一个遍布全国的人民广播网初步形成。

五、中国广播的发展壮大与改革创新——新中国成立后的广播事业

新中国成立后，我国的广播事业进入新的历史发展阶段。新中国成立初期，广播事业快速发展。至 1956 年年底，除西藏地区外，全国各省和直辖市都建立了广播电台，三分之二的县市建立了有线广播站。至 1965 年年底，全国共有无线广播电台 87 座，县广播站 2 365 座。

改革开放以前，广播是全国最有影响力的电子媒介，以传播迅速、覆盖面广、经济实用、宣传教化功能强等优势受到党和政府的重视。尽管新中国成立初期经济困难，但在计划经济体制的保障下，广播得以较快发展。“文革”十年，广播事业惨遭重创，停滞不前。

党的十一届三中全会之后，中国进入了“以经济建设为中心”的改革开放新时期，这为大众传媒提供了开放多元的媒介生态格局。面对媒介市场的竞争和受众市场的不断变化，以及电视进入家庭的挑战，中国广播如何走出电视时代的低谷期，在新的媒介格局中变革发展，成为这一时期其迫在眉睫的课题。①

随着 1980 年 10 月第十次全国广播工作会议的召开，广播新闻报道逐渐脱离“报纸有声版”的定位，追求新闻的简短、快速、灵活，功能从单一的宣传教化转变为传播信息、服务、娱乐等多元功能。1982 年年底，广播电台发展至 118

---

① 曹璐．广播新闻理念与实务创新研究．北京：中国广播电视出版社，2007：45.

座，广播人口覆盖率64.1%，同期，广播广告恢复播出。1983年，第十一次全国广播电视工作会议提出中央、省、市、县“四级办广播电视”的方针，推动了广播业的发展。1985年年底，全国广播电台数量增加到213座。

20世纪80年代电视逐渐普及进入百姓家庭之后，中国广播业的发展进入了一段低谷期，处于改革开放前沿的广东广播开始了变革的步伐。1986年12月15日，中国内地第一个直播电台——珠江经济广播电台开播了。它摒弃了传统的“录播”方式和“分割式”节目编排，采用“以新闻信息为骨架，以大板块主持人节目为肌体”的形式，半点播出新闻，整点播出经济信息，按听众的收听习惯和需要安排内容，主持人灵活地将新闻、资讯、服务、娱乐等各种话题熔于一炉，内容专门化、节目板块化、主持人固定化、播出直播化，开通热线电话与听众即时交流。珠江经济广播电台引领中国广播改革进入“珠江模式”时代，“主持人、大板块、直播式、系列台”等成为各级广播电台改革的样式。

1992年，上海东方广播电台创立，首创了我国内地电台广播的24小时直播模式，使上海出现了“一市两台”的竞争格局，是中国广播业在“珠江模式”之后的第二次标志性事件。以信息性适应社会，以服务性争取市场，以参与性赢得听众，以明星主持为标志的“东广模式”引领了新一轮广播热。北京电台从1990年开始频率专业化的全方位改革，到1994年年底，相继创建了新闻台、经济台、交通台、教育台、音乐台等七个系列台，播出时间从72小时增加到126小时。专业台格局确立后，北京电台不断进行频率调整，渐进性的改革奠定了其在中国广播改革中的领先地位。1997年，北京电台广告收入达1.1亿元，成为内地首家广播广告过亿元的电台。

进入21世纪后，在大量专业化广播的基础上，衍生了类型化广播，它是针对具有特定需求的受众群体量身打造、内容更加细分的专业化全频率广播，听众打开这个频率，听到的内容是基本相同的。2002年12月，中央人民广播电台“音乐之声”频率开播，被认为是类型化广播的开始。上海东广新闻台被称为中国大陆第一家类型化纯新闻电台，该台从2006年起推出每天15小时的大容量滚动新闻板块，每20分钟为一个单元，滚动新闻随时播报最新资讯。2004年开播的湖北电台 Fun Music Radio、2005年开播的中国国际广播电台环球资讯广播、2007年开播的江苏经典流行音乐广播等均是类型化广播，目前全国多数省级电台都尝试了类型化播出。

目前，全国几乎所有的广播电台与电视台都已合并为广播电视台。截至2013年年底，全国有电台153个，广播电视台2 207个（含县级广播电视台1 996座），共开办广播节目2 863套（中国国际广播电台的65种语言对外广播未计算在内），全国覆盖的付费广播频道有8套。随着互联网的逐渐普及和微博、微信的迅猛发展，广播顺应媒介融合之势，加快与新媒体的融合速度，从中央台到省市台，均积极推进新媒体建设，传统广播节目实现了网上在线直播和点播，专门的网络电台出现，如中央人民广播电台银河网络电台、北京人民广播电台青檬网络电台等。微博拓展了传统广播的传播和互动空间，吸引了新媒体用户从微电台感受广播，并成为主持人与听众互动的新阵地。截至 2013 年 3 月，全国共有 608 家机构获批开展互联网视听节目服务，有 19 家省级以上广电播出机构获批开办网络广播电视台。

随着手机 3G 网络的建设和移动互联网技术的发展，手机广播成为广播的新力量，电台依托其节目，与移动通信商合作，可给用户提供有声手机报定制服务。中央人民广播电台、北京人民广播电台等有实力的广播媒体正在向全媒体发展，台网互动、台网一体、移动多媒体广播成为广播的全媒体发展模式。在多媒体竞争的媒介环境下，在体制创新、文化繁荣的时代背景下，新时期的中国广播面临着挑战，也面临着新的发展机遇。

第二章　广播新闻的传播特性与社会功能

人类社会的演变与发展是和人类的信息传播相伴相生的。人类社会的发展过程，是不断发现和创造新传播媒介的过程。从最早的口语传播到手抄的文字传播，再到机械的印刷传播，人类的信息传播活动经历了一个漫长的发展过程。电子传播实现了信息的远距离快速传递，20 世纪 20 年代，广播的诞生给人类的信息传播带来了质的飞跃，给人类赖以生存的星球带来了绚丽多姿的色彩。从此，人类的信息传播掀开了崭新的一页。

广播事业的诞生是以美国匹兹堡 KDKA 广播电台的开播为标志的。美国联邦政府商务部应美国匹兹堡西屋电气公司的申请，依照政府 1912 年颁布的无线电法令，于 1920 年 10 月 27 日将 KDKA 广播电台的呼号和频率分配给该公司，目的是让 KDKA 广播电台在 11 月 2 日美国总统大选揭晓之日，将这一令公众瞩目的消息传递出去。由此，我们不难发现，广播业从它诞生的那一刻起，就与信息的传播密不可分，与新闻结下了不解之缘。

广播自诞生至今，已走过了 90 多年的风雨历程，这是一段由起步到辉煌、由辉煌到萧条、由萧条走向复苏和再度崛起的曲折历史。广播新闻也经历了几多变革，从传统的口播文字新闻到有音响的录音新闻，从记者的现场新闻报道到现在的新闻直播常态化、融合新媒体强化广播新闻互动性，新闻信息的传播始终没有离开过广播媒介。

随着当前广播的“窄播化”和频率的专业化，除新闻广播之外，交通广播、音乐广播、经济广播、文艺广播、都市生活广播、体育广播等系列台纷纷出现。表面看来，广播似乎有疏离新闻的倾向。事实并非如此，仅就新闻的播出数量而言，新闻资讯不减反增，同时，各地电台均坚持“新闻立台”，把办好新闻节目、打造责任媒体、提高媒体公信力当作安身立命之本。在广播的各系列台中，新闻资讯不可或缺，新闻以细分化的方式在不同的频率中得到了更有效的传播，内涵更加丰富，外延也更为宽泛。不同地区的城市规模和经济发展水平各异，广播电台的运作也存在差异，如果一个地区只有一套频率，一般设置为新闻综合广播，如果有多套频率，一般设置新闻广播为首套频率且重点打造，任何一家电台都把新闻广播作为频率的品牌和亮点来运作和经营。

第一节 广播新闻概说

广播通过新闻信息的传播为接触它的受众打开了一个了解社会的窗口，让人们从声音符号中感受到精彩的外部世界。媒介技术的变革给人们的生活带来了变化，广播的出现助推了人类社会的发展，作为一种现代化的大众传播媒介，广播给人类的生活带来了许多便利。广播可以解放人的眼球，它是移动状态下最好的伴随性媒介。在汶川地震等灾害事件发生时，广播成为唯一可以通达灾区并及时传达信息的媒介。

广播的社会功能在很大程度上是通过新闻信息的有效传播实现的。不夸张地说，当今社会下的广播媒介以及通过这种媒介传播出去的广播新闻在深刻影响着人类社会的生产和生活。我们需要对广播以及广播新闻有一个透彻的了解。什么是广播，如何理解广播新闻？这就需要了解广播的概念、广播的传播符号、新闻的含义等，把广播媒介与新闻传播结合起来，才能理解广播新闻的深刻内涵。

一、广播的含义

广播的含义有广义和狭义两种。广义的广播，指的是通过无线电波或导线传送声音、图像节目的大众传媒。通过无线电波传送节目的，称“无线广播”；通过导线传送节目的，称“有线广播”。仅传送声音的，称“声音广播”，简称“广播”；一并传送声音和图像的，称“电视广播”，简称“电视”。狭义的广播，专指声音广播，它把表达一定内容的声音（由语言、音响、音乐等编制的节目）转换成电信号，通过发射装置发送出去，供听众收音装置把电信号还原成声音信号。[①]

由全国科学技术名词审定委员会审定公布的定义称，广播是通过无线或有线方式传送信息的大众传播媒介。广播诞生于20世纪20年代，优势是对象广泛，传播迅速，功能多样，感染力强；劣势是转瞬即逝，顺序收听，不能选择，语言不通则收听困难。[②] 广播是通过无线电波或导线向一定范围播送声音、图像节目的大众传播媒介，按传输方式，可分为无线广播、有线广播、网络广播与数字广播。广播是一种传播媒介，发信者为广播电台，传输方式是用电讯号传播声音节目，收信者必须具备接收工具，广播要完成传播，各个要素缺一不可。[③]

---

① 夏征农，陈至立．辞海：第六版．上海：上海辞书出版社，2010.

② 百度百科：广播，http：//baike. baidu. com/view/35385. htm。

③ 周小普．广播新闻与音响报道．北京：中国人民大学出版社，2001：24.

采编、制作并利用无线电波向一定区域的受众传送声音节目的大众传播机构则称为广播电台。广播电台是经营广播事业、播出广播节目的机构，每座广播电台都有独立的名称、识别标志、占用频率、组织类型，也有不同的办台宗旨和职责。广播电台通过无线电或者有线电传播节目信号，传播的是由有声语言制作的节目，供不确定的多数人直接收听。①

二、新闻的定义

对新闻概念的界定历来是仁者见仁，智者见智。研究者们从不同的侧面和角度探求新闻的实质和内涵，得出不尽相同的结论。有学者认为，新闻的定义在这个世界上有170多种；也有学者认为，新闻的定义有数百种。

美国《纽约太阳报》主编查里斯·达纳认为，新闻是社会上大多数人感兴趣，而且在此以前从未对它注意过的那些事情。邵飘萍认为，新闻以关系者最多及认识时机最适为其最高的价值标准。徐宝璜认为，新闻乃大多数阅者所注意的最近事实。范长江认为，新闻是广大群众欲知、应知而未知的重要事实。陆定一认为，新闻的定义就是对新近发生的事实的报道。戴邦认为，新闻是对最近发生的、人民大众关心的重要事实的报道。艾丰认为，新闻价值是新近发生和发现的事实中、事实的新变动中所包含的人们普遍感兴趣的新信息的分量。宁树藩认为，新闻是经报道或传播的新近事实信息。甘惜分认为，新闻是报道或评述最新的重要事实以影响舆论的特殊手段。

通过对中外新闻传播学者和新闻工作者关于新闻概念界定的研究和探索，可将为数众多的新闻定义归纳成事实说、报道说、手段说、兴趣说和信息说五类。在此基础上可将新闻的定义表述为："经由新闻传播媒介传播的为广大受众所关心的新近发生的事实或情况的信息。"② 相对于事实说、报道说、手段说、兴趣说和信息说，这种界定更接近新闻的本质内涵。

但是我们也应该看到，随着广播电视以及网络新媒体愈来愈多地对正在发生的事件进行关注与报道，不仅新近发生的事实和情况会成为大众传媒的传播内容，而且许多正在发生的新闻事件也正在被报道，事件的发生与报道达到了同步的水平。因此，在笔者看来，新闻的定义表述为"经由新闻传播媒介传播的为广大受众所关心的新近发生或正在发生的事实或情况的信息"更为准确完整。

---

① 李岩. 广播学导论. 杭州：浙江大学出版社，2005：71.

② 蔡铭泽. 新闻传播学. 广州：暨南大学出版社，2010：47.

三、广播新闻的概念

在明晰了广播的含义和新闻的定义之后，将二者综合起来就不难给广播新闻下一个比较确切的定义了，具体表述如下：广播新闻，是作为大众传播媒介的广播电台，通过无线电波或导线，以声音节目的形式向一定范围内的受众传播的新近发生或正在发生的事实或情况的信息。狭义上的广播新闻指的是广播消息，广义上可以理解为，以广播媒介为传播手段，对新近发生或正在发生的新闻事实的报道，泛指所有的新闻性广播内容和报道形式。①

此外，还有一些学者对广播新闻的概念做出了说明。广播新闻是通过电子音频技术，运用听觉符号的有序组合，面向特定范围的受众传播新近发生或正在发生的事实的报道，包括四个方面的内容：以现代化的电子音频传播技术为传播手段，传播对象是被电波覆盖或有线传输所及地区的广大听众，传播符号是听觉信息的有序组合的声音，依靠电波传输，报道新近发生、正在发生和变化中的事实。②广播新闻仅以音响方式通过无线电波或导线向广大地区播送新近发生的事实的报道，或者是客观事物新近变动的信息仅以音响的方式通过无线电波或导线向广大地区传播。③ 广义上的广播新闻有多种报道样式，如广播消息、广播新闻专题、广播新闻评论、广播连续报道、广播系列报道和组合报道、广播访谈（谈话）节目、广播新闻直播节目等。广播新闻在广播媒体中占有重要的地位，可以说是“无新闻，不广播”。综合央视索福瑞媒介研究（CSM）机构整理的近年来不同类型广播频率的市场份额数据来看，新闻综合类广播频率以明显优势占据首位。以 2011 年为例，32 个城市 500 多个电台频率的收听数据显示，新闻综合类广播的市场份额高达28. 8%，占据整个广播市场份额的三分之一，明显高于其他广播类别；绝大多数市场上，收听率排名第一的本地广播频率为新闻综合类广播频率，在总共 33 个调查城市中，新闻综合频率收听率排名第一的城市有 13 个。④

四、广播新闻的传播符号——语言、音响和音乐

广播是一种声音媒介，或者叫听觉媒介，它唯一的符号系统是声音。⑤ 传播学大师麦克卢汉认为，广播的声音魅力犹如原始的“部落鼓”。广播是中枢神经

---

① 百度百科：广播新闻，http：//baike. baidu. com/view/425130. htm。

② 肖峰．广播新闻业务教程．武汉：武汉大学出版社，2010：98.

③ 王文科．广播新闻报道．杭州：浙江大学出版社，2002：19.

④ 王平．2011 年广播收听市场概况．收听研究，2012（1）.

⑤ 王宇．现代广播新闻实务．北京：中国广播电视出版社，2009：20.

系统的延伸，只有言语能力能与之匹敌，广播是一种具有魔力的、能扣动早已忘却的琴弦的、潜意识的共鸣箱。① 有学者指出，在广播的符号系统中，声音是构成广播的唯一物质材料和运动形式，没有声音便没有广播，听觉感知是广播的本质属性。尽管广播是非视觉媒介，但广播中的声音在与人的接收发生关系后，在想象力的帮助下，会唤起听众视觉、味觉、触觉等器官的综合体验，使其获得一种内视的能力，形成一种自足的、丰富的内心体验。②

广播新闻是通过广播这种媒介向受众传播出去的新闻，也有研究者将广播新闻概念等同于新闻性广播或新闻广播。广播新闻的传播符号，也即为广播媒介的传播符号。讲到传播符号，首先需要了解符号的意义。符号是指具有某种代表意义的标识，是人们共同约定用来指称一定对象的标志物，包括以任何形式通过感觉来显示意义的全部现象。符号是信息的外在形式或物质载体，是信息表达和传播中不可缺少的一种基本要素。符号通常可分成语言符号和非语言符号两大类，这两大符号在传播过程中通常是结合在一起的，在人类社会传播中起到指代功能和交流功能。③

广播诉诸人的听觉，是以声音符号传递信息的媒介。广播的传播符号是广播赖以携带信息、表达思想和情感的物质载体。声音是广播唯一的传播符号，不仅节目由声音符号组成，节目与节目之间的衔接、组成、区分也由声音符号的变化来表示。④ 声音符号系统可进一步细分为三个组成要素：语言、音响和音乐。学者们对于“语言”的表述略有不同，有的称之为“言语”或“话语”，有的称之为“有声语言”，也有的称之为“口头语言”。

语言是人类重要的思维工具和交际工具，是人们进行沟通交流的各种表达符号，是人们交流思想的媒介，具有信息传递功能和人际互动功能。人类的语言可分为通过语音表达的有声语言和通过文字表达的书面语言。广播使用的是有声语言，这种有声语言不同于日常的口头语言，比口头语言更加规范，介于口头语言和书面语言之间。在广播新闻节目中，语言的形态可分为播音员、主持人播报新闻稿件时使用的新闻播报式语言，记者在新闻事件现场进行现场报道时使用的新闻报道式语言，专家、评论员或主持人对新闻事件进行解读的点评解读式语言，主持人在整个节目中使用的集播报、报道、点评等多种式样于一体的主持人语言，听众参与节目过程中使用的倾诉式语言等。

---

① 麦克卢汉．理解媒介——论人的延伸．何道宽，译．北京：商务印书馆，2000：372.

② 孟伟．声音传播——多媒介传播时代的广播听觉文本．北京：中国传媒大学出版社，2006.

③ 百度百科：符号，http：//baike. baidu. com/view/115742. htm。

④ 肖峰．广播新闻业务教程．武汉：武汉大学出版社，2010：6.

音响是指除去语言和音乐之外的所有声音。音响有多种分类，按照内容，可分为人声和物声；按照在报道中的作用，可分为主体音响和辅助音响；按照声音产生的时间，可分为实况音响和资料音响；而人声音响按照记者的参与程度，可分为主观音响和客观音响。广播新闻中的音响主要是指实况音响，是记者在新闻现场实时采录并出现在广播新闻报道中的所有声音。实况音响再现了当事人话语以及新闻现场，具有增加信息量、传递现场气氛、表现人物形象等作用，增强了广播新闻的现场感，对它的采录必须真实可信、清晰可听。

音乐是用有组织的乐音来表达思想情感、反映现实生活的一种艺术，在广播中，音乐的存在形式主要是音乐节目中的音乐、新闻节目中的音乐和实况音乐。音乐节目中的音乐有背景音乐和作品音乐两种。新闻节目中的音乐主要是三类：标识音乐，即用作为节目标识的音乐，如《歌唱祖国》就是中央人民广播电台《新闻和报纸摘要》和《全国新闻联播》的标识音乐；间隔音乐，即将节目进行碎片化的隔断的音乐，不但作为节目标识，而且将长时间的节目分隔，减轻听众的疲劳感，如中央人民广播电台中国之声《新闻纵横》在“新闻纵横—追问新闻”的片花中，就有几秒钟节奏明快、端庄大气的音乐，与节目定位相吻合；过去，新闻节目比较忌讳音乐配置，但是伴随着广播新闻节目的革新和发展，新闻节目尤其是一些新闻专题节目的音乐配置现象如今已相对普遍，所以，背景音乐也成了新闻节目中一个不可或缺的组成部分。此外，新闻报道中出现的实况音乐，如新闻事件现场响起的音乐等，应该理解为一种现场的实况音响。

还有学者将声音符号系统划分为四个组成要素：语言、音响、音乐和留白。留白就是无声、静音，是广播新闻传播中的非语言符号，是广播中最微妙的“声音”。必要的留白既能有效分割段落，又能起到强调或吸引注意的作用，如采访过程中的留白可以表达采访对象的思考、困惑、一言难尽等情绪和反应，适当的留白能够表达出言语无法表达的内容，达到“无声胜有声”的效果，引发听众的思考和想象。①

第二节 广播新闻的传播特性

广播是通过无线电波或导线传递信息的大众传播媒介，以声音为传播信号。媒介的特性决定了广播在新闻信息的传播过程中与纸质媒介有着本质的区别，与声画合一的电视以及作为融合媒介的网络也有着明显的不同。认识和把握广播新

---

① 王宇．现代广播新闻实务．北京：中国广播电视出版社，2009：20.

闻的传播特性，有助于广播新闻工作者在新闻传播过程中扬长避短，增强竞争力，保证新闻信息的有效传播。

一、传播的快捷性

广播通过电波传递信息，电波在真空中传播速度与光速相同，每秒钟达到了30万千米。广播负载着新闻信息以如此之快的速度进行传递，为新闻传播的快捷提供了条件。无论是传统的录音播出还是目前盛行的直播化播出，广播新闻传播的快捷性相较于报纸和电视新闻都表现得更为明显。道理很简单，广播新闻相对简单的采编与播制环节使录播方式中的新闻信息即使在滚动状态下播出仍然能提升广播新闻的传播速度。目前国内各家电台的成功实践已经足以说明这一点。一般说来，记者采写的新闻稿经过编辑后由播音员转化成有声语言即可播出。即使是录音新闻，也只需要对录音素材进行适当的剪辑，然后与有声的文字语言合成后便可以播出。这是报纸和电视等传播媒介无法企及的。报纸新闻的生产过程更为复杂，记者的稿件经过编辑后还需要美工、划版、出样，经由校对人员校对后方可进行印刷。报纸成品出厂后还需经过运输、发行和投递才能到达读者手中。电视的采编与播制环节相较于广播也比较复杂。电视呈现给观众的是声音和图像，这就意味着电视的采访过程就是对采访对象进行摄像的过程，编辑者除了要对记者的文字消息进行编辑外，还要对图像素材进行剪辑，以保证二者和谐统一。而且播音环节也比较烦琐，像选装、化妆、试镜这些工序，对播音员来说是每次播音前的必修课，而这一切对广播的播音员或主持人来说就大可不必了。正因为如此，早在1981年4月21日，在南斯拉夫举行的第36届世界乒乓球锦标赛团体冠亚军决赛于凌晨3时开始，中央人民广播电台早晨的《新闻与报纸摘要》节目就及时报道了我国女队和男队先后获得团体冠军的消息。为此，《人民日报》还曾专门在头版刊登题为“听广播想到快”的短文，盛赞广播的快，并说“广播电台带了个好头”。随着移动音频工作站的运用，前方记者自己在新闻现场即可将采访的素材直接制作成节目，然后传入电台的播出系统进行播出，进一步加快了广播新闻录播节目的速度。

直播化的播出方式使广播新闻的采访、编辑、制作、播出融为一体，简化了传播过程中的诸多程序，将受众与信息之间的距离缩短至零。而广播传输技术和现代通信技术合理对接将广播媒体快速反应新闻的优势发挥到了极致，因为这一技术的运用使广播不仅能够快速反映刚刚发生的新闻，而且能够将正在发生的新闻即时传递给千家万户。在新闻现场，前方记者只需要一部手机便可以连线直播室进行新闻报道，而且带有强烈的现场感，这应该是其他任何媒介所不能比拟的。不仅如此，直播化的播出方式，使广播成为开放性的“时间版面”，记者可以在新闻事件现场同步报道新闻事件的最新动态；对于重要的新闻事件，广播能够跟踪报道，滚动播出。这样，广播无疑成了“随时出版、连续出版的报纸”。广播新闻频率的滚动式播出，做到了“听新闻不用等”，实现了理想的新闻信息的传播与接受方式。①

有人认为，在多媒体时代的今天，广播已经风光不再，其快捷性优势无法保证，这是对广播优势的忽视和对广播媒体的误解。一个突出的例子是2003年中央人民广播电台对伊拉克战争的报道。2003年3月20日上午10时35分，伊拉克战争打响，10时40分30秒，中央人民广播电台播出刚刚收到的海湾局势最新消息：“美英驻海湾军队开始对伊拉克实施军事打击。”约11秒后，中央电视台国际频道以字幕报出战争爆发消息；约3分钟后，新华社的消息出现在发稿系统；约8分钟后，中央电视台综合频道播出消息。在近乎白热化的媒体大战中，这条快讯为广播抢得了先机。2008年汶川发生8.0级特大地震，汶川音信全无之时，中央人民广播电台的记者跟随救援部队最先进入汶川，第一个发回有关汶川的灾情报道，中央人民广播电台还实现了中国新闻史上的第一次24小时不间断直播。

当然，网络媒体及其衍生的微博、微信等新兴媒体在信息快速传播方面一定程度上超越了传统的广播媒体。但是新兴媒体信息的快速传递某种意义上说得益于“用户生产内容”的功能，因为这一功能减少了新闻传播必要的“把关”环节。问题在于，“把关”环节的缺失容易导致新兴媒体传递的新闻信息难以得到有效的净化，其中会充斥着大量的不实新闻、垃圾信息，容易对受众产生误导，久而久之势必影响新兴媒体的权威性和公信力。

同为现代化的电子传媒，在追求新闻信息的快速传递方面，电视媒体自然也不甘落伍，它利用现代化电子传媒的优势，在新闻传播过程中不断加大直播化的传播力度，尽其所能地让观众在最短的时间内了解最新的新闻信息。不过，电视直播对一些可预知的新闻事件或重大的体育赛事和社会活动比较容易把握，但由于设备庞大以及对直播条件要求苛刻，对于那些突发性的新闻事件，电视媒体想在第一时间实现直播就有些力不从心了。因此，在屏幕下方采用滚动文字的方式播发突发性的新闻信息，是目前电视媒体常常采用的一种传递方式。这一方式强化了电视媒体快速传递新闻信息的功能，但难以达到理想的传播效果。

二、收听的伴随性

广播是单信道传播，声音是受众获取广播信息唯一可感知的介质符号，声音

① 曹璐，罗哲宇．广播新闻业务：第二版．北京：中国传媒大学出版社，2010：10.

的唯一性决定受众只能通过听觉系统接收广播信息。纵然在人的所有感官中，只有视觉和听觉是认识性的感官，但是视觉在整个感觉器官中居于主导和基础地位。显然，“只闻其声，不见其人”成了广播媒体难以克服的先天性缺陷。从对广播新闻传播不利的方面说，这种“只闻其声，不见其人”的先天性缺陷使广播新闻节目因缺少形象性和直观性而无法像视觉媒体那样引起受众的普遍注意，势必影响其传播效果和传播力度。然而，一种缺陷往往能够成就另一种优势。作为听觉媒体的广播虽然缺乏吸引受众眼球的能力，但是从对广播新闻传播有利的方面说，吸引受众眼球能力的缺失意味着它的另一种能力的跃升，即解放受众眼球的能力，而且解放受众眼球的能力又是视觉媒体乃至视听媒体无法拥有和难以超越的能力，所以这种能力便成就了广播新闻传播的核心优势。

作为能够解放人类眼球的听觉媒体，声音符号的唯一性决定了广播接收终端的小巧和接收方式的便捷。于是，广播新闻的移动性收听优势得以充分体现。当这种移动性收听与解放眼球的功能叠加在一起时，广播新闻传播的功能优势则进一步放大，从而衍生出其伴随性的独特优势。当然，手机、手提电脑以及轻便小巧的 iPad 均具有移动性的接收功能，但是由于其主体内容更多的还是作用于人的视觉系统，所以虽然移动性优势明显，伴随性优势却难以体现。而且，人们在移动状态中接受视听新闻既有碍眼睛的健康，也容易成为“低头一族”而危及生命。其实，音频广播同样可以通过手机终端接收，只是此类消费群体的规模目前还不是很庞大，被淹没在视觉媒体手机用户的汪洋大海之中。一旦手机广播成为受众普遍采用的一种获取信息的方式，广播的伴随性优势将得到进一步的凸显。

“伴随性即非独占性，伴随式传播以没有排他性为最大优点。”① 广播所拥有的伴随性优势决定收听广播不仅可以解放人的眼球，而且解放人的四肢。也就是说，收听广播几乎不会影响人们正常的生活和工作。因此，无论你是处于行走、晨练、开车、旅游、做家务甚至工作状态，只要拥有一个收音设备，就能够随时随地收听广播，在有意无意中获取新闻信息。近年来，广播收听率没有明显下降，特别是车载广播收听率不断上升，说明广播在激烈的媒体竞争中仍然占有一席之地。这很大程度上归功于私家车的日渐普及，人们可以一边通过车载广播收听新闻一边驾驶，这就是广播新闻伴随性收听优势的最好体现。车载电视近年来普及率一直没有上升，就是因为不具有伴随性优势。

汽车保有量的快速增加，带来了移动人群的不断增多，广播潜在的收听市场

① 汪强．浅析广播媒体在解放受众眼睛中的优势和魅力．东南传播，2013（12）．

越来越庞大。随着车载广播的数字化和智能化，移动中的听众在伴随状态下收听广播新闻更加便捷。在移动的状态中，受众同样需要获取新闻信息，于是广播新闻节目受到很多流动听众的欢迎。受此影响，全国多地的新闻综合广播频率收听率占据首位也就不足为奇了。

美国权威机构的数据显示，18 岁以上的美国成人听众中，在汽车上听广播的比例达到了 83.8%。广播的动态收听适应了社会变革的需要，收音机从家庭的客厅摆设变成微型半导体或车载收音机，广播真正成为“声声相伴，时时相随”的动态收听媒介。①

三、传播的广泛性

广播新闻传播的广泛性源于无线电波的渗透性和有声语言的易受性。

无线电波按频率分成长波、中波、短波等不同频段对广播节目进行传输。无线电波具有极强的穿透力，能够覆盖不同的范围。因此，广播媒体基本上可以不受地理结构和自然环境的制约和干扰进行新闻信息的传播，特别是卫星传播技术介入后，广播新闻传播的渗透性特征得到了进一步的彰显，传播范围几乎能够覆盖整个地球。目前，中国国际广播电台使用 43 种语言（38 种外语、普通话和 4 种方言）向全世界传播中国的声音。我国的听众也能够接收美国 VOA、日本 NHK、英国 BBC 及德国之声等国外电台的中文广播。

在自然灾害来临之际，无线电波的渗透性赋予广播媒体极强的高存活性和抗灾能力。一方面，广播电台可以在大面积停电的情况下通过自备发电机继续运行；另一方面，听众可以在其他媒介无法接触的情况下收听广播。广播新闻及时发出声音，以极强的高存活性，为社会公众提供及时、准确、权威的新闻资讯，传递听众最渴望得到的消息。2008 年 5 月 12 日，汶川发生特大地震，这突如其来的灾难，令灾区的电视、电信、电力等设施在地震中受损严重，通信中断，一些地区与外地彻底失去了联系。对于信息屏蔽当中的幸存者和救援者而言，收音机是最合适的通信工具，它成为灾区大多数乡镇农村获取救灾情况和外界信息的唯一途径，灾区群众通过广播及时了解当前受灾和自救的最新情况。

2013 年 4 月 22 日，“国家应急广播 · 芦山抗震救灾应急电台”开播，为灾区群众及时提供权威信息、行动指导、科普知识、沟通渠道和心理抚慰。广播电台第一时间播发震情消息，广播新闻在灾难报道中发挥了独特作用，及时准备权威的报道播送救灾一线情况，有效地引导社会舆论，消除心理恐慌，为救灾工作

---

① 曹璐．广播新闻理念与实务创新研究．北京：中国广播电视出版社，2007：7.

提供了强大的精神动力。

不仅如此，相对于文字，口语的掌握较为容易，并随着人类的发展逐渐丰富。直到今天，口语依然是人类基本、普遍和灵活的传播手段。广播新闻以有声语言诉诸人的听觉系统，声音的传真性和表现力接近于人类的口语传播，尤其是“说新闻”方式的使用和新闻谈话类节目的勃兴，使得广播新闻的传播基本上回归到人类传播活动的原生状态。因此，有声语言的易受性让任何一个具有一定语言能力的人，无论男女老幼，无论文化水平高低，只要没有听觉障碍，即使是大字不识的文盲，都能够领会和理解广播新闻所传递的信息内容。

四、传受的互动性

人类的传播过程是一个传播与反馈双向互动的过程。传播者发出的信息希望得到受传者的反馈，反馈是传播过程中不可或缺的环节。“在社会传播中，传播的双方都是具有能动性的主体，互动是社会传播的本质特征，离开了反馈便不能说明这种互动性。”① 虽然大众传播媒介的传播活动单向性很强，但是随着传播技术的进步和媒介发展的需要，广播直播化大量使用，主持人节目推出，广播新闻传播的互动性特征也更加明显。

广播最早为听众提供的参与互动的工具是书信，但是书信互动迟缓，不太适应新闻时效性的传播要求，所以书信互动更多为广播的生活类、情感类和点歌类节目所运用，新闻类节目很少出现书信互动。应该说，广播新闻为受众搭建真正意义上的互动平台是从热线电话开始的。1986 年 12 月 15 日开播的珠江经济广播电台，引领了听众参与热线互动的热潮。在这里，听众就某个话题可以通过热线电话直接与主持人交流对话，发表看法。从此，热线互动在广播新闻节目中越来越普遍，一大批热线类的新闻节目如雨后春笋般地涌现出来。随着手机的逐渐普及，各个电台还开通了短信平台，听众通过短信发表留言，表达对某个话题或事件的意见或看法，主持人会在节目进程中播出部分短信内容。

媒介融合强化了广播新闻的互动性传播功能。因为网络渠道最为快速和便捷，节目论坛、网络社区、电台网站或主持人个人网站以及现在的微博和微信，都是听众的互动平台。显然，伴随着新兴媒体的不断出现，广播的互动方式朝着越来越快、越来越便捷的方向发展。在微博和微信出现之前，广播节目的论坛或贴吧是听众在线参与话题讨论的主阵地，在微博和微信出现之后，从整个电台到某个节目再到主持人，都可以开通微博和微信或者微信公众号与听众进行交流对

---

① 郭庆光．传播学教程：第二版．北京：中国人民大学出版社，2011：51.

话。微博和微信的评论和转发功能不仅方便了听众参与，而且通过“扩散”式的裂变传播，扩大了广播的影响力。微电台的兴起，让听众可以一边收听微电台，一边与主持人微博互动，带给听众“边听边互动”的新体验。

目前，广播谈话节目是广播新闻的一种主打节目形态，节目主持人围绕某个新闻事件或新闻话题，邀请政府官员、专家学者、特约评论员或新闻事件当事人作为节目的嘉宾，一方面与嘉宾进行谈话，一方面及时通过热线、短信、网络等方式关注听众的反馈。节目直播过程中，主持人、嘉宾与听众进行交流，听众既可以向嘉宾提出问题，也可以对新闻事件或新闻话题发表看法。如中央人民广播电台中国之声节目直播过程中，主持人往往通过短信和网络的方式推出互动平台。手机用户可以发送短信至10669500168，网络用户可以通过中国之声新浪官方微博、微电台或者微信参与话题讨论。

五、播出的时序性

人们说报纸是个“面”，广播是条“线”。广播通过电波传送新闻信息，使自己的声音插上了“电翅膀”，时效性的传播优势得到尽情的发挥，但广播是线性传播，节目播出表现出一种时序性传播特征。也就是说，不同的新闻信息是按照时间的先后顺序依次播出的。时间的不可逆向性使得听众收听某一频率的新闻节目时，如果对正在播出的节目不满意，想收听下一条内容，只能要么耐着性子听下去，要么干脆调换频率。耐着性子听下去，听众会觉得浪费时间；调换频率，可能会错过下一条重要的新闻。这是听众在收听广播节目时经常遇到的问题，也是广播的线性播出给受众带来的不便。与广播不同，报纸和网络就有着明显的选择性。报纸集纳了大量的信息，受众可以根据自己的兴趣选择不同的版面浏览阅读，受众的眼球可以随时转换方向；网络的用户通过点击鼠标、打开页面获取所需的新闻信息。

不仅如此，广播时序性的线性传播使得新闻信息随着时间的流逝而“一去不复返”，听众在收听节目的过程中如果想把没听清楚的内容再听一遍，或者对某个事件的报道特别感兴趣，想储存下来，都是不易做到的。相比之下，报纸和网络传播的新闻信息保存性就很强，报纸可以留存，网络信息可以随时检索，也可以下载保存。

随着时代的发展和科技的进步，媒介融合成为媒体发展的一个重要趋势。在这种情况下，很多广播电台都开办了自己的网站，实现了节目的在线收听，也可以让听众对已播出的节目进行点播收听，还可以对节目的音频进行下载保存，在一定程度上克服了传统广播时序性播出所造成的某些缺憾和不足。

六、信道的单一性

广播是单信道传播，声音是受众在收听广播节目过程中唯一可感知的符号。这种信息传播的单一性使得广播节目在同一时间里只能播出一条信息。当最新、最有价值的新闻信息需要以最快的速度通过广播进行传播时，就必须中断节目的正常播出，实行插播播出，以增强广播新闻的时效性。广播新闻传播虽然在快捷性方面拥有自己的优势，但其传播信道的单一性有时也会给一些听众造成不便。在这一点上平面的报纸媒体显然拥有广播媒体无法比拟的优势，因为报纸所传递的新闻信息在同一时间里可以通过不同的版面呈现在读者面前，给读者的信息选择带来许多方便。同为线性播出的电视节目虽然也不可逆向，但是电视多符号、双通道的媒介特性决定了它在传播声像的同时，还可以传播图片和文字的新闻信息。当最新、最有价值的新闻信息需要及时播出时，可将其在不影响原发新闻信息正常播出的情况下以滚动文字的形式呈现在观众面前。如 2003 年 3 月伊拉克战争爆发时，中央电视台国际频道就先以字幕报出战争爆发消息，中央人民广播电台则是中断节目插播美英军队开始对伊拉克进行军事打击的消息。

第三节　广播新闻的社会功能

广播既是一种现代化的大众传播媒介，也是一种社会化的大众传播工具。作为一种现代化的大众传播媒介，广播的首要职责是报道新闻、传播信息。之所以认为广播是一种社会化的大众传播工具，是因为广播电台作为媒介组织，一般控制在一定的国家、政党、利益集团和企业巨头的手中，所以广播传媒除了具有自身的传播特性以外，还具有某种社会属性。这种社会属性赋予广播媒介一定的责任和义务，使它成为国家、政党实现社会目标的手段以及利益集团或企业巨头争取和维护自身利益的工具，同时也成为社会文化和娱乐产品的提供者。奥斯楚尔在其《权力的代言人》一书中，对报纸的社会属性这样描述："完全独立的报纸不可能存在，在任何体制中大众传播媒介都是那些掌握经济、政治、社会权力的人们的代言人。"① 广播亦是如此。西方资本主义国家的传媒一味标榜自己的独立、自由与公正，以掩盖其新闻态度和政治立场。从 2003 年对伊拉克战争的报道中，人们不难发现，美国媒体的新闻报道是有讲究、有选择的。通过美国媒体的报道，人们看到的是美英联军长驱直入、捷报频传，而伊拉克士兵则军心涣

---

① 沃纳·赛佛林，小詹姆斯·坦卡德．传播理论——起源、方法与应用．郭镇之，等译．北京：华夏出版社，2000：345－347.

散、纷纷投降。专门研究战争报道的日本评论家武田彻就曾说过，大量提供对己方有利的宣传材料，而限制于己方不利的新闻报道，是美英新闻战的根本指导思想。

我国的新闻传播事业实行社会主义公有制，从不讳言媒体的“喉舌”功能和“纽带”作用，并且强调新闻的党性原则。广播事业是党的新闻事业的重要组成部分，是宣传科学理论、传播先进文化、塑造美好心灵、弘扬社会正气的重要阵地。2010 年 12 月 17 日，李长春在纪念中国人民广播事业暨中央人民广播电台创建 70 周年大会的贺信中指出：“一代又一代广播工作者继承和发扬人民广播的光荣传统，始终忠诚于党的新闻事业，坚持正确的政治方向和舆论导向，在我国经济、政治、文化、社会生活中发挥了重要的舆论引导作用。广大广播工作者按照‘高举旗帜、围绕大局、服务人民、改革创新’的总要求，坚持‘三贴近’，切实担负起宣传党的主张、弘扬社会正气、通达社情民意、引导社会热点、开展舆论监督等方面的职责，坚持贴近实际、贴近生活、贴近群众，深入宣传中国特色社会主义理论体系，积极报道改革开放和社会主义现代化建设的巨大成就，热情讴歌广大干部群众团结奋进的精神风貌和感人事迹，为改革发展稳定做出了积极贡献。”

应该承认，广播的“喉舌”功能和“纽带”作用在很大程度上是通过广播新闻的有效传播体现出来的。广播的社会属性决定了广播新闻具有报道新闻、传播信息，反映民生、引导舆论，暴露问题、监督社会，交流思想、服务公众，传播知识、丰富生活等社会功能。

一、报道新闻，传播信息

报道新闻、传播信息是新闻传播事业最基本和最主要的功能。新闻也是一种信息，新闻信息的特性是它具备新闻的价值要素，如时新、重要、及时、显著、接近等，新闻传递事实最新变化的信息①。新闻信息可以消除或减少受众认识上的不确定性。受众接触媒介的最大期望是从媒介的新闻报道中获取信息。广播作为一种媒介，最主要的功能就是向听众报道新闻、传播信息。

一般情况下，公众对他们的生存条件以及外部世界发展、变化的各种信息都有知晓的欲望。因为在纷繁复杂的社会生活中，只有及时了解和掌握各种信息，不断调整生活思路，积极应对可能出现的各种情况和问题，才能更好地适应变化中的自身环境和外部环境。那么，广播传媒充分发挥迅速快捷的优势，通过发布

① 曹璐．广播新闻理念与实务创新研究．北京：中国广播电视出版社，2007：116.

来自社会生活不同领域的各种新闻信息，及时向公众提供客观世界发展变化的新情况及其面临的新问题，一方面能够满足受众获取信息、了解情况的愿望，另一方面也能够帮助公众对这些情况和问题做出积极反应和快速抉择。拉斯韦尔等传播学家关于大众传媒“环境监视”功能的认识从某种意义上说与广播新闻的这一功能特征是相吻合的。

随着城市化进程的加速和汽车保有量的增加，广播的车上收听率逐年增加，广播媒介的伴随收听性更加明显。广播作为所有媒介中唯一的听觉媒介，解放了人们的眼球，人们能够在移动和忙碌的情况下接触广播，在不方便用其他方式获取新闻信息的情况下，广播为移动受众提供了获取信息的途径和方式。央视索福瑞媒介研究机构的调查显示，移动受众接触最多的广播频率是交通广播和新闻广播，他们在行进的路上通过广播来及时获取路况信息和新闻资讯。

在汶川地震等特大灾害发生时，灾区交通受阻、电力通信中断，报纸、电视、网络都受到了严重限制，灾区群众失去了通过其他方式获取信息的途径，而广播却成为最有力的媒体，发挥了无可替代的作用。救灾部门向灾区连夜运送收音机，广播信号通过收音机快速及时地传递到灾区，灾区群众通过收听广播新闻，获取灾情与抗震救灾的信息，从广播的声音中得到了鼓舞和心理慰藉。

在我国，党和政府方针政策、决策计划的出台和各项规章制度的调整，关系到公众的切身利益，直接影响着国计民生，公众对这方面的新闻信息会给予更多的关注。广播媒介作为党、政府和人民的喉舌，及时将党和政府的大政方针信息传递给百姓群众，搭起了政府和群众沟通的桥梁，保证了公众的知晓权，这也是广播媒体“为人民群众服务”的重要标志。

二、反映民生，引导舆论

民生，主要是指民众的基本生存和生活状态，以及民众基本的发展机会、基本的发展能力和基本的权益保护状况等。民生新闻，是指关注百姓生计、关心市民生活的新闻，它属于社会新闻，以平民视角关注和表现普通百姓的生命、生存、生活、生计等内容。全国各家电台近年来相继开办了民生新闻栏目，就表明了广播媒体在反映民生方面的重要性。

2011 年 8 月，中宣部等五部门部署新闻战线“走基层、转作风、改文风”之后，全国广播媒体积极投入到“走转改”的报道中，一大批来自基层市民百姓的鲜活事、动人情呈现于全国各地的电波之中，一大批反映人民群众切身利益和基本诉求的广播新闻节目陆续播出。广播民生新闻的播出，传播了社会主义核心价值观，弘扬了真善美，鞭挞了假恶丑，强化了广播媒体的公信力，塑造了广播作为主流媒体的形象。

舆论是在特定的时间和空间里，公众对于特定的社会公共事务公开表达的基本一致的意见或态度。作为特定历史条件下形成的群体观念，舆论反映了某个时期公众共同的思想、愿望和要求。它往往以街谈巷议和口头传播为特点，处于自发、松散的状态之中，带有很强的情绪化色彩，倘若不及时疏导，便会因快速的传播、感染而影响人们的情绪。社会舆论反映人心向背，影响着人们的行动和局势的发展，在营造社会风气方面有着不可估量的作用。

新闻媒介可以反映并代表舆论。广播作为大众传播媒介，可以通过直接或间接的意见表达引导公众意见，通过源源不断的信息流，构筑现代信息环境，作用于人们的认识，引导舆论。广播媒体在报道和反映舆论的过程中，不是简单地将民间传播公开化、将群体传播大众化，而是在深入社会生活、全面调查了解的基础上，根据舆论的性质和特点，周密、慎重、有针对性地对引发热议的社会现象和社会问题进行说明和解释，澄清事实，阐明观点，使正确的舆论得以传播，错误的舆论得以消除，进而实现“以正确的舆论引导人”的目的。

传播学家拉斯韦尔和 C. R. 赖特在谈到大众传播的“社会协调”和“解释与规定”的功能时，都强调了新闻信息在传播过程中常常伴随着传播者的主观态度和导向性的倾向。因此，广播新闻具有反映舆论和引导舆论的功能特征就不难理解了。

三、暴露问题，监督社会

广播新闻除了做到“上情下达”，还需做到“下情上达”。反映人民群众的呼声、表达人民群众的意见，是广播媒体的职责。将群众在工作和生活中遇见的难题和意见整合揭露，引起党和政府的关注，促进问题的及时解决，消除矛盾，才能更好地树立广播媒体为人民服务的形象。

公民拥有知情权、参与权和表达权，当广播媒体与公民的政治要求结合起来时，无疑拥有广泛的社会基础，会获得强大的舆论支持。有观点认为，“以传达信息、承载公众舆论为天职的大众传媒，既是公民监督和制约国家公权、消除权力腐败的‘利剑’，又是保障公民个人权利不受非法侵犯的‘盾牌’”。广播媒体充分发挥舆论监督作用，对政府及其职能部门实行有效的监督，在敦促政府职能部门兑现给人民群众的承诺、维护人民群众切身利益的同时，将那些有违社会公平的行为公之于众，进行鞭挞和批评，对于体现社会的公平公正，推进社会的民主进程，消除社会腐败，净化社会环境，提高党和政府在人民群众中的威信具有十分重要的意义。

党的报告中把舆论监督提到社会主义民主政治的高度。胡锦涛同志曾指出，要发挥舆论监督的积极作用。舆论监督是社会发展的要求、新闻工作的职责、人民群众的愿望、党和政府改进工作的手段。搞好新闻舆论监督，有利于密切党群关系、改进工作、遏制社会丑恶现象、推进公民意识的增长、推进社会民主进步。

广播新闻的舆论监督不仅体现在对政府职能部门的权力制衡上。社会生活中的不合理、不规范、不健康、不道德、不文明的行为和现象，诸如“豆腐渣”工程、公路“三乱”问题、中小学乱收费问题、环境污染问题、社会治安问题等，只要是不利于人民群众的生产生活、有悖于人民群众良好意愿的都应成为舆论监督的对象。终身享有“中国新闻名专栏”称号的中央人民广播电台中国之声《新闻纵横》节目1994年10月1日开播，以舆论监督为节目特色，成为中国广播界影响巨大的新闻评论节目之一。节目坚持正确的舆论导向，对重要事件进行深入调查报道和背景分析，曾播出的《假药流进北京城》《民办高校问题调查》《江苏打假暗访实录》《“黑户”二十二载，多少辛酸泪流》《霸州枪击案》《寻找小良》等报道，反映出了一些不良的现象和问题，在社会上产生了强烈反响，并引起了有关部门的重视，促进了问题的及时解决，充分体现了国家电台的权威性和影响力。

舆论监督的目的是推动社会公平公正，维护社会稳定，促进社会和谐。正确的舆论监督可以起到发现问题、解决矛盾、改进工作的作用，同时有利于提升广播媒体的公信力和社会影响力。舆论监督失当，不仅不利于问题的解决，还会激化矛盾，影响社会稳定与和谐。因此，舆论监督不是简单的曝光揭短，不是断章取义的渲染炒作，而是站在全局的高度、站在党和政府以及人民群众的立场上选择具有典型意义的事件进行监督，绝不能逞一时之快而置事实、道德和法律于不顾，恶意炒作，夸大其词。否则，不仅会损害党和政府的形象，损害人民群众的利益，而且会损害广播自身作为主流媒体的形象。

四、交流思想，服务公众

广播新闻传播的互动性优势为传受双方搭建了沟通与交流的平台，广播新闻交流思想、服务公众的社会功能由此得以彰显。伴随着广播新闻谈话节目的兴起，广播新闻交流思想、服务公众的社会功能进一步突显出来。这类节目能紧扣时代脉搏，抓住社会热点，契合受众心理，以新近出现的社会事件、社会思潮、社会现象和社会问题作为讨论的内容，通过主持人、嘉宾与听众三者之间的交流互动，对听众普遍感兴趣的问题发表各自的观点和看法，从而使听众对某一新闻事件和社会问题获得一个深层次的理解。

新闻谈话节目话题覆盖面广，信息量大，新闻事件、新闻人物、社会热点、公共事务等都可以作为讨论内容，嘉宾多为政府官员、专家学者、媒体工作者和新闻当事人，他们往往能够发布第一手的准确信息和富于导向性的见解，满足受众对信息的需求，这类节目的特点是具有权威性、准确性和贴近性①。如中央人民广播电台中国之声每晚22点至24点的《央广夜新闻》，由主持人与两位担任嘉宾的评论员对相关新闻话题进行讨论，每半个小时谈论一个话题，如2012年7月24日的节目就讨论到了北京暴雨抢险救援的进展；“微博奥运会”让国际奥委会面临新挑战；厦门大学拟在新学期推出爬树课引热议；民政部实现全国婚姻信息联网，异地结婚是否指日可待。对于最后一个话题，主持人与三位嘉宾讨论并分享了网友的部分留言之后做出总结：实现异地登记结婚还需要时间，是否愿意通过数据库考察对方婚姻诚信状况，该不该去查，是每个人自由选择的权利。

不少电台开通的民生热线或政风、行风热线栏目，对涉及公众切身利益的热点、难点问题，往往邀请与问题有关的职能部门的负责人作为嘉宾，让听众通过热线电话与嘉宾直接对话，让嘉宾倾听群众的呼声与建议，对热点、难点问题进行必要的解释和说明，并就应该解决的问题做出承诺。河北省邢台电台的《行风热线》让市直近30个政府职能部门和窗口行业部门的负责人走进直播室，与听众交流对话，倾听群众的呼声和建议。山东省临沂电台的《行风热线》节目在开办仅三年的时间里就接听电话6 910个，其中咨询政策法规的有4 306个，反映问题的有2 604个，受众所反映的问题基本得到解决。而上海电台的《市民与社会》节目还曾开通市长热线、区长热线、县长热线、人大热线、政协热线，邀请市、区、县和市人大、政协的领导同志到直播室做嘉宾与市民真诚对话，相互交流，共同探讨市民们所关心的问题，在社会上引起强烈反响。节目还曾以“华东经济的联合”为主题就华东经济协作中如何减少各省市之间的碰撞与摩擦、发挥各自的优势、通过联合互惠互利地发展的问题邀请五省一市的省长和市长做嘉宾与上海市民谈感想、谈体会。节目的参与者积极踊跃，使节目获得了极大的成功。

从某种意义上说，广播新闻交流思想、服务公众的功能是广播传媒“喉舌”功能和“纽带”作用的进一步延伸，它使得广播新闻传播信息、舆论引导的功能得到更直接、更有效的发挥。再如，直通新闻第一现场、搭建民生公众平台的央广新闻热线的有效电话记录每天一般有200条左右，记者根据线索采访报道了多起群众利益受损的新闻事件，引起当地政府的高度关注，促进了问题的解决，树立了广播电台服务群众、服务社会的亲民形象，得到广大听众的认可。

---

① 徐雷. 电视谈话节目三题——定义·地位·类型.（2004-06-14）. http://www.oursee.com/html/2004-6-14/2004614190028.asp.

五、传播知识，丰富生活

美国学者 C. R. 赖特在《大众传播：功能的探讨》中，提出了大众传播的"四功能说"。他认为，大众传播并不是单纯的"告知"活动，传达的信息通常伴随着对事件的解释，并提示人们应采取什么样的行为反应。大众传播在传播知识、价值以及行为规范方面具有重要的作用。① 对社会大众的文化素质和人文精神的传输和教育，是新闻传播媒介的重要职责。② 作为大众传播媒介，传播知识、丰富生活是广播的职责。

有学者认为，新闻媒介每天报道的大量新情况、新经验、新思想和新成果，就是人们创造的新鲜的活的知识；新闻媒介的报道，既是在报道新闻，也是在传播文化知识。一般情况下，新闻信息"携带"着某些知识性的内容。传播知识、丰富生活是广播恒久不变的追求。在这方面，广播新闻则拥有独特的功能优势，因为收听广播新闻，既是在接受信息，也可以说是在接受某种知识，而且这种接受的过程是在不经意中完成的。广播新闻反映政治、经济、科技、文化、卫生、教育、体育等领域的方方面面，也为听众获取这些领域的知识提供了可能。

首先，新闻信息往往离不开新闻背景，新闻背景作为新闻事件发生的历史、地理环境与原因的说明材料，包含着一些知识性的内容。受众接触了新闻信息，也就接触了新闻背景中的有关知识。其次，新闻背景越来越受到重视，其作为独立的新闻体裁，要么与新闻信息捆绑播出，要么在《新闻背景》栏目中专门播出，这时，新闻背景中的知识介绍会更具体、更全面，受众在获取信息的过程中，自然会了解和掌握有关知识。大连电台在播发新华社的《"神舟号"飞船载人航天第一次飞行实验成功》消息的后面，配发了新闻背景《载人航天》，详细介绍了载人航天技术在我国和世界的发展概况，载人航天飞船的结构、用途以及人类太空探险的情况。显然，新闻背景给受众带来了许多航天方面的知识。而在2004 年初的禽流感报道中，许多电台在传递当地预防禽流感工作的动态消息时，对禽流感的来龙去脉都会交代得一清二楚。这样，受众无疑又多了一些禽流感方面的知识。最后，许多经验性介绍和报道重大发明、发现的新闻节目，有必要对经验以及发明和发现进行详细介绍，介绍的过程实际上也就是传递知识的过程。如安徽电台的《王广平和他的旱稻种植法》在介绍王广平其人的同时，对什么是旱稻以及旱稻的种植原理、技术要求也作了比较细致的介绍，收听节目无疑会增长农作物种植方面的知识。知识的增长过程是素质不断提高的过程，也是生活

---

① 郭庆光．传播学教程：第二版．北京：中国人民大学出版社，2011：101－102.

② 蔡铭泽．新闻传播学．广州：暨南大学出版社，2010：151.

不断丰富的过程。广播新闻以其独特的社会功能给人们提供丰富多彩的生活内容。

不仅如此，广播新闻在传递信息的同时，也会直接向听众传播知识。比如，在中央人民广播电台中国之声的《新闻晚高峰》《央广新闻》等栏目中曾报道，有网友质疑做眼保健操无法改善视力，专家接受采访表示，眼保健操重在保健，有助缓解疲劳，并非预防近视；2012 年 7 月，经历两次降息，理财产品收益降低，理财师提醒，投资者可优先购买固定利率的理财产品，兼顾理财收益与灵活性，可适当关注城市商业银行产品；一些男性市民在夏季为了图凉快在公共场所袒胸露臂，不但给女性市民带来困扰，也不利于健康，打赤膊时身体会吸收更多热量，人体会感觉更热，强烈的阳光还可能晒伤皮肤，造成皮肤病。因为人们多是在伴随状态下收听广播新闻，所以可以轻松便捷地获取丰富的知识和生活内容。

第三章　广播新闻的主导地位与传播要求

通过对广播新闻的社会功能的阐述与分析，我们进一步明确了广播新闻的性质和特点，更加充分地认识到我国的广播媒体是党和人民的喉舌，是党和政府联系群众的桥梁和纽带，也是社会主义新闻舆论的宣传阵地。社会的发展、时代的变革要求广播的传播理念不断革新，广播“窄播化”和频率专业化的发展使新闻广播、经济广播、交通广播、音乐广播、文艺广播、生活广播、体育广播等系列广播从传统单一的传播模式中分离出来，广播媒体出现了多元化的传播和竞争格局，广播的节目形式和节目形态也随之发生较大的改变。

我们也看到，在所有的广播内容中，受众对广播新闻仍然拥有非常高的热情。在开设系列广播的广播电台中，每一家都把新闻广播作为频率的品牌和亮点来运作和经营。广播新闻是广播事业的立业之本，“新闻立台”也成为多数广播电台的办台理念。广播新闻在广播传播领域的主导地位是不可动摇的。明确认识了广播新闻的主导地位之后，我们也需要了解，广播新闻的主导地位是怎样形成的？具体表现在哪些方面？广播新闻的传播有什么要求？本章所要解决的正是这些问题。

第一节　广播新闻主导地位的形成过程

广播新闻的主导地位并不是与生俱来的，它的形成有一个历史的发展过程。与以平面静态的文字和图片等作为传播符号的报纸不同，以有声语言为传播符号的广播，其声音的传真性和表现力使它更适合文艺节目的传播。那么，为什么广播新闻能取代广播文艺在广播所有节目内容中处于主导地位呢？要弄清楚这一问题，就必须对广播的发展历史作一番考察。世界上第一个广播电台——KDKA 广播电台诞生于美国，考察美国广播节目的发展历史，对问题的解释和说明更有代表性和权威性。美国的广播节目从 20 世纪 20 年代开始起步，30 年代逐渐成熟，到 40 年代走向辉煌，广播新闻主导地位形成的历史轨迹清晰可辨。

一、20世纪20年代：广播新闻处于附庸地位

1920年11月2日，美国匹兹堡的KDKA广播电台正式开播。KDKA广播电台被公认为世界上第一家广播电台，也是第一家商业广播电台。它开播当天播出的第一条新闻就是美国总统大选的消息，共和党候选人沃伦·哈定击败民主党候选人考克斯当选美国第29任总统，数千人从收音机中听到了这一消息。

应该承认，KDKA广播电台从诞生那天起就在新闻的传播方面发挥了巨大的作用，它不仅刺激了大量听众去购买收音机，而且引发了数十家广播电台在比较短的时间里在美国各地纷纷建立。KDKA广播电台每天播出的时间只有几个小时，起初的节目内容包括唱片音乐、交响乐、新闻公告、公共服务信息、教会活动、政治谈话，偶尔也播出听众自由表演的娱乐节目，新闻节目在整个播出的节目中只占很小的一部分，其他电台也是如此。

以1926年11月15日开播的全国广播公司（NBC）为例，该公司以100万美元收购了美国电话公司的WEAF电台，沿袭了WEAF电台与WJZ电台结伙联网的运作模式，从一开始就有两个节目系统，与WEAF台相连的称为“红网”，而与WJZ台相连的称为“蓝网”。红网偏重娱乐，实力相对较强，蓝网偏重新闻、严肃音乐和其他文化节目，两者互为补充，共同服务于全国广播公司，不再是过去那种相互竞争的关系。一个有趣的现象是，一旦蓝网节目拥有比较高的收听率，便很快被移入红网。由此可见，此时的广播更重视娱乐节目。

不仅如此，这一时期的广播电台基本没有自己的采编队伍，所播稿件一般由报纸或通讯社提供，毕竟新闻还不是电台播出的主要内容。因此，整个20世纪20年代，纵然广播媒体对美国社会的一些重要事件也做了及时的报道，如1928年赫伯特·胡佛和阿尔·史密斯的总统竞选以及查尔斯·林伯格1927年在华盛顿和巴黎之间驾机不间断飞行到达时的实况等，但是总体说来，广播新闻节目始终都在“跑龙套”，其附庸地位一直没有改变。

二、20世纪30年代：广播新闻地位迅速提升

20世纪20年代，尽管广播新闻节目的播出量比较小，但一些特别事件和突发性消息能及时在广播中播出，显示了广播新闻的魅力和价值，获得了广大民众的认可。1928年，内布拉斯加州林肯市的KFAB电台聘请《林肯明星报》的新闻编辑负责新闻广播，并引起了很多电台的效仿，使广播在新闻传播方面形成与报纸竞争的格局。

到了20世纪30年代，随着主题性板块节目如《杂耍之夜》《音乐之夜》《神话之夜》的推出，长达15分钟、30分钟、60分钟的广播新闻节目也开始出

现。1931年开办的《时代报道》节目，由《时代周刊》每周向广播电台提供戏剧形式的新闻，开创了公共事务报道之先河。这时，广播新闻因为传播速度快的优势变得日益重要起来，广播电台的广告份额也呈现不断递增的势头。面对广播电台的竞争，出于经济利益的考虑，一些报社、通讯社开始对广播电台实行新闻封锁，切断了向电台出售新闻的通道。报社、通讯社的这一做法，非但没有置电台于死地，反而激励了广播新闻的发展。

为了满足听众从广播中获取新闻信息的需求，许多广播电台开始培养自己的记者队伍。像全国广播公司和哥伦比亚广播公司（CBS）这样大的广播公司还建立了自己的新闻机构。1933年3月4日美国第32任总统富兰克林·罗斯福的"炉边谈话"则使得广播新闻的地位发生了质的变化。面对行将崩溃的美国经济和深感前途渺茫的美国人民，罗斯福总统选择了广播，决定发表广播演讲，直接向美国民众阐明新政，鼓舞民众士气，恢复民众的信心，以寻求民众的支持。他在入主白宫的头9个月通过广播发表演说就有20次之多。罗斯福的新政得到美国民众的拥护，进而挽救了处于危难之中的国家。

罗斯福的"炉边谈话"后，广播新闻的地位得到迅速提升。1935年全国广播公司开办了公众辩论形式的时事节目《美国城镇空中讨论会》，受到听众的欢迎。1937年俄亥俄河和密西西比河发生洪水，灾区的一些主要电台都中断了正常节目，播送警报并随时播报灾情信息，对救灾起到了重要作用。到20世纪30年代末，美国民众已经习惯通过广播这种媒介获取新闻信息了。1939年《幸福》月刊调查数据表明，70%的美国人把广播作为获取新闻的主要途径。

三、20世纪40年代：广播新闻的主导地位在战争中确立

20世纪30年代末，战争的阴影笼罩着欧洲。1938年春，德国军队进入奥地利，正在华沙组织《美国空中学校》节目的哥伦比亚广播公司记者爱德华·默罗马上取道柏林飞抵维也纳，并于3月12日发回第一篇报道战事的新闻。在1938年9月12日至29日为期18天的慕尼黑会议期间，他率领的报道小组又进行多次实况广播和现场报道，并就英法与德意法西斯妥协发回大量快讯和精彩评论。

1939年3月德军入侵捷克，接着又入侵奥地利、法国和欧洲其他国家。第二次世界大战爆发。为了让美国民众了解战争情况，爱德华·默罗和他的助手威廉·夏勒想方设法，克服困难，先后从欧洲五个国家的首都发回有关战争的报道，在美国民众当中产生了强烈的反响。尤其是威廉·夏勒1940年6月21日的现场报道《法德两国在贡比涅谈判》和爱德华·默罗开始于1940年8月18日的现场报道《这里是伦敦》系列，开创了广播新闻报道的新天地，成为世界广播界的美谈。

过去“欧洲人觉得广播应该是提供娱乐的——说真的，多数美国人过去也是这样看待这个问题的。叫美国新闻界保守派吃惊的是，通过电台来报道欧洲动荡不安的情况，非但不逊于登报，而且越来越行之有效”，美国记者威廉·曼彻斯特在他的著作《光荣与梦想——1932—1972 年美国社会实录》中如是感慨。不难发现，战争使广播新闻在欧洲人和美国人心目中发生了根本性的变化。不仅如此，战争期间，电台自愿接受政府所提出的节目自我审查，美国政府专门成立了以哥伦比亚广播公司的埃尔默·戴维斯为局长的战时情报局，对一些节目进行调整，几乎所有节目都围绕战争主题，主要是为了防止和杜绝有利于敌方的信息播出。在这种情况下，娱乐节目不得不让位于新闻节目。

由此可见，广播新闻在第二次世界大战中的作用举足轻重。战争给人类带来了灾难，却成就了广播，确立了广播新闻的主导地位。“二战”之后的美国广播，面对电视的竞争，开始了一系列的改革，诸如调频广播大量涌现，节目朝专业化方向发展，而且越来越细分化。电视时代的美国广播在新的媒介格局中变革，主要表现为受众细分化、频率类型化、节目形态格式化、服务本土化、节目市场化等①。如今，网络广播兴起，类型化电台多元发展，全新闻电台格式化编排，滚动播出，不断更新内容。移动收听的加强使广播仍处于平稳甚至逆势上扬的发展态势。

与美国的广播有所不同，我国的人民广播事业是在抗日战争的硝烟炮火中诞生的。1940 年 12 月 30 日延安新华广播电台的创立，是我国人民广播事业的开端。延安新华广播电台成立的目的是适应抗战和根据地发展的需要，主要任务是传达党中央的政令、文告，播报报纸和新华社提供的新闻，文艺节目很少。虽然此时的广播新闻只是作为报纸的“有声版”，但是从一开始就显现出了它的主导地位。在以后的发展过程中，中国的广播学会了“自己走路”，并逐渐壮大。如今，中国的广播事业已成为社会主义新闻事业的一个重要组成部分，广播电台也成为我国改革开放和社会主义现代化建设的重要舆论宣传阵地。

第二节　广播新闻主导地位的体现

通过对广播新闻主导地位形成过程的介绍和分析，我们加深了对“新闻立台”传播理念的认知和理解。在我国，各地各级广播电台都把新闻传播作为电台工作的重中之重，把做好新闻节目当成广播媒体的安身立命之本。为了强化广播

---

① 曹璐．广播新闻理念与实务创新研究．北京：中国广播电视出版社，2007：79.

新闻的主导地位，广播电台积极采取措施，在新闻频率资源的配置以及新闻节目的播出数量、播出时段的安排方面都做了大量的工作。

一、优化新闻频率资源的配置

广播根据频率可分为调幅广播和调频广播，因无线电波的波段不同，传播距离不同，其传播质量也有一定的差别。目前，国内对系列广播的频率资源配置中，新闻综合频率的节目一般享受“特殊待遇”，采用双频播出的方式，既通过调幅传输节目，也通过调频传输节目，而且调幅广播的发射功率普遍较大，所以新闻综合频率节目的传播范围广，覆盖面也很大。新闻综合频率之外的其他专业频率，由于受众的对象明确，专业化色彩较浓，多采用单频播出的方式，以调频广播传输为主，如交通广播、音乐广播、都市生活广播等。有些系列广播即使采用双频播出，调幅广播的发射功率也相对较小。因此，一般情况下，在国内任何一家广播电台的系列频率中，新闻广播的发射功率都要大于其他专业频率，覆盖范围自然远远超出其他频率。以安徽电台为例，其新闻广播的调幅发射功率为200 千瓦，调频发射功率为 10 千瓦，经济广播的调幅发射功率为 50 千瓦，调频发射功率为 1 千瓦，而音乐、交通、都市农村、生活、小说评书、旅游等专业广播只有调频发射，而戏曲广播只用调幅发射。为了进一步扩大新闻综合频率的节目覆盖范围，中央和各省级电台还在一些地方设立中继发射台以转播新闻广播的节目。安徽电台的新闻广播和经济广播节目在全省还通过 7 个调幅发射台转播，保证了节目在全省范围的有效覆盖。中央人民广播电台新闻综合广播“中国之声”通过卫星传输和采用中波、短波两种大功率的调幅广播传输节目，实现了以 1 950 个调频（FM）、461 个中波（MW）、132 个短波（SW）无缝隙覆盖全国，从而拥有了全国最庞大的广播听众群体，有效覆盖人群达到 14 亿人。①

曾几何时，一些省级电台还跟随电视一道通过通信卫星传输新闻广播的节目，所以这些省级电台的新闻广播又叫卫星广播，如广东、四川等电台的新闻广播都曾有过卫星广播的呼号。只是经过一段时间的尝试并没有达到理想的覆盖效果，因此卫星广播的呼号又恢复为新闻广播。不管成功与否，这一尝试本身还是说明了新闻广播的重要性。

不仅如此，为了强化新闻广播的科学管理和有序运营，各地各级广播电台往往让分管新闻的副台长或副总编担任新闻广播总监，全面监管新闻广播的业务，另设常务副总监全面主管新闻广播具体的业务运营。与此同时，许多电台还对新

---

① 数据来源：http：//www.cnr88.com/_ d271171458.htm。

闻广播的组织建制和管理层实行高配制。一般说来，新闻广播中层管理者的级别设置普遍高于其他专业广播的中层管理者。

当然，优化新闻频率资源的配置只是为广播新闻的有效传播提供了可能，要真正实现广播新闻的有效传播，还需要广播新闻工作者从受众的接受需求和广播新闻的传播规律方面下一番功夫，使新闻节目不但能“上天”，更能够及时落地。

二、确保新闻节目的播出数量

新闻广播的主导地位虽然不是单纯的数量概念，但“量”毕竟是不可忽视的标志，所以在加强新闻广播的过程中，各地各级电台几乎都把增加播出量和播出比重列为首要措施。在过去单一频率的综合广播传播模式下，与新闻有关的广播节目往往占总播出量的40%左右。应该说，这样的比例对广播新闻节目来说已不算小。即使在频率专业化的传播格局中，广播新闻的播出数量依然有增无减，因为任何一个专业广播都会在某个时间段适当安排新闻信息播出，也许信息的内容并不一定是传统意义上的“硬新闻”，即时政新闻和社会新闻，但是新闻本身并不是时政新闻和社会新闻所能涵盖的。当然，专业化传播要求专业广播的对象性十分明确。如果在音乐、生活、交通等专业广播中过多地安排新闻节目，势必会削弱频率的专业化特色。有鉴于此，以新闻为主打、以综合为特色的新闻广播理应从自身挖掘潜力，将新闻综合频率办出鲜明的个性特色来。早在2001年，山东电台便对新闻综合广播进行改造，实现由综合台向新闻台的转型。新闻和新闻专题类节目所占的比重由不足40%增加到64%，新闻类节目的总播出时间达到了12.5小时，形成了早晨以《新闻早报》《山东新闻》《新闻焦点》《关注质量》为主干的新与快的新闻类节目，中午以《今日聚焦》《农村天地》为代表的广与深的新闻杂志、新闻话题类节目和晚间以《全省新闻联播》《体坛风云》《田园晚风》《法眼看社会》为代表的活与专的新闻与新闻专题类节目构成的大新闻组合，而且《山东新闻》每天早晨在全台5个频率同时播出，新闻的播出数量基本得到了保证。

随着频率专业化和类型化广播的发展，目前，各地各级电台均开设了专门的新闻广播，而且新闻广播的综合性特征愈来愈被淡化，新闻的专业性特征日益凸显。2004年1月1日，中央人民广播电台第一套节目新闻综合频率正式改版为“中国之声”，标志着中央人民广播电台当时8套频率的节目全部实现专业化播出。中国之声持续进行改版创新，2008年以来，中国之声更是全面改革，不断革新传播理念，“板块+轮盘”的节目架构和全天不间断的直播形态，极大扩充了新闻报道的时空。中国之声全天24小时播音，而新闻节目直播时间从6点半开始，到24点结束，全天直播新闻时间达到了17个小时，加上凌晨录播的《昨日新闻重现》，新闻播出时间达到每天 18.5 个小时。从 2012 年中国之声的部分节目时间表就可以看出中国之声的新闻播出数量。

2012 年中国之声部分节目时间表

类型	时段	节目	播出形式
早高峰新闻板块	6：30—7：00	《新闻和报纸摘要》	直播
	7：00—9：00	《新闻纵横》	直播
新闻轮盘	9：00—12：00	《央广新闻》	直播
午高峰新闻板块	12：00—13：00	《全球华语广播网》	直播
新闻轮盘	13：00—16：30	《央广新闻（午后版）》	直播
新闻轮盘	16：30—18：30	《央广新闻晚高峰》	直播
晚高峰新闻板块	18：30—19：00	《全国新闻联播》	直播
	19：30—20：00	《央广新闻晚高峰》	直播
夜间特色节目	20：30—21：00	《直播中国》	直播
	21：00—24：00	《央广夜新闻》	直播
	2：30—4：00	《昨日新闻重现》	录播

上海东广新闻资讯广播的全天节目架构为“早晚新闻＋滚动新闻”，6 点至 9 点的《东广早新闻》和 17 点至 19 点的《东广时事特快》是早晚的大板块新闻；9 点到 22 点中有 20 分钟为一个单元的《东广滚动新闻》，每 20 分钟刷新一次，网罗时事、财经、民生、法制、体育、科技、教育、卫生、文化、娱乐等各个领域的新闻，在第一时间用海量资讯来满足国际大都市听众对于信息的渴求。上海东广新闻资讯广播全天新闻播出时长达到 16 个小时。北京电台新闻广播从 6 点的《新闻晨报》开始，到 23 点的《新闻故事》结束，除去短时段的其他节目，加上凌晨录播的《新闻 2012》，全天新闻播出时间达到 15 个小时。各省市的广播电台均设有多套频率，首套频率一般设置为新闻综合广播或者新闻资讯广播，其做法有一定相似性，不但确保新闻节目的播出质量，而且确保新闻节目的播出数量，其播出数量无疑是最多的。

三、安排最佳时段播出重要的新闻栏目

广播的收听率高峰时段是早间，主要出现在 6 点至 9 点时段，其次是 12 点前后和 18 点前后的两个时段。传统媒体时代，流行着这样一种说法：“早晨听广

播，白天看报纸，晚上看电视。”这种说法虽然不具有权威性，却也在一定程度上说明了受众的某种接受习惯。因此，为了突出新闻的主导地位，国内任何一家广播电台都把早间作为节目播出的黄金时段，同时将重要的新闻栏目集中安排在早间播出。如中央人民广播电台第一套节目改版后的中国之声在6：30—9：00时段，首先在6：30—7：00播出中央人民广播电台的王牌栏目《新闻和报纸摘要》，它是中国新闻栏目的经典品牌，也是全国电子媒体中最具权威的栏目之一；7：00—9：00播出《新闻纵横》，它是一档终身享有“中国新闻名专栏”荣誉的节目，每天两小时，追问新闻答案，聚焦昨日热点，提示今日重要事件，并继续保留舆论监督功能。两个节目的组合构成了中国之声早间节目的黄金收听板块。上海东广新闻资讯广播的重磅新闻资讯栏目《东广早新闻》，从早晨6点到9点分三档播出，三个时段在内容上略有不同，“六点档早新闻”风格偏重于浏览式、生活化，内容有东广快讯、服务信息、治安视点和报刊导读等；“七点档早新闻”风格较为庄重、大气，内容有今日要闻、上海新闻、国内新闻、体育新闻、国际新闻、新闻追踪、东方传呼和今日媒体传真等；“八点档早新闻”重播“七点档早新闻”，遇到重大、突发新闻随时插播。

不仅如此，对于一些重要的突发性新闻信息，广播电台会中断正常播出的节目进行插播。如2003年3月20日10时35分，伊拉克战争爆发，10时40分30秒，中央人民广播电台第一套节目就中断正在播出的《桑榆情》，插播伊拉克战争的消息。而对于那些特别重大的新闻事件，广播电台更是会专门开辟时间进行现场直播或作为特别节目进行全天候的大直播。像1993年北京申办奥运的《奥林匹克之夜》、1997年的香港回归报道、1998年的《抗洪热线》、1999年的澳门回归报道、2000年的《世纪之夜》以及2001年的《你好，奥林匹克》等都是中断其他节目的正常播出，专门开辟时间进行现场直播的。而2008年5月12日14点28分，四川汶川发生8.0级大地震，中央人民广播电台中国之声播出的抗震救灾特别直播节目《汶川紧急救援》，更是进行全天24小时直播。

上述三个方面无不说明国内的广播电台将新闻节目放在突出的位置，“新闻立台”的理念逐步得到实施。西方发达国家的广播媒体虽然专业化、窄播化和类型化的步子比我国走得更快，但广播新闻的主导地位并没有削弱，甚至有所增强。首届“韬奋新闻奖”获得者郭景哲曾研究指出了西方国家加强广播电视新闻报道的四种途径：增办新闻频道、增加新闻节目播出次数、延长新闻紧密播出时间、精心经营黄金时间的重点新闻节目。比如，法国把原来的国际电台改为向全世界连续广播的新闻台，哥伦比亚广播公司于黄金时间在电视频道和调频广播中同时播出新闻杂志节目《60分钟》。近年来，许多西方国家的全新闻广播在新媒体的冲击下，虽受一定影响，但依然较为“红火”。我们有理由说，广播新闻的主导地位在第二次世界大战期间被确立以后，发展到今天，在东西方任何一个国家都没有动摇过。

第三节 广播新闻的传播要求

广播新闻传播，既要遵循新闻的传播规律，又要符合广播的传播特点，这是由广播媒介的特性和新闻的特征决定的。广播新闻节目在具体的运作过程中一定要注重时效性、确保真实性、力求规范性、增强可听性，只有这样，才符合广播新闻的传播要求。

一、注重时效性

时效性是不同传媒在新闻传播方面的共同追求。但是广播传播的快捷性特征要求广播新闻的传播应该更加注重时效，积极发挥媒体优势，努力做到将新闻信息以最快的速度在第一时间传递给受众。新闻传播的根本在于一个“新”字，追求传播速度的快，其目的也是突出新闻的“新”。只有在传播速度的“快”字上做文章，新闻的“新”字才有可能得到保证，才能实现传播目的，达到传播效果。因此，它要求传播者以敏锐的眼光捕捉社会生活中的新人、新事、新风尚、新问题和新趋势，并迅速及时地传递给受众。当今社会传媒竞争几乎处于白热化的态势，各家媒体都使出浑身解数在新闻传播的“快”字上下功夫，如果稍不留神，手中的新闻可能很快就变成旧闻了。这是一个信息爆炸的时代，没有人会对一条旧闻发生兴趣。有人认为，信息时代的传媒竞争使任何一家媒体都很难在新闻的时效性上显现其优势。不要说这一说法是对广播的不公，正因如此，广播新闻的传播更应该注重时效，因为在同一起跑线上较量，如果不加油，就肯定落伍。实践证明，广播新闻传播的快捷性优势依然强劲。广播新闻充分发挥这一优势，在时效性方面下功夫，必将使自己拥有其他传媒难以企及的传播魅力。2003 年 3 月 20 日上午 10 时 35 分，伊拉克战争打响，中央人民广播电台中断正常节目播出，第一时间抢发了“美英军队开始对伊拉克实施军事打击”的消息。这条快讯从电波中飞出的时间是 10 时 40 分 30 秒，11 秒钟后中央电视台以字幕报出战争爆发消息，约 3 分钟后新华社的消息出现在发稿系统，8 分钟后中央电视台综合频道播出消息，在近乎白热化的媒体大战中，广播抢得先机。有资料显示，在伊拉克战争期间，中央人民广播电台委托央视市场研究有限公司与产品研究部在全国 36 个大中城市以计算机辅助电话调查（DATI）方法对受众进行专项调查分析，并形成《特别直播节目〈海湾零距离〉收听率调查报告》。与 2002

年同期调查相比，由于《海湾零距离》的播出，中央人民广播电台第一套节目听众规模增长幅度惊人，日接收率由2002年同期的2.4%跃升到10.1%；全国广播听众有35.3%为其听众，而2002年同期则是8.6%。无疑，《海湾零距离》的成功得益于直播节目快速反应所带来的时效性。2008年南方雪灾和汶川地震，中央人民广播电台中国之声推出《爱心守望，风雪同行》和《汶川紧急救援》特别直播节目，前方记者在第一时间现场报道灾情信息和救援情况，后方报道组把新闻时效和与之相关的应急反应作为第一追求，与前方报道组紧密配合，将灾情和救援的重要信息抢先播发。中国之声在2011年改版之后，时效性优势更加突出，在每个小时的新闻中设立"此时此刻"，由专职的"此刻主播"播报最新消息、媒体和网络热点热议，轮盘新闻中有连线记者第一时间在新闻现场发回的报道。上述的这些做法将广播新闻传播的时效性优势发挥到了极致。

当然，具有"喉舌"功能和"纽带"作用的广播传媒，在新闻传播方面应该替党分忧、替国分忧、替民分忧，在抚慰群众、稳定人心、化解矛盾方面发挥积极作用。所以广播新闻既要注重时效，同时也应该考虑时宜。一些突发性的事件虽然有一定的新闻价值，报道能引起社会反响，甚至能产生社会轰动，但是如果这种反响不利于社会、不利于人民、不利于事件本身的处理，就应该缓报甚至不去报道。即使报道，也必须建立在深入细致地调查和了解，对事件的发生有了全面认识和把握的基础上，根据突发事件的应急报道机制和相关新闻纪律进行报道。

二、确保真实性

事实是第一性的，新闻是第二性的，事实在先，新闻在后，新闻报道必须如实报道事实真相，客观反映事物的本来面目。一切新闻都必须真实，真实性是新闻的生命，是新闻事业的生命，也是新闻实现其社会功能的基础。

公众的社会生活是在一个有限的范围内进行的，要了解和掌握自身环境和外部世界的发展变化只有通过传媒提供的各种新闻信息。一般情况下，公众对传媒存在某种依赖性和信任感，凡是传媒发布的新闻信息，公众都会把它作为了解和认识社会的依据，作为他们生存和发展的参照。如果新闻在真实性方面不能有所保证，公众便会对广播传媒丧失信心，此时新闻不仅不能在传递政情、引导舆论、监督社会、传播知识方面发挥应有的作用，反而会给社会带来一定的不良后果。

由于广播具有传播范围广、渗透力强的特性，广播新闻传播更应该强调新闻的真实性原则。因此，广播新闻在具体的采制过程中应该首先确保所报道的新闻信息与客观事实相一致。广播新闻报道中的时间、地点、人物、事件、原因、经过等所有的新闻要素都要经得起核对，绝不能凭空推断，必须保证准确无误，查之有据。《中国广播电视编辑记者职业道德准则》规定，报道必须以事实为依据，不得编造新闻，不得歪曲和夸大事实，消息来源必须真实可靠，稿件中的声音、图像、文件摘录及其他材料，必须做到真实、准确、科学、统一；报道中采用的声音、图像均应来自新闻现场或与报道主题有关的采编活动，而非个人编造或拼接。美国全国广播公司 1995 年公布的《新闻报道政策》中也明确指出："新闻报道不能随意预料，妄加猜测，应当遵循全国广播公司办新闻节目的传统宗旨——准确无误和不偏不倚。"其次，广播新闻要全面地反映客观事实。这就要求广播新闻在真实反映具体事实的基础上对概况性的事实也要予以真实地反映，让受众能从所报道的新闻信息中了解事实的真实全貌。否则，容易犯以偏概全、以点代面的毛病，导致所报道的新闻信息给人一种不真实的感觉。再次，要将所报道的事实纳入同类事实的整体中去考虑，也就是说，广播新闻所报道的事实应该与同类事实的总体相一致，从事物的联系中把握新闻的真实。最后，从更高的层次要求，广播新闻还应该反映时代的真实，即把握时代的脉搏，让受众从广播电台新闻报道的连续性中看到时代的真实面貌，看到时代的主流。

强调新闻真实性的目的在于防止和杜绝虚假新闻。新闻并不是有闻必录、有录即报，因为客观事实包含表面真实和内在真实，表面真实可能是内在真实的直接反映，也可能与内在真实相去甚远，内在真实才是客观事实的本来面貌。新闻报道不光要反映客观事实的表面真实，而且应反映客观事实的内在真实。有家企业为一位 70 多岁的、曾对企业做出很大贡献的退休老工人塑像，电台的记者根据介绍将这一事实报道了出来。其实，这个企业的领导因经济问题正在接受检察院的调查，为掩人耳目，保护自己，他才为老工人塑像，并通过新闻炒作捞取政治资本。显然，电台报道的为老工人塑像只是客观事实的表面真实，而没有将捞取政治资本的内在真实挖掘出来。当然，内在真实的开掘过程是新闻报道的转化过程，它需要记者进行一番创造性的劳动，比如精心策划、深入采访、刻意取材、认真打磨等诸多工序，从而使各个零星的、不同层面的具象，以及个别的体验和感受集中起来成为整体形象。这样的新闻报道比起客观事实来，面目更清晰、形象更生动、定位更准确、主题更集中、价值更突显。因此，客观事实的表面真实与内在真实之和称作"原始真实"，以原始真实为依据经过提炼、加工后所得的真实称作"新生真实"或"再生真实"。无疑，新生真实或再生真实才称得上真正意义上的新闻真实。

近年来，中外媒体的假新闻层出不穷，广播媒体也不例外。2012 年 1 月 6

日，美国全国公共广播电台《美国生活》播出39分钟的新闻节目《戴西与苹果工厂》，报道苹果代工厂中国富士康为“血汗工厂”。节目中报道中毒工人手臂颤抖到无法握住杯子；12岁的童工每天重复同样的动作数千次以致关节变形；工厂有持枪保安人员；宿舍不但拥挤如棺材，还遍布监视器等。然而这一“震撼性”的新闻节目竟是不折不扣的假新闻，在节目中讲述富士康工厂见闻的戴西是一名百老汇演员，他时隔两个月之后承认，并没有见过中毒工人，童工的年龄是“猜”的，有些内容经过添枝加叶。他说：“我的作品是戏剧的呈现，而非新闻报道。”《美国生活》称报道中存在捏造事实的成分，决定撤销对苹果代工厂富士康的报道。

美国全国公共广播电台假新闻的案例，应该引以为戒。广播新闻要全面地报道客观事实，要在真实报道具体事实的基础上，对细节事实予以真实反映，让受众能从报道的新闻信息中了解事实的真实全貌，否则，容易犯以偏概全、以点代面的错误。

三、力求规范性

规范性是广播新闻恒久不变的追求。规范性是指广播新闻节目的采、编、播、制各个环节都应该按照既定的规矩和标准进行运作，是对广播新闻节目实践操作过程中的一种技术上的规定和要求。这种规范化的运作能够增强听众对新闻节目的满意度，同时在一定程度上也赋予了广播新闻某种权威性。为提高广播新闻的传播质量、强化新闻节目的传播效果，广播新闻节目，尤其是谈话类新闻节目应该进行认真的策划与设计，在话题的选择，嘉宾的邀请，短信、微博和微信内容的选读，主持人语态的使用等方面都要有完整的思路和具体的目标，进行充分的酝酿和认真的准备，在规范化运作方面下功夫。

在传统的单向性传播模式中，录音播出的广播新闻在采、编、播、制的每个环节都非常注重节目的规范化运作，但是单向性传播模式使得广播新闻一直处于“我播你听”的传播状态，既不符合受众的接受心理，也不适应受众对信息的接受需求，所以广播新闻传播曾一度遭遇冷落，身处逆境。1986年，珠江经济广播电台本着“大众型、信息型、服务型、娱乐型”的办台方针，率先实行以新闻、信息为骨架，以大时段（大板块）节目为肌体，主持人直播，听众以多种形式参与、双向交流的传播模式，被称为“珠江模式”。“珠江模式”引领中国广播的全面改革，给沉寂多年的广播注入了生机，背着沉重包袱的“弱势媒体”又重新挺起了自信的腰杆。如今，有主持人、大板块、直播化的节目形态构成了广播新闻传播的主要格局。

经过改革创新的广播节目，适应了听众的收听习惯和互动需求，但目前的一些新闻谈话节目，呈现出一种轻松活泼有余、严肃规范不足的倾向，或节奏不明快，或整体不和谐，或思想浮浅，或形式单一。一些节目的主持人综合素质较低，或者嘉宾的水平不高，或者不注重与听众的互动交流。此类节目总体质量明显不高，虽然给受众创造了平等的接受空间，但是无法给受众带来更多的思想启迪和美感享受。

为了杜绝新闻谈话节目中的不规范现象，首先，节目制作者应该严把选题关，要选择较为典型并能引起社会反响，同时又适合广播讨论的话题。2001 年中央人民广播电台第一套节目新闻综合广播开办的大型午间谈话栏目《午间一小时》在具体的运作过程中就严把选题关，以体现国家电台的导向性和权威性。虽然该栏目在新闻综合广播频率改版后现在已不复存在，但是他们的做法值得借鉴：①保持高品位，不猎奇，充分作好解疑释惑的工作；②牢牢把握主旋律，充分利用谈话体的形式和节目的大容量，积极配合重点工作；③积极调整话题角度，加强节目的可操作性和可听性。其次，应该邀请与节目所讨论的话题有密切联系的专家、学者、政府职能部门的官员以及事件的亲历者和知情者做嘉宾。《午间一小时》栏目就“要求每一个编辑对自己邀请的嘉宾要做到政治背景清楚、学术倾向清楚、主要观点清楚，以保证所请嘉宾背景可靠、权威性强、观点有代表性”。当然，所邀请的嘉宾最好应具有比较强的语言表达能力，因为嘉宾的语言表达如何直接影响节目的质量。再次，由于受众的职业、年龄、性别以及知识水平和文化层次不同，对节目所讨论的话题也会持有各不相同的观点和看法，有的适合播出，有的则不宜播出。因此，节目的导播或编辑人员要根据主题的表现需求对参与者的热线电话或手机短信进行筛选、过滤或适当的编辑。这样才能使节目获得理想的播出效果。最后，新闻谈话类节目对主持人的要求不仅仅是能说会道、出口成章，关键在于能够驾驭整个节目。主持人在进入主持状态之前就应该对节目有一个整体的把握，然后在控制节目节奏的基础上，再根据具体情况对节目的气氛进行适当的调节。只有成功地把握节奏，才能实现节目既定的目标。[①]

目前，中央人民广播电台新闻谈话类节目的运作依然保持良好的传统，在节目话题的选择上，多选择听众比较关注而又相对轻松活泼的社会热点话题，这样能引起听众的收听兴趣。如 2012 年 7 月 15 日 21 点至 22 点的《央广夜新闻》中，主持人方亮与特约评论员张天蔚、白杰戈讨论了以下四个话题：长春一连锁

① 高岩．如何确保谈话节目的质量——中央台《午间一小时》运作规程初探．中国广播，2001（5）．

超市贴“通缉令”，公开小偷照片，悬赏万元，超市有没有权利将小偷照片公之于众？第六版《现代汉语词典》今天发行，收录“宅男宅女”，为什么未收录“剩男剩女”？合肥两高中“天才班”昙花一现，诞生一周便夭折，原因是否在于与教育政策不符？扎堆献爱心，大学生慰问养老院，老人称学生唱歌让人头痛，纷纷退场，好心为啥也会办坏事？在主持人掌控之下，节目在主持人、嘉宾和听众多方的热烈讨论中发挥着为听众解疑释惑的作用。

四、增强可听性

收听率的高低是衡量广播新闻传播效果的主要标志。收听率高表明传播效果好，收听率低表明传播效果差。广播新闻若要充分地发挥“喉舌”功能和“纽带”作用，必须强调传播效果，因为好的传播效果是广播新闻社会功能得以有效发挥的前提和基础。广播新闻即使导向正确，但是如果节目枯燥无味，没有说服力，不能吸引人，那么导向正确就只能是一句空话，发挥不了作用。因此，增强节目的可听性是广播新闻有效传播的必由之路。

用声音传播信息，是最原始也是最便捷的方式。广播借助电波的力量，通过声音单信号通道即时传播信息，如果声音显得呆滞乏味，不能传达有效内容，听众自然不会收听。僵化、公式化的语言，陈旧、固有的表达模式，冷漠、缺少人情味的风格式样，弱化了信息的真实力量，拉大了与听众的距离，必然会削弱传播效果。[①] 客观地说，过去那种千篇一律的会议报道、四平八稳的领导人活动报道、让人怀疑的典型报道、夸夸其谈的成就报道以及令人生厌的重复报道如今已有所减少，但是时而还会在广播新闻节目中出现。在当今这样一个信息爆炸的新媒体时代，受众对这样的新闻是不予理会的。解决问题的办法应该是转变观念，更多地想一想受众的接受需求，进一步地研究受众的接受心理。

广播界同仁曾着重从新闻内容的选择与安排上为新闻节目的可听性献计献策：①减少领导人一般活动、工作会议的新闻报道，增加讲述领导人或政府机构解决实际问题的背景、措施、做法、时效以及民众反馈的报道；②减少空洞宣传，增加重大政策、法规、措施的出台和背景以及对社会经济生活和各个阶层人们产生实际影响的报道；③减少从工作角度出发和单纯从政治理念出发的报道，增加讲述来自现实生活和经济领域的鲜活事件、反映重要动态信息的报道；④减少单纯经济角度的报道，增加社会、生活、科技、文化等多领域的报道，并将这些报道按照其价值摆到主打新闻栏目重要、突出的位置；⑤减少综合性、行业

---

① 胡占凡．努力创新，提高舆论引导能力．中国广播，2009（2）．

性、地域性的报道，增加事件性、社会性、趣味性、曝光性和追踪性的报道。当然，仅有这些是不够的，形式创新也是增强广播新闻可听性的必要手段。因此，广播新闻还应该在节目的口语化方面做文章，用简洁、直白、生动的语言，让听众愿意听、能听懂，轻轻松松地从广播中获取新闻信息。同时，尽量采用突出广播特点的录音报道等形式，直接把听众带入新闻现场，让他们有身临其境之感。而且，要摆脱“宣传腔”，变播新闻为“说新闻”，注重节目语态的亲切自然，因为“说新闻”形式的新颖和亲和力以及主播个性色彩的凸现在很大程度上能够满足当前听众的收听需求。

第四章　广播新闻节目的分类与播出

广播新闻的传播是通过具体的节目制作与播出进行的。广播新闻节目的制作与播出如同工业产品的生产与销售，只是与工业产品的生产流程和销售目的不一样罢了。工业产品是为了满足人们的物质需求，广播新闻节目则是为了满足人们的信息需要。人们习惯把广播新闻节目称作“信息产品”，就是这个道理。工业产品有许多不同的种类，作为“信息产品”的广播新闻节目同样拥有多种多样的类型；工业产品有多种多样的销售办法，作为“信息产品”的广播新闻节目同样拥有不同的播出方式。探讨不同类型节目的特点，研究不同播出方式的优势，对于广播新闻的有效传播具有一定的意义。

第一节　广播新闻节目的基本类型

长期以来，广播新闻节目的分类一直是仁者见仁，智者见智。有的按功能划分为新闻节目、新闻专题节目和新闻杂志节目；有的按内容构成划分为综合新闻节目、专题新闻节目、特别新闻节目、对象新闻节目、特别新闻节目；有的按播出时段划分为重点新闻节目、一般新闻节目、整点新闻节目、半点新闻节目；有的按制播方式划分为直播新闻节目、录播新闻节目、现场直播新闻节目和大直播节目；还有的按采录方式划分为口播新闻节目和音响报道新闻节目。不同的分类角度和分类标准往往会得出不同的分类结果。应该说，每一种分类都有其合理性，但每一种分类又难免有一定的局限性。为了把复杂的问题简单化，我们综合国内各类新闻奖评选活动中关于广播新闻作品参评项目的规定和要求来划分广播新闻节目的基本类型。

一、广播消息

广播消息是指运用电波传送的声音，迅速及时、简明扼要地报道新近发生或正在发生的新闻事实的广播新闻样式。狭义的广播新闻往往被认为是广播消息，这是一种约定俗成的观点，因为广播消息在广播新闻传播领域应用最为广泛，最能体现广播新闻迅速快捷的传播优势，也最能吸引受众。“以快见长、先声夺人，短小精悍、言简意赅，结构简单、主线单一”等是广播消息的主要特点。

一般说来，按照不同的标准，广播消息可以分为以下几种类型：

1. 长消息和短消息

广播消息分为长消息和短消息，根据国内各类新闻奖评选关于广播消息的评选规则和要求，1 分 30 秒以内的为短消息，1 分 30 秒至 4 分钟的为长消息。当然，这种划分不是绝对的，当重大的新闻事件发生时，广播消息突破这种时间限制的现象时有发生，比如，报道党代会以及人大、政协两会的开幕式和闭幕式或者国家领导人重要外事活动的广播消息，时长常常会远远超出 4 分钟。

2. 口播的文字消息和录音消息

根据音响标准划分，广播消息还分为口播的文字消息和录音消息。一般来说，广播消息中无音响的称口播的文字消息，有音响的称录音消息。口播的文字消息是传统的“报纸有声版”的延续，但是语言的浅近自然、通俗易懂与报纸的新闻消息又存在一定差异，所以在目前的广播新闻节目中，这一类型的广播消息还常常出现。而录音消息则往往表现为一种“解说加音响”的形态特征。其中，解说一般由记者写作完成，播音员将解说文本变成有声语言。录音消息比较能够体现广播特色，所以是广播新闻普遍采用的一种报道方式。

3. 现场报道

录音消息除了一般性的“解说加音响”的类型，还包括记者从新闻现场发回的现场报道。而现场报道虽然属于录音消息的范畴，但它是记者在新闻现场边采访、边叙述、边录制的报道，与一般的录音消息呈现方式明显不同，所以将其作为一种独立的消息类型。其实，现场报道按播出方式还可以分为直播类的现场报道和录播类的现场报道。直播类的现场报道由于需要记者把握最佳新闻发生的时机、具备灵活敏锐的应变能力和出口成章的现场表达能力，对记者的新闻素质要求很高。同时因为需要中断正常播出的节目插播播出，所以在日常播出的新闻节目中直播类的现场报道非常少见。2001 年 7 月 13 日北京时间22：06，莫斯科时间18：06，当决定 2008 年奥运会举办权的国际奥运会第 112 次全会进入最后阶段时，中央人民广播电台记者陈建奇在投票现场所做的《漫长的瞬间》就是一篇著名的直播类现场报道。该消息记录了投票结果宣布前焦急的等待和宣布后欢乐的盛况。而录播的现场报道虽然也是记者在现场一次性完成的，但是事后可以进行剪辑处理，相对来说比较容易把握，所以在日常的新闻报道中比较多见。

4. 连线报道

这是广播节目形态变革后出现的一种新型新闻报道形式。它由记者在新闻现场将自己的所见、所闻、所感通过电话与直播室的主持人直接交流，将新闻信息在第一时间传递给听众。之所以将连线报道归入广播消息，是因为虽然连线报道的呈现方式是记者在与主持人一问一答的相互交流中传递信息，但是新闻事实本身能在较短的时间里得到有效传递，广播消息中的“5 个 W”也相对完整。而且直播化的播出方式往往使连线报道更能体现广播新闻的时效性，所以目前在日常播出的新闻节目中比较常见，尤其是在大直播中运用较多。

5. 简讯

广播消息还应该包括简讯和一句话新闻。简讯又称短讯、简明新闻。它要求用最快的速度和最简短的文字，将新闻事实简明扼要地报道出来。有时报道重大突发事件，为了争取时效，必须把稿件写得很短，这类简讯又被称作快讯。另外在报道内容不太重要的新闻时也采用简讯的形式。其特点是短小精悍、传播迅速，作用在于报道突发性事件、利于受众吸收获取更多新闻信息、有利于扩大报道面。简讯有利于节目扩大信息量，所以目前国内不少电台在消息类新闻节目中常常用简讯的形式发布信息，但通常与长短消息结合起来播出。

6. 一句话新闻

一句话新闻即运用一句话，采用标题新闻的语言表达形式，完成一篇新闻稿件的报道任务。一句话新闻要能够揭示新闻事件核心内容，要求有必要的时间、地点、人物、事件，使人一读就明了谁干了什么事情或什么事情怎么样，一般常用主谓句。形式上，一句话新闻可以是单句，也可以是复句，一般情况下以单句为主；内容上，一句话新闻往往能够严格而完全地反映新闻事实，以尽可能少的语言表达尽可能丰富的新闻内容。

二、广播新闻专题

新闻专题过去被称为新闻专稿。由于新闻专稿主要是用来指称报纸专题报道的一种称谓，所以新闻专稿的说法在广播中目前已很少出现了。新闻专题是一种可以使用叙述、描写、议论、抒情、音响、访谈等多种手法制作的新闻节目样式。新闻专题对时效性的要求并不像广播消息那样高，但是它必须具有新闻性，同时要有深度。它不是消息的拉长也不是消息的组合，因为新闻专题往往围绕某一主题，对一些具有普遍社会意义的新闻事件或具有典型意义的新闻人物进行深入、细致的报道和评说，以揭示隐含在新闻事件或新闻人物身上的社会价值。新闻专题具有以下三个特点：一是主题开掘深刻，揭示事物本质，反映客观事物的内在规律性；二是用形象说话，在用事实说话的基础上，注重形象描写；三是表达方式多样，形式更加活泼。在文字表达上，除了叙述、描写之外，还可以有适当的议论和抒情；在广播手段方面，可以使用音乐、音响、访谈录音、听众参与、短信互动等多种方式。[①] 新闻专题属于深度报道，即将新闻事件放在特定的历史背景和时代背景之下，对新闻事件进行思辨性的剖析，进而给人们规律性的启示。一般来说，新闻专题类节目包括以下几种类型：

1. 广播通讯

一般认为，广播通讯是广播新闻中的一种比广播消息更详尽、具体、形象地反映客观实际、表达思想情感的报道形式，但不是拉长的消息。它是通讯体裁与广播的传播特点相结合的产物。通讯是我国各种新闻媒介共用的新闻体裁。这种体裁综合运用叙述、描写、抒情、议论等表现手法，可以多侧面、多层次、生动形象地报道人物、事件或问题，具体深入地反映人物的成长和事物的发生、发展过程，揭示人物的精神风貌和事物的本质等。由于广播通讯是从报纸通讯中逐渐脱胎和演进而形成的一种新闻节目样式，所以其一般特点与报纸通讯基本相同，不同之处在于广播通讯运用有声语言和实况音响进行新闻报道，更加富于形象性、现场感和亲切感。

广播通讯分为录音通讯和口播的文字通讯两种。它要求比报纸通讯主题更集中明显，材料更精当简洁，脉络更单纯清晰，以符合听众的收听要求。过去，受“报纸有声版”思维的影响，口播的文字通讯在广播新闻节目中还常常出现，但是伴随着广播新闻的不断革新，为了体现广播特色，目前录音通讯越来越多，口播的文字通讯逐步退出广播舞台。

2. 广播特写

广播特写源于报纸的新闻特写，是新闻特写的广播化呈现。由于追求篇幅的短小，目前，以广播特写方式呈现广播消息的案例比较多。不过，按照惯例，广播特写归入广播新闻专题。新闻特写往往是截取新闻事实的横断面，抓住富有典型意义的某个空间或时间，通过一个片段、一个场面、一个镜头，对新闻事件、新闻人物或新闻场景做出形象化报道的一种有现场感的生动活泼的新闻体裁。新闻特写以描写为主要表现手段，并通过描写对截取的新闻事实的横断面做形象化的再现。新闻特写主要有事件特写、人物特写和场景特写，事件特写以写事为主，人物特写以写人为主，场景特写则再现具有典型意义的场面。因此，广播特写是广播媒体通过截取新闻事件、新闻人物或新闻场景中最典型、最富特征的侧面或片段，借助实况音响和具体形象的描绘来再现新闻事件、新闻人物或新闻场景的一种节目样式。欧洲广播特写之父布朗认为，广播特写既是新闻，也是艺术。广播特写的内容一定是真实的，形态却是艺术化的，从而使节目具有强烈的

---

① 曹仁义．新闻专题的结构．中国广播，2010（6）．

吸引力、想象力和感染力，使所要传达的内容能够更有效地到达听众心里。[①] 这一说法是有道理的。

3. 广播新闻调查

有研究者认为，新闻调查是记者就某一新闻事件、某一社会问题进行深入的调查采访，并把调查采访的过程、情况及结论告知受众的一种报道形式。它往往揭示新闻事件和社会问题的本质，寻觅其中带有规律性的东西，并从中找出经验教训。因而，它的针对性和指导性都比较强。新闻调查分为揭露性报道和调研式报道。[②] 广播新闻调查则是广播记者就某一新闻事件、某一社会问题进行深入的调查采访，并通过广播把调查采访的过程、情况及结论告知听众的一种报道方式。与其他媒体的新闻调查一样，广播新闻调查具有"受访者人数较多，角色不同""关注事件背后的原因"和"调查百姓聚焦热点"等特点。但是与报纸媒体不同的是，广播新闻调查在还原新闻事件真相的过程中更多地利用实况音响来呈现，所以能够给听众更真实、更客观的感觉。当然，声画合一的电视媒体在新闻调查方面具有更大的优势，所以新闻调查报道通过电视媒体呈现出更加富有影响力和冲击力的特点。也正是因为如此，中央电视台的《新闻调查》才能成为经久不衰的名牌栏目。

4. 广播新闻专访

新闻专访是记者就新闻事件、新闻人物和某些具有新闻性的社会问题和社会现象进行专题采访的报道形式。新闻专访根据内容的不同分为人物专访、事件专访和问题专访。人物专访是为报道新闻人物的活动、思想和理想而做的专题采访；事件专访是为报道某一新闻事件的来龙去脉而做的专题采访；问题专访则是就某一社会热点、难点或焦点问题对权威人士或代表性人物进行的专题采访。新闻专访讲究内容的详尽丰富，往往运用多种表达方式以追求报道的生动性和感染力，所以记述性的语言在报道中占一定比例，但是主体内容还应该是记者与采访对象交流对话的内容。广播新闻专访是新闻专访的广播化呈现。在这里，记述性的有声语言和记者与采访对象交流对话的实况音响在相互交叠中共同构成完整的节目形态。

在过去的录播状态下，广播新闻专访是比较常见的一种专题样式，但是当直播化的播出方式普及推广以后，新闻访谈节目应运而生并活跃于广播舞台上，广播新闻专访便随之减少起来。

---

① 李宏．广播特写，用艺术的形态表达真实的内容．中国广播，2012（3）．

② 傅洪明．浅论新闻调查报道采写技巧．新闻研究导刊，2011（2）．

三、广播新闻评论

广播新闻评论是借助有声语言和实况音响对新闻事件、新闻现象或社会问题发表看法、表明观点的一种节目样式。广播新闻评论强调新闻性、政论性和社会性，其特点可概括为三个字：短、浅、软。短是指广播新闻评论的形式短小精悍；浅是指广播新闻评论的内容通俗浅显；软用于形容广播新闻评论的说理艺术，也就是讲究宣传策略、宣传方式和方法。①

广播新闻评论是借鉴报纸评论逐步发展起来的一种节目样式。其中的一些样式至今依然沿袭报纸的评论方式并偶尔出现在新闻节目中，如本台评论、本台评论员文章、本台短评以及编前话和编后话等；有的评论样式则表现出广播鲜明的个性化特征，如广播谈话、广播录音评论、广播录音述评和互动性的新闻评论。广播谈话过去在新闻节目中曾出现过，随着广播新闻节目的改革与发展，广播谈话这样的节目样式如今已难以见到。目前，比较活跃的广播新闻评论样式是广播录音评论、广播录音述评和广播互动性新闻评论。

1. 广播录音评论

广播录音评论是广播媒体适应广播新闻节目改革而出现的一种新的新闻评论样式。新闻评论节目往往依托最新发生的新闻事件、社会现象，就公众普遍关心的社会问题进行深入的调查采访，以音响素材为依据，通过对新闻事实的客观评论发表记者的观点和看法，从而达到解疑释惑、引导舆论的目的。广播录音评论肩负着报道与评论的双重使命，所以它比较注重时效性和政论性。但是，相较于广播录音述评，广播录音评论介于报道和评论之间，更加注重评论，报道成分只占很少比重，所以整个节目会显得说理性很强，政论化色彩浓厚，对听众而言接受起来相对困难。

2. 广播录音述评

为了激发听众对广播新闻评论节目的兴趣，达到“硬”评论“软着陆”的目的，广播录音述评应运而生。广播录音述评是介于新闻和评论之间的一种融叙与议于一炉、合事与理为一体的节目样式，兼有新闻与评论的作用。广播录音述评不只是通过实况音响和有声语言的有机结合来报道新闻事实，还需要对事实进行必要的分析、解释，或者对某种形势、某个具有普遍性的问题发表意见和看法。广播录音述评可以及时剖析新闻事件，揭示事物或形势的特点、本质和趋向，用以指导实际工作，达到启发、引导受众的目的。因此，广播录音述评往往

---

① 陈珺．广播评论需紧跟时代脉搏．青年记者，2014（7）．

是评述结合、以评为主，述中有评、评中有述，由述而评、以评统述。也就是说，尽管广播录音述评中述的成分占有较大比重，但是述依然是为评服务的，述往往发挥着论据的作用，而评则发挥着论证的作用。目前，在广播传播领域中，广播录音述评以其客观性、公正性、尖锐性、深刻性越来越受到人们的欢迎，逐渐占据着新闻评论类节目的主导地位，并已成为广播电台进行舆论监督的重要阵地。

3. 广播互动性新闻评论

广播互动性新闻评论是一种利用热线电话、手机短信以及新媒体平台中的微博和微信等让听众和权威人士参与广播节目，就主持人在节目中设置的某一新闻话题展开讨论并发表个人观点和看法的新闻评论样式。广播互动性新闻评论只有在直播化的播出状态中，经由节目主持人的引导和把控才能有效进行。因此，主持人在节目行进过程中起着主导作用。由于参与互动的听众观点不一，看法各异，所以广播互动性新闻评论不像广播录音评论和广播录音述评那样系统和完整，也没有一个统一的观点和看法，“碎片化”的形态特征比较明显。听众在收听节目时一般会调动自己的理性思维，综合参与者的各种观点，最后形成自己对新闻话题的理解和看法。目前，在中央人民广播电台中国之声中，互动性新闻评论节目较为常见。

四、广播连续报道、系列报道和组合报道

从节目样式看，广播连续报道，系列报道和组合报道均不属于独立的新闻节目形态。因为连续报道的形态类似于广播消息，系列报道的形态类似于新闻专题，而组合报道更是集广播消息、新闻专题和新闻评论等节目样式于一身。但是，广播连续报道、系列报道和组合报道又具有各自的特点和质的规定性。其共同点是每一种报道都是由多篇报道组合形成完整的报道内容。因此，人们通常将这几种报道形式归入一类进行介绍和说明。其中，连续报道和系列报道的说法出现较早，组合报道的说法是伴随着中国新闻奖奖项的设置出现的，只是近年来才进入人们的视野。

1. 连续报道

连续报道指就某一新闻事件的发生、发展、变化以及最后得出结果的全过程，以多篇新闻报道的形式进行连续性追踪报道的形式。每次报道虽然独立成篇，但是每篇报道一般都根据事件的发展进程展开叙述，并详细交代新闻背景。它是前一篇报道的继续，也是后一篇报道的开始。连续报道时效性较强，而且能够激发受众的收听欲望，具有一定的可听性和欣赏价值。从已有的节目来看，连续报道可以是口播的文字报道，但是它难以体现广播特色，容易给人“报纸有声

版”的感觉。因此，目前各地各级电台推出的连续报道都会根据节目需要加入一些实况音响。

2. 系列报道

系列报道节目围绕某一主题对某个新闻事件、新闻人物或社会热点进行全方位、多侧面、多角度、深层次的多篇报道。每篇报道都有一定的独立性，但是它所反映的人物或事件必须与整个报道的大的题材有联系，而且每篇报道所要表现的主题应服务并服从于整个报道所要揭示的中心主题。系列报道一般是为了配合党和政府的中心工作，经过前期的精心策划、充分酝酿、慎重选题和深入细致的调查采访以及反复推敲节目文本后才投入制作播出的。系列报道涉及面非常广，时空跨度比较大，对事实的分析阐述也很有力度，是典型的深度报道。如今，口播的纯文字系列报道较少出现在广播传媒中，系列报道基本上都是音响报道。

3. 组合报道

组合报道是围绕同一主题，针对某一新闻事件、新闻现象和新闻人物在同期节目中的同一专题内播出的不同样式的新闻报道。相对于连续报道和系列报道，组合报道中单篇的独立性更强，因为连续报道和系列报道中的单篇内容虽然有所不同，但是节目样式是一致的。而组合报道中的各个单篇不仅在内容上存在差异，而且节目样式也各不相同。

五、广播新闻访谈

广播新闻访谈节目是目前流行于广播媒体中的一种节目样式。在节目中，主持人与嘉宾围绕某一话题，就当前社会上的热点、难点、焦点问题，或者社会公众最为关心的新闻事件或新闻人物进行讨论，发表观点和看法。与广播新闻专题节目中的新闻专访不同的是，广播新闻访谈节目中的主体内容是主持人与嘉宾的交流与对话。也就是说，节目所表达的主题和思想主要是通过主持人与嘉宾的交流与对话完成的。当然，节目中也会适当穿插一些旁白性解说，但是其基本功能是承上启下和强化节目的层次与节奏，所占的比重较少。

广播新闻访谈节目有录音播出和直播播出两种类型。直播播出的广播新闻访谈节目往往开通热线电话以及利用手机短信和微博、微信等新媒体平台给公众创造即时参与讨论的机会。若参与者对话题中所涉及的一些问题不太明白，可以即时向嘉宾提问，让嘉宾作答，也可以对话题发表个人的意见和看法。嘉宾往往是与节目话题有关的专家、学者、政府职能部门的官员、新闻事件的亲历者和知情者。直播播出的新闻访谈节目最能体现广播媒体的互动性传播优势，而且主持人亲切平和的主持风格也具有一定的亲和力。因此，此类节目深受社会听众的欢迎。录音播出的新闻访谈节目比直播播出的新闻访谈节目精致，但是无法与听众进行即时互动。

六、广播新闻现场直播与“大直播”

广播新闻现场直播是指广播媒体利用电子信号把新闻现场的声音直接发送并同步播出的节目形式。它在传播新闻事件发展变化的同时，同步传输记者的现场报道、播音员或主持人的现场描述或背景介绍，集报道新闻、提供知识、分析事态于一体。有专家认为，广播新闻现场直播应注意三个“为主”，即“新闻现场为主，新闻事件为主，直接播出为主”。[①]

广播新闻现场直播早期被称作实况广播或实况转播，就是将某一新闻事件发生发展的全过程通过广播的传递方式完整地呈现给听众，一般用于节日庆典、纪念活动、体育赛事和各类大型会议的开幕式、闭幕式等。随着广播传输方式的革新和现代通信技术的进步，广播新闻现场直播关注的新闻事件逐渐向新的领域拓展，一些突发性的新闻事件尤其是重大的灾害性新闻事件也往往会通过广播新闻现场直播方式呈现。不过，由于突发性的新闻事件具有某种不可预知性，不像节日庆典、纪念活动、体育赛事和各类大型会议的开幕式、闭幕式等在一个预设的完整的流程中展开，所以此类现场直播已经不是传统意义上的现场直播，而是所谓现代意义上的“大直播”。

“大直播”依然属于现场直播的范畴，但是与传统意义上的现场直播在传播方式上又有一些不同。如果说传统的实况广播只是新闻事件发展过程的原生态呈现，形式单一，缺少创意，那么勃兴于20世纪90年代后期的“大直播”就能够全方位、多角度地报道重大的新闻事件。“大直播”不再局限于新闻事件的一个地点，而是可以多点异地同步进行；不再是新闻现场单一的实况转播，而是除了新闻实况之外还有现场报道、背景介绍、专家述评乃至与该事件有关的来自异地的新闻报道和新闻插播等诸多内容。节目中既有前方记者的现场采访，又有后方直播室里的嘉宾解读，还有直播室里的主持人的串联、引导与协调。他们所担负的角色因功能不同而有所区别，但是目的明确，目标一致，就是将某一重大的新闻事件在规定的时间内准确、完整、全面地同步报道出去。

第二节　广播新闻节目的播出方式

广播新闻节目的播出方式是广播新闻节目与受众见面的整体形式。回顾国内广播新闻传播活动的历史进程，我们发现，广播新闻节目的播出方式呈现出一种

① 曹仁义．新闻现场直播创优．中国广播电视学刊，2005（8）．

嬗变与回归的发展轨迹。就人民广播事业的发展而言，在广播问世最初的一段时间内，由于缺少必要的录音设备，所有节目都是通过演播者面对话筒向受众直接播出的。当然，这种直播属于原始状态中的直播。当广播电台拥有了录音设备后，所有的节目开始采用录播方式播出，而且录播的播出方式还持续了相当长的一段时间，一直处于广播节目播出的主导地位。20 世纪 80 年代后期，在现代化传输装置的支持下，广播节目开始以直播方式播出，并且逐步在各地流行。经过三十多年的发展，目前，直播化的播出方式已经成为国内广播节目播出的常态与主流。即便如此，广播节目录播的播出方式仍有其存在的价值，因为不管是录播方式，还是直播方式，它们都有各自的传播优势和适用范围。广播新闻节目究竟是以录播方式播出，还是以直播方式播出，应该从满足受众接受需要的角度出发，由不同类型的节目来决定。

一、录播

录播，即录音播出，是将新闻节目录成磁带在广播电台播出的一种形式。通常由节目的制作人员对新闻节目的有声语言，包括文字语言、音响语言和音乐语言进行必要的剪辑与合成，使其成为完整的节目播出带，由播出部门播放，然后再由技术部门将声音变成传输信号发射出去。一般情况下，录播方式相对烦琐，在演播、制作和播出各个环节，尤其是制作环节需要一定时间的付出。但是，从另一个角度看，时间的付出为新闻节目的演播和制作提供了推敲与琢磨的可能。演播者可以比较从容地处理文字稿件，使有声语言在最大程度上符合节目的要求；制作者则能够细致地处理各种音响素材，尽量完善节目的播出成品。

1. 录播的特点

相对而言，录音播出的广播新闻节目往往会表现出时效性弱和稳定性强的特点。

(1) 时效性弱。

时效性是广播新闻的传播要求。由于录播方式在节目的演播和制作环节都需要或长或短的时间支持，虽然相较于报纸、电视简便得多，但是免不了必要的工序和时间，所以广播新闻迅速快捷的传播优势在这里难以得到充分体现，也就是说，以录播方式播出的广播新闻节目，其时效性相对较弱。正是因为如此，目前国内的广播电台在不断改革节目形式和节目形态的同时，也纷纷改变节目的播出方式。从整体上看，绝大多数新闻频率所采用的播出方式基本上都是直播，录播已没有多大市场。但是，并不是所有的节目都以直播的方式播出，一些对时效性要求不太强烈的节目，如专题类的新闻节目、特别策划和特别制作的新闻节目，或者是那些对时效性虽有要求，但必须经过剪辑制作的新闻节目，如连续报道、系列报道节目和比较重要的新闻评论节目等仍然需要以录播方式进行。这是由不同节目的特点和广播新闻传播的规范化要求决定的。在庆祝建党 80 周年之际，中央人民广播电台的一些系列专题节目《光荣行》《鲜红的党旗，力量的源泉》《为党旗争辉》和上海电台与浙江、江西、贵州等地的 8 家电台联合制作的特别节目《胜利之路》等都是录音播出的节目。而中央人民广播电台的新闻评论节目《新闻纵横》过去一直是采用录播方式，只是经过几番改版后才采用直播方式播出的。因此，所谓广播新闻节目的直播化并不是真正意义上的直播，也不可能实现真正意义上的直播。任何频率都会以直播的方式播出一些录播的节目，即以直播与录播混合的方式播出新闻节目。

需要强调的是，承认录播方式在时效性方面的弱点，并不是指录播方式的新闻节目可以无视或忽视时效性。其实，凡是新闻节目，不管是消息报道类新闻节目，还是专题类新闻节目都应该注重时效性的问题。不过，专题类新闻节目往往更强调报道的深度和广度，更注重节目的精雕细刻和报道的时机选择。事实上，时机性与时效性有着密不可分的关系，而录播方式恰恰能使专题类新闻节目的许多优点得到进一步的彰显。

（2）稳定性强。

录播方式在体现广播新闻迅速快捷的传播优势方面存在着明显的不足，但是预先的演播和制作为广播新闻节目在传播质量上的追求创造了条件。首先，演播者在演播室录制稿件时，如果第一遍不符合节目的要求可以继续录第二遍、第三遍，对一句话甚至一个字也能够反复推敲与仔细斟酌。因此，录播节目的有声语言在对文字稿件的处理和把握方面往往能准确到位，符合广播传播的规范化要求。其次，制作人员在节目的制作过程中同样有充足的时间对有声语言的各种素材进行最优化的剪辑与合成，使节目的内容与形式达到完美的统一。这一点是直播节目永远都无法企及的。最后，节目一旦录制成完整的节目就具有了一定的稳定性。在广播技术力量的支持下，它最大限度地还原了演播者和制作人员的劳动成果，使新闻节目按照预期的目标进行科学有序的传播。事实证明，通过录播方式播出的节目因其传播质量稳定反而会得到受众的认可。2001 年，美兰德公司对安徽人民广播电台的收听调查显示，在一些重点的挂牌栏目（包括文艺栏目）中，录播节目的满意率普遍高于直播节目。其中，满意率为 100% 的 8 个节目全部是录播节目。

2. 录播的要求

在现代广播的传播活动中，录音播出的新闻节目往往以带音响的消息报道、专题类节目和特别策划、制作的节目为主，所以对演播和制作两个环节都有比较高的质量要求。

（1）对演播者的要求。

演播者在进入演播室进行节目录音之前，应该对节目的文字稿件有一个基本的了解和把握，深刻领会文字稿件所要表达的思想主题，然后在具体的演播过程中根据不同稿件的特点采用不同的演播技巧进行二度创作，进而使静态的文字语言转换成动态的有声语言。一般情况下，有声语言的明晰性是对演播者在处理文字稿件时最基本、最首要的要求。所谓明晰性就是有声语言的表达清晰、准确。它包括：①语句本质表意明晰。其重点，一是语句中的主次关系明确，二是不会让人产生歧义和误解。②句群链条逻辑明晰。即能揭示语言链条中的内在逻辑，听起来条理清楚，思维连贯，语言有推进感。③整体的协调性、集中性明晰。[①]也就是说，在完整语段、语篇的表达中，一方面整体的结构、脉络和布局协调有序，另一方面整体的主旨鲜明突出，能够完整地传达话语的深层信息。为了实现有声语言的明晰性，演播者在演播稿件的过程中，应注意有声语言中语流的停连与重音的把握。

停连即演播时的停顿与连接。它要求演播者在演播稿件的过程中通过正确的停顿与连接清晰地体现句子的语法关系、结构关系，以确保语义明晰，不会让受众产生听觉上的歧义。演播者还能够通过停连语句关系的紧密或疏松，以恰当的语气表达出语句之间或并列，或递进，或转折，或总分的逻辑关系，而不是刻板地、平均地只是按书面的标点符号从时间的长短上机械处理。与此同时，还要注意句群之间，段落、层次之间的区分和衔接。另外，像一些描写人物或事件的通讯、特写等新闻作品，由于本身具有强烈的感情色彩，所以就要求演播者在处理稿件时，根据情感的表达需要，大胆运用停连技巧，以达到沟通心灵、引起共鸣的作用。

重音即演播者在演播的过程中，为突出地表达具体的语句目的和具体的感情色彩而着重强调的词或词组。它要求演播者在准确理解文字稿件的基础上迅速判断需要着重强调的中心词或词组的位置，然后读这些中心词或词组时适当加重语气。

需要指出的是，有些以录播形式出现的现场报道往往是记者担当演播者的角色，那么记者在发布新闻信息时，其声调、语气和叙述的节奏都应根据新闻事件的发生、发展而不断调整，以便与新闻现场的气氛相吻合。

除此之外，演播者演播稿件时还应考虑到音量的大小、话筒的距离等一些常识性的问题。这些看似简单的常识性问题往往会对新闻稿件的演播产生一定程度的影响。

---

① 吴郁，侯寄南．广播电视新闻语言与形体传播教程．北京：中国人民大学出版社，2001：60.

（2）对制作者的要求。

对于绝大多数录音播出的新闻节目来说，经过演播者演播的有声语言只是节目的最基本元素。节目的有声语言除了演播者演播的文字语言以外，还包括音响语言甚至音乐语言。其中音响语言又包括与新闻事件有关的人物讲话和自然界的声响。那么，如何将这些元素组合成一个完美的节目整体，就成了节目制作者所要考虑的问题。一般情况下，记者采录的人物讲话或自然声响会远远超出节目所需，制作者应在编辑的配合下，根据节目主题的表现需要对记者采访时录下的人物讲话或自然的声响进行适当的剪辑，删去那些与主题无关的内容，保留精华部分，再与有声的文字语言组合嫁接。需要强调的是，人物讲话和自然声响的出现一定要给人一种水到渠成的感觉，让节目中的各种声音元素能够在自然和谐的状态中共同服务节目的主题，切忌生硬突兀，游离主题。如果需要配乐，音乐语言一定要适可而止，绝不能因为音乐的配置而冲淡了新闻节目的性质。

二、直播

直播即直接播出，是一种采、编、播、制一次性完成的播出形式。目前运用比较普遍的是在直播室播出的主持人节目或户外大型活动的现场直播节目。一些突发性新闻事件和特别重要的突发性新闻消息则会以记者连线或现场报道的形式直接播出。直播方式可以省去录播方式所必须经过的许多烦琐工序，在广播技术力量的支持下，节目的有声语言能够迅速变成电波传输的信号在顷刻之间传到四面八方，所以从频率的整体播出形式看，如今广播新闻节目多采用直播方式播出。

1. 直播的特点

与录播的播出方式相反，直播播出的新闻节目往往表现出时效性强但稳定性弱的特点。

（1）时效性强。

以直播方式播出的新闻节目使演播和制作一次性完成，无疑为节目的及时播出赢得了宝贵的时间。因此，广播新闻节目快捷性的传播优势在这里就能够得到最为充分的体现。为增强广播新闻节目的时效性，目前许多不需要经过后期制作的文字新闻稿件一般都以直播的方式播出。一些突发性的新闻事件或特别重要的新闻信息需要及时发布时，直播的播出方式可以中断正常播出的节目，通过插播的形式将这些新闻信息迅速传递出去。直播方式也可以采用主持人与记者连线的形式进行现场新闻的报道以及一些可预知的大型新闻事件或新闻性活动的现场直播，使正在发生的新闻事件能够在广播中同步播出。不仅如此，直播的播出方式还可以通过媒介融合为听众提供参与节目的互动平台，让听众对话题进行评说并即时播出。比如中央人民广播电台中国之声曾在每天中午 12 点设置了《第一报告》栏目。在该栏目中，主持人除了在演播室直接播报最新的国内外要闻外，还与各地记者通过电话连线将记者在新闻现场获取的新闻信息进行即时发布。中央人民广播电台关于香港、澳门回归和上海五国元首会晤等的报道都采用现场直播的方式同步播出。

（2）稳定性弱。

直播的播出方式为广播新闻传播的快捷性提供了可能，但是采、编、播、制的一次性完成使得主持人在节目行进的过程中几乎没有任何时间去认真揣摩节目细节，也没有机会去仔细推敲制作的技巧。而且除了一些大型的户外现场直播以外，演播室中完成播出的大部分新闻节目要求主持人既要担当播讲者，又要担任制作者。很多情况下，主持人这边要读稿件，那边又要控制播出的程序和节奏，所以直播方式播出的新闻节目在稳定性方面就明显不如录播方式播出的新闻节目。正是因为如此，直播节目中经常会出现因语句或语音上的失误而不得不重复再读的现象。尤其是一些互动性的新闻节目或因为主持人驾驭现场的能力不够，或因为嘉宾的表达能力欠佳，或因为热线参与者的知识水平有限，导致节目的整体水准难以达到一个应有的高度。同样是在2001年安徽电台委托美兰德公司的收听调查结果中，直播节目收听率普遍较高，但是满意度普遍偏低。这在一定程度上说明了直播化播出方式稳定性弱的问题。这一状况目前并没有得到多少改善，国内电台以直播方式播出的新闻节目不尽如人意者依然居多，有时甚至会给受众粗制滥造之感。

2. 直播的要求

直播方式播出的新闻节目往往以主持人节目的形式出现。主持人在节目中担负着重要的责任，可以说节目的成功与失败在很大程度上取决于主持人在节目行进过程中的临场表现和能力的发挥。因此直播的要求从根本上说就是对主持人的要求。当然，直播的播出方式除了对主持人要求严格以外，在热线节目中对导播也会有这样或那样的要求。

（1）对节目主持人的要求。

集采、编、播、制和节目播出于一身的主持人是直播节目的灵魂，体现了广播媒体的意志，在节目行进中起着串联节目内容、引导节目发展、组织节目内容的作用。因此，直播的播出方式对节目主持人有着严格的要求：

一是加强策划，精心准备。直播节目一旦进入播出状态就将自己的一切和盘托出地呈现在听众面前。如果事前不加强策划，并做好充分的准备，很容易出现无法挽回的遗憾。而只要精心策划，准备充分，成功的机率就会很高。之所以这样认为，原因在于，经过精心策划和充分准备的节目，主持人能够熟悉和掌握节目进程中的流程和环节，同时对需要传递什么样的信息和内容也都会了然于胸，这样主持人在主持节目的过程中就能够在心理上争取主动，不至于因直播过程中出现一些突如其来的变化而手忙脚乱，不知所措。

二是有效地控制节目。广播新闻直播节目要求主持人在直播过程中要实现话语、心理、节奏和组织等方面的有效表达控制，完整体现直播意图，完美组织和展示直播过程。为了提高主持人的控制能力，在具体节目的经营过程中加强策划、精心准备自然重要，但是冰冻三尺非一日之寒，节目主持人在平时应该不断地加强学习，做好各方面的知识、能力、素养的积累；应该提高自己的综合素质，培养良好的心理素质，提高全方位驾驭直播节目的能力；应该努力做到多看、多听、多写、多问，练好扎实的基本功。博闻强记，厚积薄发，就一定能反应敏捷，能随时根据现场的瞬息变化，于细微处见端倪，迅速做出反应，让人感受到主持人的存在意识，让人感受到灵敏机智的主持艺术。①

三是准确把握自身的角色定位。节目主持人在直播过程中对于电话参与者应该平等相待，尊重对方，不能居高临下、盛气凌人，还应该理解对方，认同对方，注意沟通的策略和方法。但是，需要指出的是，主持人具有双重身份，既以朋友的身份进行一对一的交流，又是媒介的代表。因此主持人一方面要尊重对方和认同对方，另一方面始终不能失去原则和立场，也就是说，态度可以亲切，语气可以柔和，但是观点要明确，不能模棱两可、左右逢源。一个在与受众交谈时拿不出自己观点的主持人，是不称职的。同时还要注意导向问题，不能失控，要有分寸感，要能够在循循善诱中指点迷津。②

（2）对导播的要求。

导播是广播新闻直播节目重要的岗位，是多数节目中不可或缺的一员。在节目行进过程中，导播不仅是受众与主持人之间相互沟通的桥梁和纽带，也是广播新闻节目的“遥控器、过滤器”。导播要对受众热线进行引导和过滤，还要给主持人提供资料、信息，发现并及时纠正节目运行中存在的问题，成为保障广播电视节目正常顺利播出的重要环节。因此，导播首先要有一颗爱岗敬业的责任心，同时既要掌握新闻信息，对节目的构成、目的、播出有充分的了解，又要具有一定的新闻敏感性。唯其如此，才能对节目参与者进行有效的引导和沟通，帮助节目的主创人员尤其是主持人把好脉、掌好舵，为节目的安全和优质播出发挥过滤作用、引导作用、沟通作用和协调控制作用，真正成为确保节目安全播出的“把关人”。③

---

① 王曼丽．浅谈广播直播节目中主持人的控制作用．电视时代，2010（7）．

② 张平．小议广播热线直播节目及对节目主持人的要求．前沿，2007（7）．

③ 李辉．浅谈直播节目对导播的要求．学问，2009（1）．

第五章　我国广播新闻的历史沿革

广播在中国出现以后就成为新闻传播的重要阵地。从外商广播到北洋政府广播、国民政府广播再到中国共产党领导下的人民广播，广播媒体一直从事着传播新闻、传达政令和强化宣传的工作。从单一的播报通讯社和报纸的新闻稿到学会“自己走路”，再到不断丰富节目的内容和形式，广播新闻走出了一条自己的路。从20世纪80年代“珠江模式”的横空出世到如今新闻广播的全面崛起，从传统广播的单独运作到21世纪以来携手新媒体共同发展，广播媒体的公信力逐步提升，影响力不断扩大。

第一节　从“报纸有声版”到“自己走路”

广播媒体在中国刚一出现，国人就认识到它强大的宣传作用，认为通过它能够向百姓传播新闻、传达政令、传递信息。广播的稿源曾长期来源于通讯社和报纸。通过这种“报纸有声版”的传播，不仅可以及时地将新闻信息传播出去，而且可以达到一种更广范围的传播。新中国成立以后，广播开始“自己走路”，并有了自己的新闻节目。

一、最早作为“报纸有声版”的旧中国广播新闻

中国境内最早出现的电台是外商在华创办的。1922年底美国商人奥斯邦在上海创立的中国无线电公司与当时上海租界内的英文报纸《大陆报》合作，开办“大陆报—中国无线电公司广播电台”（奥斯邦电台），发射功率50瓦，呼号XRO，当时播音的内容除了音乐之外，还有《大陆报》提供的国内外新闻，开播第三天，播出了孙中山先生在上海发表的《和平统一宣言》。

1924年5月，上海的美商开洛公司与《申报》合作开办开洛公司广播电台，呼号KRC。该电台由《申报》提供新闻稿件，每天上午和晚上各播音一次，上午内容一般为汇兑市价、小菜上市等，晚间内容为重要新闻、名人演说、音乐等。开洛电台还在市内繁华处开设播音室，报告商情时事。

1928年8月，国民党政府创办的“中央广播电台”在南京开始播音，呼号

XKM，发射功率500瓦。当时国民政府的一切重要会议、宣传大纲以及通令公告等均由“中央广播电台”传播。开播初期，“中央广播电台”每天下午、晚间各播音一次，共两小时，播出的新闻稿件均由“中央通讯社”提供，增加节目时间后，节目内容有新闻、通告、广播演讲等。

中国人自办的第一座民营广播电台是创办于1927年3月的上海新新公司广播电台。此后，上海、北京等地陆续出现过几座民营广播电台，主要是教育性电台、商业性电台和宗教性电台。1937年8月，日军进攻上海，上海市各界抗敌后援会宣传委员会拟定战时广播电台统一宣传办法，各民营广播电台播出的节目中都要进行时事报告，内容从《申报》《新闻报》《时事新报》《大公报》《时事午刊》《新闻夜报》《大公晚报》和《申报·夕刊》中取材，进行抗敌救国的宣传。

二、新中国成立前作为“报纸有声版”的人民广播新闻

中国共产党成立初期，就注重建立自己的无线电事业，并在上海、天津、香港、江西等全国多个地方建立了地下电台。1931年1月，中央红军无线电队在江西宁都成立，无线电队抄收国民党“中央通讯社”的新闻电讯，供领导机关参阅。红军中的无线电台除了担负通信、侦听任务外，还承担起新闻宣传的任务。1931年11月7日，中国共产党创办的第一个通讯社——红色中华通讯社（简称“红中社”，新华通讯社的前身）诞生。这一天，中华苏维埃全国代表大会在江西瑞金开幕，红中社首次对外广播，呼号为CSR，报道了大会的动态、报告、决议案以及中华苏维埃共和国成立、毛泽东当选临时中央政府主席等重要消息。

抗日战争爆发后，日本侵略军和国民党顽固派对解放区实行“新闻封锁”，向全国人民进行抗日宣传受到很大限制，为此党中央提出在延安创办广播电台，向大后方和敌后抗日同胞宣传抗日民族统一战线政策。1940年12月30日，中国共产党领导下的第一座广播电台——延安新华广播电台开始播音，呼号XNCR，发射功率300瓦，当时所播的新闻稿件由新华社供给，延安新华广播电台播音内容有中共中央重要文件、《新中华报》《解放日报》和《解放》周刊的重要社论和文章、国际国内的时事新闻、名人演讲、革命故事等。

1946年5月，全面内战爆发，延安新华广播电台播音地点不断转移，曾先后改名为陕北新华广播电台、北平新华广播电台，播出过的很多新闻作品是根据毛泽东同志为新华社写的社论、消息或述评改编的。1948年11月9日，陕北新华广播电台播出毛泽东为新华社写的评论《中原我军占领南阳》；1948年12月30日，陕北新华广播电台播出毛泽东为新华社写的1949年新年献词《将革命进行到底》；1949年4月21日，北平新华广播电台播出毛泽东主席、朱德总司令发布的《向全国进军的命令》；此后又相继播出了毛泽东为新华社写的消息《我三

十万大军胜利南渡长江》《人民解放军百万大军横渡长江》《南京国民党反动政府宣告灭亡》等，这些消息气势磅礴，语言准确简洁，感情色彩鲜明，堪称广播新闻作品中的瑰宝。

三、新中国成立后作为“报纸有声版”的广播新闻

幅员辽阔、人口众多的新中国，无论是城市还是乡村，都面临着交通不便、文盲众多、报纸不足的困难。无论是上情下达，还是下情上达，要迅速及时地了解国内外新情况、新形势，在一定程度上都有赖于广播事业的大力发展。在新中国成立初期，全国人民都充满了对广播这种“群众性宣传教育最有力的工具之一”的期待，刚刚从战争年代走过来的人民广播，必须迅速转换角色，从战争时期党的政治军事宣传武器，转变成为对全国人民进行宣传教育最有力的工具。①

新中国成立初期，在中国共产党领导全国人民恢复发展国民经济、建设社会主义国家的同时，中国共产党和中央人民政府通过接管、改造旧中国的广播电台，在全国建设人民广播电台，发展具有中国特色的广播事业。人民广播事业的建设方针和宣传原则由中共中央宣传部和政务院新闻总署等部门规划和部署，新闻总署规定广播的三项任务是发布新闻和传达政令、进行社会教育以及提供文化娱乐。发布新闻和传达政令成为广播的首要任务。

1950 年 2 月 27 日，新闻总署召开京津新闻工作会议，讨论了报纸、通讯社和广播电台的发展方向与相互关系问题。会议认为，广播电台应以新闻发布、社会教育及文化娱乐为主。会议指示，对于全国性和全世界性的重要新闻，广播电台均应以新华社为主要来源，除公告及主要公告性新闻外，广播电台在可能条件下可对国内外重要新闻进行自行的采访工作，新华社应将重要新闻交给中央人民广播电台播出；外国通讯社稿件，须经过新华社才能发表，各广播电台不得自行抄收与采用；广播电台应采用报纸言论及消息，也可有自己的新闻与评论。

从上述指示可以看出，广播电台虽可以进行一定的自行采访工作，可以有自己的新闻和评论，但广播电台自身的新闻力量相对较弱，以新华社为主要稿源，相当多的消息和言论需要采用报纸内容，广播作为“报纸有声版”的痕迹非常明显。

四、广播新闻开始“自己走路”

新中国成立以后，新闻界有一种声音认为，广播电台没有与众不同的影响和

---

① 哈艳秋，黄玉迎．中国广播 61 年：自己走路，从目标到现实．中国广播，2011（2）．

作用，不过是报纸、通讯社的大喇叭和布告牌，只需播送新华社的新闻和《人民日报》的社论就够了。然而，业界对此有不同的看法。京津新闻工作会议上，时任新闻总署署长的胡乔木对广播事业局的同志提出了“广播要自己学走路”的要求。为贯彻这一要求，新中国成立初期的人民广播注意从自身实际出发，发挥广播的特点和优势，配合党在各个时期的不同任务，开办了一些有广播特色的节目，受到了人民群众的喜爱。

1950年4月10日，中央人民广播电台的《首都报纸摘要》开播。有学者认为，《首都报纸摘要》的开播标志着广播迈开自己走路的第一步。1955年4月4日，《首都报纸摘要》曾更名为《中央报纸摘要》，同年7月4日定名为《新闻和报纸摘要》（以下简称《报摘》），播出时间也从最初的每天傍晚改为每日清晨。1951年5月1日，《全国各地人民广播电台联播节目》开播，每天晚间播出；1955年7月4日，其更名为《各地人民广播电台联播节目》（以下简称《联播》）。

1954年5月30日，中央人民广播电台设立两套广播节目，新闻节目从1950年的7次增加到11次，早间的《报摘》和晚间的《联播》逐渐成熟，影响日益扩大，在全国听众中享有很高的声誉，成为人们了解国内外大事以及党和国家的重大方针、政策的重要渠道。1956年10月13日，中央广播事业局发出通知，规定各地方广播电台须转播中央人民广播电台的《报摘》《联播》和《国际时事》三档节目。1960年11月7日起，中央人民广播电台的新闻节目增加到22次，除了全国一起转播的《报摘》《联播》外，还有全天分布较为均匀的10次新闻节目，每次15分钟，以及一些专门性新闻节目，如《国际新闻》《工业新闻》《农业新闻》《文教新闻》，节目长度从5分钟到30分钟不等，新闻种类逐渐丰富。①

1956年7月25日至8月16日召开的第四次全国广播工作会议，就如何贯彻“百花齐放，百家争鸣”的方针和改进广播宣传工作进行了讨论。会议提出，改进新闻报道，做到又多、又快、又短、又好，新闻要全面，要有立场，应有自己的评论，最好采用述评的形式；广播记者不但要带着笔，还要带着话筒进行工作，最好用录音机来代替笔记本；扩大节目取材范围，加强同群众的联系，丰富节目内容和形式，改进文风，让广播语言更接近生活。

地方电台在“自己走路”的探索中逐步形成各自特色，各地广播电台遵照中央广播会议精神，围绕恢复国民经济等中心工作，积极创造性地开展广播工作，一方面转播中央人民广播电台重要节目，另一方面办好自己的新闻、文艺、社教等节目。在1956年第四次全国广播工作会议精神的指导下，辽宁电台充分

---

① 饶立华，杨钢元，钟新. 电子媒介新闻教程——广播与电视. 北京：中国人民大学出版社，2000：55.

发挥广播的特点，使节目通俗、活泼，“软一些、宽一些”；江苏电台提出广播宣传要扩大报道面，广泛、深入、丰富多彩地反映现实生活，专题节目开始采用对话形式，并且力求摆脱广播新闻是报纸新闻有声版的传统，多用自己采写的新闻；云南电台集中力量办好新闻性节目，增加新闻节目的播报次数，加强具有民族特点的广播；北京电台摸索出配乐广播、广播杂志的运用方法，在节目播出形式上采取了实况广播、实况录音、讲话录音、录音报道、录音访问等多种形式。[①] 这一时期，在找出广播独有的特性、办出具有广播特色的节目方面，广播工作者们经历了诸多探索。广播新闻节目从内容到形式都有了新的变化，广播短、快、活的特点也得到了初步的体现。

五、广播新闻走向“扬独家之优势，汇天下之精华”的新高度

1979年5月，在中央人民广播电台召开的记者站负责人会议上，时任中央人民广播电台台长左漠野重新提出“自己走路”的口号，要求全台编辑记者“一定要学会自己走路”。1980年10月7日，第十次全国广播工作会议召开，会议重申广播要“自己走路”的方针，指出要独立自主地采编广播电视新闻、撰写广播电视评论，精心选择通讯社和报刊的消息、文章加以改编，使之适合于广播，建立一支能独立工作的采编队伍。

第十次全国广播工作会议之后的两年多时间里，各地广播电台努力探索“自己走路”，使得广播媒体的自身特色更加彰显。广播新闻节目中本台消息数量显著增多，中央人民广播电台《联播》本台消息数量稳定在60%至70%，《报摘》本台消息占35%。各地方电台也以自采自编消息为主，广播消息充分发挥了短、快的特点，消息字数减少，报道面拓宽，信息量增加，节目内容丰富，同时时效性大大增强，“今天”的新闻日渐增多，而且都争取在新闻事件刚刚发生后就发消息。如1981年1月25日上午11点多，最高人民法院对林彪、江青反革命集团案10名主犯审判完毕，中央人民广播电台中午12点的新闻节目就播出了本台记者采写的消息。同时，广播评论作为广播电台的旗帜和灵魂，重新受到重视，中央人民广播电台推出本台评论，全国媒体中第一篇有关林彪、江青反革命集团的评论就是其1980年9月28日播出的本台评论《大快人心的审判》。1980年中央人民广播电台《联播》和《报摘》共播出广播评论132篇。地方电台也结合实际工作，对各种错误思想和歪风邪气进行评论，言之有物，态度鲜明。

1983年3月31日召开的第十一次全国广播电视工作会议，则将“自己走

---

① 赵玉明，艾红红．中国广播电视史教程．北京：中国广播电视出版社，2009：91.

路"的理论进一步提升到"扬独家之优势，汇天下之精华"的新高度，指导广播要在改革开放的大环境下博采众长，着力展现自身在媒介领域的独特优势，全面提升广播的地位和作用，在激烈的媒介竞争中立于不败之地。[①]

中央人民广播电台以新闻改革作为宣传改革的突破口，一是加强驻地方记者的力量，二是组建中央人民广播电台范围内的广播新闻中心，时效性实现了极大的提高。如对1987年中共第十三次全国代表大会的报道，广播新闻传播就达到了先声夺人的效果，在大会开幕时进行现场广播，开幕式结束后一小时就播出了录音新闻。1987年11月2日，十三届一中全会举行，中央人民广播电台同步播出简讯，会议通过公报仅过41秒，中央人民广播电台就播出了公报的全文，在当时新闻媒介中是最快的。

中央人民广播电台还强化新闻节目的主体性地位，根据广播特点和听众收听规律，对早、中、晚收听率高峰时段进行调整，早晨以新闻为主，中午、晚上以综合和文艺节目为主，形成了以新闻为骨干，以文艺和专题为两翼的格局。1987年，中央人民广播电台创办新闻综合栏目《午间半小时》，融新闻性、知识性、服务性于一体，节目时代感强、包容性大、内容丰富、格调清新、形式别致、雅俗共赏，受到广播听众青睐，在广播界风靡一时。[②] 1988年7月，中央人民广播电台对新闻节目的布局进行进一步调整，第一套节目以新闻为主，做到整点有新闻，次次有更新，时效性强的重要新闻随时插播。

各地方电台也在中央人民广播电台创办《午间半小时》之后，相继推出了融新闻性、知识性、服务性为一体的栏目，如安徽电台的《空中交流》、吉林电台的《多彩的60分钟》、湖南电台的《今天好时光》、河南经济电台的《空中大观园》等。各地方电台如黑龙江、吉林、甘肃、河南、浙江、四川等地电台还对节目作出较大幅度的调整，使节目结构更加科学合理，既注意开发和利用广播早、中、晚听众密集的"黄金时间"，又尊重了听众的收听习惯和需要。

第二节　从"珠江模式"的横空出世到新闻广播的全面崛起

改革开放给广播运营提供了开放的媒介环境和广阔的发展空间，广播新闻事业也随之进行了不断的变革和创新，并在变革和创新中得到快速发展。20世纪80年代，广东广播先行一步，推出了主持人直播、听众热线参与、大板块组合、全天滚动播出的广播模式，被称为"珠江模式"。"珠江模式"在中国广播发展

① 哈艳秋，黄玉迎．中国广播61年：自己走路，从目标到现实．中国广播，2011（2）．

② 赵玉明，艾红红．中国广播电视史教程．北京：中国广播电视出版社，2009：137．

史上具有里程碑式的意义，引领了中国广播近20年的发展。[①] 从此，中国广播不仅学会了自己走路，而且开始走自己的路。进入21世纪之后，中国广播继续进行革新探索，系列广播电台建设日新月异，专业化趋势越来越明显。各地各级广播电台相继设立专门的新闻广播或新闻综合广播，以中央人民广播电台中国之声、上海东方广播电台新闻台为代表的新闻专业广播逐渐崛起并形成强大的新闻品牌，在听众中塑造和扩大了广播媒体的权威性和影响力，树立了广播媒体的崭新形象。

一、“珠江模式”——“主持人、大板块、直播化”显现优势

1978年12月召开的十一届三中全会，为中国广播事业的改革指明了方向。1980年第十次全国广播工作会议和1983年第十一次全国广播电视工作会议召开之后，中国广播新闻事业在坚持“自己走路”的方针指引下，按照广播特点办广播，以新闻改革作为突破口，从中央台到地方台，各类新闻节目或新闻综合节目均受到了听众的欢迎和喜爱。

然而，进入20世纪80年代中期以后，中国广播业的发展经历了一段低谷期。20世纪80年代，电视开始进入普通百姓的家庭并逐渐普及。1978年，全国电视机社会拥有量为304万台，1986年达到了9 214万台，8年间增加30多倍，大批的听众“流失”成为电视观众。同时，随着内地沿海城市的开放，港澳地区也可以向内地听众进行广播，因此内地广播也受到了港澳地区广播的冲击。以广东电台为例，1985年，广州市区部分街道的抽样调查表明，广东电台与香港地区电台的收听率比是3∶7或是2∶8，最大差距达到了1∶9。

处在改革开放前沿的广东广播工作者，面对广播陷入困境的严峻考验，提出了“振兴广播、办活广播”的口号。1986年12月15日，珠江经济广播电台应运而生。它打破了传统节目模式，推出融大众型、信息型、服务型、娱乐型为一体的全新节目，开创了中国广播的多个“第一”：第一个采用大板块内容组合节目形态，第一个采用主持人直播，第一个让听众通过热线电话直接参与节目。珠江经济广播电台开创了主持人直播、听众热线参与、大板块组合、全天滚动播出的独特广播模式。

珠江经济广播电台节目内容编排以新闻信息为骨架，每逢半点有新闻，每逢整点播出经济信息，其他时间以板块节目为主，讲究内容的综合性、丰富性、变化性，将社交、文艺、服务等内容融为一体，力求适应整个社会人群的收听要

---

① 陈淑仪．广播电台：珠江模式不老，革新求变不变．南方都市报，2010－05－11．

求。[①]“珠江模式”的诞生为中国广播注入了新的活力，为改革提供了新的思路。它把以传播者为中心、呆板灌输和单向传播的旧模式，改革为以受众为中心、平等交流和双向传播的新模式，并借鉴了境外广播中的一些生动活泼的做法，充分发挥了广播优势，在社会上掀起了一股“广播热”。

珠江经济广播电台全新的节目形式，迅速赢得了听众的喜爱，原来主要听香港电台的听众转而收听珠江经济广播电台。开播4个月之后，广东电台的收听率上升到78%，香港电台的收听率下降到22%，收听率实现了逆转。有学者认为，珠江经济广播电台的历史性突破在于打破了广播作为文字媒体“有声版”的制作模式，进入了探索广播作为听觉媒介个性规律的新阶段。

“珠江模式”对广播新闻的重要贡献还在于创造了板块节目。板块（plate）是板块构造学说提出来的概念，根据板块构造学说，地球分为六大板块。“板块”这一概念被形象化地运用到广播节目的编排方式上，“珠江模式”的“大板块”编排方式宣告了广播板块节目的诞生。板块节目以大时段、多栏目、主持人主持为特征，打破了新闻节目与其他类型节目的分类设置格局，融新闻性、知识性、服务性、娱乐性、教育性为一体，由主持人将不同内容的栏目贯穿综合在一起形成一个整体[②]。大板块节目中可以套小板块，在内容方面，若突出新闻则构成新闻性板块，若突出综合则构成综合性板块，各个栏目在主持人的耦合作用下，不同的功能共同作用于节目整体，体现节目整体的表现功能。

板块节目被各地电台采用，当时中央人民广播电台很有影响力的《午间半小时》就是一档新闻综合性的板块节目，该节目以大信息量和错落有致的编排深受听众的喜爱。中央人民广播电台第一套节目改版为“中国之声”之后，不断进行改版创新，但板块节目的编排方式并没有丢失。目前使用的“板块＋轮盘”的传播模式仍然体现出板块节目的特点。板块节目符合广播的传播特点和听众的收听要求，在全国各地广播电台中被广泛采用，在新闻广播和新闻节目中尤其明显。时至今日，“珠江模式”依然显现身影，可以说，“珠江模式”是引领中国广播新闻改革的一面旗帜。

二、新闻综合广播向新闻广播过渡，专业化趋势明显

20世纪80年代中后期，广东广播的“珠江模式”引领了中国广播改革的潮流，中国广播界出现了“珠江模式”热潮。之后，“主持人、大板块、直播化”的播出方式也为各地各级电台所采用，尤其是在新闻广播中。然而，就受众定位

---

① 周小普．广播新闻与音响报道．北京：中国人民大学出版社，2001：58.

② 申启武．广播生态与节目创新研究．广州：暨南大学出版社，2008：149.

而言，“珠江模式”的受众定位仍以综合型听众为主体，众多的综合性频率，其局限是同质化、雷同化。① 单一的综合广播无法适应不断细分的受众需求，广播的信息传播不可避免地走向“分众化”“小众化”趋势，广播频率的专业化成为广播与时俱进的必由之路。在这种趋势下，从 20 世纪 90 年代到进入 21 世纪的十几个年头，新闻综合广播逐渐向专门的新闻广播过渡，新闻广播全面崛起。

广播频率专业化是指广播电台根据广播市场的内在规律和广播受众的特定需求，以一个频率为单位进行内容定位划分，使节目内容和频率风格能够比较集中地满足某些特定领域的广播听众需求。② 广播频率专业化，符合广播规律，彰显广播特点，能够有效满足受众多元化和个性化的信息需求。20 世纪 90 年代以来，广播频率专业化的趋势明显。以北京人民广播电台为例，该台启动频率专业化改革，于 1993 年 1 月、4 月和 12 月，相继创办了北京音乐广播、北京文艺广播、北京交通广播。在省级广播电台中，数量较多的是新闻综合广播、经济广播、交通广播、音乐广播、文艺广播、生活广播等，也有体育广播、农村广播、教育广播、旅游广播等。中央人民广播电台从 2002 年到 2004 年，相继推出了“经济之声”“音乐之声”“都市之声”和新闻综合广播“中国之声”等多个专业广播频率。

新闻综合广播在专业化改革的过程中，不断创新节目内容和节目形式，不断革新传播理念，以新闻为本位，以新闻立台，由以新闻节目为主体的新闻综合广播转变为全新闻广播，新闻专业频率理念得以强化。从目前的中央人民广播电台中国之声和上海东广新闻台，可以看出专业新闻广播频率的节目架构：时时有新闻，新闻实时更新，听众只要收听该广播频率，就可以获取最新鲜的新闻资讯。在当今众多的新闻广播中，中央人民广播电台中国之声和上海东广新闻台最具鲜明特色，是所有新闻广播的旗帜和标杆。

三、中国之声——由新闻综合广播到“轮盘 + 板块”的新闻专业广播

2003 年年底，在“频率专业化、管理频率化”的改革背景下，中央人民广播电台历史最悠久的第一套节目于 2004 年 1 月 1 日正式改版为“中国之声”。该频率定位为“新闻综合频率”。此后，中国之声不断改版，特别是 2008 年下半年以来，进行了全面的改革，在新闻理念、频率定位、节目样态、报道模式、传受互动等方面实现了创新变化，按照轮盘式改革的思路和“轮盘 + 板块”的运作模式，打造全方位的新闻专业广播。作为中国国家新闻广播，中国之声是全国首

---

① 曹璐．广播新闻理念与实务创新研究．北京：中国广播电视出版社，2007：206．

② 孙孔华，谭奋博．频率专业化——广播与时俱进的必由之路．中国广播电视学刊，2002（10）．

个拥有上亿听众的新闻广播频率，广告收入增速也位列全国广播频率之首，成为名副其实的中国第一新闻广播。

中国之声经历了从“新闻综合频率”过渡为“新闻专业频率”的变化过程。2008年改版之前，中国之声新闻类节目的比重只有40%，每周5天播放新闻综合节目，2天播放文艺综合节目，周一至周五的新闻综合节目中也间隔着较多对象性专题节目，且以录播为主，周六日和节假日，文艺节目充当主角。新闻集中在早间的《新闻和报纸摘要》和晚间的《全国新闻联播》中播出，导致新闻播报快不起来，很多有价值的新闻难以及时播出，延迟了新闻的时效性，无法满足听众的收听需求。近年来，网络和数字技术对媒介生态的影响加大，传统媒体的生存环境发生了显著变化。新媒体时代的受众对信息的需求更加迫切，对传统媒体提出了更高的要求，媒体之间的竞争也更加激烈，在这种形势下，作为新闻综合广播的中国之声进行改版迫在眉睫。

2008年，中央人民广播电台重新确立“回归新闻本位，坚持新闻立台”的指导思想，确立了“轮盘+板块”的运作模式，精心打造黄金收听时段、强化新闻传播速度、提升新闻评论高度。6：30—9：00是早高峰新闻板块，节目是《新闻和报纸摘要》与《新闻纵横》；12：00—13：00是午高峰新闻板块，节目是《全球华语广播网》；18：30—20：00是晚高峰新闻板块，节目是《全国新闻联播》和《央广新闻晚高峰》；9：00—12：00、13：00—16：30是轮盘播出的《央广新闻》，16：30—18：30是轮盘播出的《央广新闻晚高峰》，此外还有夜间特色新闻节目——20：30—21：00的《直播中国》和21：00—24：00的《央广夜新闻》，全部节目均为直播。

早间名牌栏目《新闻纵横》每天两小时追问新闻答案，7：00—8：00以“问”新闻为主题，用独特视角回溯昨天重要事件；8：00—9：00以“追”新闻为主题，放眼今天及未来，预告即将发生的事件，预测其成因、走向及影响。《央广新闻晚高峰》资讯丰富密集、信息贴近平实、解读通俗有用，突出“新闻汇总”“观点解读”，每天还推出“新闻调查”，寻找一个当天最重大的主题，3小时全程滚动关注。《央广夜新闻》打出“同步你来说”的口号，以互动方式呈现，每期同步跟踪正在进行的事件和网络正在热议的话题，同步展开当事方、评论员、听众网友的实时互动讨论、线索提供及核实报道，打造类似微博的崭新节目样态——“微广播”。每天播出6.5个小时的《央广新闻》，以半小时为单元，与事件发生发展同步报道，回归新闻本原，从“5个W”的新闻元素出发，用第一时间、第一现场、第一人物、第一真相/背景、第一评论/解读5个子栏目来进行新闻内容分类。全天44档的《此时此刻》以“第三播报”的形式与“说新闻”的方式，由“此刻主播”为听众集纳最新消息、媒体和网络热点热议、生活服务提示三大类即时内容。此外，《新闻和报纸摘要》开设“早听媒体”专栏，由各大报刊主编介绍当日各家特色内容，打造媒体介绍有声版。《全球华语广播网》用多个子栏目为听众提供“观天下，看中国”的华人视角、世界眼光，也突出了广播节目特色。

目前，中国之声树立了立体快进、责任至上的全新形象，频率的新闻特征更为突显，新闻报道的内容和形式更鲜活、更丰富、更权威、更有深度和更具贴近性。作为专业新闻广播的中国之声，充分挖掘了声音的优势，打造了既好听又具高品质的新闻节目，树立了中央人民广播电台的品牌价值和国家媒体的公信力。

四、东广新闻台——全天新闻滚动播出的“轮盘式”新闻广播

1992 年，上海广播界推出一市两台的竞争格局，在原有的上海人民广播电台的基础上，创建一个新的电台——上海东方广播电台。建台之初，上海东方广播电台有两套频率。其中，新闻综合广播每天 24 小时播音，以直播为主，以新闻节目为龙头，全面加大节目的信息量。每天早上 3 小时的新闻板块节目大容量、高密度、快节奏地播出国内外重大新闻，快讯短而精，尽可能多、快、短地播报国内外大事。①

2004 年元旦起，上海东方广播电台新闻综合广播进行全新整合，打造上海东广新闻资讯广播频率，对外播出呼号为“东广新闻台”。业界认为东广新闻台是中国大陆第一家纯新闻类型化电台。东广新闻台于 2006 年 1 月 1 日起，推出每天 15 小时的大容量滚动新闻板块，采用格式化编排手法，新闻轮盘播出。

目前，东广新闻台除 6 点到 9 点的《东广早新闻》外，全天从 9 点到 22 点播送 13 个小时的滚动新闻，以每 20 分钟为一个单元轮盘播出（22 点至次日 6 点转播上海人民广播电台 990 新闻广播）。《东广早新闻》从 6 点到 9 点分三档播出，三个时段在内容上略有不同，遇到重大、突发新闻可随时插播。

东广新闻台 2012 年 5 月改版后，除《东广早新闻》外，全天从 9 点到 22 点每小时以 20 分钟为一个单位，分为三个不同的板块，第一个 20 分钟播出《东广锐新闻》，综合运用东广新闻台记者及其他媒体的连线报道、消息，带给听众第一手信息；第二个 20 分钟播出《东广锐观察》，对热点新闻进行及时点评；第三个 20 分钟播出《东广锐搜索》，根据全天不同时段推出各领域的专业新闻。

全天新闻的轮盘播出，可以随时播报最新的新闻资讯，提供即时要闻、综合新闻、气象信息、体育新闻、财经动态、生活资讯和交通路况信息。东广新闻台

---

① 曹璐．广播新闻理念与实务创新研究．北京：中国广播电视出版社，2007：52.

的架构模仿了美国 1010 WINS 新闻电台，很多研究者认为，这种节目架构让听众不管什么时候打开收音机，都能听到他们所喜欢的内容。

第三节　从传统广播的单独运作到多媒体携手发展

随着时代的发展与科技的进步，媒介融合成为媒介发展的一个重要趋势。在媒介融合的背景下，作为传统媒体的广播，不再是“单打独斗”式的单独运作，而是顺应媒介融合的趋势，与新媒体的融合速度加快，同时加强与异质媒体的合作与联动，使得广播的传播渠道、传播范围及影响力都比以往有了较大的拓宽和提升。具体表现为，广播媒体之间实现了联动，形成了广播新闻强势报道；广播媒体与网络媒体之间实现融合，广播新闻的传播渠道拓宽；广播媒体与报纸媒体加强合作，可以为广播受众提供更多的新闻资源。

一、台台联动，联盟合作实现信息共享

广播媒体之间相互合作，有利于实现优势互补、资源共享。各广播媒体在新闻采访报道方面的联合行动有利于实现信息共享，形成强势报道。创建广播联盟，多家广播电台联动，对重大活动和主题新闻开展联合报道，既可以为受众提供更丰富、更优质的新闻内容，也可以提升本地广播电台的影响力。于是，越来越多的广播电台开始形成广播联盟。最大的广播联盟是中国广播联盟，还有全国高校广播联盟、湖北广播联盟、吉林广播联盟、内蒙古广播联盟、宁波广播协作联盟、天津人民广播电台区县广播联盟等。

2008 年北京奥运会期间，中央人民广播电台联合了全国 140 家地方电台及国际台华语广播成立了“全国奥运广播联盟”，充分发挥广播联盟优势全面报道奥运会，各台通过奥运广播联盟直播平台和发稿平台，共享采访资源。所有联盟成员台均可使用共享平台上的新闻信息资源，140 家联盟台通过共享平台可以上传各自的文字、音频稿件，下载相互的稿件共享使用。在奥运会开幕式直播中，100 多家联盟电台与中国之声并机播出，有的电台打通全天节目，直播来自全国奥运广播联盟的比赛，并通过不断切换各场次信号，展现奥运赛事全景。在全国奥运广播联盟有效运作的基础上，2009 年 6 月，由中央人民广播电台发起，大陆各省级电台及部分地市县级电台首批共 132 家成员台成立中国广播联盟，推动广播由原有的“自给自足”方式向现代化融合方向发展，发挥中央人民广播电台的主导作用，同时利用各地电台的优势，实现资源的共享，至 2012 年年初中国广播联盟成员台增加到 186 家。

以 2011 年为例，在建党 90 周年、西藏和平解放 60 周年、深圳大运会等多

项重大活动的报道上，广播联盟合作以及广播电台之间的联动，都发挥了显著优势。中国广播联盟建党90周年报道突出强调节目本土化，各成员台结合所在地区的红色革命特色进行报道。各项报道主题明确、亮点突出、声势浩大，营造了积极向上的氛围，做到了活动有影响、报道有深度、节目有特色、内容有亮点，形成了强大的报道声势。2011年是西藏和平解放60周年，由西藏电台发起、全国17家援藏省市电台共同参与的《穿越西藏》大型联合采访活动，展现了西藏和平解放60年来的辉煌成就和巨大变化。内蒙古电台发起的跨省区大型采访行动《一路花儿一路歌》，历时30天横穿内蒙古、宁夏、甘肃、青海、新疆、西藏6省区，行程2万多公里，以采风的形式介绍沿途风土人情、革命遗迹和历史事件，展现西部各族人民的精神风貌和生活变迁。深圳大运会期间，中国广播联盟的20多家成员台组成“全国大运广播联盟”，推出一档系列脱口秀节目《大运联盟秀》，每晚22点至23点在深圳电台先锋898频率播出，大运广播联盟的100余名编辑记者组成了专业的新闻资源库，成员台采制的节目均上传至节目共享平台，为各联盟成员台的大运会报道提供了新闻通道，实现了新闻信息的全面共享。

二、台网融合，广播新闻拓宽传播空间

从20世纪末网络媒体的兴起到21世纪新媒体的流行，中国的传媒格局发生了巨大变化。随着媒介融合的推进，广播与网络的融合速度加快，广播新闻拓宽了传播渠道和传播空间，加强了互动性。广播与网络的融合，不仅使传统广播节目实现在线直播和点播，而且通过广播网及其他网站特殊的页面制作、同步转发广播新闻的文字和音频、配发图片等形式，实现了广播新闻在网络上的传播，克服了广播转瞬即逝、不易保存的劣势。很多广播独家新闻还被门户网站转载，传播给了更多的受众。而微博、微电台和微信的兴起，更把不少新媒体的用户吸引到广播的收听与参与中，广播新闻的传播空间通过微博、微电台和微信平台进一步延伸，广播新闻的互动性得到进一步强化。

新媒体延伸了传统广播的传播空间，从“台网互动”到“台网一体”再到“台网融合”，成为媒介融合背景下广播媒体的发展趋势。以中央人民广播电台为例，该台各频率所有节目可在中国广播网实时收听和点播收听，节目内容还被迅速整理成文字录入网络，同时补充相关图片和视频供网络用户阅读或观看，提升了传统广播新闻的传播效果。2011年6月起，中国广播网新闻中心主编以上人员进驻中国之声《新闻纵横》节目组，广播与网络第一时间同步发稿，图文、视频多媒体传播，相关议程及时通过社区BBS、博客、微博等虚拟社区与听众实时互动。策划、采访、编辑、发稿、互动等环节实现了广播与网络传播的一体

化，广播新闻独家报道的首发率、落地率和转载率得到了全面提升。

再以中央人民广播电台2012年两会报道为例。中央人民广播电台14套广播频率依托中国广播网等新兴媒体，综合运用音频、视频、手机电视、有声手机报、网络广播等多种载体，对两会进行全方位、多角度、深层次的报道。通过网络新媒体，以网络直播、微博和微信互动、微话题讨论等多种形式，提高新闻传播效率。同时与各大门户网站、手机报、微博、微信等新媒体开展合作，形成台网互动局面。中央人民广播电台还加强了与人民网、新华网、国际在线等中央重点新闻网站的合作，同时与新浪、腾讯、搜狐、网易、凤凰网等具有较大影响力的商业网站进行深度合作。这使得中央人民广播电台播发的重大、独家新闻，都在重点新闻网站的突出位置有所呈现。以往转瞬即逝、不易保存的广播新闻，借助网络、手机等新媒体的平台，以多元方式呈现给不同的受众，广播新闻的传播空间得到了极大限度的拓宽，同时也提升了广播媒体的竞争力。

如今，很多广播媒体都开辟了官方实名微博和微信号，微博、微信成为广播新闻传播的一个新平台，吸引了部分新媒体受众成为广播听众。广播媒体通过微博、微信发布新闻话题，听众可以通过微博、微信提供新闻线索、发表意见、参与讨论，微博、微信成为听众与节目互动的新桥梁。以中国之声新浪官方微博为例，该微博自开通以来发展迅速，2012年8月粉丝数突破了300万。中国之声微博有节目预告、最新闻、今日出镜、线索征集、微感悟、微回应、难忘的中国之声等十几个专栏，80%以上都是原创微博，每条微博转发和留言量平均达到100条。听众可以通过中国之声微博发布的节目预告有选择性地收听，通过微博页面也可以直接点击收听微电台，边听边互动。广播电台的官方微博已经成为展示各级广播媒体的重要窗口。

微博衍生出了网络广播的新形式——微电台。微电台是新浪微博推出的将传统电台与微博相结合的全新产品，于2011年5月10日正式上线，至2012年5月，已经有超过300家广播媒体入驻，入驻的微电台中，新闻广播频率占据主要的席位。微电台突破了以往收听广播的地域及终端限制，传统的新闻广播内容通过微电台的网络新平台传播，吸引了新媒体用户关注传统新闻广播，在一定程度上改变了用户被动收听广播的习惯。微电台的应用更是强化了广播新闻的互动性，微博用户在收听微电台的同时，可以与主持人和网友进行微博互动，带给听众"边听边互动"的新体验，微电台成为广播新闻节目和听众互动的新阵地。

三、报台互动，供给受众更多新闻内容

跨媒体也是近年来媒介研究的一个热词。跨媒体合作，是在媒介融合和媒介激烈竞争的背景下，各媒体发挥各自的优势，寻求合作、互助与融合，共同发

展。在舆论环境日趋复杂、信息技术发展日新月异的今天，媒体形式、内容、渠道、功能层面的界限不断被突破，传统媒体面临巨大挑战，只有通过跨媒体合作才能充分发挥各自的资源优势，在竞争中立于不败之地。除了综合利用媒体资源外，跨媒体合作也提高了信息传播效率，可以最大限度地扩大受众覆盖面，充分满足受众需求。①

广播与报纸的合作与互动，就是广播跨媒体战略的一种体现。广播媒体加强与报业集团的合作，是推进广播新闻改革、拓宽信息渠道广度和深度的重要举措，可以给广播媒体的受众提供更多的新闻内容，满足新媒体时代受众不断增加的信息需求。

以中央人民广播电台为例，其与全国 15 个省、市、自治区的 16 家报业集团签署合作协议，相互借助传播优势，共享重大新闻资源。在重大新闻报道方面加强协作，每逢重大新闻事件或重要历史时期，便共同策划，同期推出重要报道。同时，中央人民广播电台中国之声设立固定栏目，每天与平面媒体记者就重要新闻进行连线报道，第一时间直击新闻现场；中国之声自采的重大突发报道、深度报道、调查报道等文字实录也向平面媒体提供。

创办于 1953 年的中央人民广播电台《新闻和报纸摘要》是中国广播界的权威新闻栏目之一，也是广播与报纸媒体联动的典范。《新闻和报纸摘要》与《人民日报》《光明日报》《法制日报》《工人日报》《中国青年报》《经济参考报》《新京报》《新华每日电讯》等知名报纸媒体合作，在《媒体早读》环节选择以上报纸媒体的四五位编辑“现身说法”，以录音的形式把对重要新闻的解读和评论播报出来，供听众收听。这一做法不但为听众提供了更多的新闻内容和权威资讯，而且丰富了广播新闻节目的声音元素。报纸编辑亲自通过广播媒体发出声音来解读新闻事件，彰显了广播媒体的权威性与公信力。

---

① 《中央人民广播电台携手全国 16 家报业集团实行战略合作》，http：//www.cnr.cn/gundong/201207/t20120703_ 510095527.shtml。

第六章　广播新闻采访

新闻采访是新闻写作的前提，是一种特殊的调查研究活动，是新闻工作者出于大众传播的目的，围绕新闻线索，通过观察、调查、访问、记录、摄影、录音、录像等手段，采集事实信息、占有材料的工作过程，是新闻报道不可或缺的重要一环。因此，任何媒体都非常注重新闻采访，广播媒体也是如此。

第一节　广播新闻采访的特殊性

从本质上说，广播新闻采访与其他媒体的新闻采访没有多少区别，但是广播媒体的特殊性决定广播新闻报道更多的是在有声语言和实况音响，尤其是新闻现场的实况音响的有机结合下共同完成的，所以广播新闻采访与音响的采录密不可分。在直播化播出的新闻访谈节目中，主持人与嘉宾的对话交流过程也就是新闻采访和即时播出的过程。因此，广播新闻采访与其他媒体的新闻采访又表现出明显不同。

一、采访的即兴性

一般说来，直播化播出的广播新闻访谈节目是在“提纲加材料”的框架下通过主持人与嘉宾在直播室的即兴交流对话完成的。虽然节目播出前主持人可以根据选题搜集相关材料，准备交流提纲，还可以就交流提纲中的一些问题与嘉宾进行一些对话方式的设计与安排，但是直播化的播出方式要求主持人和嘉宾在一种自由开放和自然松弛的状态下与听众见面，不能因为“提纲加材料”的束缚而丧失自己的个性与魅力。而且，直播节目在行进过程中随时都有可能出现一些意想不到的变化，“提纲加材料”只能作为一种参考而不能将其视为节目的根本。如果主持人照本宣科，缺少必要的发挥，势必会使节目陷入僵局。因此，一旦主持人走进直播室就应该随机应变，先前的设计与安排应该根据节目行进中所遇到的具体情况做适当调整，主持人与嘉宾的交流对话也应该随节目语境的变化做即兴发挥。

二、采访的一次性

俗话说，过了这个村就没有这个店。声音转瞬即逝，新闻事件发生之后也不会“情景重现”。对于一些现场感很强的新闻事件，广播新闻的采访必须要在现场一次性完成，一旦错过时机，地点和条件改变，就抓不住能反映客观事物真实面貌的音响，没有恰当的音响，就会影响报道的准确、生动性，所以记者要确保在新闻采访过程中一次采录成功。[①] 如果因为失误，未能一次性完成音响采录，即使是一些可以弥补的采访，也会因为“时过境迁”而无法再现第一次的效果。比如，一位运动员刚刚在比赛中获得了金牌，记者赛后第一时间采访运动员获得金牌之后的感受时，运动员说话的语气肯定十分激动。假如因为记者一时疏忽，忘了打开采访机的开关，剪辑录音时才发现“失误”，这时再联系运动员“补救”采访录音，肯定无法再现运动员当时的心情。而现场报道或记者连线则更是需要记者一次性完成新闻采访。

当然，一些现场感不强的新闻事件或者专题性的新闻报道对采访的一次性要求并不是很强，但是就采访的情境和效果而言，一次性完成还是比“补救”采访好。

三、采访的技术性

广播记者采访要借助于录音设备——采访机和话筒。采访机一般是录音笔或者跟录音笔相类似的一种轻便易携的录音工具；话筒是通过导线跟录音机相连接的传声器。现在大部分采访机的话筒跟机身是连在一起的，话筒是采访机的一部分。为了捕捉音响，广播新闻采访要求记者无论到哪里采访，都需要带上采访机，所以广播记者必须要学会使用录音设备，不仅要会听，而且要会录，懂得采录的基本操作技术。不仅如此，在实际的新闻采访活动中，把话筒伸向采访对象，可能会对采访对象有一些干扰。一些被采访对象看到记者手中的话筒，往往会心里发怵，有的甚至说话不如平时那么流利和连贯，结果导致音响效果不自然、不理想。这就需要广播记者学会一些采访技巧，使对方心情放松，努力与对方交流[②]，让被采访者不因面对话筒导致紧张而词不达意。

四、采访的集体性

大型的社会活动或突发的灾难性新闻事件会有不同的新闻现场出现。不同的新闻现场会发生不同的新闻事件。报纸媒体面对大型社会活动或突发的灾难性新

---

① 周小普．广播新闻与音响报道．北京：中国人民大学出版社，2001：164.

② 赵世恒．广播新闻音响的采录与运用．新闻采编，2009（4）.

闻事件时，即使只有一位新闻记者，只要能够深入现场，通过亲身观察和对相关人士进行多方采访就能圆满地完成报道任务。而面对大型社会活动或突发的灾难性新闻事件，广播记者单打独斗是无法完成报道任务的，因为广播媒体对大型社会活动或突发的灾难性新闻事件的报道往往是在直播化的播出中通过现场直播或大直播的形式来完成。由于大型社会活动或突发的灾难性新闻事件现场的多点性和直播报道的同步性，广播记者在某个新闻现场只能报道该区域发生的新闻事件，而其他区域的新闻事件必须依靠另外一些记者在新闻现场进行报道，所以广播新闻采访的集体性特征在这里就表现得相当充分。例如，火箭发射会出现多个现场，这就需要多名广播记者合作来完成采访，发挥集体的优势。中央人民广播电台中国之声2010年10月1日播出的《嫦娥探月——“嫦娥二号”卫星发射特别报道》中，各路记者分布在西昌卫星发射中心、北京飞控中心、国家天文台进行现场报道；同时，记者还在青岛、新疆、海南等各地检测站进行了连线报道，以及在上海世博园、北京火车站等地报道各地群众观看和庆祝活动的情况。

采访的集体性要求身处现场的各路记者能够根据节目的设计与安排相互配合，协同作战，既要在第一时间传递新闻信息，又不影响节目的整体推进。

第二节 广播新闻采访准备

《左传》中说：“有备无患。”《礼记·中庸》中说：“凡事预则立，不预则废。”毛泽东在《论持久战》中说：“没有事先的计划和准备，就不能获得战争的胜利。”以上说法表明，做任何事情都要有充分的准备。新闻采访也是一项特殊的战斗，需要做好充分的准备。采访是新闻报道的基础和前提，有学者认为，采访前准备工作做得充分，就等于完成了采访任务的一半。可见，准备工作对新闻采访相当重要。

案例1

1961年3月8日，英国的世界级“影后”费雯丽因参加影片《乱世佳人》的复映式，到美国纽约去访问。按照当地的惯例，她一下飞机便走到机场的接待室，接受记者的采访。

第一个记者一来就问她：“费雯丽女士，请问您在《乱世佳人》这部电影中扮演什么角色？”费雯丽听到这个问题之后很不高兴，便反问记者：“您看过这部片子吗？那部小说您读过没有？”记者回答说：“没有。”这么一说费雯丽更加生气了，站起来便说：“诸位，由于你们没有常识，我们不必继续了！”说完，她扭头就走了。

案例2

法拉奇在1980年8月曾先后两次采访了我国改革开放的总设计师——邓小平同志。

法拉奇一见到邓小平就说："明天是您的生日，首先祝您生日快乐！"

邓小平感到很奇怪，便问："我的生日？我的生日是明天吗？"

法拉奇接着又说："不错，邓小平先生，我是从您的传记中知道的。"

可是邓小平却说："既然你这样说，就算是吧，我从来不知道什么时候是我的生日。就算明天是我的生日，你也不应该祝贺我啊，我已经76岁了，76岁是衰退的年龄啦！"

法拉奇并没有因为邓小平的"不领情"而慌张，她说："邓小平先生，我父亲也是76岁，如果我对他说那是一个衰退的年龄，他会给我一巴掌呢！"

听到这里邓小平才笑着说："他做得对，你不会这样对你父亲说的，是吗？"两人的关系一下子拉近了许多，接下去的采访也就顺利了。

以上是新闻采访的两个经典案例。前者，因为记者采访准备的欠缺导致采访失败；后者，因为记者的充分准备而让采访工作变得顺利。虽然广播新闻采访有其特殊性，但是采访的准备工作对广播记者与其他媒体记者的要求并没有太大区别。那么，广播新闻采访要做好哪些准备工作呢？一般来说，大体可分为平时性的准备和临时性的准备两种。

一、平时准备

作为一种宏观意义上的准备，平时准备指的是不以某一次采访活动为目的的经常性准备，也指记者应当具备的素质，主要包括"吃透上头""摸清下头""成为杂家""广交朋友"①。因此，平时准备实际上就是平时的知识积累和素质培养，这就要求记者首先应该熟悉和领会党的路线、方针、政策，树立马克思主义新闻观，树立责任意识、大局意识和为人民服务、为社会主义服务的意识，把握正确的舆论导向，培养较高的政治觉悟和严肃的思想态度。其次，在平时的工作中，记者还应该认真学习新闻传播方面的理论，深刻把握新闻传播的规律和要求，同时认真学习广播新闻的业务知识，熟悉和掌握广播新闻节目的制作技巧，努力使自身的理论素养和业务技能有一个很大的提升。再次，记者要广泛涉猎多方知识。一名合格的记者，必须对各行各业的知识都有一定的了解，成为一个无所不知的"杂家"，特别是对自己所负责采访的领域应该有更加深入的了解，努

① 王文科．广播新闻报道．杭州：浙江大学出版社，2002：49－51.

力成为该领域的“行家”甚至“专家”。最后，要提高调查研究的能力、语言文字的使用能力和运用现代传播手段的能力等。“不积跬步，无以至千里；不积小流，无以成江海。”平时准备充分不管是对突发性新闻事件的采访，还是对可预知性新闻事件的采访都能发挥积极的作用。

在一定程度上，记者的理论水平和业务能力的高低与新闻采访和报道水平的关系是成正比的。只有“吃透上头”，熟悉和领会党和国家的路线、方针和政策，才能认清当前的政治、经济和文化形势，了解党和政府的中心工作；只有“摸清下头”，深入一线，走进基层，与百姓为友，才能了解人民群众的意愿、要求和想法；只有“成为杂家”，才能在采访活动中游刃有余、气定神闲，才能使采访活动变得轻松自如。因此，平时准备充分的记者采访活动往往更加具有针对性，能够将领导重视、群众关心、社会关注的新闻信息传递给广大听众。

与其他媒体尤其报纸媒体不同的是，广播新闻快捷性的传播要求在很多情况下给记者留下很少的临时准备机会和时间，尤其是直播化的播出方式对广播新闻记者或以记者身份出现的节目主持人心理素质和业务水平要求更高，所以平时准备对广播新闻采访的意义自然也就更大。

二、临时准备

临时准备是记者在接受某些具体的报道任务时所做的准备。虽然广播新闻快捷性的传播要求在很多情况下给记者留下很少的临时准备机会和时间，但是一些时效性不强的新闻专题节目就允许也要求记者必须在采访前做临时性的准备工作；即使是那些直播类的新闻访谈节目也要求以记者身份出现的主持人在节目开始前临时作必要的采访准备。对于广播新闻记者来说，临时准备的工作很重要，因为从进入采访活动开始，采访的内容就可能成为新闻节目的重要组成部分。

1. 了解采访对象

要对采访对象进行采访，首先要对采访对象有一个基本的了解。为此，记者在采访之前，应该熟悉和掌握采访对象的相关材料。所谓相关材料包括直接材料和间接材料。直接材料是指被采访者自己所能提供，并与其有直接关系的现成文字资料，如被采访者所写的回忆录、著作、文章、学术论文等。如果采访的对象是一个单位或者地区，应该搜集该单位或地区与报道内容有直接关系的材料。间接材料内容相对广泛，指的是与被采访对象相关的一切文字的东西。① 熟悉和了解采访对象之后就会心中有数，就能找到提问的话题，也能在采访过程中建立轻

① 刘善兴．新闻采访36式．北京：解放军出版社，2001：3.

松和谐的交流关系。1994 年5 月，中央电视台一位记者在上海采访周谷城。这位96 岁高龄的老人躺在病床上表示只能讲一句话。记者听了老人的话并没有显露出难色，而是平静地问道："听说在'五四运动'的游行队伍中，您曾跑掉一只鞋子?"老人听了十分惊讶。面对如此熟悉自己经历的记者，老人来了谈兴，立刻打开话匣子，与记者进行了一下午的交流，记者圆满完成了采访任务。① 由此可见，熟悉和了解采访对象是尽快接近采访对象的重要途径，也是准确提问和深入挖掘素材的前提。

2. 准备采访提纲

采访时问什么问题、怎么问，事先应该做好准备，最好是写好采访提纲。采访提纲是记者对采访活动的基本设想，包括采访的目的、要求、步骤、方法、时间、对象、问题、相关背景，以及采访中可能出现的困难和处置方法等，主要内容还是问什么，怎样问。写好采访提纲，可避免采访活动的盲目性，可以使记者的采访姿态更加积极主动，也有利于采访活动开展得有条不紊。

采访提纲总的要求是尽可能详细、具体、简明扼要，对同一个问题、同一个事实和细节，要多侧面、多角度地去提问、考证和挖掘。采访提纲还要善于把某些复杂的问题和过程浓缩成一个或多个简单的问题。这样，既便于对方回答，又可以大大节省被采访者为组织自己的思路和谈一些无用的材料所花费的时间，大大缩短采访过程。采访提纲可以写成文字，也可以记在记者的脑子里②。其实，主持人进入直播室前事先准备的"提纲加材料"与新闻记者的采访提纲并没有多少区别。

3. 思想和心理准备

新闻采访的范围广，可能会涉及社会生活的方方面面。采访的人物，可能是总统，也可能是普通百姓，甚至是弱势群体；采访的地点，可能是繁华的闹市区，也可能是偏远的乡村。采访是一个不能完全控制的过程，可能出现一些预想不到的事情，特别是一些批评性报道，记者还可能会遭遇危险或不测。因此，记者要有思想和心理准备，以便做到胸有成竹、遇事不乱。

在采访活动中，有可能遇到自然或人为的障碍，记者在采访前要有一定的应对突然变化和各种困难的心理准备，应该考虑到采访活动可能会遇到哪些人为的阻碍，当事人是否配合采访，哪些问题可能会引起采访对象的反感。比如，采访农贸市场内的一位店员，他正在卖东西，顾客很多，无暇顾及其他事情。这时记者如果凑上去问"你幸福吗?"这样贸然和唐突的提问，要么让对方不知所措，

---

① 曹仁义．实用新闻广播学．北京：中国广播电视出版社，2000：12.

② 刘善兴．新闻采访36 式．北京：解放军出版社，2001：8.

要么让对方反感，记者可以在对方有空闲时再进行采访，采访时提出的问题可以委婉一点，或者在采访前向对方解释一下采访的缘由。

4. 采录设备准备

做好物质和技术准备，包括录音设备、话筒、电池等，并与相关人员做好协调。检查采访机的电平是否处于正常值，电池的容量是不是足够完成采访。如果是干电池，要保证电池电量的充足，电池电量不足的时候要及时更换电池；如果是充电电池，在采访之前应把电充满，尽量不要出现采访还未完成，电池就不够用的情况。检查话筒的声音采录效果，看它是否可以正常采集录音。

5. 采访衣着准备

记者要穿着与采访场合相搭配的衣服，在衣着方面尽量不与采访对象产生较大的距离感。如果去采访报道政府部门的重要会议或大型活动的开幕仪式等，需要采访政府官员、明星人士、重要嘉宾等，就要穿着比较正式的服装，与现场的场面相搭配。如果去工厂车间采访工人或者去田间地头采访农民，则不能西装革履，而要穿着相对朴素的衣服，这样采访时才不会与采访对象产生距离感，也更能使采访活动顺利进行。

第三节 广播新闻采访的方法

方法，一般是指为获得某种东西或达到某种目的而采取的手段与行为方式。广播新闻采访的方法，是指广播记者为获取新闻而对客体所采取的观察、访问、倾听、思索和记录等采访手段和方式。广播新闻最基本的采访方法有两种：一是访问，二是观察。这也是其他媒体的新闻采访经常使用的方法。

一、访问

著名新闻学者杰克·海敦这样说："大约有百分之九十九的新闻是部分或全部以访问——也就是向人提问题——为基础写成的。"[①] 这种观点足以说明采访中"问"的重要性。广播记者通过录音方式与采访对象交流并将采访内容记录下来，现场的录音采访要求必须一次成功，否则事后很难补录。比对文字记者，广播记者显然有更苛刻的要求，所以广播记者怎样才能问明白、问得好、问得巧，就更要下功夫琢磨[②]。当然，不同的访问形式有不同的要求。

---

① 杰克·海敦．怎样当好新闻记者．伍任，译．北京：新华出版社，1980：23.

② 王文科．广播新闻报道．杭州：浙江大学出版社，2002：56.

1. 个别访问

个别访问就是记者与采访对象的单独交谈，这种访问方式有利于记者与采访对象进行比较深入细致的沟通和交流，让对方畅所欲言。记者了解事件的真相、掌握事件的细节，都要用到个别访问这种方式。

（1）采访对象的选择。

选择合适的采访对象，是访问成功的基本条件。为了让采访获得成功，记者选择采访对象应该首先选择新闻事实的参与者、目击者和直接关系者；其次是选择新闻事件的知情者，这些人虽然不是新闻事实的参与者、目击者和直接关系者，但是对新闻事件有所了解，采访他们有助于对新闻事实进行全面了解；再次就是选择对新闻事实有看法、有见解的职能部门的官员以及相关领域的专家、学者，采访他们，可以对新闻事实形成多方面的评价。

（2）采访应遵守的原则。

记者对待采访对象要有热情、讲礼貌，保持谦虚的姿态，坚持平等的原则。遇到地位、学识比自己高的采访对象时，记者应镇定自若、游刃有余；遇到地位、学识比自己低的采访对象，甚至是违法犯罪人员时，记者也不能高高在上、盛气凌人，总之要保持不卑不亢的态度。不管怎么样，记者与采访对象之间都是一种平等的关系。

（3）提问方法。

新闻采访中的提问是一门艺术，问什么，不问什么，用这种方式提问，还是用那种方式提问，都会影响提问的深度，关系到提问的效果。要针对采访对象的不同性格、语言能力以及社会地位和采访目的，选择单刀直入或迂回曲折等不同提问方法展开访问，以能迅速挖掘出新闻事实及采访对象的内心感受为准。

第一，开放式提问。这种提问往往是问一些大而化之的问题，形式范围较广，采访对象自由发挥的空间比较大，可以畅所欲言、泛泛而谈。比如："陈先生您好，我知道您是第一次来广州，我想请您谈一下对这座城市的感受。""你好，这位同学，你觉得暨南大学是怎样的一所学校，为什么会报考这所学校?"

这种提问方式的特点是给采访对象回答问题的限定比较宽，被访者可以多谈，也可以少谈，回答的内容可多可少，一般适合采访的开局，有助于了解问题的总体情况。这种提问方式花费的时间比较长，获得细节性内容的难度较大，并不是所有的场合和对象都适合运用这种提问方式。

第二，闭合式提问。它又称定向式提问或限定式提问，是将笼统的提问化整为零，记者提问得比较具体明确，被访者的回答只能是记者提问所限定的内容，要明确回答特定的具体问题，甚至有的只需要回答"是"或"否"。

比如："您当时看到了什么?""这件事是什么时候发生的?""您认为酒后驾

车应该加大处罚力度吗?”这种提问可以避免被访者漫无边际地东拉西扯或“节外生枝”，记者能够掌握主动权。由于提问比较明确，往往形成一问一答的形式，采访对象一般能回答出实质性内容，这种提问方式往往能取得突破性进展。

第三，开闭结合提问。一般来说，采访提问多是综合运用开放式和闭合式这两种提问方式，总体情况和具体的细节都能有所获取。前者多用于缓和气氛，融洽感情，启发对方；后者多用于在采访中突破问题，追溯情节和验证事实。从开放式提问开始，可以沟通感情，尽快造就一种和谐气氛，然后直接切入，进行闭合式提问，可以提高采访速度，尽快了解和掌握新闻素材。这样既能及时地抓住事物特点，又可以准确地把握事物的本质。用这样的素材写出的新闻才会准确、生动、有个性、有深度，甚至可以成为对社会影响较大的新闻精品①。

（4）提问技巧。

不要明知故问；一次只提问一个问题；问题的长度要适当，问题越长，回答往往越短；不要自问自答；不要抢话；尊重对方隐私，不该问的问题不问，即使想问，也要巧妙提问。

2. 座谈会

座谈会也称集体访问，即媒体同时邀请一小群采访对象，诸如多个知情者或专家、行家等，在同一时间、同一地点一起探讨某件事情或某个问题，记者向参加座谈的人进行采访。两种情况可能会出现：一种是冷场，大家都不肯放开说；一种是大家都很积极，争着发言。对此，需要记者现场引导、控制或提前准备讨论提纲，让讨论者有充分的思想准备。

3. 新闻发布会

新闻发布会又称记者招待会，是一个社会组织为了直接向新闻界发布组织有关信息、解释组织重大事件而举办的活动。由于时间较短，不同媒体的记者提问的问题不同，记者既要争取机会向新闻发言人提出问题，同时又要耐心听取发言人回答其他记者的提问。

二、观察

观察，也称为目击式采访，是指记者对客观事物所进行的一种查看体验活动，简单来讲就是用眼睛采访。② 观察，是一种有目的、有计划的视知觉行动，是人对现实感性认识的一种主动形式。③ 观察是新闻采访活动中获取第一手材料

---

① 王小宇．浅谈采访中如何提问．中国绿色时报，2010－06－25（4）．

② 百度百科：观察，http：//baike. baidu. com/view/58106. htm。

③ 曹璐，罗哲宇．广播新闻业务：第二版．北京：中国传媒大学出版社，2010：60.

的重要途径，是使新闻作品生动形象的必要手段，它贯穿采访活动的始终。也就是说，采访一旦开始，就要用好眼睛。

观察方式有以下几种类型。从目的上看，观察分为定向观察和机遇观察。定向观察是预先设定的目的性明确并且贯穿在整个采访过程中的一项活动；而机遇观察是在没有明确目标情况下从日常生活中随时观察，意外发现新闻线索的一项活动。从角度上看，观察分为宏观观察和微观观察。宏观观察是对新闻事件、新闻现场整体性、全局性的把握；微观观察则是对新闻事件、新闻现场局部性、细节性的把握。很多情况下，宏观观察与微观观察在新闻采访活动中是统一和交替运用的。从采访者身份看，观察分为公开观察和隐蔽观察。公开观察公开亮明记者身份，希望被采访单位或被采访对象给予工作上的配合；隐蔽观察又称为暗访，意在揭露事实真相，往往运用于曝光性的批评报道。从记者介入程度看，观察分为参与式观察和旁观式观察。参与式观察中记者直接介入、参与被报道的事实，置身于被报道的事件中，亲身体验现场气氛，感受当事人的生活甘苦；旁观式观察则是以旁观者的眼光冷静地面对事实，客观观察被采访对象，既不干预其事，也不介入其争，意在达到旁观者清的观察效果。①

1. 观察的内容

总的说来，记者的观察应当强调全方位、全视角的观察，不能笼统地讲哪个重要，哪个不重要，但是也不能胡子眉毛一把抓，而应当有所侧重。

（1）在新闻事件发生的现场进行观察，要围绕新闻事实观察现场的情景，其中包括现场的概貌、总体情况以及现场具有典型意义的气氛、场面和情景。

（2）人物采访时的观察，要观察人物的形象、举止、神态，观察人物与周围人物的关系及其所处的环境。

（3）观察新闻事实的特点。特点就是区别，没有区别，就没有特点。因此，记者在新闻现场一定要捕捉那些最能表现事物特征和新闻主题的有特点的场面。

（4）观察中要发现新闻事实的本质，不要被表面现象迷惑，要透过现象看到新闻事实的本质，这需要记者在观察中进行必要的判断与思考。

2. 观察的方法

观察活动除了要把握观察的内容还应该注意观察的方法。

（1）选择恰当的位置。观察什么，要根据报道的内容来决定。一般说来，为了能弄清楚事实的情况，既要从远处观察，又要从近处观察，这样所反映的内容会更全面。选择恰当的观察位置，利于观察的清晰、准确和全面，也关系到记者

---

① 刘善兴．新闻采访36式．北京：解放军出版社，2001：90－91．

能否准确清晰地采录到需要的音响。

（2）选择恰当的时机。从头到尾盯着一件事的发生发展过程，不科学，也没有必要。记者应灵活调动注意力，避免按照固有的思维和观察模式观察和采录，要充分调动自己的知识积累，发挥思维能力，选准能反映出事物特点的关键时刻，在较短的时间里获得预期的观察效果。

（3）择机“隐性观察”。在某些非正常的情况下，记者还可以采取不暴露采访者身份的情境角色定位，即通常所说的“隐性采访”，以便于观察和采访那些记者公开身份出现会严重影响进程的事实。①

（4）观察中伴随着思考。记者观察不是为了享受，而是为了发现问题，揭示新闻事实背后的本质性内涵，记者要将观察与思考结合，迅速通过思考分析来判断信息内容和传播价值。

第四节　广播新闻的音响采录

广播新闻的音响报道是广播媒介区别于其他媒介的主要标志，也是广播媒介的优势所在，所以音响采录对于广播新闻记者来说就显得非常重要。访问与观察是适合所有媒体的采访方法，只是广播新闻采访在访问中往往需要录音。对于一些时效性和现场感不强的新闻专题，即使记者在访问中需要录音，只要准备好录音设备，确保录音质量，也能完成音响的采录任务。不过，对于那些时效性和现场感强的新闻节目，记者不仅要深入新闻现场，而且要在现场边观察，边思考，边播报，边访问，随时需要把话筒伸向被采访者。因为采录的音响会成为节目既定的内容，即使经过后期的剪辑处理，音响内容也必须保持其完整性，所以对记者的要求很高。而直播播出的新闻节目更要求记者的音响采录简洁明了、准确到位。由此可见，音响采录是广播记者的“看家本领”，也是广播记者与其他媒体记者的不同之处。因此，这里再专门介绍一下广播新闻的音响采录。

一、音响的分类

音响是广播新闻节目的主要元素，在音响报道中与解说共同构筑了节目的整体。一般说来，广播新闻节目中的音响包括以下几种类型：

1. 环境音响

环境音响是指存在于新闻事件周围的环境所发出的现场实况音响，如农贸市

---

① 饶立华，杨钢元，钟新．电子媒介新闻教程——广播与电视．北京：中国人民大学出版社，2000：191.

场的嘈杂声、工地车间的机器声、运动场上的欢呼声、会场上的掌声等。环境音响的主要功能是展现新闻场面、烘托现场气氛，同时起到强化现场感和真实感的作用。

2. 自然音响

自然音响指的是自然界发出的各种声音，如鸟叫、蝉鸣、虎啸、猿啼以及风声、雨声和电闪雷鸣的声音等。自然音响在新闻节目中具有渲染气氛和转换场景的作用，能够给听众身临其境的感觉。

3. 谈话音响

在广播新闻节目中，谈话音响是作为主体元素出现在听众面前的，是广播录音报道不可或缺的内容。它“不仅可以直接表述事实，体现主题，而且会起到记者本人无法替代的‘人证的作用’”①。根据获取方式的不同，谈话音响可分为客观谈话音响和主观谈话音响。

（1）客观谈话音响。

客观谈话音响无论记者在场与否都会在既定的时空环境里存在，也就是说，客观谈话音响并不一定就能构成音响，只有记者进入既定的时空环境里并及时进行现场录音才能构成音响，并进而形成新闻报道内容。客观谈话音响常出现在各种会议或社会活动的讲话、对话、演讲中。这类音响不需要记者提问，但要记者对录音进行必要的剪辑，选择那些具有典型意义和传播价值的内容作为节目的有机组成部分。这类音响在新闻报道中往往属于重要的题材，对音响质量要求很高。安徽阜阳人民广播电台2001年7月23日播出的消息《我向总理讲真话》，就大量引用了时任国务院总理朱镕基和安徽基层干部群众就农村税费改革问题的谈话音响，这些谈话音响就是客观谈话音响。

（2）主观谈话音响。

主观谈话音响指的是由记者对采访对象进行访问和录音所获得的音响。根据时空环境的不同，主观谈话音响包括现场谈话音响和非现场谈话音响两类。

现场谈话音响是记者在新闻事件现场对采访对象进行访问和录音所获得的音响。现场谈话音响多用于时效性和现场感较强的新闻报道，对记者和采访对象都有着特别的要求，既要求记者头脑清晰、思维敏捷、表达能力强，又要求采访对象口齿清晰、善于表达。

非现场谈话音响是记者在适合谈话的地方对采访对象进行访问和录音所获得的音响。这种音响的采录活动约束性较少，不必第一时间赶到现场，记者与被采

① 曹仁义．实用新闻广播学．北京：中国广播电视出版社，2000：77.

访者都有较充分的时间准备。一般来说，非现场谈话音响比较适合新闻专题节目以及现场感不强的广播消息，如中央人民广播电台设立央广新闻热线后，听众拨打热线电话提供新闻线索，记者接到有价值的新闻线索后，再联系提供线索的听众或知情人进行采访。一些非事件性新闻信息由于没有特定的新闻现场，记者只要选择一个合适的空间环境对采访对象进行访问和录音即可完成音响的采录任务。

二、音响采录的基本要求

音响采录是广播新闻报道中关键的一环，如果采录的音响“先天不足”，就会影响节目质量，传播效果也会大打折扣。音响采录一般只针对广播媒体而言，对记者有着一些基本的采录要求，广播新闻记者应该了解这些要求，并按照这些要求去进行音响采录。

1. 辨识和引发主题音响

主题音响指的是广播新闻节目中最具典型性和代表性的音响，能够直接反映新闻事实，体现报道主题，透析事件本质，代表事物个性，是音响报道中不可或缺的重要内容。1949 年 10 月 1 日，开国大典上毛泽东主席庄严宣布：“中华人民共和国中央人民政府今天成立了！”2008 年 8 月 8 日，北京奥运会开幕式上胡锦涛主席庄严宣布：“北京第 29 届奥林匹克运动会开幕！”这些音响就是最有典型性和代表性的主题音响。

新闻现场的音响很多，采访机的容量和电池使用时间都有限，广播记者不是有闻必录，而要有所选择，要在各种音响中去辨别、发现、选择、捕捉那些最能反映事物本质特征和体现报道主题的音响。[①]中央人民广播电台记者刘振敏曾采制过一个《胡耀邦瞻仰周总理诗碑》节目。节目中，她选择了自己采录到的日本艺术家在岚山诗碑现场演唱的《怀念敬爱的周总理》的歌声，就使报道突出了日本友人对周总理的敬仰，进而展现歌颂中日友谊的主题，形成了高潮，具有特殊的表现力。而报道同一事件的中央电视台则没能采录到这首歌，只是用了这首歌之后的《洁白的羽毛寄深情》，效果显然不一样。[②]

新闻现场客观存在的主题音响的采录需要记者去发现、辨别，但不管是新闻现场还是非现场的主观谈话主题音响采录都需要记者去询问、去引发。这就需要记者从新闻事实的现象中发现本质内涵，并由此向采访对象提出问题。天津电台的广播消息《城际铁路开通一年京津两特大城市“半小时经济圈”效益明显》，

---

① 王文科．广播新闻报道．杭州：浙江大学出版社，2002：63.

② 周小普．广播新闻与音响报道．北京：中国人民大学出版社，2001：174.

其主旨是宣传城际铁路开通对北京和天津两地经济发展的促进作用。记者通过对投资4 000万元改造会议中心的武清天鹅湖度假村负责人采访获得的“通过我们数字统计啊，有六成人他是坐城际铁路到武清区看。接待的这个会议呢，今年将近1 000个会议以上，70%的来自北京”这段音响，在反映新闻事实的同时对揭示报道主题有着非常大的作用。

2. 抓取辅助音响

辅助音响并不直接反映新闻事实，但是能够交代新闻事件发生的场景与环境，体现新闻事件发生的现场气氛，在节目中起着辅助和陪衬作用。在广播音响元素中，自然音响和环境音响往往具有辅助音响的功能。

一般说来，作为辅助音响的自然音响和环境音响是容易抓取的，只要记者深入新闻现场，将现场周围出现的声音录下来即可。对于农贸市场小贩的吆喝声、叫卖声，广场上熙熙攘攘的人群声，大街上车水马龙的喧闹声，工厂里机器的轰鸣声，山涧的鸟鸣声、水流声以及自然界的风声、雨声等常态的自然音响，记者是容易获取的，但是对于在特殊环境下出现的非常态音响则需要记者发挥新闻敏感性，灵活捕捉、沉着应对，才能采录到理想音响。这种音响不仅能够烘托气氛，而且能够强化和升华报道主题。中央人民广播电台记者陈文清在采访抚顺老虎台矿时曾遭遇撑子面冒顶，大块大块的煤从头顶落下，他没有被险情吓跑，也没有惊慌失措，而是及时捕捉了现场音响，坚持完成采访任务。该台的另一位记者张小平曾跟随登山队员攀登珠穆朗玛峰，他右手持冰镐，左手拿录音机，在高度缺氧、行动不便的情况下，当一块巨石从距他身后几米远的地方呼啸而下时，他及时录了下来，还录下了躲避巨石时脚下石块的滑落声。这些音响都是转瞬即逝的，如果不能及时抓取就不可能采录到，记者既要从容镇定，还要判断准确、操作熟练，及时抓住机会采录。①

3. 确保谈话音响的朴实自然

就谈话音响而言，客观谈话音响是发生于新闻现场的一种既定的存在，记者无法对此类音响提出什么要求，只要能够确保录音质量、满足播出要求，即可达到采录目的。但是，主观谈话音响是记者采录引发的结果，记者对此类音响拥有主动性和控制权，所以在采录过程中记者应发挥主动性，通过预先设计的问题在交流对话中让采访对象说出自己内心真实的感受和想法，从而使谈话音响朴实自然，尽量避免采访对象因自说自话而造成谈话音响刻板生硬的现象。比如，由于思维惯性，一些新闻节目中出现的领导谈话音响不像是记者引发的结果，而像是

① 周小普．广播新闻与音响报道．北京：中国人民大学出版社，2001：174－175.

做工作报告，不仅不利于主题的表达，而且有损节目质量。

4. 选择合适的采录现场

新闻现场的声音可能纷繁复杂，不同的声音可能互相干扰，杂音会破坏录音效果，主题谈话音响被杂音淹没亦有可能。因此，广播记者必须选择合适的采录现场，把握好采访时机，尽可能清晰地录好采访对象的声音。

三、音响采录的技巧

掌握录音采访的一些技巧和技能，对于广播记者来说，显得非常实用。

室内采访时，检查一下房间是否有回声，手持话筒时保持位置的固定，不要因为话筒的不稳定而产生声音忽高忽低的现象。面对面采访时，视具体情况将话筒置于距离采访对象 20 ~ 50 厘米处，不宜与采访对象贴得太近，也不宜太远，太近容易出现“喷口”，太远则声音不太清晰。户外采访时，避开高音喇叭或嘈杂环境的干扰，以免杂音盖过或干扰人声。录锣鼓声、礼炮声等大场面的音响时，话筒不要离声源太近，以免声音失真，记者可戴上耳机监听采录的声音来确定话筒离声源的合适距离。如果遇到风沙比较大的情况时，为避免风声盖过人声，要给话筒盖上防风罩或者包上丝绸、手帕之类的物品。

如果记者同时采访两个人，就把话筒放在两人之间，话筒与嘴平行或略低；如果采访的对象在三个人以上，则应让采访对象围坐成圆形或方形，将话筒靠近音量最低的那个人的位置；如果采访的是小型会议，则最好把话筒放在调音间的主控音箱附近，这样既能采录到清晰的声音，又不产生干扰。[①] 录音时，要早开机，晚关机。早几秒开机，可使录音效果从一开始就是稳定的，录完所需音响时，晚几秒关机，可以保证结尾的最后一个音录得完整，并有一段现场音，以免做节目时有“凸”的感觉。[②]

---

① 王宇．现代广播新闻实务．北京：中国广播电视出版社，2009：30.

② 曹仁义．实用新闻广播学．北京：中国广播电视出版社，2000：86.

第七章　广播新闻的语言特点和写作要求

广播新闻节目制作是一项综合性的内容生产过程。就录音播出的广播新闻节目而言，它主要是建立在文本建构的基础上，经由播音和录音合成最终完成的。文本建构的过程是广播新闻写作的过程，所以广播新闻写作是广播新闻节目制作过程中一道不可或缺的工序。即便是在直播化播出的广播新闻访谈节目中，采、编、播、制一体化的生产模式使得新闻写作似乎可以忽略不计了，其实依然存在，只是存在的方式不同，由录播节目的用笔写作变成了直播节目的用嘴写作而已。需要指出的是，“在新闻广播的声音符号系统中，语言是最基本、最活跃，也是表现功能最强的成分。一则广播新闻，一个广播节目，是否运用非语言符号，并不一定会对信息传播产生多么大的影响，在对听众的吸引力上也不一定会引起明显变化；但如果离开语言，即使调动一切可能调动的非语言符号，它也不可能确切地传送哪怕是很简单的信息”①。因此，广播新闻写作一定要熟悉和了解广播新闻的语言特点。但是，仅仅熟悉和了解广播新闻的语言特点是不够的，因为广播新闻写作既存在记者是否了解广播新闻语言特点的问题，又存在记者如何熟练掌握和正确运用广播新闻语言的问题。不仅如此，目前，广播新闻节目文本大多是解说和音响的有机组合，所以与平面的报纸媒体不同的是，广播新闻写作还应该在立体化的思维状态中合理安排和布局解说与音响的关系。因此，本章拟探讨广播新闻的语言特点和写作要求。

第一节　广播新闻的语言特点

不同媒体有不同媒体的传播特性和传播规律。与报纸媒体的图文传播以及电视媒体的声像传播不同的是，广播媒体是单信道传播，声音是听众收听广播时唯一可感知的信号，而声音诉诸听众的听觉器官，看不见，摸不着，听众理解起来有难度。不仅如此，广播的线性传播特性使得声音信号转瞬即逝，无法留存。即

---

① 吴缦，曹璐．新闻广播研究．北京：北京广播学院出版社，1997：77.

使听众对某个问题没有听清楚、弄明白，也难以弥补这种收听缺憾。为了弥补缺陷、克服不足，广播新闻传播理应在声音介质上下功夫，让声音充满魅力、富有风采。唯其如此，才能让听众听得懂、听得清楚。而声音是语言的外壳，所以广播新闻便由此形成了口语化、通俗化、形象化、个性化的语言特点。

一、口语化

从根本上说，诉诸听众听觉器官的广播新闻节目是播音员、主持人或记者本人“说”给听众听的，而不是“读”给听众听的。在这里，主持人通过“提纲加材料”的方式进行的新闻访谈以及记者在新闻现场的即兴播报需要“说”自不待言；即使是那些建立在文本基础之上的广播新闻节目，表面看来是播音员在“读”记者提供的新闻稿件，其实还是在“说”，因为记者在文本建构的过程中已经按照广播的媒介特性以及广播新闻的传播规律和要求为播音员提供了“说”的依据，奠定了“说”的基础。因为只有口语化的新闻才适合播音员“说”，所以如果说广播新闻语言有什么特色的话，那么口语化无疑是其最显著的特色。

所谓口语化，就是要播起来上口，听起来顺耳，流畅明白，让人一听就懂。有研究者认为，广播新闻语言是社会语言的具体运用，但是“与社会语言之间，存在着两层区别：一是书面语言与口头语言的区别，一是日常口头语言与广播口头语言的区别”①。社会语言包括书面语言和口头语言两种，广播新闻语言则包括通过记者写作完成后由播音员播音呈现的，以及主持人在直播室与嘉宾交流和记者在新闻现场直接口播的两类。不过，广播新闻语言无论是记者写出来的还是说出来的都诉诸听众的听觉器官，都为满足听众的收听需求而存在，所以应该属于社会语言中的口头语言范畴。

需要指出的是，广播新闻语言与社会语言中的日常口头语言又有不同，因为“日常口语比较啰唆，广播口语比较简练；日常口语多倒装句式，广播口语主、谓、宾语序有条不紊；日常口语多用人称代词，广播口语要求多用实指名称；日常口语多省略，广播口语忌用缩略语……”② 因此，广播新闻语言虽然属于社会语言中的口头语言范畴，但是有着书面语言的严谨、规范和紧凑的特点，即便是在主持类的新闻访谈节目和记者在新闻现场进行的即兴播报中，其基本要求也是如此。从这个意义上说，广播新闻语言是一种规范化的口头语言。

---

① 吴缦，曹璐．新闻广播研究．北京：北京广播学院出版社，1997：78．

② 吴缦，曹璐．新闻广播研究．北京：北京广播学院出版社，1997：79．

二、通俗化

广播新闻不仅用口语化的语言"说"给听众听，而且听众对象的广泛性决定其使用的语言也是人们轻易就能够听懂的通俗性语言。一般说来，只要听众具有一定的听觉和语言交流能力，就可以自如地收听广播，所以单从文字而言，广播新闻对听众的文化层次没有什么要求。由此可见，广播新闻语言的通俗化是广播与生俱来的特质，如果广播新闻抛弃了通俗化的语言，就丧失了自身的传播优势。

所谓通俗化就是把深刻的思想、复杂的问题用浅显易懂、适合大众普遍接受能力的语言表达出来。所以单从文字而言，通俗化的语言要求文字不能过于深沉晦涩，不能半文半白、运用奇词僻字，更不能罗列术语和书面语汇；在语气表达上，广播新闻也强调"怎么说"的问题，即新闻语言的表达方式。

强调广播新闻语言的通俗化并不是说广播新闻报道就可以不注重文采。通俗化是广播新闻语言的基本特征和要求，文采性则是衡量广播新闻节目质量的重要标准。广播语言富于文采性并不是要使用一些华丽的辞藻，而是要在通俗口语基础上出彩，赋予节目可听性，从而吸引听众收听。因此，广播新闻语言应该是通俗化和文采性的和谐统一。和谐统一意味着在通俗化的基础上注重文采，而且文采性与新闻语境相关联。在特定的新闻语境下，当通俗化无法满足新闻的表达需要时，新闻播报必须注重文采。在直播的现场报道《漫长的瞬间》中，记者就很好地处理了广播新闻语言通俗化和文采性和谐统一的关系。比如，在平静的等待中，记者通过观察这样叙述自己所看到的场景：

啊，我们看到，他把信拿起来，现在要折叠成比它（原来）小一点。这是最后的结果？还是，不是最后的结果呢？我们再看，他在认真地审视着这张票上边的每一个数字，把它叠起来。啊，要装信封了，一个蓝色的信封。装进去！封口吗？我们看看他封不封口。封口啦，封口啦！啊，他把它叠起来，揣在怀里。这次是要很郑重地……从（往）他的西装的右手的内侧的兜里面（揣进去）。

这段叙述朴实无华，就是将自己的所见所想通过口播原原本本地告诉听众，没有任何刻意雕琢的痕迹。但是，当萨马兰奇宣布结果后，记者难以控制激动的心情，新闻播报旋即情感四溢，文采飞扬：

胜利啦！全国同胞们，你们听到了吗？8 年了，我们终于胜利了！现场的记者们欢呼起来。

各位听众，在祖国和世界各地的同胞们，北京赢啦！2008 年奥运会的主办权是我们的啦！在投票大厅的外面等待了许久的中国人，都情不自禁地拥抱在一起，欢呼雀跃。喜悦的泪水在脸上流淌。

我们看到，奥申委的同志们相互在握手，在击掌相庆。8 年啦，不懈的努力，锲而不舍的申奥精神，使我们的北京终于在新世纪到来的时刻，把举办奥运会的梦想变成了现实。亲爱的同胞们，想笑就笑、想哭就哭、想唱就唱吧！这是中华民族扬眉吐气的时刻。

我们看到，国际奥委会主席萨马兰奇的手和北京奥申委主席刘淇的手紧紧地握在一起。这是奥林匹克运动和北京的亲切握手，这是世界和中国的握手，这是中国人民和未来的握手！

不仅如此，广播新闻语言的通俗化不是庸俗化，不是媚俗化，更不是低俗化，而是用老百姓常用的语言和易于接受的方式，深入浅出地把问题和事物说清楚。换句话说，通俗化要避免流俗化现象。通俗化的目的是让听众容易听懂，能抓住听众的兴趣点，又不至于使听众产生歧义，而一旦出现流俗化倾向，会比较容易产生信息垃圾。目前，一些新闻谈话类节目主旨不明确，主题不集中，而且主持人为了追求语言的通俗化，东拉西扯，过于随意，“口水多过茶”的现象相当严重。结果是半个小时过去了，听众还不知道主持人究竟说了什么。因此，在具体的节目播出过程中，要正确把握广播语言通俗化的标准与方向，使广播新闻真正成为老百姓的精神食粮。

三、形象化

广播的媒介特性和传播规律决定广播新闻语言不仅具有口语化、通俗化的特点，而且具有形象化特征，因为形象生动的语言能够帮助听众理解广播新闻中所报道的内容，认识所要报道的人物和事物。广播媒体用声音符号传递新闻信息，声音符号的唯一性使得听众收听广播“只闻其声，不见其人”，只能靠听觉器官去感知新闻信息，无法目睹新闻事实，而广播的线性播出状态又没有给听众留下多少思考的空间。如果广播新闻语言缺乏色彩，浮光掠影，缺少生动形象的具体内容，就难以给听众留下深刻印象，甚至会使其对新闻信息产生歧义和误解。

广播新闻语言的形象化，就是将广播新闻事实中的那些听众看不到、摸不到的景象、事件和事理，运用鲜明、逼真、具体和生动的语言，通过广播媒体展现在听众面前，使听众身临其境，如见其人，获得真切的感受和深刻的理解。这也就是说，广播新闻形象化的语言反映的是具体新闻事实的形象、形态。[①] 例如，

① 孙春兰．浅谈广播语言的形象化．新闻前哨，2001（12）．

广播长消息《上海奇迹——上海磁浮示范运营线通车侧记》中对行驶在世界第一条商业化运营的高速磁浮交通系统——上海磁浮示范运营线上的磁浮列车有这样一段描述：

（实况鼓乐压混）

没有汽笛的长鸣，银白色的磁浮列车安静地驶出浦东龙阳路车站，飞驰而去，短短数秒钟之后，便化为一个银白色的小点，消失在人们的视野。

（列车运行实况压混）

这是列车运行时车厢内录下的一段音响。从隐隐的呼啸声中，我们也能感受到它似乎真的飞了起来。

这里，没有庞杂的数字，没有更多的场景，也没有过多的形容词，但是“白描”手法的运用，加上绘声绘色的修辞，寥寥几笔便将磁浮列车的行驶状态、速度以及车厢内外的气氛都表现出来了。不过，广播语言的形象化与文学艺术创作中的语言形象化是有区别的。文学艺术创作中的语言形象化，即饱蘸浓墨的描绘和精雕细琢的刻画。广播语言的形象化则不同，它受广播传播特点和听众听觉规律的制约，有其特定的要求：①必须简洁明了，通俗易懂；②必须建立在新闻事实的基础上，不能是理想化的虚构；③虽然建立在事实的基础上，但不是自然主义的翻版，应具有很高的概括力和表现力。[①]

四、个性化

按照百度百科的说法，所谓个性化，顾名思义，就是非一般大众化。这是在大众化的基础上增加独特、另类、拥有自己特质的需要，独具一格的一种说法，可营造一种与众不同的效果。个性化，和大众化相对，常用来指具有个体特性的需求和服务。

客观地说，在录音播出的广播新闻节目中，广播新闻语言的个性化特点表现得并不充分，所以过去的一些广播新闻教科书讨论广播新闻语言的特点时很少涉及个性化。但是，在探讨广播新闻的现场解说时，有研究者认为，由于记者用口语进行报道，语言有个人风格，遣词造句有个性特点，能展示记者的个人风采，有特点的个性与节目风格的和谐结合会给听众留下较深刻的印象，所以个性化是节目成功的重要因素。[②] 伴随着直播化播出方式的普及和推广，节目主持人登上

---

① 孙春兰．浅谈广播语言的形象化．新闻前哨，2001（12）．

② 周小普．广播新闻与音响报道．北京：中国人民大学出版社，2001：228．

了广播舞台，而不同类型的主持人节目也纷纷与听众见面。主持人长期主持某个节目，逐渐形成了与该节目相吻合的个性特点。主持人的思维方式、个性语言、主持艺术和风度，形成了独具魅力的个性化形象和主持风格。①

个性化是节目主持人魅力的核心，节目主持人的品牌塑造离不开其自身的个性魅力，而语言又是节目主持人展示个性最重要的窗口。主持人语言所具有的表现力和感染力，关乎广播节目的内在质量和整体效果。需要指出的是，节目主持人语言个性不光表现在语言的声音特征、吐字状况、表达习惯等，而且更突出地表现在主持人的思想倾向、观念态度、能力才华、人格品位等深层次的素质上。正因为如此，节目主持人的个性特征才能鲜明地突显出来，并由此增强广播新闻传播的亲和力、人情味和独特性。

事实证明，大凡优秀的主持人无不具有鲜明的个性。正是这种鲜明的个性魅力吸引着受众，进而使受众喜爱这个节目（栏目）。同是美国著名新闻节目主持人，丹·拉瑟的风格为分析总结鞭辟入里，措辞犀利，感情强烈；克朗凯特的风格为温文尔雅、诚实、公正；汤姆·布罗考的个性是善于克制自己，不动声色，表现出一个忠诚记者的纪律性。② 中央人民广播电台《神州夜航》主持人向菲用充满人格魅力的话语亲切地与“在生活航道失落迷茫”的人进行“心灵的对话”，让10位潜逃的罪犯投案自首，在广播界被传为佳话。因此，节目主持人的成熟、权威、魅力离不开个性，而节目主持人的个性源于其主持节目时所表现出的语言魅力。

第二节 广播新闻写作的基本要求

了解广播新闻的语言特点无疑有助于广播新闻写作，但是对于广播新闻记者或以记者身份出现的广播新闻节目主持人而言，仅仅了解广播新闻的语言特点是不够的，因为广播新闻写作既存在记者是否了解广播新闻语言特点的问题，又存在记者如何熟练掌握和正确运用广播新闻语言的问题。不仅如此，为适应广播发展的需要，满足听众的收听需求，目前，广播新闻节目文本大多是解说和音响的有机组合。因此，与平面的报纸媒体写作不同的是，广播新闻写作应该本着立体化的思维方式合理安排解说与音响的关系。

过去，研究者们往往从狭义的角度理解广播新闻，将广播新闻写作局限于广播消息写作，忽视了其他类型广播新闻节目的写作问题。这里，我们拟从广义的

① 陆锡初．主持人节目学教程．北京：中国广播电视出版社，2001：3.

② 陆锡初．主持人节目学教程．北京：中国广播电视出版社，2001：43.

角度理解广播新闻，不仅关注广播消息，而且关注新闻专题、新闻评论，同时对那些用“嘴”写作的新闻节目也加以关注，意在从整体上探讨广播新闻的写作问题。下面，我们就广播新闻写作的基本要求做具体探讨。

一、注重新闻节目文本的通俗易懂、形象表达

著名作家老舍先生说：“世界上最好的文字，就是最亲切的文字。所谓亲切，就是普遍的话，大家这么说，我也这么说，不是用了一大车大家不了解的词汇。”① 广播新闻要做到明白晓畅、亲切自然，就应该将口语化、通俗化的语言合理运用到广播新闻节目的文本建构之中，深入浅出地报道新闻、评价事实，让听众能听得清楚，听得明白，同时用生动具体的表达方式强化广播新闻的形象化色彩，让听众乐意听、喜欢听。那么，究竟如何将口语化、通俗化、形象化的语言合理运用到广播新闻节目的文本建构之中，让广播新闻真正做到通俗易懂、形象表达呢？

1. 遣词造句应该注重广播的媒介特性，适应听众的听觉需求

广播新闻写作的过程是节目文本建构的过程，而遣词造句是节目文本建构的基础，所以将口语化、通俗化的语言合理运用到广播新闻节目的文本建构之中时，在遣词造句方面应该注重广播的媒介特性，适应听众的听觉需求。具体来说，遣词造句应注意以下几点：

（1）用双音节词，不用或少用单音节词。

单音节词是只有一个音节，也就是由一个字组成的词，如“时”“即”“而”“已”“故”“昨”等。由于单音节词只有一个字，读起来短促、拗口，不仅听起来不够响亮，而且表达的意思也没有双音节词清楚明白。在广播新闻写作中，应该将“故”改成“所以”；将“已”改为“已经”；将“昨”改成“昨天”；将“即”改为“就是”。例如，“他昨晚已完成任务”这句话虽然意思完整，但是听起来不太顺口，如果将其改为“他昨天晚上已经完成任务”，收听效果就好得多。

（2）尽量把书面语改成口头语。

书面语是人们写书面文字时常用的词语，虽然比文言词好懂些，但仍然不如口头语明白、晓畅。广播新闻语言要口语化，尽量少用书面语，例如，“竣工”应改为“完工”，“地处”应改为“位置在”，“上述”应改为“上面这些”，“数十个”应改为“几十个”，“如何”应改为“怎样”，“所致”应改为“造成”等。不过，在有的研究者看来，书面语言准确、内涵丰富的特点，广播语言也可

---

① 老舍．出口成章——论文学语言及其他．北京：人民文学出版社，1984：61.

加以借鉴和利用。在广播语言中使用书面语有助于保持内容的准确性、完整性、权威性。采用书面语言的情况主要有：对特定对象的宣传，如宣传考古发现、科研成果等特定题材时；有特殊修辞作用的书面语体，如逝世、瞻仰、诞辰报道等；用于特殊场合的语体，如外交辞令、政府公告等。当然，这里所说的书面语言，是群众听得懂的书面语，必要时要加以解释。[①] 这一观点也有一定的道理。

（3）不用同音不同义的词语。

对于同音不同义的词语，读者在报刊上容易区分，但听众在广播中就难以区别了。有些词语虽然读音相同或相近，但往往含义大不一样，甚至完全相反。例如，“期中”与“期终”、“报仇”与“报酬”、“全部去”与“全不去”、“近年来”与“今年来”、“走近”与“走进”、“致癌”与“治癌”等。在广播新闻写作时，要尽量选用其他词语来代替这类词语，如把“全部去”改为“全都去”，将“近年来”改为“最近几年来”，将“走近”改为“走到……附近”，将“期终”改为“期末”等。

（4）慎用简缩词。

简缩词大多数只在某一局部地区使用，其他地区的听众不一定熟悉，也就很难听得懂。广播新闻写作要尽量写明单位和组织的全称，少用或不用简称。例如“南大”这个简称，可指南京大学，也可指南昌大学。在南京地区，“南大”显然指南京大学，但是在南昌地区，“南大”则是指南昌大学，所以类似的词语尽量用全称，否则容易使人产生误解。

（5）少用虚词和关联词。

虚词“之”“乎”“者”“也”“矣”“焉”“哉”等，连现代报刊都用得不多了，在广播新闻中更不宜使用。在口头语中，一些关联词如“因为……所以”“与其……不如”“不但……而且”等用得很少，如果在广播新闻稿中过多使用这类词语，会显得书生气十足而失去生活气息。

（6）不用太土的方言土语词。

我国地域辽阔，人口众多，因而方言土语千差万别。而方言土语往往受地域限制，非本地区的人难以听懂，在广播新闻写作中自然不宜使用。

（7）多用短句，少用或不用长句。

长句子往往结构较复杂，带有较多的定语和状语，读起来不便于运气和断句，播出和收听都较困难，效果较差。而短句子则较单纯，既简洁有力、好播好听，又好懂好记。例如：“张明同志在十多年的部队生活中养成了一个不论是因

---

① 赵海英．试论广播语言的通俗化特点．山东视听，2004（7）．

公外出，还是执勤开会，三五十里路程，从来不坐车，坚持步行的习惯。”由于“养成”和“习惯”之间有一个30多字的定语，听起来很吃力。如果改写成这样的短句子，就会好得多：“在十多年的部队生活中，张明同志养成了这样一个好习惯：无论执勤开会，还是因公外出，三五十里路程，他都坚持步行，从来不坐车。”

（8）不用倒装句。

倒装句是欧化句，不符合中国人的文化和欣赏习惯。1946年6月，当时新华社语言广播部就广播口语化的问题曾对广播工作者提出要求：“句子构造要中国化，倒装句和长句不但不易听懂，而且易把意思听错。”① 时至今日，这一建议对广播新闻写作仍然有积极意义。例如：“‘今天的俄罗斯仍为世界超级大国。’俄罗斯外长科济列夫昨天在《纽约时报》发表署名文章说。”这里，记者把说话人的姓名放在所说的话之后，就是倒装，是报纸媒体的话语方式，广播新闻写作就应该把说话人的姓名前置，把所说的话放到后面，即“俄罗斯外长科济列夫昨天在《纽约时报》发表署名文章说：‘今天的俄罗斯仍为世界超级大国。’”

2. 用具体的事实、生动的材料和形象化的语言替代笼统的叙述、抽象的议论

人们常说，事实胜于雄辩。用具体的事实说明某个道理显然比笼统的叙述和抽象的议论更有说服力。对于用声音诉诸听众听觉器官的广播新闻节目来说，语言的通俗易懂固然重要，但是形象化表达也同样需要重视，因为形象化的语言是广播新闻节目吸引听众的重要砝码。那么，记者在广播新闻写作时究竟应该如何将形象表达落到实处呢？

（1）要准确地使用动词，让形象化的语言产生“动感”。

不管是观察、认识任何事物的特性，都在运动或事件发生的适当环境下，比在静止或孤立的情况下要清楚得多，感受也会深刻得多。在广播新闻写作的过程中，准确地使用一些动词进行描述，比用一堆形容词要简练、形象、生动，因为具有动感的事物是引起人们联想或想象的“桥梁”，是人们获得强烈印象的有效方法，而准确使用动词就能产生这种“动感”。一些优秀的广播新闻节目就经常运用此类动词，效果明显。中央人民广播电台的消息《二十多万台小型拖拉机开进农家小院》题目中一个“开”字活灵活现地把我国农户在联产承包责任以后购买农业机械的事展现出来，使听众仿佛看到了农民们驾驶拖拉机的那种致富神态，给听众留下了非常深刻的印象。

用富有“动感”的动词表现新闻人物形象，更为有效。辽宁人民广播电台的消息《牛车把式开上了皇冠轿车》，在写牛车把式张维敏接受记者采访时，是

① 赵玉明．中国现代广播史料选编．汕头：汕头大学出版社，2007：326.

写“抻了抻上衣，脸上流露出一种得意神色”；在介绍人物经历时，不是简单的平铺直叙，而是写“扔下了鞭杆，开上了小手扶……又驾起了皇冠车”。“抻”“流露”“扔下”“开上”“驾起”等动词的使用，使听众如闻其声，如见其人，一个憨厚而机敏的农民形象，豁然站在听众面前。[①]

（2）注重细节描写，让广播新闻语言富有质感。

细节描写是指抓住生活中的细微而又具体的典型情节，加以生动细致的描绘，它具体渗透在对人物、景物或场面的描写之中。细节是指人物、景物、事件等表现对象所展现的富有特色的细枝末节，它原本是文学作品情节的基本构成单位，因为对文学作品来说，没有细节，就没有艺术；没有细节描写，就没有活生生的、有血有肉有个性的人物形象。相较于文学作品，广播新闻节目虽然强调短小精悍，忌讳长篇大论，但是在一些专题性的新闻节目中，细节同样起到支撑故事情节的作用，所以细节描写应该得到记者的高度重视。在广播新闻写作中，成功的细节描写会增强语言的质感和节目的形象性，给听众留下深刻印象，提升节目的可听性。有研究者提出运用“浮雕式”的细节描写，即“用概括具体的粗线条，不着很多笔墨，不搞很多描写，寥寥几笔勾勒出鲜明生动的形象”[②] 的建议，值得广播新闻工作者借鉴。我们来看看辽宁人民广播电台的新闻专题《搬迁》中的一段描写：

（出雨声、人群嘈杂声，压混）

上午9点钟，阜新市工人文化宫门前站满了搬迁的居民和送行的亲属，天空不知什么时候下起了小雨，阜新市的主要领导都顶着雨赶来送别。市里当场为搬迁的每户矿工家庭发了500块钱，还有牙膏、豆油、食盐等生活必需品。副市长李成军拉着一位矿工的手说，阜新是你们的娘家，有什么困难就吱声，到那边好好干，咱矿工个个都是好样的。

人群中，很多人脸上都挂着泪，韩小力勉强地向哥哥和嫂子笑了一下，泪水却不由自主地流了下来。他马上转过身，一头钻进车里。

李秀英没有和丈夫一起走，她是坐火车去的，想先到那里收拾收拾从没见过的新房子。火车快开的时候，本来已经说好不来送她的妈妈却拖着一条病腿一瘸一拐地赶来了，怀里还抱着一个红布包。李秀英再也止不住泪水，娘俩紧紧地抱在一起。（出现场录音）

---

① 孙春兰．浅谈广播语言的形象化．新闻前哨，2001（12）．

② 孙春兰．浅谈广播语言的形象化．新闻前哨，2001（12）．

在这段叙述中描写的是两个场景——工人文化宫门前和火车站，以及两个人物——韩小力和李秀英，篇幅虽短，但有细节，有情感。其中，工人文化宫门前，“韩小力勉强地向哥哥和嫂子笑了一下，泪水却不由自主地流了下来。他马上转过身，一头钻进车里”的描写，寥寥几笔勾勒了弟弟和哥嫂的依依惜别之情。而火车站里，“本来已经说好不来送她的妈妈却拖着一条病腿一瘸一拐地赶来了，怀里还抱着一个红布包。李秀英再也止不住泪水，娘俩紧紧地抱在一起”的细节描写以及接下来的一段现场录音对话更是于朴素平淡之中展现母女真情，让听众不禁潸然泪下。当然，这种“浮雕式”的细节描写需要记者具有厚实的语言描写功底，具备较强的新闻表达能力。

(3) 吸收老百姓日常口语中具有生活气息的语言，赋予广播新闻朴实、自然、亲切的语言风格。

老舍先生说得好：“生活是最伟大的一部活语汇，从生活中找语言，语言就有了根。”① 老百姓日常的口头语言从生活中来，反映生活实际，有很强的表现力，是广播新闻取之不尽、用之不竭的源泉。因此，在广播新闻写作中，吸收老百姓日常口语中具有生活气息的语言，是使广播新闻语言声情并茂、绘声绘色，赋予广播新闻语言形象性的重要方法。辽宁人民广播电台的新闻专题《搬迁》不仅注重细节描写，而且积极吸收老百姓的日常口语，整个节目用朴实无华、生动形象的语言反映了矿工们朴素的生活，还原了矿工生活的原汁原味。节目中，有一段搬家场面是这样叙述的：

(出鼓乐声、鞭炮声、搬家声)

天擦黑的时候，一浪高过一浪的鞭炮声和鼓乐声响起来，搬迁的大队人马到了。镇里好多居民都来帮忙，扛柜子，搬家电，大家边干活，边唠嗑，一唠韩小力他们才知道，光为他们盖楼，镇里就拿出了350万元。镇党委书记姜云胜再忙，每天也要抽空到工地来看看。

正说着，一个个儿不高、黑脸膛、穿着胶鞋的老汉也加入了搬家大军。镇里人告诉他们，这个人就是姜云胜。大伙都想跟姜云胜说点啥，却又不知道该说啥好，倒是姜云胜先跟大家唠了起来。(出录音)

这里，“擦黑”“唠嗑”“个儿不高”“说点啥”“说啥好”等都是老百姓日常生活中地地道道的口头语言，虽平淡朴素，却生动形象，听起来自然亲切，生

① 老舍. 我是怎样学语言//胡絜青. 老舍生活与创作自述. 上海：上海文艺出版社，1980.

活气息十足。

所要指出的是，广播新闻吸收群众日常口语中有生活气息的健康语言时，还应该注意一定的语言规范并恰当使用，只有这样，才会获得画龙点睛的艺术效果，表现出浓厚的生活气息。如果日常生活口语气息太浓或不够规范，就不通俗了。如“一个三十多岁的妇女走过来，拿着她孩子画的一幅国画说：‘你们看我女儿画的国画，层次分明，线条清晰，蛮像回事的沙！’”这里，“蛮像回事的沙”虽然具有浓厚的生活气息，但在报纸新闻中使用还可以，在广播新闻中使用就不适合了。①

（4）巧用修辞手法，强化广播新闻语言的形象化色彩。

修辞本义就是修饰言论，也就是在使用语言的过程中，利用多种语言手段以收到尽可能好的表达效果的一种语言活动。一般说来，文学创作比较注重修辞手法，因为形象的塑造、情感的表达离不开修辞。广播新闻同样需要修辞，在广播新闻文本建构的过程中恰当地运用修辞手法表述所要表达的新闻内容，既可以增强报道的文采和可听性，又可以使报道的语言更富于形象性和感染力。现代汉语中的修辞手法较多，如比喻、比拟、借代、夸张、双关、排比、对偶等。这些修辞手法，在广播新闻文本建构中都可以使用。不过，相对而言，比喻用得会多一些，因为比喻通过打比方的方式，用具体、浅显、常见的事物来说明较为深奥的道理，意在化平淡为生动，化深奥为浅显，化抽象为具体，化冗长为简洁，比较符合广播新闻的传播要求。广东人民广播电台的新闻专题《悠然说南山》对钟南山在省政府召开的新闻发布会上发表的言论有这样一段评述：

“非典”肆虐，人心惶惶。德高望重的呼吸道疾病专家钟南山院士字字千钧，一言九鼎，成了市民的定心丸、政府的镇山宝。这次新闻发布会后，社会恐慌情绪迅速平复下来。

在这段评述之中，记者巧妙地运用夸张手法，用“字字千钧，一言九鼎”来形容钟南山言论的重要性，同时将钟南山的言论比喻为“市民的定心丸、政府的镇山宝”。二者相辅相成，在简洁明了之中将深奥、抽象的道理表述得生动形象起来。听众在领略钟南山仗义执言的胆识和勇气的同时，也加深了对“非典”的认知和了解。

---

① 孙春兰．浅谈广播语言的形象化．新闻前哨，2001（12）．

二、注重解说与音响在节目文本中的合理搭配

在新媒体时代的广播新闻传播体系中，虽然口播的文字新闻依然存在于日常播出的广播新闻节目里，但是广播新闻节目发展的主流和方向是音响报道。音响报道是广播媒体所特有的一种新闻报道方式，能够充分体现广播的媒介特性以及广播新闻的传播价值和优势，也是广播新闻传播的一种基本形态。因此，对广播新闻写作问题的探讨除了注意广播新闻写作中的一般性问题，还应该着重探讨音响报道的写作问题。

那么，什么是音响报道呢？音响报道是"运用新闻事物和（或）人物自身声音进行报道的广播新闻形式，它一般由实况音响与解说共同构成，它是广播新闻的主要报道形式之一。凡是有实况音响的广播新闻都是音响报道"[①]。既然广播新闻的音响报道是由解说和音响共同构筑的一个统一的节目整体，那么广播新闻节目的文本建构就应该处理好解说与音响之间的关系，注重解说与音响的合理搭配。也就是说，音响报道的文本建构不同于口播的文字新闻，口播的文字新闻在文本建构的过程中只要注重篇幅上的短小精悍和语言上的通俗易懂、生动形象，就基本符合广播新闻的传播要求了，其他方面与平面的报纸新闻没有太大的区别。而音响报道的文本建构过程则是一个立体化的思维过程，因为音响报道除了具有口播文字新闻的一般特点外，还要求记者在解说写作的过程中必须时刻关照音响，并合理安排和结构音响。

由于解说在音响报道中起着"叙述事实，说明音响""补充音响""概括、提示音响""连缀音响，组成报道"[②] 的作用，所以相较于音响，解说在音响报道中表现出明显的主动性特征。可以这样认为，对于一般性的音响报道来说，纵然音响的优劣会影响节目的质量，但是就整体的节目而言，音响报道的成败得失，在更大程度上源于解说的优劣得失。当然，在新闻访谈节目中，主体内容是音响，解说只是起着穿针引线和画龙点睛的作用，而正是这种穿针引线和画龙点睛的作用往往决定节目的精神与格调。因此，对于音响报道来说，解说与音响在广播新闻音响报道中发挥着各自的作用，都是不可或缺的，而且解说在音响报道中的主动性赋予了它在音响报道中的主导性地位。

解说的主动性从根本上说还在于记者的主观能动性。记者在节目文本建构的过程中可以充分发挥自己的主观能动性，见仁见智地传递信息、解读新闻，从而使解说表现出不同的个性特征，同时通过解说与音响的合理搭配构筑不同形式、

① 周小普．广播新闻与音响报道．北京：中国人民大学出版社，2001：73.

② 周小普．广播新闻与音响报道．北京：中国人民大学出版社，2001：213－219.

不同风格的节目文本。正是因为如此，同一内容、同一体裁的新闻节目在不同的记者那里会出现五花八门、风采各异的形式。

需要指出的是，记者主观能动性的发挥不是随意任性的，而是应该在对广播媒介特性认知和把握的基础上加以合理有效的发挥，应该遵循广播新闻的传播规律，符合广播新闻的传播要求。那么，记者在建构广播新闻节目文本的过程中究竟应该如何处理解说与音响的关系，将解说与音响进行合理的搭配呢？

1. 根据音响内容进行解说写作

或许一些人会认为，在口播文字新闻中穿插几段音响就能够形成音响报道了。这表面看来似乎有一定的道理，其实是对音响报道的严重误解。音响报道不仅不能用口播文字新闻的结构方式来建构节目文本，而且不能在文本建构过程中将音响机械、随意地穿插在解说之中。过去那种写完解说稿再去找采访对象进行采访录音，或者为了录音直接让采访对象对着记者写好的话照本宣科的做法都是不负责任的。道理很简单，采录音响前，记者不能完全把握现场的情况，即使是预知性的新闻事件，现场情况也可能随时变化，所以不能先写好文字稿再去采集录音。那样，也违背了先有事实发生、后有新闻报道的唯物主义新闻观原则。第五章在探讨广播新闻采访的问题时，就已经特别指出广播新闻的采访过程实际上是广播新闻的音响采录过程。那么，广播新闻的音响采录过程自然也就是记者搜集和占有新闻素材的过程。而广播新闻节目的文本建构是在记者对所采录的新闻素材进行认真梳理和把握的基础上进行的，所以记者在写作新闻解说稿尤其是专题类的新闻解说稿前，要认真听一听采访录音，整理采录所得的音响材料，然后捕捉主体信息或提炼报道主题，并将最能反映主体信息和揭示主题的音响素材作为构筑节目整体的有机组成部分。换句话说，广播新闻解说要根据音响内容和报道主题来进行写作，要综合构思，让解说与音响共同构成广播新闻报道。

当然，对于现场报道来说，由于它是报道者（记者、主持人）在新闻现场将实况音响（包括伴随事物发生的音响、环境音响和访问录音）和报道者的现场解说、述评组合而形成的报道形式，[①] 而且是记者在新闻现场边观察，边思考，边采访，边播报的报道形式，所以与一般性的音响报道不同，现场报道的文本建构是伴随着记者的观察与思考活动，由现场播报和现场采访合二为一完成的。如果说录播状态下的现场报道还可以在播出前进行适当的剪辑，那么在直播状态下，现场报道就是观察、思考、采访、播报和播出的五位一体。因此，也许有的人会认为现场报道无法根据音响内容进行解说“写作”。的确，现场报道所

① 吴缦，曹璐．新闻广播研究．北京：北京广播学院出版社，1997：317．

表现出的同步性、现场性特征不允许也不可能让记者对音响内容进行细致的揣摩和推敲，但是观察和思考的过程直接影响着记者对新闻信息的价值判断，影响着记者对新闻采访和播报内容的选择。也就是说，记者播报什么、采访什么是观察与思考的结果，需要记者对现场发生的新闻事件进行全方位的认知和把握，当然也包括新闻现场的音响。虽然现场解说与音响采录具有同步性，但是解说内容和方式的选择一定离不开现场音响，并与现场音响共同构筑广播新闻的现场报道。下面，来看看中央人民广播电台的现场报道《刘翔夺得男子110米栏金牌》：

各位听众，我现在正在雅典奥运会主体育场为您报道，男子110米栏决赛就要开始了，我国选手刘翔在前三轮比赛中一路过关斩将，轻松顺利地进入了决赛。

现在运动员都在起跑线上做着最后的准备，刘翔是排在第4道，刘翔做了个深呼吸，给自己鼓了鼓劲儿。

好，现在运动员已经在起跑器上准备起跑。

（出发令枪声）

起跑！第一个栏，我们看到刘翔和旁边的选手并驾齐驱。

第八个栏，第九个，最后一个。刘翔第一个冲过了终点，中国选手刘翔第一个冲过了终点！他以12秒91的成绩获得了男子110米栏的冠军，刘翔刚才的成绩也平了这个项目的世界纪录。刘翔今天晚上真的太出色了，这个成绩超过了他以往所创造的个人最好成绩。刘翔为中国田径夺得了本届奥运会的第一枚金牌，也为中国田径和亚洲田径夺得了第一个奥运会短跑项目的金牌。

现在的刘翔身披着五星红旗，正在绕场奔跑着，刘翔向场下的观众挥手致意，并不断地把我们的五星红旗展示给全世界的人们。现在刘翔身披国旗绕到了我所在的看台的前面，他自己也忍不住哭了起来，确实太让人激动了！

（观众齐声喊："刘翔，刘翔！"）

（出录音）

刘翔："根本就没有想到，我自己也没有想到能跑到13秒里面。我可以说，对黄皮肤的中国人或者亚洲人来说，我实现了一个不大不小的奇迹吧。"

在这则广播消息中，信息主体显然是观察与思考的结果。不过，记者在现场解说的过程中始终离不开对现场音响的关照，并在节目行进的过程中通过人物音响的采录以强化主体信息的意义和价值。其中，作为环境音响的发令枪声和观众齐喊声在节目中不仅营造了现场气氛，而且作为新闻信息的有机组成部分渗透到了解说之中，与解说共同构筑了报道内容。

因此，音响报道绝不是在文字报道中简单地穿插几段录音，更不能写好文字稿后再根据文字稿的要求去采录音响素材。在没有深入新闻现场进行实地观察和具体了解的情况下，记者不可能完全把握新闻现场的一切。即使是预知性的新闻事件，现场情况也可能随时发生变化，所以不应该先写好文字稿再去采录音响。否则，就违背了先有新闻事件发生，后有新闻报道的唯物主义新闻观原则。

2. 注重解说与音响之间的自然衔接

作为构筑节目文本的两种不同因素，解说和音响在广播新闻音响报道中发挥着不同的作用，却又共同服务和服从于信息传递或主题表达，并在二者的有机结合中构筑节目文本，进而形成一个完美统一的节目整体。需要指出的是，由于解说与音响功能不同、作用有别，其声音的呈现方式也有差异，所以二者在节目中形成了一种差异性的对立关系。为了形成一个完美统一的节目整体，记者在节目文本建构的过程中就必须努力消除这两种差异性因素的对立关系。那么，如何消除这两种差异性因素的对立关系，使它们成为互相依存又互有内在联系的统一体呢？这个任务显然就落在了解说身上，因为音响的出现虽然存在着如何选择的问题，但是一旦出现在节目中就已经是一个客观性的存在，而解说则是在分析梳理包括音响在内的新闻素材的基础上由记者写作或现场口述完成的。也就是说，解说写作在关照音响的同时还需要考虑解说与音响之间的自然衔接。具体来说，记者在节目文本建构过程中应该做以下努力：

（1）解说与音响应保持一致，不要自说自话。

既然解说与音响通过有机组合共同构筑节目文本，共同作用于信息传递和主题表达，二者就应该相依相存，密切配合。解说与人物谈话音响应始终保持一致，而且当一段自然或环境音响出现时，记者也应该根据自然或环境音响所设定的语境进行解说。当然，如果音响的主体非常明确，听众对现场的语境容易判断，记者在解说中就不需要对音响加以解释和说明；如果音响主题不明确，听众对现场的语境印象模糊，记者的解说还需要对音响加以解释和说明。只有这样，解说与音响才能保持一致，二者才能共同作用于信息的传递和主题表达。例如，在中央人民广播电台的现场报道《刘翔夺得男子 110 米栏金牌》中，随着音响发令枪声出现，记者的解说是“起跑！第一个栏，我们看到刘翔和旁边的选手并驾齐驱……”这里，记者解说时没有对音响作解释说明，因为发令枪声就意味着起跑，听众熟悉和了解音响所设置的语境。而在辽宁人民广播电台的新闻专题《搬迁》中，伴随雨声和人群嘈杂声这些自然和环境音响压混的解说则是“上午 9 点钟，阜新市工人文化宫门前站满了搬迁的居民和送行的亲属，天空不知什么时候下起了小雨，阜新市的主要领导都顶着雨赶来送别……”这段解说考虑到雨声声音形象的不明确以及人群嘈杂声声音主体的不确定性，对音响的主体和内容作了解释和说明。这样，不仅让听众了解了音响的具体内容，而且二者的默契配合使得音响烘托气氛的作用得以充分体现。如果解说脱离音响，自说自话，就会显得不伦不类，令人费解。例如，在一家电台的新闻专题《大山里的爱》中，伴随着一段鸟鸣的音响压混的解说不是对大山深处寂静的叙述，而是这样一段内容：

汽车从德庆县城出发，行驶了40多分钟后，经过高良镇，然后再行驶在蜿蜿蜒蜒的山道，终于来到了磨刀石村。眼前的磨刀石村就像一幅壁画，静静地镶嵌在起伏的群山中。

显然，解说脱离了鸟鸣的音响直接对汽车出发进行叙述，而音响中缺少的恰恰是汽车发动的音响，所以在音响与解说之间出现脱离音响、自说自话的现象。汽车的出发是有声音的，如果节目中首先出一点汽车发动行驶的音响，压混“汽车从德庆县城出发，行驶了40多分钟后，经过高良镇，然后再行驶在蜿蜿蜒蜒的山道，终于来到了磨刀石村”，再出一段鸟鸣的音响，压混“眼前的磨刀石村就像一幅壁画，静静地镶嵌在起伏的群山中”，就显得自然妥帖、和谐一致了。

（2）对人物谈话音响应作适当的铺垫。

在音响报道中，解说的主体功能是叙述新闻事实。但是，音响报道毕竟是解说与音响的有机组合，为了让音响的出现给听众水到渠成之感，让音响与解说自然衔接、天衣无缝，从而避免人物谈话音响出现时的突兀与生硬，解说在叙述新闻事实的过程中除了必要时对自然或环境音响进行解释和说明外，还需要对人物谈话音响作适当的铺垫，自然巧妙地引出谈话音响。要做到这一点，记者在解说过程中一定要考虑叙述的新闻事实与所引出的人物谈话音响在思想内容方面的一致性。这样，解说在叙述新闻事实的同时又在铺垫着谈话音响，从而起到了一箭双雕的作用。下面来看看武汉人民广播电台的消息《万里长江第一条过江地铁今天运营》：

今天上午十点，长江第一条过江地铁——武汉轨道交通2号线一期工程开始运营。请听记者刘群、赵阳采制的录音新闻：

武汉轨道交通2号线一期工程开通仪式的会场设在汉口中山公园站。很多市民都早早来到这里，准备亲眼见证令人激动的时刻。

（出现场录音）

市民：“我早晨八点钟就来了，高兴、高兴！”

市民：“感觉蛮幸福，很幸福！蛮自豪啊！”

（现场声压混）

和以往重大工程竣工庆典不同的是，今天的仪式，没有搭设主席台，没有摆放鲜花，也没有领导致辞。在市民代表和地铁建设者代表的简短发言之后，武汉市委书记阮成发等市领导就和市民、建设者、拆迁户代表一起乘坐首趟过江地铁，以此庆祝第一条过江地铁投入运营。阮成发和市民们一边拉着家常，一边走进地铁车站。他说得最多的就是对市民的感谢：

（出现场录音）

阮成发：“我们发自内心地感谢（你们）！这个功劳归于全市人民。”

（地铁广播：“欢迎您乘坐武汉轨道交通2号线……”压混）

走进地铁车厢，副市长胡立山对市民们说：

（出现场录音）

胡立山：“武汉人建成了长江第一座大桥，又建成了长江第一条隧道，今天我们又建成了长江第一条地铁，非常自豪！”

武汉轨道交通2号线一期工程总投资150亿元，工期五年，创造了五个中国第一，这就是：第一条穿越长江的地铁；盾头独头掘进距离最长的区间隧道；埋深最大的地铁隧道；第一条在江底修建带泵房联络通道的隧道；水压最大的地铁隧道。隧道在江底最深的地方有46米，这里的水压可以把水柱喷射到十五层楼高。武汉地铁集团董事长涂和平说：

（出现场录音）

涂和平：“在水下我们做了五个联络通道，如果一条隧道出现问题，乘客就下车走安全走廊，到另外一条隧道，就非常安全了。在这个紧急情况下，通风井几分钟就可以把烟迅速地抽到洞外。”

（地铁广播：“乘客您好，列车即将穿越万里长江……”压混）

列车穿越万里长江，这让车厢里的所有人都兴奋起来。

（列车穿江现场音响数秒，压混现场录音）

市民张女士：“3分50多秒，不到4分钟，蛮爽！”

3分50秒！地铁穿过了3 322米的长江地铁隧道！这比公交车走武汉长江大桥快一个多小时。

（出现场录音）

学生张诗悦：“特别特别高兴、特别特别开心！”

市民陈女士：“很骄傲的，不能用语言来形容！”

市民杨威说：

（出现场录音）

杨威：“我家是住在（汉口）常青花园，我要在（武昌）洪山广场上班。以前我是早上六点钟就得起来，坐两个小时的公交基本上才能到单位，现在我只需要七点起来，我八点就可以到单位，而且还绰绰有余。对我个人来说也是最大的一个受益者。”

地铁2号线起点是汉口金银潭，终点在武昌光谷广场，全长27.73公里，设有21座车站，贯穿中心城区的黄金交通走廊，串联起江北江南五大商圈。单边运行时间52分钟，运行初期每天客流量可超过50万人次，可以分流全市24%的过江客流。市委书记阮成发告诉乘坐地铁的市民：

（出现场录音）

阮成发：“今后五年，（武汉）每年要通一条地铁，这样呢（武汉的）三个火车站、飞机场和地铁之间是无缝对接，整个武汉的交通的综合性和立体性（就）充分体现了。”

在这则录音新闻中，不仅丰富的音响内容营造了强烈的现场感，而且解说在叙述新闻事实的同时通过合理的铺垫和巧妙衔接使得每一处人物谈话音响的出现都显得自然圆润、水到渠成。比如，第一处人物谈话音响是两位市民谈早早地来到地铁开通仪式现场的感受。为了避免谈话音响引出的突兀、生硬，使解说尽量配合音响、接近音响，记者在解说过程中是这样叙述的：“武汉轨道交通2号线一期工程开通仪式的会场设在汉口中山公园站。很多市民都早早来到这里，准备亲眼见证令人激动的时刻。”其中，“很多市民都早早来到这里，准备亲眼见证令人激动的时刻”在叙述新闻事实的同时，对即将出现的谈话音响也加以关照，无形之中起到铺垫音响的作用。接下来的武汉市委书记阮成发、副市长胡立山以及武汉地铁集团董事长涂和平等人的几段谈话音响的出现也都是采用这种方式处理的，所以解说与音响的有机组合共同构筑了一个完美统一的节目整体，效果十分明显。

3. 要合理安排和结构音响

一般情况下，在音响报道中解说往往肩负着叙述时间、地点、人物、事实以及音响无法传达的新闻背景和相关信息的重任，是新闻主体信息内容的承载者，这一点毋庸置疑。但是，任何事情都不能一概而论。且不说新闻访谈节目中音响是新闻信息的主体，在一般性的新闻专题节目中，人物谈话音响也往往具有新闻事实的叙述功能。即使是在消息类的音响报道中，人物谈话音响依然能够通过相关采访对象之口对事件发生的原因、意义等新闻要素进行说明。因此，音响内容是广播新闻音响报道的重要组成部分。为了解说与音响的和谐一致、完美统一，记者在解说的写作中除了关照音响、铺垫音响，还应该合理安排和结构音响。

首先，音响报道要尽量让音响早一点出现，这样就可以很快把听众吸引到节目中。为此，解说的开场白最好简洁一些。例如，辽宁人民广播电台的消息《劳模楼里无劳模》一开始的解说简洁，之后较早进入音响，增强了节目的真实性与说服力：

鞍钢集团矿业公司为劳模建造的劳模楼终于竣工。可是令人不解的是在张榜公布的分房名单上，竟然没有一位劳动模范。昨天记者来到劳模楼，看到新住户正在忙着装修。

（出录音）

（装修声）

张：“我这个来讲是152平，这属于三室、一厅、两卫。”

记者：“你是按劳模分的，还是按处长分的？”

张：“对，就是正处级……”

对于一些现场感比较强的新闻信息，记者在文本建构过程中应该直接在现场的环境音响中压混解说，让听众早一些获得现场感，增强他们对新闻报道的理解。例如，中央人民广播电台的现场报道《陶璐娜夺得第一枚金牌》一开始就在现场的环境音响中压混解说：

（现场音响进入，压混）

各位听众朋友，我是中央台记者张文星。

今天是本届奥运会开赛的第二天，在射击赛场上中国奥运代表团终于夺得了人们盼望已久的第一枚金牌。这就是中国射击选手陶璐娜在女子10米气手枪比赛中以488.2环的成绩夺得金牌。

南斯拉夫选手赛卡利奇获得银牌，澳大利亚选手弗戴尔获得铜牌……

新疆人民广播电台的消息《北京有个总理也是你的亲人》则是采用同样的方式进入新闻播报的：

（现场问候压混）

一直密切关注新疆巴楚地震灾区的国务院新任总理温家宝，今天来到重灾区琼库尔恰克乡看望六村党支部书记达吾提·阿西木和震区灾民……

其次，要均匀地安排和结构音响，让解说与音响交替出现。音响报道并不是简单地传递信息、表达主题，为了行之有效地传递信息、表达主题，让听众对节目产生兴趣，必须在形式上下功夫，努力使节目给听众美感。为此，记者在文本建构的过程中应该根据信息传递和主题表达的需要，将人物谈话音响均匀地置放在节目中，让解说与音响交替出现。这样，不仅能够使节目保持一种均衡和谐的状态，而且赋予节目层次感。对于篇幅较大的新闻专题来说，这一问题尤其应该引起重视。下面，我们以新疆人民广播电台的新闻专题《我把光明献给你》为例来进行具体分析：

【出片花】

（女）生如夏花之灿烂，死如秋叶之静美。

有些人，虽然已经离去，但生命以另一种方式在延续。

他们用道德的光辉点亮人心，用纯粹的爱温暖世界。

（男）江苏苏州、新疆伊犁，八千里路云和月，两地真情演绎民族大爱。

主持人：5月13号母亲节，在苏州大学附属理想眼科医院四楼病房里，一位头发花白的老妈妈眼含热泪，轻轻地为一位来自新疆的哈萨克族年轻母亲巴依拉，揭开左眼的纱布。

（出录音）

医生："巴依拉睁开眼睛看一看，睁开看一下。好了。"

笪秋香的妈妈吴义平："看得见吗?"

巴依拉：（哈萨克语）"看得见。"（录音止）

主持人：这位家住苏州昆山的老妈妈名叫吴义平，不久前失去了31岁的女儿笪秋香。女儿的眼角膜无偿捐赠给了眼前这位素不相识的哈萨克族年轻母亲巴依拉。

见到巴依拉的第一眼，老妈妈无限的思念涌上心头……

在巴依拉的眼睛里，老妈妈仿佛看到了女儿盛满真诚、盛满笑意的大眼睛，情不自禁地亲吻着巴依拉的额头，泪水潸然……

（出录音）笪秋香的妈妈吴义平、巴依拉相拥的哭声。（录音止）

主持人：老妈妈强忍着泪水说自己又多了一位来自新疆的哈萨克族女儿。

（出录音）

吴义平："我第一个大女儿走了，现在又多了第二个女儿，是新疆的，她长得跟我女儿也差不多，也很好的。"

巴依拉："妈妈，谢谢秋香姐姐给我带来的光明，我很感谢。我一辈子都不会忘掉苏州的妈妈和爸爸、弟弟、姐姐，还有我还要来找我妈妈的。"（录音止）

（出音乐）

主持人：一个是远在新疆伊犁的哈萨克族年轻母亲，一个是江苏苏州的老妈妈，相隔万里，从未谋面。是什么让她们紧紧相拥在了一起，拥有了亲人般的情感？我们先来说一说27岁的巴依拉。巴依拉出生在新疆伊犁霍城县的牧民家庭，能歌善舞，热情善良。可是14岁的时候，她的左眼因为病毒性角膜炎，视力不断下降，看不清黑板，初二时不得不辍学在家。

（出录音）巴依拉：“2001年，从开始我这个眼睛就看不见了。他们说这个不能开刀。那个时候就点个药，吃药，就那个样子弄，花钱嘛多得很。”（录音止）

主持人：渐渐地，巴依拉左眼几乎失明，右眼的视力也在逐步下降。早晚出门看不清楚路面，时常摔跤，即使是做家务、照顾两个孩子都十分困难。她经常一个人躲在被子里哭。

看着女儿伤心的样子，妈妈古丽娜也偷偷地流泪。

（出录音）古丽娜：“我心里难受得很，我们也没钱，最后她也嫁人了，以前一个眼睛，去年开始两个眼睛都不行了。她也辛苦得很。（哭声）”（录音止）

主持人：医生告诉巴依拉，左眼角膜炎引起了角膜白斑，必须进行角膜移植手术。角膜移植，成为这个牧民家庭十多年来的一个最大愿望。可是，那个能照亮巴依拉一家的角膜在哪里，谁也不知道。即使找到了眼角膜，上万元的手术费用，对于这个年收入只有几千元的家庭也只能是个奢望。就在一家人快要放弃的时候，伊犁州中医院流动眼科手术车在霍城县进行眼病筛查时，伊犁州中医院副院长许伟和江苏援疆医生刘彦无意间发现了巴依拉。江苏援疆医生刘彦说：

（出录音）刘彦：“我下去筛查的时候，就发现她这个情况。检查以后呢发现，虽然复杂，但是我们可以帮助她复明。正是她这种对光明的渴求，感动了我们。”（录音止）

主持人：新疆没有找到合适的眼角膜供体，万般无奈下，刘彦向苏州驻霍尔果斯援疆办求助。援疆办的工作人员非常同情巴依拉的处境，经过多方打听，了解到苏州大学附属理想眼科医院在2011年开展了“眼看苏州”百例角膜移植慈善工程，并在苏州市红十字会的大力支持下成立了苏州市红十字理想眼库。“眼看苏州”角膜移植慈善工程原则上只针对苏州户籍，考虑到苏州是霍尔果斯的对口支援城市，两地有着深厚情谊，苏州大学附属理想眼科医院决定把巴依拉列入免费手术名单。

（出音乐）

主持人：与此同时，远在苏州昆山的姑娘笪秋香也正在与病魔抗争。笪秋香，1982年出生在桐城市大关镇缸窑村，为人热心，乐于助人。1996年进入初中那年，迫于生计，父母来到昆山打工，笪秋香一边读书，一边照顾在小学读书的弟弟，还要照料家中的田地和菜园。但这个长着一双大眼睛的女孩，并没有被生活的艰辛压垮，年年被评为优秀团员、优秀干部。

为了减轻父母的经济负担，支持弟弟读书，初中毕业之后，笪秋香毅然赴昆山学艺。勤劳能干的她通过多年的努力，终于在昆山拥有了属于自己的一家理发店，还在昆山市买了一套房子。笪秋香的父亲笪文平说：

（出录音）笪文平：“她要做的事情，她做不到她是不行的，性格倔强。”（录音止）

主持人：笪秋香的二婶徐英梅告诉记者，笪秋香是个热心肠，平时就经常帮助别人。

（出录音）徐英梅：“这个女孩嘛，很阳光的，她做什么事情都是想着别人。从小一直受过很多苦。想着弟弟，想着父母，很拼命地赚钱什么的，一点点积蓄全部都留给弟弟和爸爸妈妈。”（录音止）

主持人：生活刚刚有了曙光，不幸却降临到笪秋香的身上。去年，她被查出患有胸腔纤维肉瘤，先后经过七八次手术。病重的笪秋香想到了捐献器官，她希望如果有一天自己不在了，移植的器官还能延续别人的生命，这是一件很有意义的事，也是病重的自己回报社会的唯一方式。

一开始，家人难以接受。在妈妈吴义平的眼里女儿的眼睛最漂亮。

（出录音）吴义平：“她眼睛长得很漂亮，我觉得做父母的真的不忍心。所有的器官都可以捐出去，能救许多人的，她早就做我的工作，就说，妈妈，人死了，要救人家。然后我们也就同意了。”（录音止）

主持人：今年4月23号，在做通了父母的思想工作后，笪秋香拨通昆山市红十字会的电话，向工作人员表达了自己的器官捐献意愿。在昆山市第一人民医院心胸外科病区，笪秋香忍住疼痛，颤抖着手，在《中国人体器官捐献志愿书》上按上了手印。父亲笪文平也含泪在器官捐献志愿书上签了字。笪文平哽咽着说：也算是了却了女儿的心愿，希望越来越多的人能捐献眼角膜，让有需要的人告别黑暗，重见光明。

（出录音）笪文平：“对做父母的来讲，自己的孩子病危的时候想着别人，为后人做点贡献，协议字是我签的。”（录音止）

主持人：签下捐献书以后的笪秋香，虽然越来越虚弱，但每天面带微笑。也许生命的长度无法掌控，但一家人坚定地选择给别人光明，延续生命！

（出音乐）

主持人：5月7号凌晨1点，年轻的笪秋香带着对生命无限的渴望，离开了亲人和关心她的人。临终前，她多次握住父亲的手，请求父亲一定要完成她的心愿，把她的角膜用于家庭贫困的患者。女儿走后，笪文平含泪拨通了苏州市红十字理想眼库的电话。

（出录音）笪文平：“我女儿离开人世以后，大概十分钟以后，电话是我打的，当时打电话我考虑到我爱人心理压力承受不了，我说能不能来迟一点？因为我女儿是1点24分出事的，电话大概是在1点半左右打的。”（录音止）

主持人：苏州大学附属理想眼科医院眼科专家赵庆亮赶来，为笪秋香进行了眼角膜摘除手术。按照笪秋香的遗愿，笪秋香父母希望把女儿的眼角膜捐给贫困患者，并能见到受捐者。

5月8号，苏州大学附属理想眼科医院专门派医疗队飞往新疆伊犁。因为巴依拉眼部病情复杂，考虑到当地的医疗条件有限，他们决定接巴依拉到万里之外的苏州进行角膜移植手术。

5月10号一大早，我们的记者晓童跟随苏州大学附属理想眼科医院的医疗队和巴依拉夫妇，踏上了去苏州的旅程。

（出录音）

记者晓童：“今天早晨大约9点50分左右呢，巴依拉和她的丈夫金斯走上了飞机，他们是第一次坐飞机。巴依拉，怎么样？”

巴依拉：“我现在特别高兴，有一点紧张，耳朵疼一点。”

记者晓童：“马上要去苏州了哦，你想象一下苏州是什么样子呀？”

巴依拉：“很美的，很大的地方吧。”（录音止）

主持人：巴依拉到达上海浦东机场后，苏州大学附属理想眼科医院专门安排两名就读苏州大学的哈萨克族学生去机场迎接巴依拉，并立即安排巴依拉住院。医院还特地为远道而来的巴依拉夫妇准备了生活用品和馕。从来没出过远门的巴依拉，没想到自己能有机会到苏州做手术，像是做梦一样。

5月11号中午12点15分，牵动苏州和伊犁两地人心的角膜移植手术开始了。那一刻，万里之外的伊犁，巴依拉的亲人也在焦急地等待着手术的消息，记者晓童当时从手术室发回报道，通过电波第一时间传递手术的最新进展。

（出录音）

记者晓童：“我现在是在万里之外的苏州大学附属理想眼科医院手术室门口，这里正在进行一场跨越地域、跨越民族，承载着江苏人民和新疆人民深情厚谊的角膜移植手术。此时此刻，江苏苏州各大媒体也都聚集在这里见证这个时刻。那现在这个手术进行得怎么样呢，我们现在请理想医院的副院长李岳亮给大家来说一下，今天这个角膜手术难度有多大？”

李岳亮副院长：“今天的角膜移植呢，我们做的是穿透性角膜移植，第一步呢先把病变的角膜组织去掉，然后把供体角膜移植片安放到我们的患者的角膜上面，然后呢用一种特殊的缝线把它缝上去。”

记者晓童：“李院长，咱们现在是不是进行到最关键的一个环节，就是把这个珍贵的角膜植入到咱们巴依拉的眼睛当中？”

李岳亮副院长：“是的。我们现在正在把那一枚角膜安放在巴依拉的眼睛里去，正在做缝线呢。”

记者晓童："现在巴依拉的丈夫一直盯着手术室的门口，金斯，怎么样？"

金斯："紧张，现在。老婆子好好地出来，高高兴兴地。"（录音止）

主持人：手术进行一个小时后，巴依拉被护士推出手术室。

（出录音）

记者晓童："现在我们看到巴依拉是坐在轮椅上，左眼蒙着纱布，有只眼睛是闭着的，可能因为麻醉的缘故。巴依拉说两句，家人在听收音机。"

巴依拉：（哈萨克语）"……"

记者晓童："我们请许院长给大家翻译。"

许院长翻译："手术做完了，她说手术做得很好，心情激动得不知道说什么好。等我揭了纱布能看见的时候，会很高兴地告诉大家，请家里面人放心。"

记者晓童："妈妈要跟你说话。"

巴依拉和妈妈通电话：（哈萨克语）"……"

许院长翻译："她就给她妈妈汇报，手术做得很好。"（录音止）

主持人：手术后一个星期，巴依拉的左眼视力恢复到 0.2。5 月 18 号早晨，她出院后的第一件事就是到恩人笪秋香家里表达感激。她特地换上了最喜欢的民族服装，还给吴妈妈买了礼物。

（出录音）

吴义平："这是弟弟、这是二婶，二婶最喜欢秋香了。"

二婶："好好地看这个世界。"

吴义平："做我的女儿吧，我一看到她就看到我的女儿。"

巴依拉："嗯，我的现在妈妈了。"

吴义平："祝你早日康复！"

巴依拉："嗯，我也以后看你们。我很感谢你们。"（录音止）

主持人：笪秋香的父母看到眼前的哈萨克族女儿感到很欣慰。

（出录音）

吴义平："这女儿也不错，我看到这个女孩子像我的女儿差不多，我心里今天很安慰了。"

巴依拉："我的亲妈妈一个样了现在，亲爸爸也一样了，你们丫头不在，我在。我以后，还要这地方来呢我，我找你们。我听说有一个弟弟，那个姐姐，你们四个全部我心里一直占下，永远不会忘掉，没有你们的话我这个眼睛就看不见了。我很感动，我很感谢你们。"

吴义平："女儿，欢迎到我家里来，妈妈做饭给你吃。"

巴依拉："嗯，这是我的心意。"

吴义平："谢谢女儿！"（录音止）

主持人：笪秋香的弟弟也激动地说：

（出录音）弟弟："我挺为我姐高兴的，她现在把这个眼角膜捐给她能看到光明，我挺为她高兴的。"（录音止）

主持人：巴依拉还用歌声表达对妈妈的爱和对笪秋香姐姐的感恩之情。

（出录音）

巴依拉唱哈萨克语歌曲《高兴》："……"

送别声："等弟弟的那个小孩生出来以后，会寄给你照片的。常联系！再见！"（录音止）

主持人：告别了苏州的妈妈，当天下午（5月18日），巴依拉夫妇在苏州大学附属理想眼科医院医护人员的护送下，乘飞机回到了乌鲁木齐。江苏援疆办工作人员在乌鲁木齐地窝堡机场迎接巴依拉，为重见光明的她送上了鲜花和祝福。

（出录音）

援疆干部："我是江苏援疆指挥部的，欢迎你回来啊！"

巴依拉："谢谢，谢谢。"

援疆干部："听说你晕机了，现在感觉怎么样？"

巴依拉："现在很好。"

援疆干部："回去好好休息哦。"

巴依拉："嗯，好，谢谢你们。"

援疆干部："我们的医生会跟踪搞好服务医疗方面的一些服务工作。"（录音止）

主持人：昨天（5月19号）下午，巴依拉带着苏州最美丽的眼睛回到伊犁。伴着小雨，巴依拉的亲人们手捧着点心在门口迎接。

（出录音）亲人们问候：（哈萨克语）"回来了，眼睛怎么样？"（录音止）

主持人：一下车，巴依拉奔向两个孩子身边，紧紧抱住，亲吻着儿子和女儿。巴依拉的母亲古丽娜看着女儿带着明亮的眼睛回家，泪流满面。

（出录音）古丽娜："她眼睛能看到了，我也心里高兴得很，我们全家人全部都谢谢。"（录音止）

主持人：看到重见光明的巴依拉与家人团聚的温馨场面，在场的每个人都被深深地打动了。江苏援疆指挥部副总指挥张余松说：

（出录音）张余松："这样跨越万里的一个人间大爱，传递了我们江苏人民的一种温暖，我们新疆跟江苏心连心、一家亲、手拉手，也体现了我们江苏和伊犁两地人民浓浓的民族深情。"（录音止）

主持人：凝聚着新疆、江苏两地的浓浓深情的美丽眼睛，照亮了巴依拉人生的道路。巴依拉的视力还在逐渐恢复，她对今后的生活，有着不少的打算。

（出录音）巴依拉："我现在想小一点的商店开一下。我的两个娃娃上学以

后像那个姐姐一样，当好人，帮助别人。”（录音止）

（出歌曲）《你是我的眼》

你是我的眼，带我领略四季的变换。

你是我的眼，带我穿越拥挤的人潮。

你是我的眼，带我阅读浩瀚的书海。

因为你是我的眼，让我看见这世界就在我眼前……

（歌曲渐隐）

《我把光明献给你》讲述的是31岁的苏州姑娘笪秋香去世后将自己的眼角膜移植给了新疆伊犁哈萨克族年轻母亲巴依拉的故事。笪秋香的父母虽痛失爱女，却拥有了来自新疆的女儿——巴依拉。远隔千山万水的两个地区、不同民族的两个家庭的命运，就这样与新一轮的援疆战略联系在一起。该作品所揭示的正是这样一个充满人间大爱的时代主题，传递了光明与真爱，书写了人性的美好和感恩的情怀，展现了中华民族大家庭的关爱和温暖。

该作品涉及的人物较多，有故事的主人公巴依拉和她的妈妈古丽娜、丈夫金斯以及其他亲人，有笪秋香的父母笪文平、吴义平和二婶徐英梅，有江苏援疆指挥部副总指挥张余松等，有苏州大学附属理想眼科医院的副院长李岳亮和相关医生，有伊犁州中医院副院长许伟和江苏援疆医生刘彦，还有记者晓童。几乎所有的人物在节目中都或多或少地出现了谈话录音。较为巧妙的是，该作品既有主持人对新闻事实的客观叙述，也包含着现场记者所做的新闻报道；既有人物在新闻现场的客观谈话音响，也有记者采录所得的主观谈话音响。它们彼此间相依相存，配合默契，共同为表达主题服务。就音响的安排与结构而言，无论是记者在新闻现场的报道，还是主持人对新闻事实的客观叙述，该作品都根据事件发生、发展的逻辑顺序让不同的人物谈话音响均匀地穿插在解说之中，二者交替出现，自然和谐，相得益彰。其中，笪秋香的父母笪文平、吴义平谈话音响的分量相对较多，在作品中始终根据事件的发生、发展适时地穿插在解说之中。例如，解说在叙述笪秋香一家艰苦的生活和她学习与创业的经历时，穿插了父亲笪文平讲述女儿倔强性格的谈话音响；在叙述笪秋香想在自己死后捐献眼角膜的心愿时，则穿插了妈妈讲述自己矛盾的心情以及最终理解女儿的音响；在叙述笪秋香拨通昆山市红十字会的电话，向工作人员表达了自己的器官捐献意愿，并在《中国人体器官捐献志愿书》上按上了手印时，穿插了父亲笪文平表示理解女儿并在志愿书上签字的谈话音响；在叙述女儿离世前嘱咐父母捐献眼角膜以了却自己心愿，以及离世后父亲笪文平含泪拨通苏州市红十字理想眼库的电话时，穿插了父亲笪文平讲述自己打电话时矛盾心理的音响。这样，解说与音响的交替出现不仅有序地推进了故事情节的发展和变化，而且增强了节目的真实性和感染力。

第八章　广播消息

广播消息是运用电波传送声音信息，迅速及时、简明扼要地报道新近发生或正在发生的新闻事实的广播新闻体裁，是广播新闻最基本的组成部分。由于其在广播新闻中适用范围最广，运用频率最高，所以在广播新闻节目中占有很大比重。广播新闻从广义上讲涵盖广播电台播出的各种新闻体裁和新闻节目类型，而狭义的广播新闻往往指广播消息。为发挥广播新闻的传播优势，较之于其他媒介的新闻消息，广播消息更加强调反映新闻事实的最新发展和变化，强调时效，力求缩短新闻事实发生、发展与新闻报道之间的时间差，甚至对正在发生的新闻事件进行同步报道。因此，广播消息本身所拥有的质的规定性应该得到应有的重视。

在“广播新闻节目的分类与播出”一章中，我们已经根据不同的划分标准对广播消息进行了简单的分类。本章拟介绍广播消息的特点和结构，并对不同类型的广播消息作具体探讨。

第一节　广播消息的基本特点

消息是各种媒体共有的新闻体裁，广播消息属于消息的一种。广播媒体是运用电波传递声音信息的，消息被广播媒体移植到节目中进行信息的传播必须经过广播化改造，以适应广播的媒介特性，符合广播新闻的传播规律，进而满足听众通过广播媒体接受新闻信息的消费需求。因此，广播消息既会有消息的某些共性特征，自然也会体现出广播媒体的某些传播特性。

一、快字当头，先声夺人

注重新闻的时效性是各种媒体的共同追求。但是，不同媒体由于传播渠道和传播手段的差别，其新闻报道在时效性方面的表现则各不相同。就广播媒体而言，虽然声音的唯一性为其带来“只闻其声，不见其人”的先天性缺陷，但是广播媒体是通过电波传递新闻信息的，诚如上文所言，电波每秒 30 万千米的速度赋予了广播新闻快捷性和广泛性的传播优势，而声音的唯一性在某种程度上为节目制作带来了环节和程序上的简单、方便。所以相对而言，广播新闻传播一个显著的特点便是快字当头，先声夺人。而作为广播新闻“轻骑兵”的广播消息由于篇幅小，灵活性强，更容易体现广播新闻快捷性的传播优势，通过“轮盘”播出、实时更新以及重大信息随时插播的方式能够把新闻的时效性提高到“今天”“一小时前”“几分钟前”，甚至与新闻事件的发生、发展同步报道。

在传统的录播状态下，广播消息在新闻报道中已经表现出了快字当头、先声夺人的特点。1980 年 11 月 20 日下午 3 点，最高人民法院特别法庭开庭公审林彪、江青反革命集团两案的十名主犯。5 点 20 分庭审结束。5 分钟后，中央人民广播电台在现场采访的记者用电话发回一条简讯，新闻部的编辑立即处理，在 6 点钟的新闻节目中就把这条消息传递了出去，充分显现了广播新闻快捷性的传播优势。在各地各级电台的新闻传播实践中，类似的案例为数不少。而直播化的播出方式则将广播新闻这种快捷性的传播优势发挥到了极致。当广播传输技术与现代通信技术合理对接以后，前方记者利用随身携带的手机就能够将自己在新闻现场的所见、所闻、所感通过现场报道或连线报道的方式直接传递给广大听众。如今，在直播化的播出状态下，像这种最能反映广播消息快字当头、先声夺人特点的现场报道和连线报道越来越多地活跃于广播新闻舞台。如果说中央人民广播电台的现场报道《漫长的瞬间》还需要中断正常播出的节目而实施插播，那么随着中央人民广播电台的《百年长梦今宵园》《海湾零距离》《爱心守望，风雪同行》这样一批集嘉宾访谈、新闻专题、连线报道、现场直播等新闻传播方式于一身的“大直播”节目的不断推出，广播消息通过现场报道和连线报道的方式已完全达到了与新闻事件发生、发展同步报道的状态。

二、短小精悍，言简意赅

消息的主要功能是传递信息，也就是把新闻事实告诉听众，无需对新闻事实进行解读和评说，篇幅短小无疑成了它的另一个基本特点。正是因为如此，消息“短些，短些，再短些”是新闻界的一种共识。而广播是单信道传播，声音是听众收听新闻节目时可感知的唯一信号。对于只传递新闻信息的广播消息而言，如果篇幅过长，不能让听众在最短的时间里了解新闻事实的来龙去脉、前因后果，他们就会对某一新闻信息的接受失去耐心。而且，广播移动性和伴随性的媒介特性决定了听众往往一边做自己的事情一边收听广播，是在经意或不经意的状态下接受新闻的，对新闻内容的专注度不高。因此，相较于其他媒体，广播消息更应该注重篇幅上的短小精悍。而且，短与快密切相连，强调广播消息的短是为了体现广播消息的快。广播消息的主体功能在于尽快告诉听众新近发生的新闻事实，尤其是不可预知的突发性事件。由于事件本身就具有极大的新闻价值，因而快比详细更重要。要发扬广播先声夺人的优势，让听众及时准确地了解新闻信息，广播消息就必须短。

在烽火硝烟的战争年代，新华总社语言广播部在谈到新闻写作时，就已明确要求新闻要写得简单明了。其中，一般的消息每条要求200字左右，单播最好每条在1 000字左右。[①] 北平新华广播电台1949年4月22日播出的广播消息《我三十万大军胜利南渡长江》，是毛泽东当天为新华社撰写的一条消息。该消息文字简洁、语言凝练，仅用193字就向全世界报道了中国人民解放军气势如虹、南渡长江的事实。消息交代了时间、地点、人物、事件、结果。50年代初，随着广播要“自己走路”方针的提出，广播消息的短小精悍越来越得到新闻工作者的重视。“文革”期间，广播新闻偏离了传播规律，广播消息也缺乏严格意义上的规范。但改革开放以后，随着广播要“自己走路”的方针被重新提出，中央和地方电台都着眼于广播消息的“短”，在其内在结构规则保持不变的前提下，篇幅之“短”成了其最基本的形态追求。资料显示，“中央电台的新闻，除个别政令性、文件性的消息外，重要消息一般在500字左右，动态消息300字左右，简讯100字左右。地方电台大体上也是如此。山东电台的全省联播节目，1978年每条消息平均960字，接着一年比一年减少，到1982年降为260字”[②]。中国新闻奖评选条例将广播消息划分为时长在1分30秒以内的短消息和时长在4分钟以内的长消息，对广播消息的篇幅进行原则上的规定和限制，从某种意义上说就是为了强调广播消息的短小精悍，因为即使是长消息也是有4分钟的时长限制的。

所要指出的是，广播消息并不是为了短而短，而是用最简短的语言或音响把新闻事实说清楚，讲明白。短消息如此，长消息也是这样。在《我三十万大军胜利南渡长江》中“长江风平浪静，我军万船齐放”这简洁的12字就勾勒出了中国人民解放军南渡长江的壮阔场面，堪称广播消息中的典范。“短新闻不能因其短而降格以求，判断其优劣的标准与长新闻原则是一致的，所不同的只是其个性标准，共性加个性，因此它在写作上要求更严。”[③] 换句话说，无论是广播短消息还是长消息都要求用简洁明了的语言或音响把新闻事实说清楚，讲明白。二者不同的是，短消息更强调凸显主体信息，而长消息则注重信息质量的优化，通过

---

① 新华总社广播语言部．XNCR陕北阶段工作的简单总结//赵玉明．中国现代广播史料选编．汕头：汕头大学出版社，2007：325.

② 徐光春．中华人民共和国广播电视简史（1949—2000）．北京：中国广播电视出版社，2003：196－197.

③ 李向明．略论广播短消息的写作//江欧利．中国广播电视新闻奖1999年度新闻佳作赏析．北京：新华出版社，2001：15.

新闻报道中多元素、多功能的新闻信息组合对主体信息在“为什么”和“怎么样”等辅助信息上做必要的拓展，形成大于基本事实范畴的信息空间，使新闻内容丰富多样，使主体信息增值。至于在新闻报道中到底是选取短消息还是长消息要视新闻题材本身的信息含量而定，不能一概而论。

三、一事一报，结构单一

有研究者认为，“一事一报是新闻的特点，更应当视为短新闻的要诀”①。这里的新闻其实特指消息。一事一报，顾名思义，就是一则新闻报道一个有意义、有价值的新闻事件，或新闻事件发展过程中的某一侧面。因此，一般情况下，广播消息所传递的信息内容只要能够交代新闻事件的时间、地点、人物、事实本身和原因，即新闻信息的“五个 W”，就符合报道要求了。而多数短消息往往只报道新闻事实本身的情况，至于事件发生的原因则并不一定要交代。但是，对于那些信息含量较为丰富的新闻事件，短消息无法完整传递信息的全部内容，记者则采用长消息的形式对事件进行报道。在这里，不仅新闻事件的“五个 W”一应俱全，而且事件的结果和意义也往往会一并交代。

当然，一事一报并不是有闻必录，而应该选取那些具有典型性的，即内涵深、外延广的新闻事实，选取那些具有推广意义和传播价值的新闻事实作为报道内容，并通过新闻报道传播一种思想，说明一个道理。这就要求记者在新闻素材的选择方面处理好主体信息与辅助信息的关系，将最能体现主体信息和表达主题的素材作为支撑新闻事实的主要内容，一些反映辅助信息的素材应根据题材本身的信息含量和主题的表达而定。短消息是这样，而长消息也绝不能因为篇幅长于短消息就肆意地添蔓加枝、生拉硬扯。

“广播消息利用声音传播信息，本质上属于以时间为存在形式的线性传播。无论说或者听，都只能随着时间的流程，一句一句地说，一句一句地听。”② 这样，短小精悍的广播消息要在有限的篇幅中传达相对完整的新闻信息，还要保证让听众听得懂、记得住，有必要按照听觉逻辑组织材料，合理安排结构。所谓听觉逻辑实际上就是新闻信息以声音的形式依时间顺序进入听众的大脑。听众需要先把一个个语音组合成字词，再组合成句成段，最终理解句段的意义。因此，广播消息应该是一维的线性结构，在段落层次上往往是单线推进，绝不能像报纸消息那样常常采用倒叙或者插叙的方式叙述新闻事实。即使广播消息所报道的新闻事实不仅要求有时间的延续性，而且要求有空间的延展性，广播消息在结构的安

---

① 刘善兴. 新闻写作 36 术. 北京：解放军出版社，2001：11.

② 吴缦，曹璐. 新闻广播研究. 北京：北京广播学院出版社，1997：191.

排上也要把在不同空间发生的错综复杂的事实纳入特定的时间流程中线性呈现。一般来说，广播消息往往在导语之后紧承信息主体，对新闻事实作具体的叙述，必要时也会交代新闻背景，并在结尾点明主题，揭示意义。不过，限于篇幅，广播短消息有时既不交代背景，也没有结尾，只呈现主体信息。下面，我们就同一新闻题材“中国足球梦圆世界杯”来比较一下平面的文字消息与广播消息在结构上的差异。先看看新华社播发的文字消息：

44 年的梦想今晚成真，7 次艰难的冲击终得回报。中国男子足球队今晚在沈阳五里河体育场以 1∶0 战胜阿曼队后，宣告中国人将首次登上世界杯足球赛决赛的赛场。

中国队今晚并没以赏心悦目的大比分庆祝胜利，B 组垫底的阿曼队在潮湿的绿茵场上顽强地阻击着平局就可出线的中国队。在 6 万名观众激昂的国歌声中，于根伟在第三十六分钟时，利用郝海东一记巧妙的头球摆渡，在禁区内一脚劲射，将中国队送进世界杯决赛圈。

终场哨响后，五里河体育场沸腾了。三届世界杯元老范志毅跪在绿茵场上喜极而泣；主教练米卢蒂诺维奇被队员们抬起庆祝；曾任中国足协主席十几年的年维泗喃喃地说：“终于等到了这一天，终于盼到了这一刻……”不了解中国足球艰难历程的人无法理解世界杯出线对中国人意味着什么。从时间的跨度和情感的投入上说，世界杯出线和北京申办奥运会成功一样令中国人狂喜。

对于数亿中国球迷来说，这胜利的一刻让他们等得无比辛苦。今天，中国队在主教练米卢蒂诺维奇的率领下，终于以 6 战 5 胜 1 平积 16 分的出色战绩，提前两轮赢得世界杯决赛圈入场券。

经过 8 年国内联赛的磨砺，中国队在十强赛中以成熟的心态和空前的团结，两胜阿联酋、连败阿曼、勇擒乌兹别克斯坦、作客战平卡塔尔队，以不败战绩实现了这次历史性的突破。国际足联副主席郑梦准赛后说：“中国足球有了明显的进步。我毫不怀疑，中国足球的进步对世界足球运动发展具有重大意义。”米卢在新闻发布会上说：“我为中国人民感到高兴。中国足球具备了取得更大成绩的条件。”中国足协官员董华说：“中国足球这次虽然迈出了一小步，却是重要的一步。”

在这次十强赛之前，中国足球冲击世界杯决赛圈的历史留给人们更多的是失望和苦涩的记忆。1981 年的“饮恨新西兰”、1985 年的“5·19”事件、1989 年的“黑色三分钟”、1993 年的“兵败伊尔比德”、1997 年的“金州欲哭无泪”，连续 20 年出线受挫的惨痛经历深深刺痛了中国人的心灵。

现在中国人 44 年来的梦想终于成真，7 次冲击失败的惨痛经历也成为过去。

但是中国队出线仅仅算了却了人们的一桩心愿，中国足球的排名依然是亚洲第五。摆脱急功近利情绪，确立正确的足球理念和取向，是中国足球面临的新课题。

在这篇文字消息中，在简短的导语之后的信息主体中，记者对导语中的信息作具体叙述，记录足球比赛的精彩瞬间。接下来叙述场内观众和队员们欢庆胜利的兴奋和喜悦，并援引曾任中国足协主席十几年的年维泗满怀激动的话语揭示比赛胜利的意义。随后，记者采用倒叙的方式介绍了中国足球在此次十强赛中的战况，道出了中国足球提前两轮赢得世界杯决赛圈的背景，并援引赛后两位足协官员和教练米卢在新闻发布会上的讲话进一步揭示这场比赛的意义。接着记者笔锋一转，插叙了中国足球连续20年出线受挫的惨痛经历，意在对比之中强化比赛胜利的意义。最后在结尾处，记者以清醒的态度正视现实，并对中国足球提出希望和要求。整篇报道除了传递主体信息中国足球梦圆世界杯外，更多的篇幅是采用倒叙与插叙的方式围绕新闻背景展开的。其目的是通过强化辅助信息以突显主体信息。整篇报道虽然只有800多字，却是峰回路转，波澜起伏，充分显现出平面文字消息的结构特点。而辽宁电台播出的广播消息的结构相较于平面的文字消息就简单得多：

各位听众，现在是9点23分26秒，主裁判吹响了终场哨声。中国足球队以1∶0战胜阿曼队，提前一轮冲进2002年世界杯决赛圈，中国人44年的世界杯之梦今夜梦圆沈阳五里河。6万名观众把五里河体育场变成了欢乐的海洋，喜悦的泪光、尽情的欢呼、飘扬的五星红旗、夜空中绽放的礼花，构成了一幅震撼人心的画面。

现在记者来到球员休息室，记者看到李铁、范志毅等绿茵硬汉脸上满是泪水，中国足协副主席阎世铎也格外忘情：

（出录音）“同志们，你们今天终于成了改写中国足球历史的英雄。”（录音止）

历经三次冲击世界杯的老将范志毅激动不已：

（出录音）“这几年我们的心血没有白费，我在国外的时候为的就是今天。”（录音止）

神奇的米卢更是喜形于色：

（出录音）“今天是我执教生涯最幸福的一天。”（录音止）

这是一则以现场报道形式推出的广播短消息，不仅篇幅短小精悍，而且结构上也是按照听觉逻辑以时间的线性传播流程组织和安排材料的。由于该消息是现场报道，其导语播报应该由主持人完成，所以记者播报直接进入主体信息。在时间牵引下，记者首先播报比赛结果，旋即介绍赛场内欢乐的场景。接着，一句“现在记者来到球员休息室”，将两个不同的时空进行了一次合理而巧妙的转换，并且通过一句“记者看到李铁、范志毅等绿茵硬汉脸上满是泪水”解说的衔接，顺理成章地引出阎世铎、范志毅和米卢三人满怀激动的谈话录音，以揭示比赛胜利的意义。虽然消息传递的信息涉及两个时空，即赛场和队员休息室，但是由于记者将不同空间发生的事实纳入时间的传播流程中进行巧妙的安排与设计，所以在单一线性的结构中，一切都显得那么圆润自然、水到渠成。不仅如此，限于篇幅，该消息既没有交代新闻背景，也没有设置专门的结尾，只是报道新闻现场的事实本身，与上文中新华社播发的文字消息有着异曲同工之妙。

第二节 广播消息的结构形式

不同类型的广播新闻有其不同的结构形式，而不同的结构形式往往表现出不同的形态特征。广播消息虽然移植和借用了报纸和通讯社消息的结构形式，但是在长期的广播新闻实践中逐步形成了自身的结构特征。因此，要认知和把握广播消息，仅仅了解广播消息的基本特点是不够的，有必要对广播消息的结构形式进行探讨。熟悉和了解广播消息的结构形式有助于记者针对不同的新闻选题合理地组织和安排新闻材料。这里，我们从广播消息的结构类型和结构要素两方面对广播消息的结构形式展开讨论。

一、广播消息的结构类型

虽然广播消息在长期的新闻实践中形成了自身的结构特征，但是毕竟其基本的结构形式是对报纸和通讯社消息的移植和借用，而报纸和通讯社消息的结构形式是经过无数记者、编辑艰苦劳动摸索而总结出来的结晶，在长期的历史积淀中形成了其固定的形态模式。因此，从整体的形态特征方面看，广播消息的结构形式与报纸和通讯社消息的结构形式没有多少区别，其结构类型同样包括倒金字塔式结构、金字塔式结构、倒金字塔与金字塔结合式结构和散文式结构。

1. 倒金字塔式结构

倒金字塔式结构形式是新闻消息中最常见的一种结构类型，广播也不例外。这种结构形式要求记者在安排和组织新闻材料时将最重要的信息放在前面，次要的信息放在后面，后一段信息往往是前一段信息的补充。其形态特征像倒置的金字塔，大头在上面，尖顶在下面。对于短小精悍的广播消息来说，倒金字塔式结构形式最适于信息的传递，因为它能够将最重要的信息快速传递给听众，同时为了扩大信息量、增加消息条数而删去后面不重要的信息依然不影响消息结构的完整性。一般来说，倒金字塔式结构形式适合时政新闻、灾难性新闻和体育新闻等。下面我们来看看中央人民广播电台播出的消息《陶璐娜夺得第一枚金牌》：

（现场音响进入，压混）

各位听众朋友，我是中央台记者张文星。

今天是本届奥运会开赛的第二天，在射击赛场上中国奥运代表团终于夺得了人们盼望着的第一枚金牌。这就是中国射击选手陶璐娜在女子10米气手枪比赛中以488.2环的成绩夺得金牌。

南斯拉夫选手赛卡利奇获得银牌，澳大利亚选手弗戴尔获得铜牌。

当射击场大屏幕上刚刚闪现出陶璐娜夺得金牌的成绩时，全场观众报以热烈的掌声和欢呼声。

（突出现场音响：宣布陶璐娜获得金牌）

在颁奖仪式上陶璐娜站在高高的领奖台上，她面带微笑，胸前的金牌闪闪发光，她挥舞着手中的鲜花频频向观众致意。

陶璐娜今年26岁，这位来自上海一个普通工人家庭的孩子，今天终于登上了奥运会金牌领奖台。

（现场音响：宣布升中华人民共和国国旗、奏国歌）

各位听众朋友，我在颁奖仪式现场抢先采访了刚刚从领奖台上走下来的陶璐娜。

（出现场采访录音）

陶璐娜："嗯——感谢所有关心我的听众朋友，你们好！现在虽然说这是奥运会上中国代表团的第一枚金牌，但是我觉得心里很平静，也不像想象中那么激动。我觉得在比赛中打出自己的气势、风格，我就感觉很满足啦——"

（中国代表团工作人员插话："陶璐娜！陶璐娜！你爸爸来的电话。"陶璐娜："是吗?"）

现场口播：就在陶璐娜被记者们团团围住采访的时候，中国体育代表团工作人员把手持电话递给了她。原来是陶璐娜的老父亲在中国上海给她打来了长途电话。

陶璐娜："喂——爸爸！爸爸！（用上海方言与父亲交谈）"

陶璐娜："嗯——我爸祝贺我，祝贺我为中国奥运代表团获得第一枚金牌，我说如果有记者采访您的话，您、您谦虚一点……"

（引来大家一片笑声结束）

在这则消息中，导语交代了时间、地点和事实。主体信息对新闻事实进行具体叙述，其中包括听众最为关心的信息“中国射击选手陶璐娜在女子10米气手枪比赛中以488.2环的成绩夺得金牌”、赛场内观众的欢乐气氛以及颁奖仪式上的陶璐娜。而“陶璐娜今年26岁，这位来自上海一个普通工人家庭的孩子，今天终于登上了奥运会金牌领奖台”在交代新闻背景的同时也揭示了新闻事实的意义。接下来的谈话音响作为信息主体的一部分对新闻事实有着补充和延展作用，让听众了解了陶璐娜的谦逊和父亲的朴实。

2. 金字塔式结构

金字塔式结构又称“悬念式结构”或“累积兴趣式结构”，与倒金字塔式结构相反，上小下大，先从一点写起，然后逐步具体和深入，将最重要的信息放在后面。这种结构形式一般按照新闻事实发生、发展的时间顺序组织材料、安排层次，往往越到后面越精彩。相对于倒金字塔式结构，金字塔式结构的篇幅可能稍长一些，但是由于消息不断地制造悬念，所以还是容易吸引听众听下去。这种结构形式适用于故事性强、情节曲折的新闻事件，在广播消息中并不多见。以下为中央人民广播电台播出的消息《台湾民众举行“反‘台独’救台湾”大游行》：

主持人：陈水扁就任台湾领导人两周年之际，台湾民众举行“反‘台独’救台湾”大游行，请听中央台记者金狄、万成从台湾发回的录音报道：

（出同期音响）

“（闽南话）反‘台独’救台湾！（普通话）反‘台独’救台湾！”（压混）

听众朋友，今天下午数千名台湾民众走上台湾街头，举行声势浩大的“反‘台独’救台湾”大游行。

下午1点，由300多辆出租车和私家车组成的游行车队浩浩荡荡（同期汽笛声），来自各党派和各界组成的100多个团体，3 000多人参加了游行。游行的群众冒着高温，挥动着写有“反‘台独’”“回归一中，万事畅通”等字样的旗帜、标语，高喊着口号。

（出录音）

“爱台湾，反‘台独’！”“反‘台独’，救台湾！”“我是台湾人，也是中国人！”“我是台湾人，也是中国人！”（压混）

记者在中山南路看到，游行的队伍非常庞大。参加游行的人大多数是青壮年，也有上了年纪、白发苍苍的老人。他们或头戴印有“1 CHINA”图案的帽子，或身穿写有“中国人”大字的T恤。他们要求台湾当局放弃主张，正视台湾目前的困境，为民生凋敝的现状寻找出路。

游行总指挥、台湾“中国统一联盟”等游行主办单位发表了《向“台独”

说不——反"台独"暴力宣言》。《宣言》指出，台湾领导人的"台独"政策和李登辉的"台独"法西斯并不能代表台湾的民意。优良的武器不能保证台湾的安全，只有两岸和平才是台湾安全的最大保障。《宣言》要求台湾当局接受一个中国原则，遵守"九二共识"，重启两岸谈判，开放两岸"三通"。

(压混音响)

"和平统一，一中救台!""和平统一，'九二'共识!"

台湾"统联"主席王津平在游行的队伍中发表演讲：

(出录音)

王津平："我们在这里要向全世界宣告：在这里的台湾人，也是中国人！我们是台湾的中国人!"

民众："对！我们也是中国的台湾人！对!"(鼓掌)

在游行队伍里，我们看到一位年轻的妈妈，她怀抱着婴儿。

(记者采访)

记者："你怎么看今天的活动?"

民众："我嘛是劳工。台湾已经成这个样子，经济不好，太乱了……"

游行始终在和平有序中进行。(游行群众齐唱《国际歌》) 这次游行的路线，是经过台湾当局批准的，但是游行队伍按照批准的路线要经过台湾领导人办公场所的凯达格兰大道时，却遭到警察的阻拦和警告。而 5 月 11 日，在"台独"分子组织的"正名"运动中，警察却护送着"台独"分子的游行队伍经过凯达格兰大道。

下午 4 点，游行队伍停在了信义路上的美国在台协会前，愤怒的人群向铺在地上的美国国旗扔鸡蛋，并焚烧了美国国旗。

(出录音)

"R. O. T（'台湾共和国'）烂烂烂！ONE CHINA（一个中国）赞赞赞!"

下午 4 点 50 分游行队伍来到孙中山纪念堂，游行在"中国人大团结"的口号声中结束。

(压混录音)

"反台独！中国人大团结万岁！万岁!"

显然，这则消息是按照新闻事件发生、发展的时间顺序组织和安排材料的，但是整个作品情节曲折，充满故事性。一开始交代游行队伍的规模和游行活动的诉求，然后叙述记者在中山南路看到游行队伍的情景，并且运用同期音响传递了台湾"统联"主席王津平在游行队伍中发表演讲的声音。消息还在对比中叙述游行队伍经过台湾领导人办公场所所在的凯达格兰大道时遭遇警察阻拦和警告的情形，从侧面指出台湾当局虚伪的面目。而最重要的信息是下午4点在信义路上的美国在台协会前，游行队伍向铺在地上的美国国旗扔鸡蛋并焚烧美国国旗的场景。由此可见，金字塔式结构中的时间因素非常重要。当然，新闻事件本身的发生、发展也需要具备动态性和延展性特征。

3. 倒金字塔与金字塔结合式结构

倒金字塔与金字塔结合式结构的导语往往提纲挈领地介绍整篇消息的主要内容和中心事实，然后在信息主体中再逐步展开对新闻事实的具体叙述。在这种结构中导语与信息主体同等重要，形态像头大杆直的螺丝，所以又叫“螺丝式结构”。下面我们来看看黑龙江人民广播电台的消息《令人生厌的“双亿元村”》：

请听录音报道：《令人生厌的“双亿元村”》。

（出录音）村民：“这不是扒瞎吗？亿元村，配吗？也不呵碜，欠了一屁股饥荒都没着落呢。还双亿元村呢！那是吃柳条拉粪筐，肚子里编出来的，哪有那出事儿？”（录音止）

讲话的农民叫孙国友，有40多岁，他很激动，在黝黑的脸上，也看到涨红着的血色。

记者是今天上午随同全省乡镇企业会议来到胜利村的。村委会主任孙廷忠向大家介绍情况时，村民孙国友也在场。记者发现他听了村委会主任的话直撇嘴。村委会主任究竟和大家讲了些什么呢？请听一段录音：

（出录音）孙廷忠：“村办企业年产值超亿元，农业总产值超亿元，双亿元。现在我们村人均收入4 500元，村儿里给老百姓都入了医疗保险，老头老太太有养老金，小学生上学免费……”（录音止）

按照常理，农民巴不得富裕起来，但胜利村的村民却讨厌给他们戴上虚假“双亿元村”的红帽子。

60多岁的李太荣老汉，在胜利村是上等户。记者来到了李太荣的家。

（出录音）

记者：“大爷，您是村里有名的蔬菜大户，全家一年能收入多少？”

农户：“一万多块钱儿。一家六口人，十来亩地，人均收入就两千多块。”（录音止）

记者又走访了贫困户吴玉芳。

（出录音）

记者：“大姐，现在日子过得咋样啊？”

农户：“我没法说，孩子上学上不起。电视台记者采访都上当官的家，他们都住得那么豪华，屯子里这么困难从来没领过来看看。”（录音止）

听说有记者来了，一些村民找上来谈情况。

（出录音）

记者："大娘，您一年能领多少退休金哪？"

农户："上哪儿领啊？谁给呀？没给还硬说给了。保险，保啥险了，看病不还得自己掏腰包。"（录音止）

记者找到了村会计李长春，了解胜利村的外债情况。

（出录音）

记者："有多少饥荒？"

会计："一千多万吧，该建筑公司的，胶合板厂的，一千六七百万呗。"

记者："从1995年到1998年这笔欠款一直有？"

会计："那可不，对呀，那账都在那儿搁着呢！"

记者："村里从1995年就负债累累了，为什么还成了双亿元村呢！"

会计："……"（录音止）

据村民反映，胜利村村办企业大部分亏损，农业总收入顶多也就五六百万元，"双亿元村"从何谈起呢？

记者来到村党支部书记邢殿军的家了解情况。他的住处很气派，一栋豪华的五层小楼。邢殿军不在家，记者拨通了他的手机。

（出录音）

记者："我是省电台《早餐前后》的记者，想跟您核实一下情况。"

邢殿军："你啥意思？"

记者："产值亿元是怎样核算出来的？"

邢殿军："这事你不要问我好不好？"

记者："为什么不问您，因为您是支书，最了解情况。"

邢殿军："我那样报吧，我得报到上级党委、各级政府去，你找各级政府问去，他那都有档案，行不行？"

记者："那您是怎么报的？"

邢殿军："你管这事干啥？我不管那事。"（录音止）

记者又来到管胜利村的哈尔滨市道里区新发镇政府，想看看胜利村的财务报表，却遭到镇长宁立新的拒绝。

（出录音）镇长："你们哪儿的？看啥看呀？是上边要报的，愿意找找上边去！我没工夫！"（录音止）

镇长说胜利村的"双亿元村"是上边让报的，村一级的"上边"是乡镇，镇长说的"上边"又是谁呢？记者将跟踪报道。

在这则消息中，导语的广播化色彩较浓，用人物谈话音响作为新闻信息的主体要素呈现，不仅交代了人物和新闻事实本身，而且对新闻事实的本质也有所揭露。而消息的主体则用纪实的表现手法和典型音响的震撼力，按照新闻事实的逻辑顺序层层深入地剖析了胜利村这个“双亿元村”的种种假象，并且越到后面呈现的信息越重要，越具震撼力。

4. 散文式结构

散文式结构形式是一种在注重新闻真实性的基础上吸收散文化的表达方式去呈现新闻事实的形态模式。这种结构形式不受倒金字塔式结构的束缚，没有导语，可以开门见山直奔信息主体，而且风格上也显得轻松活泼，清新自如。不过，散文式结构仅仅适用于带有人物消息或者场景性鲜明的新闻事件。下面看看湖南人民广播电台的消息《有两个数字不会忘记》：

6 月 13 号下午 3 点 20 分，我省民营企业梦洁家纺有限公司迎来了国务院总理温家宝。在寐品牌展示厅，当总理看到由梦洁自主研发并已获得专利的产品时，关切地问公司开发总监何晓霞：

（出录音）

总理：“这个厂的专利有多少？”

何晓霞：“174（项专利）。”

总理：“一年出多少专利？”

何晓霞：“一年我们规定必须是 26 项以上。”（录音止）

听完介绍，总理脸上露出了笑容。面对闻讯赶来的工人们，总理高兴地说：

（出录音）总理：“有两个数字我不会忘记，就是这个企业一年至少要有 26 项专利，现在有 174 项专利。这个专利就是自主知识产权，这是我们企业竞争的根本，其实是企业最大的财富。”（录音止）

当得知梦洁在 20 多年时间里，靠着一针一线“缝”出了一个名扬海内外的家纺品牌，并已有部分产品在国外生产时，温总理欣慰地说：

（出录音）总理：“大家都经历过贴牌的阶段，那时候我们也是辛勤劳动，但是钱都得给别人，现在别人开始贴我们的牌了，虽然这个牌还不多，但是，这是一个根本的转折，这个转折表明中国人是有智慧的，有能力占领这个消费市场的最高端。”（录音止）

下午 4 点 10 分，温总理一行离开了梦洁家纺工业园，总理在脑海里带走了两个数字，也在人们的心里留下了战胜金融危机的信心。

这则消息没有导语，直接进入信息主体，按照时间的先后顺序对新闻事实展开叙述。但是，该消息并不是有闻必录，而是选取温家宝总理在视察过程中与何晓霞总监的交流对话以及对知识产权和民族品牌的认识与看法的实况音响来表达新闻主题。消息首尾呼应，相对完整。在这里，丰富的音响在简洁的解说牵引下不仅记录了温总理视察梦洁家纺有限公司的活动过程，而且让听众认识到自主产权和民族品牌的意义和价值。

二、广播消息的结构要素

一般说来，消息由标题、消息头、导语、主体和结尾等几部分构成。这一说法更多的是针对平面文字消息。对广播消息来说，标题就显得不那么重要，因为从严格意义上讲，广播消息并没有标题，只有新闻提要，而且新闻提要是节目开始对所要播报新闻的一种预告，也就是告诉听众今天的新闻大概播什么内容，相当于目录。它是为了突出新闻事件，指导、吸引听众收听而采用的一种编播技巧，属于新闻编排的范畴。我们常常从广播新闻节目各类奖项评选活动的参评作品中看到广播消息的标题，但那只是基于节目参评的需要而创作的，并不具有普遍性。因此，探讨广播消息的结构要素，标题的问题不在讨论的范围。至于消息头主要是为了标明消息的来源或者告诉听众消息是谁采写的，比较简单，所以没有必要专门介绍。这里，我们重点探讨广播消息的导语、主体和结尾问题。

1. 广播消息的导语

导语也就是消息的开头。对于平面的文字消息而言，它往往用最简洁的语言交代新闻事实最重要、最精彩的内容，提纲挈领，牵引全文，吸引受众。就广播媒体而言，其口播文字消息的导语除语言要求更简练、更通俗外，其他方面与平面文字消息没什么不同；而音响报道中消息的导语在交代新闻事实最重要、最精彩的内容时常常伴随着各种音响，虽然其功能与作用和平面文字消息的导语相同，但是文本写作的思路和要求还是有许多差别的。

（1）广播消息导语的基本要求。

既然广播消息的导语与平面文字消息的导语既有共性特征又有个性差异，那么广播消息导语的文本写作就既要符合导语一般性的规定和要求，也要将广播新闻传播的特殊性体现出来。因此，广播消息导语的文本写作应该做以下几方面的努力：

一是要开门见山，直奔主题。消息的任务就是传递新闻信息，在有限的篇幅里特别忌讳为了体现新闻事实的目的和意义落笔第一行不写事，而是来一段“为了贯彻落实……”也就是说，导语不允许给所传递的新闻信息“戴帽子”，应该用最简洁的语言直接交代新闻事实最重要、最精彩的内容，应该开门见山，直奔主题。例如，湖北电台播出的消息《三峡发电啦!》的导语是这样的：

各位听众，今天晚上7点30分，三峡电厂2号机组开始并网测试。开工十年的三峡工程第一次发出的强大电流，正源源不断地送入华中电网。

这里，记者直接进入新闻事实最重要的内容叙述，简短的两句话导语，就把“何时、何地、何事”交代得清清楚楚。而某家电台播出的消息《廉江市创新形式开展党的群众路线教育实践活动》的导语就显得非常啰唆，听众一时找不到重心，摸不清头绪：

为加强我市中青年干部的党性锻炼，10月25日至27日，廉江市委组织部、市委党校创新教学实践形式，安排了2013年廉江市中青年干部培训班49名学员分赴石岭、横山两个农业大镇，深入到农村一线、到农民群众中，开展“三同”活动，切切实实实践党的群众路线教育。

直奔主题就要突出新闻信息的主体要素。“新闻五要素都很重要，但是在不同的报道中，几大要素突出的重点是不同的，有时是人物，有时是时间，有时是地点，有时是原因”①，对于短小精悍的广播消息来说，要做到先声夺人，就应该一落笔就突出新闻信息的主体要素，并由此牵引出新闻信息的基本内容。我们来看看安徽电台播出的消息《芜湖查获全国“醉驾入刑”第一人》的导语：

今天是“醉驾入刑”开始实施的第一天。今天凌晨0点02分，芜湖市司机曹某在醉酒驾车时被交警当场查获，成为我省乃至全国“醉驾入刑”第一人。请听安徽交通广播记者李鑫采制的录音报道。

由于是“醉驾入刑”开始实施的第一天，所以时间要素是听众关注的重点，在导语中作为主体要素首先出现，并精确到“0点02分”。然后再交代何人（司机曹某）、何事（醉酒驾车时被交警当场查获）和结果（成为我省乃至全国“醉驾入刑”第一人）。而天津电台播出的消息《和平区百名老年电脑爱好者为社区服务求助中心过生日》的导语则是这样的：

（录音：《生日快乐》歌，压混）

听众朋友，这是您再熟悉不过的《生日快乐》歌，不过，您不会想到，这

① 王文科．广播新闻报道．杭州：浙江大学出版社，2002：103.

是一群普通百姓在为一个政府服务部门过生日。10月18号是天津市和平区社区服务求助中心成立一周年的日子，昨天（10月18号），中心老年电脑俱乐部的100名会员自发组织起来，为中心过生日，祝它一周岁生日快乐！

这则消息的核心内容是“过生日”这一新闻事实本身，所以导语一开始用现场音响《生日快乐》歌将听众带入新闻现场，随后出现的则是人物和时间要素。这样，新闻信息的主体要素就被推到了较为突出的位置。而一家电台播出的消息《陈亚武遇车祸不幸脑死亡，家属无私捐献器官》的导语就将新闻信息的主体要素淹没掉了：

化州市良光镇年仅21岁的男青年陈亚武，不幸遭遇车祸导致脑死亡。家人在极度悲痛之余，毅然做出决定，将其身上有用的器官，捐赠给社会上有需要的人。今日，陈亚武的家人郑重地在器官捐赠意向书上签了字。

这条消息的核心内容是家属无私捐献陈亚武器官，新闻信息的主体要素不是陈亚武，而应该是陈亚武的家人。但是导语一落笔却是背景要素“化州市良光镇年仅21岁的男青年陈亚武，不幸遭遇车祸导致脑死亡”，所以淹没了主体要素。建议把导语改为：

今天，陈亚武的家人郑重地在器官捐赠意向书上签了字，无私地将因车祸导致脑死亡，年仅21岁的陈亚武的器官捐赠给社会上有需要的人。

二是要交代事实本身，规避模糊信息。既然导语用简洁的语言概述新闻事实中最重要、最精彩的内容，那么就需要通过最有价值的事实性信息来体现，所以在有限的时间里，广播消息的导语应该交代事实本身以规避模糊信息。我们来看看云南电台播出的消息《溜索，再见》的导语：

2011年11月23号上午11点，怒江州福贡县石月亮乡拉马底村的怒江江面上，分别被命名为连心桥、幸福桥的一座农用汽车吊桥和一座人马吊桥同时开通，拉马底村的村民们从此告别了溜索过江的历史。

导语中所述的新闻事实是两座吊桥同时开通，在这里，吊桥的命名、功用都交代得非常具体。而这些具体的信息确实能够印证“拉马底村的村民们从此告别了溜索过江的历史”的表述。但是某家电台播出的消息《塝脚村民告别两不具备村落》导语所述的信息就没有交代事实本身，显得模糊不清：

今天，大湾镇塝脚村30户贫困户告别了两不具备旧村落，欢欢喜喜搬进“美的塝脚新村”。

其中，用“两不具备”修饰旧村落。“两不具备”为何物，记者没有作具体交代，听众自然不明白，信息的模糊不清让听众很费解。或许记者这样设计导语是为了留下悬念，问题是听众收听节目的过程中只会对新闻事实感兴趣，而不会在意一些概念和说法。其实，消息《廉江市创新形式开展党的群众路线教育实践活动》中的导语不仅啰唆冗长，“开展‘三同’活动”的表述也因为信息模糊而导致新闻事实不明确，所以不符合导语的写作要求。

三是要合理运用音响，强化现场感与说服力。如今，广播消息采用音响报道的方式与听众见面屡见不鲜。但是，通常情况下音响内容是在消息的结构主体中与解说交替出现的，导语中嵌入音响的案例并不多见。不过，从已有的一些消息看，导语中合理嵌入一些音响不仅能够强化现场感，让听众直接“走”进新闻现场，而且能够增强节目的真实性与说服力。当然，导语需不需要嵌入音响应该视新闻选题而定。一般说来，现场感比较强的新闻题材可以考虑在导语中适当嵌入音响内容。例如，云南人民广播电台播出的消息《敲响农村小型水利拍卖第一锤》的导语是这样的：

（出现场录音）“现在是第十轮叫价，4号李世益，2 400元，第一次；4号，2 400元，第二次；4号，2 400元，第三次，成交！（掌声）”（录音止）

12月12日下午，临沧市云县涌宝镇木瓜河村村委会以2 400元的价格拍卖了木瓜河村李家组一个农村小型饮水工程15年的经营管理权，迈出了我省农村转变水利建设发展方式的第一步。

客观地说，如果去掉前面的音响内容，这个导语依然完整。但是，首先出现的拍卖时的叫卖音响并不多余，因为它不仅一下子将听众带进了新闻现场，而且与接下来的解说相互映衬，增强了节目的真实性与说服力。而在黑龙江人民广播电台播出的消息《省长热线电话在泰来被封锁》的导语中，人物谈话音响则作为新闻信息的主体要素一开始就出现在听众面前，而且几乎成了导语的全部内容，颇有创新意味：

（出录音）“我的孙子都十三啦，到现在也落不上户口，找哪哪不管！想给

省长打个热线电话吧，黑天白天地拨拉也拨拉不通。”（录音止）

讲以上这番话的是泰来县胜利乡三合村村民王永富。

这个导语虽然只交代人物和新闻事实本身，而且新闻事实是通过人物的谈话音响呈现的，但音响的合理使用无疑会触动听众的兴趣点，激发他们一探究竟的欲望，所以采用这样的导语方式更有真实性和说服力。

由于这样的导语方式更适合现场感强的新闻信息，所以报道体育赛事或突发性新闻事件时可以尝试将音响内容合理嵌入导语之中进行新闻报道。

（2）广播消息导语的几种形式。

内容决定形式，虽然广播消息的导语有基本写作要求，但是因为报道内容的不同，在满足其基本写作要求的基础上，为了更好地传递信息，主题也会有不同的表达形式。具体来说，有叙述式、描写式、述评式、设问式和引语式等。

叙述式导语是用简洁的文字概述新闻事实中最重要、最精彩的内容。其中，时间、地点、人物、事实等新闻要素相对齐全。这一表达方式在广播消息的导语中运用较为普遍。如中央人民广播电台播出的消息《温家宝握手艾滋病患者，提倡全社会关爱艾滋病人》的导语：

2003年12月1号，今天是“世界艾滋病日”。中共中央政治局常委、国务院总理温家宝专程来到拥有艾滋病药物研究资格的国家级临床基地北京市地坛医院，看望住院治疗的艾滋病患者，慰问医护人员。请听中央台记者郭亮的报道。

描写式导语也称为描述性导语，是用色彩鲜明、生动形象的语言把新闻对象的状态生动、具体地描绘出来。相较于叙述式导语，在有限的篇幅里，描写式导语稍微具体一些，也稍微细腻一些。其突出优点是用镜头语言呈现画面和场景，绘声绘色，形象生动，能够给听众留下较为深刻的印象。如安徽阜阳电台播出的消息《尴尬的表彰会》的导语：

今天上午，阜阳市颍州区在区委礼堂召开“五一八”事件见义勇为英雄表彰会，表彰“五一八”事件中的9名救人英雄。然而，会议刚结束，记者却看见两位受表彰的村民拽掉大红花，扯下绶带，摔在地上。

述评式导语即在叙述新闻事实的同时对所报道的人物或事件做出相应的评论，意在揭示新闻事实所蕴含的社会意义。二者互依互存、水乳交融。如北京电台播出的消息《白衣天使让海若重现生命光芒》的导语：

今天上午，凤凰卫视主持人刘海若经历了5个多月生与死的较量后，第一次重新拿起话筒。这是她在英国遭遇严重的火车车祸，而当地医院准备放弃治疗时被接到北京宣武医院后的又一个奇迹。从她刚到医院时昏迷等级评分接近死亡指标，到后来的逐渐苏醒、开口说话、下地走步，刘海若的生命轨迹在人们面前呈现一个又一个惊喜，而她点滴进步的背后，都充满了医护人员的拳拳之心，体现了北京医疗机构的实力。请听本台记者白玉的录音报道：《白衣天使让海若重现生命光芒》。

设问式导语是在消息的开头就提出问题或摆出困惑，然后加以解答。这种导语的优点是通过问题的提出设置悬念，以引起听众的关注和兴趣，激起他们进一步了解信息的欲望。如安徽泗县电台播出的消息《“挡丑墙”揭了谁的丑》的导语：

一堵高墙，把大刘村和303省道隔成了两个世界。为什么会出现这堵墙？是挡丑，还是揭丑？它能挡住什么丑？它又能揭出谁的丑？请听本台记者采制的新闻：《“挡丑墙”揭了谁的丑》。

引语式导语，就是引用新闻人物精彩、生动、有特色、有个性并且能够表达主要事实的话语作为导语，以揭示新闻主题。这种导语观点鲜明，主题突出，能够给听众留下深刻印象。引语式导语包括直接引语式导语和间接引语式导语。广播消息的直接引语式导语往往引用新闻人物采访录音中的典型音响，这样更真切，更有说服力。如宁夏电台播出的消息《永宁县率先在宁夏全面推行“先住院后付费”就诊模式》的导语：

3月11号上午，在永宁县望洪镇卫生院收费窗口，西河村村民李生龙出院时扣除医保报销部分，一次性支付了300多元治疗肺部感染的住院费。他告诉记者：（出录音）“先看病后付费确实好，现在有病了无论有钱没钱你先看病，真正做到了人性化。”（录音止）

如果说这个导语的主体事实还是由解说完成的，谈话音响只揭示意义，那么上文中黑龙江人民广播电台的消息《令人生厌的“双亿元村”》的导语中，音响内容已涵盖了主体的新闻事实：

（出录音）村民：“这不是扒瞎吗？亿元村，配吗？也不呵碜，欠了一屁股

饥荒都没着落呢。还双亿元村呢！那是吃柳条拉粪筐，肚子里编出来的，哪有那出事儿?”（录音止）

讲话的农民叫孙国友，有40多岁，他很激动，在黝黑的脸上，也看到涨红着的血色。

间接引语式导语的形式就相对多一些。如北京电台播出的消息《协和医院：一台手术竟让患者开两次刀》的导语，引用的是患者王女士在热线电话中的文字记录：

王女士打进新闻热线65159063说，她在协和医院做4颗直肠息肉的切除手术，在手术台上被医生告知医保只能报销其中两颗的费用。医院的做法让她不知道原因，也让她感觉缺乏人情味。详细情况请听新闻广播记者高翔的报道。

2. 广播消息的主体

广播消息的主体，顾名思义，就是广播消息的躯干部分或者说主要部分，也可以说是新闻事实的展开部分，它紧承导语并对导语所述及新闻事实的核心内容进行具体的介绍和说明，同时对导语中没有涉及的内容作必要的补充。因此，广播消息主体的内容比导语更详尽、充实。当然它也会受导语的制约。一般认为，主体是介于导语和结尾之间的那一部分内容。但是，受时长或篇幅的限制，并不是所有的广播消息都有结尾出现，所以不能一概而论。

既然广播消息的主体对导语所述及新闻事实的核心内容作具体的解释、说明和必要的补充，那么，主体的内容构成自然离不开新闻事实本身，有时也会用新闻背景对新闻事实作补充说明。

（1）新闻事实。

新闻事实是广播消息主体内容中最主要的部分，因为它既是新闻主题的承载者，也是听众最想了解的内容。为了充分表达主题并让听众对新闻事实有一个较为全面而深入的了解，主体对导语所述及新闻事实的核心内容作具体的介绍和说明，不仅会呈现新闻事实发生、发展的过程，而且会对其进行一些细节性的描写与刻画。因此，相较于导语，新闻的五要素即时间、地点、人物、事件和原因在主体中往往较为齐备，主体呈现给听众的新闻事实也会显得完整而丰满。我们来看看安徽电台播出的消息《芜湖查获全国“醉驾入刑”第一人》在主体中是如何呈现新闻事实的：

主持人：今天是“醉驾入刑”开始实施的第一天。今天凌晨0点02分，芜湖市司机曹某在醉酒驾车时被交警当场查获，成为我省乃至全国“醉驾入刑”第一人。请听安徽交通广播记者李鑫采制的录音报道。

记者：今天凌晨0点，全省各地交警统一开展查缉酒驾“零点行动”。统一行动刚刚开始，参加行动的芜湖交警就发现了一辆黑色别克轿车存在明显酒后驾驶嫌疑，只见这辆轿车开得是歪歪扭扭，不断走着S型路线。

0点02分，这辆牌照为皖BCJ688的轿车在芜湖市银湖北路和天门山路交叉口被芜湖交警支队大桥大队民警拦截。轿车司机是名四十多岁的中年男子，满脸通红。交警当即对他进行了呼气式酒精测试。（出现场录音）“吹吹吹，好。醉酒，严重超标。”（录音止）

轿车司机姓曹，芜湖市鸠江区人。面对检测结果，疑似醉驾的曹某这样解释：（出现场录音）“我不知道（你们查酒驾），不然我也不喝酒了，今天中午我钓鱼的，喝了一点酒，平时我也不喝酒。”（录音止）

随后，曹某被交警带到芜湖市第二人民医院接受抽血检测。凌晨1点半，检测结果出炉，结果显示，曹某体内的酒精含量达到94mg/100ml，已经超过80mg/100ml的醉酒驾驶标准。

从今天零时起，《刑法修正案（八）》正式开始实施，将醉酒驾驶上升为构成危险驾驶罪的犯罪行为。今天凌晨2点，芜湖交警部门按照新的“醉驾入刑”规定，对曹某处以刑事拘留，曹某成为我省乃至全国“醉驾入刑”的第一人。

（出录音）芜湖交警支队大桥大队民警：“他要承担行政责任之外，还要承担刑事责任，处6个月以下拘役，并处罚金。”（录音止）

在这则消息中，主体紧随导语按照时间的先后顺序对导语述及的“芜湖市司机曹某在醉酒驾车时被交警当场查获”一事进行具体的介绍和说明。第一段写发现目标，第二、三段写拦截与酒精检测过程，第四段写抽血检测，第五、六段写结果。这里，时间、地点、人物、事件乃至结果都交代得清清楚楚。而且，为了充分而有效地表达主题，在具体的叙述过程中，记者对轿车和醉驾者曹某的一些细节性描写为消息带来了亮点。比如“只见这辆轿车开得是歪歪扭扭，不断走着S型路线”和“轿车司机是名四十多岁的中年男子，满脸通红”都会给听众留下较为深刻的印象。

（2）新闻背景。

作为新闻事件发生、发展的历史条件和环境条件，新闻背景在广播消息中是那些能够衬托新闻主体信息的内容，是一些用来解释与新闻事件相关的历史情况、自然环境、社会状况等的事实材料。其基本功能是交代新闻事件发生、发展的原因，指出新闻事件与周围环境的关系，提供与新闻事件相关的各种资料、数据等。因此，新闻背景的出现有利于听众了解新闻事实发生、发展的前因后果、来龙去脉，有利于加深听众对新闻事实的认识和理解，同时也有利于深化新闻主题，并有丰富信息内容、增加节目知识性和趣味性的作用。比如，在《芜湖查获全国“醉驾入刑”第一人》中，“从今天零时起，《刑法修正案（八）》正式开始实施，将醉酒驾驶上升为构成危险驾驶罪的犯罪行为”就是新闻背景，指出了曹某“醉驾入刑”的原因。

在广播消息中，有的背景材料是在解说与谈话音响的有机结合中呈现的。例如，山东电台的消息《南水北调工程今天开工》中，紧随导语之后出现了这样的新闻背景：

（出温家宝副总理录音）“南水北调统筹规划了东、中、西三条线路以及长江、黄河、淮河、海河四大流域的水资源配置，是缓解我国北方地区严重缺水问题的战略性工程。”（录音止）国务院副总理温家宝在开工仪式上说，工程预计投资4 860亿元，2050 年全部完工后，每年向北方调水 448 亿立方米。

这里，既交代了南水北调工程规划的具体情况，也交代了启动该工程的原因，加深了听众对新闻事件的理解。当然，并不是所有的广播消息都会出现新闻背景，用与不用，用多用少，安排在主体中的什么位置，都要视具体情况而定。

3. 广播消息的结尾

广播消息的结尾是为了深化新闻主题、强化新闻的意义和价值或扩大新闻的信息含量，根据新闻选题和主题表达的需要精心设计的消息收结部分。在广播消息中，它通常是最后一段解说或最后一段谈话音响。

上文已述，受时长和篇幅的限制，并不是所有的广播消息都设计与安排结尾部分，在主体部分已经能够将新闻事实完整地表述出来，新闻主题也得到了充分体现的情况下就可以省略结尾部分。如上文提及的《中国足球梦圆五里河》就没有结尾。

然而，在主体部分对新闻事实的呈现意犹未尽，而结尾又能够深化新闻主题、加深听众对新闻事实理解的情况下，记者往往会设计和安排结尾。例如，在湖北电台的消息《三峡发电啦!》中，导语之后是新闻背景以及介绍首台机组试运行和投产情况、发电时的水位、最大负荷、单机月发电量、提前多少天发电以及对全国供电形势的影响等。消息至此，已经算是比较完整了，但是记者仍觉得意犹未尽，于是就设计与安排了下面这个结尾进一步揭示新闻事实的意义和价值：

制造、安装三峡 2 号机组的分别是 VGS 集团和中国水电八局。VGS 集团运行调试总代表奥托先生说：

（出录音）同期翻译："他说，这是世界上最大的水轮发电机组，它的并网调试成功，不仅是中国的奇迹，更是世界水电业的成功，这标志着世界水轮发电机组的制造、安装又达到了一个新高度。"（录音止）

第三节　广播消息的文本建构

广播消息无论是用笔写出来的还是用嘴说出来的都存在文本的建构问题。通过上文的介绍，我们已清楚地认识到，导语所呈现的是新闻事实最重要、最精彩的内容，有着先声夺人的作用；主体部分是对导语的解释、补充与深化，所记述的新闻事实也更加具体、清晰、完整；结尾是对新闻事实意义和价值的进一步升华。当然，听众对新闻事实的了解以及对新闻主题的把握主要还是通过主体部分实现的。从这个意义上说，主体部分的成败得失直接影响广播消息的质量与水平。因此，主体建构对广播消息来说意义非凡，应当引起足够的重视。不过，对广播消息来说，导语、主体和结尾都有其不同的作用和价值，广播消息的文本建构应处理好导语、主体和结尾三者的关系，同时还要注意以下几方面的问题：

一、围绕新闻主题选择和安排材料

广播消息的主要功能是传递新闻信息，但是如果仅限于此是远远不够的。因为新闻事实本身包含着一些值得宣传与推广的价值内容，而它们身上所凝结的某种思想和道理需要在宣传与推广中得以释放，所以信息传递只是一种手段，记者的真正意图是通过新闻信息的传递表达一种思想，说明一个道理。那么，为了充分地表达主题和更好地说明道理，记者在广播消息的主体建构过程中，就应该围绕主题选取那些具有典型意义的新闻材料，并根据主题的表达需要合理组织与安排这些材料。下面，来看看吉林电台的消息《大米卖出了猪肉价》的文本是如何建构的：

前天，吉林市昌邑区孤店镇朴龙德生产的绿色大米，以每公斤 9 元的猪肉价，被老客户北京肥力高总公司买走。

朴龙德告诉记者，这批大米是他在桦甸精选一块没有任何污染的水田生产的：

（出录音）朴龙德："这个每公斤 9 元的大米，没有化肥农药，也没搁农家肥。肥源用黄豆，把黄豆煮熟了，经过两天的发酵，撒到稻田地里头。成本没多

高，人工除草也没花多少钱，产量稍微低点儿，利润还特别高。”（录音止）

面对增产不增收的困境，朴龙德从 1997 年开始开发生产绿色大米。当年，他就获得了成功，经国家绿色食品发展中心检测，米质达到 A 级绿色食品标准。

孤店镇副镇长刘艾华说，朴龙德不仅懂生产，而且会经营。他今年为自己的米注册了商标。

（出录音）刘艾华：“他的米打入上海的联华超市，打入上海、北京这样大的市场，我们镇里边领导都不敢想象。”（录音止）

在朴龙德的带领下，已有一批农民走出增产不增收的怪圈。去年，孤店镇生产绿色大米种植的水田就达 100 公顷，农民增收 60 万元。

大米卖出了猪肉价这一事实本身就非常典型，值得宣传与推广。而大米之所以能够卖每公斤 9 元的猪肉价，是因为朴龙德的大米是无污染的绿色大米。因此，这则消息通过新闻信息的传递表达这样一个主题：农村种植业应该进行结构调整，只有发展高产、优质、高效的“两高一优”农业才能为农民带来利益和好处。为此，围绕这一主题，记者在材料的选择与安排上下了功夫。首先，记者选用朴龙德的谈话录音，目的是告诉听众他的大米为什么能够卖上猪肉价。接着，简短的新闻背景指出朴龙德种植绿色大米的原因，并补充说明大米为什么能够卖猪肉价。而对副镇长刘艾华谈话录音的运用进一步指出绿色大米种植的市场效应。由此可见，记者在主体建构中通过绿色大米种植的技术要领、米质标准和市场销路等方面的事实陈述指出调整农村产业结构、发展“两高一优”农业的重要性。结尾两个数据的选取则加深了听众对新闻主题的认识和把握。

二、正确处理主信息与副信息的关系

在广播消息中，新闻信息有主信息和副信息之分。主信息是那些能够直接表现主题的主体信息，而副信息则是由主信息衍生出来的辅助信息。“一篇动态新闻一般只有一个主信息，广播消息的文本建构要尽力挖掘它的各种表现形式，抓准它的内涵和外延，并从各种角度加以提炼，实现从感性到理性认识的升华。”① 与此同时，广播消息的文本建构要有选择地抓一些副信息。副信息的合理选择既可以扩大信息量，使得作品显得丰满，也可以强化主体信息的意义与价值。在《大米卖出了猪肉价》中，记者就准确地抓住了主体信息，即绿色大米卖出了猪肉的价格，其本质内涵自然是质优价高。然后，记者从绿色大米的无污染，达到

① 李向明．略论广播短消息的写作//江欧利．中国广播电视新闻奖 1999 年度新闻佳作赏析．北京：新华出版社，2001：20－21.

国家A级标准，拥有注册商标，并销往北京、上海等地多个方面对主体信息的外延形式分别予以较为具体的介绍。不仅如此，在消息的结尾处，记者还选取了由主体信息衍生出来的辅助信息，以展现绿色大米的推广价值。因此，虽然该消息是一个时长仅为1分25秒的短消息，但是信息丰满完整。

但是，如果广播消息的文本建构过于铺排辅助信息而忽视对主体信息的强化，其主题表达的效果就会大打折扣。上文提到的某电台的消息《陈亚武遇车祸不幸脑死亡，家属无私捐赠器官》，其文本建构就没有处理好主信息与副信息的关系：

化州市良光镇年仅21岁的男青年陈亚武，不幸遭遇车祸导致脑死亡。家人在极度悲痛之余，毅然做出决定，将其身上有用的器官，捐赠给社会上有需要的人。今日，陈亚武的家人郑重地在器官捐赠意向书上签了字。

12月12日下午5时许，在建设农场当保安员的陈亚武，下班后在良光高志堂路边等人时，被一辆无牌无证的汽车失控冲出路边撞倒，随即被送往化州市人民医院急救。医生检查发现，陈亚武脑部受到重创，右腿骨折，伤势极为严重，后来再经茂名市人民医院的医生进一步检查证实，陈亚武已呈“脑死亡”状态。

陈亚武的表哥唐办福说：（出录音）“他上班，上班回来的路上等人，在高志堂路口那里，他们六个人去，还有一个人没回到，他们在等那个人，坐在路边，有两米远，听说那辆车是开到修理厂修理，还没有修好的，他就借别人的车去笪桥拿狗，拿完狗回来，可能当时刚好下雨，而且他的车速过快了，就有点失控了，就撞上他，广告牌都撞烂了，当时拉到人民医院，医生就说抢救回来宣布脑死亡，人就还没死亡。”（录音止）

陈亚武出事的当晚和次日，家人以及远在外地打工的弟弟、姐姐、姐夫、叔叔、婶婶等人相继获知消息，纷纷赶回家乡。陈亚武的奶奶告诉记者，在知道消息的那一刻，她悲痛万分，突然间两人生死两重天，现实让她难以接受。

正在大好年华的青年突然遭此不幸，家人极度悲痛，但是残酷的现实已经发生。为了让陈亚武死得有意义、有价值，深明事理的家人经过商量，决定将陈亚武身上有用的器官捐给社会上有需要的人。

陈亚武的姐姐陈土清说：（出录音）“听到弟弟脑死亡（的消息），我和我叔叔商量，他21岁了，还没有回报社会，我们希望把他的器官捐出去可以帮助其他人，然后我的亲人还可以感觉到他还活在世上，希望他的器官可以帮助到其他人，让其他人可以回报社会。”（录音止）

陈亚武的表哥唐办福说：（出录音）“我叔和他的父母都商量过，大家都觉得他还那么年轻，没做什么也还没回报社会，就想把他的器官捐出去来回报社

会。”（录音止）

陈亚武的妈妈黄亚泉悲痛地说：（出录音）“我儿子死得很惨很无辜，我觉得我儿子（虽然）脑死亡，可是他的器官还是很健康的，我就想（将它）捐出社会，有人需要他的器官的就捐给他。”（录音止）

陈亚武家人提出捐赠申请后，引起中国器官捐献管理中心的关注。目前，经过该中心广东协调处具体操作，已经基本完成捐赠程序，陈亚武的家人郑重地在器官捐赠意向书上签了字。陈亚武的遗体现在已经转往广州中山一院。陈亚武的家人在痛失亲人后能坚毅、无私地对待捐献一事，既令人同情，又令人敬佩，可谓感动天地，突显了当代农民奉献社会、回报社会的大义之举。相信对于已经脑死亡的陈亚武来说，这也是一种新生吧。

这是一则长消息。长消息虽然强调新闻信息的拓展和延伸，但是这并不是漫无边际的随意而为，而是建立在凸显与强化主体信息基础上的多功能、多元素的信息组合。在这一消息中，家人无私捐献因车祸脑死亡的陈亚武器官是主体信息，其本质内涵表现为无私与大爱。而家人的抉择过程以及在捐赠意向书上的签字作为主体信息的外延形式丰富与深化了主体信息的内容。至于陈亚武遭遇车祸导致脑死亡以及家人的万分悲痛等只是新闻背景并只能作为辅助信息在消息中呈现。但是，该消息喧宾夺主地将新闻背景作为信息的主体加以大书特书，而作为主体信息的家人无私捐献器官的事实却未能得到突显与强化，所以严重影响了新闻主题的充分表达。

三、妥善处理新闻与逻辑的关系

广播消息虽然是按照听觉逻辑以时间的先后顺序组织材料和安排结构的，但是有些时候新闻事实本身的发生发展有其内在的逻辑关系，比如主次关系、轻重关系、因果关系、先后关系等。这就要求广播消息的文本建构必须正确处理新闻与逻辑的关系。

“逻辑学包括辩证逻辑和形式逻辑。辩证逻辑用到新闻写作中，就要求辩证思考，全面看问题，不要出现片面性。新闻写作常常有片面性问题就出在辩证逻辑运用不好。我们写新闻表彰一件事，批评一件事，经常产生兴奋点。这种兴奋点在转移的过程中出现一种偏差，就造成猛突出一方，不知不觉中否定了另一个正确的方面。”① 比如，现代轨道交通是一个相对的概念，相较于普通列车，高

① 曹仁义．新闻消息的创优．中国广播电视学刊，2005（4）．

铁显然属于现代轨道交通系统；相较于传统的有轨电车，地铁应该属于现代轨道交通系统；而相较于城市轻轨，磁浮列车不能不说是属于现代轨道交通系统。应该说，现代轨道交通的概念在不同的历史时期有不同的内涵，所以这一概念的出现绝不是最近一两年的事情。因此，某家电台的消息《广东圆梦现代轨道交通，首列“广东造”动车组新会下线》中“虽然省政府没有举办下线庆典仪式，但是今天却是广东圆梦现代轨道交通里程碑的日子”的表述显然有失偏颇，违背了辩证逻辑所强调的要全面看问题的规定和要求。

新闻事实的发生、发展都有某种原因，结果的出现自然应该有充足的理由。既然如此，形式逻辑中的理由充足律在广播消息的文本建构中就应该得到应有的重视。也就是说，“新闻当中的原因和结果要统一，措施和成绩要一致。你谈的原因要能充分地导出你的结果，你讲的措施要能充分地导出你的成绩，不要犯导不出的毛病，不然就违反充足理由律”①。我们来看看河北电台的消息《才饮珠江水，又食武昌鱼——我省唐山研制的高速动车跑出世界第一速》：

今天（12 月 26 日）武广高速铁路客运专线正式运营，由我省唐山轨道客车有限责任公司研制的具有完全自主知识产权的高速动车，跑出平均时速 341 公里的世界第一速。请听本台记者孙立宏、霍惠兰、万强发来的报道：

（现场音响……压混）

记者：各位听众，现在是上午 9：08，由我省唐山轨道客车有限责任公司研制的中国高速动车 CRH3 型“和谐号”动车 G1002 次已经从广州北站首发奔向武汉。我们现在是在动车的第八节车厢为您报道。我们前方车厢的电子屏幕上现在不断显示出车速，300 公里、320 公里、330 公里……运行不到 10 分钟，车速达到了 350 公里。乘客们不禁发出欢呼声。

（现场音响 3 秒）

武广高速铁路客运专线全长 1 068.6 公里，唐山研制的高速动车运行时速 350 公里可维持在 1 小时以上，并且在试运行时，曾跑出时速 394.2 公里，创世界高铁最高时速。唐山轨道客车有限责任公司总工程师孙帮成告诉记者，如何使列车在长距离上保持持续的高时速，唐山轨道客车有限责任公司攻克了这一世界铁路客车装备制造业的技术难题。

（出录音）孙帮成：“我们唐车公司在几年前还是一个普普通通的铁路客运装备企业，过去也只能设计时速 160 公里，现在我们为什么拥有多项完全自主知

① 曹仁义．新闻消息的创优．中国广播电视学刊，2005（4）．

识产权技术呢？我们靠的是引进、消化、吸收和再创新，正是通过这些，我们唐车公司4年走完了国外企业20年的路，自主创新让我们唐车公司越来越感到自信。”（录音止）

上车前我们注意到，与目前法国、日本等发达国家高铁采用单车运营模式的8节车厢不同，G1002次列车有16节车厢。同乘的铁道部副总工程师张曙光介绍，列车采用两车“重联”的运行方式，简单地讲，就好比两个人，一前一后牵着手，以同样的速度、同样的姿势飞奔向前。单人跑变双人跑，载客量更大，多拉快跑，跑出世界第一速。

（出录音）张曙光：“目前世界上高速铁路平均旅速（时速）最高的是法国，大约是270公里，日本的是243公里，德国的大约是230公里。我们武广线的平均旅速达到了341公里，说明我们至少在这个速度级上领先5到10年，肯定是世界第一速。”（录音止）

才饮珠江水，又食武昌鱼。中午11点45分，动车到达武汉火车站，仅用了不到3小时，比原来行程缩短了8个小时。走下车的乘客魏伟琼非常兴奋。

（出录音）魏伟琼：“能够坐上我们国家自己自主研发设计的、有自主知识产权的这种高速列车感觉特别自豪，在列车上我觉得非常快，我坐在里面，如果我不看那个显示器，完全感觉不到这个车是在以350公里的时速在走，所以我觉得真是太不可思议了。”（录音止）

这则消息所传递的主体信息是唐山研制的高速动车跑出世界第一速，其本身也是新闻事实的一种结论。为了充分说明世界第一速，让这一结论令人信服，记者首先通过车厢的电子屏幕上不断显示出的现在车速来说明这一问题，接着，在背景材料中指出高速动车运行时速350公里可维持在1小时以上，并进一步指出试运行时曾跑出394.2公里的时速。然后，通过权威人士的谈话在比较中指出目前世界上高铁平均时速最高的法国大约是270公里，日本的是243公里，德国的大约是230公里，而武广线的平均时速达到了341公里。这样，认定唐山研制的高速动车跑出世界第一速的理由显然相当充分。不仅如此，消息中一些辅助信息意在表明唐山研制的高速动车不仅跑出了世界第一速，而且载客量更大，体现了我国自主研发设计的能力和水平领先世界的现实。

而某家电台的消息《沙云村里的“白富美”》中的因果关系就显得非常牵强，因为该消息所要突出的主体信息是沙云村里的留守妇女成了人们心目中的“白富美”，问题是消息从沙云村的留守妇女生产、生活中所呈现出来的形象离“白富美”还有着非常大的距离，不足以说明“白富美”这一结论，所以违背了形式逻辑中的充足理由律。

第四节 广播消息几种特殊的表现形式

上面几节从整体上对广播消息的特点、结构以及文本建构进行了探讨。但是，广播消息有几种特殊的表现形式，其结构特征和文本建构的要求与一般性的广播消息存在一些差异。下面，对广播消息中几种特殊的表现形式做些介绍：

一、口播快讯

口播快讯常见的形式是“一句话新闻”，即采用标题新闻的语言表达形式，运用一句话，交代新闻事实的核心内容，包括时间、地点、人物和事件的起因、经过、结果等要素。当然，要看具体信息，并不是所有的新闻要素都要一应俱全，但是必须让听众一听就知道发生了什么事。这样，广播消息中的导语、主体和结尾等结构要求在这里已不复存在。由于在有限的时间里追求新闻的信息量，加上广播消息本身就注重快速传播，短小精悍，言简意赅，口播快讯在广播新闻报道中出现的频率相对其他媒体会多一些。

口播快讯的另一种常见形式是简讯，又称短讯、简明新闻。它由多句话组成，以报道最新发生的事实动态为主，是一种简练短小的新闻体裁，其特点是简洁明快、时效性强。如中央人民广播电台的口播快讯《美英军队开始对伊拉克实施军事打击》：

中央人民广播电台！

中央人民广播电台！

现在播送刚刚收到的海湾局势的最新消息！据报道：北京时间今天上午10点40分，美英驻海湾军队开始对伊拉克实施军事打击！

中央人民广播电台！

中央人民广播电台！

现在播送刚刚收到的海湾局势的最新消息！据报道：北京时间今天上午10点40分，美英驻海湾军队开始对伊拉克实施军事打击！

此前已有报道说，大批美军战机已经开始从科威特飞向伊拉克边境。目前战斗仍在进行。我们将在稍后的报道中详细介绍情况，同时我们将滚动报道战场最新动态。

2003年3月20日上午10时35分，伊拉克战争打响，中央人民广播电台中断正常节目的播出，第一时间抢发了这条消息。这条消息包括标点在内，只有

165个字符，除了呼号、重复和有关预告外，仅仅70多字，然而其内在价值和分量并未因此打折扣。这条广播快讯言简意赅，富于动感，让人领略到广播快讯独具的魅力，诸如“刚刚收到”“最新消息”“战斗仍在进行”“战场最新动态”等字句，让人感受到大战爆发时的紧张和震撼。

中央人民广播电台中国之声自2011年10月改版后，全天新设44档《此时此刻》，以“说新闻”的方式，为听众集纳最新消息、媒体和网络热点热议、生活服务提示等即时内容，每档《此时此刻》由专设的“此刻主播”播报快讯，时间在2分钟至4分钟。这里选取的是2012年11月2日上午《央广新闻》9点零7分至11分播出的第一档《此时此刻》，从中可以看出，新闻主播此刻播报的快讯，正是广播消息的一种特殊表现形式，体现了广播消息快速及时、短小精悍的特点。

中国之声此时此刻，有请此刻主播杨扬。

来关注此刻最新消息。

记者从国家公务员局了解到，2013年年度中央机关及其直属机构考试录用公务员已经完成了网络报名和资格审查，通过审查的报考人员，需要在11月2号9点到7号16点在所选考区考试网站进行网上报名确认以及缴费。据了解，报名成功之后，报考人员可以于11月19号10点到24号12点期间登录所选考试区域网站下载并打印准考证。公共科目笔试，将于11月25号在全国省会城市、自治区首府、直辖市和个别较大的城市同时举行，公共科目考试之后，符合条件的考生，还将参加面试和专业科目考试。

此刻，我们再来翻看各地的晨报。

《南京晨报》此刻关注，喝水不光靠长江，南京还会有第二水源地。

《新京报》此刻关注，从本月7号零时到十八大闭幕，北京四环路以内工地必须停止土方开挖施工，防止土方坍塌事故的发生。

《京华时报》关注的是，寒流将会袭击北京，周末会迎来降雪，供暖点火今天达到九成。

《潇湘晨报》关注，湖南省第四届三湘读书月活动正式启动，倡导全民阅读需要价廉物美的书。

《武汉晨报》此刻关注，被誉为中国广电第一精品展的第九届光博会，今天在武汉科技会展中心开幕。

《重庆晨报》关注，孕妇公交车上晕倒，有十余名乘客留下来照顾。

现在是北京时间9时09分55秒，来关注其他。

我国正在大力加大就业服务信息化建设，全国就业检测平台已经覆盖一亿多劳动者，未来将会形成全国统一的就业、失业信息监测数据库，实现全国信息共享。

昨天中国指数研究院发布了10月百城住宅价格数据，报告显示，10月全国100个城市新建住宅的平均价格是每平方米8 768元，环比9月上涨0.17%，环比与上个月持平。

国家环保部近期发出通知，提出进一步加强环境信息公开，对提高环境信息能力作出部署。根据通知要求，对涉及群众切身利益的重大项目，要扩大环境信息公示范围，广泛听取社会公众意见。

国际方面，据沙特阿拉伯国家电视台11月1号报道，当天发生在首都的气罐车爆炸，造成的死亡人数已经上升到22人，另外有111人受伤。

斯里兰卡国家灾害管理中心11月1号说，连日来的暴雨已经造成6人死亡，近7万民众被迫转移。暴雨造成的洪水，还导致全国多条道路被淹。国内唯一一条高速公路，也因出口被淹，导致部分路段11月1号关闭，铁路交通因此受到影响。

最后来看一下今天的畅销书排行榜，根据百度提供的今日畅销书排行榜，第一位是《盗墓笔记》，第二位是《白鹿原》，第三位是《鬼吹灯》。当当网的图书排名，第一位是《我是卢星宇，不是卢美美》，讲述的是一个24岁的平民女孩，如何成为总统座上宾这样一个传奇故事；第二位和第三位都是莫言的书，一本是《丰乳肥臀》，另外一本是《蛙》。

《此时此刻》其实是一种信息集纳形式。在这里，编辑者甚至将报纸新闻编辑成一句话新闻在广播中让主播以口播方式呈现出来，从而增加了广播新闻的信息量。

从20世纪90年代开始，随着生活节奏的加快，人们获取新闻的方式也有了很大的变化，长篇大论的新闻已经让人难以接受，在最短时间内获取最多信息成为听众的普遍诉求。针对这种变化，中央人民广播电台《新闻和报纸摘要》《全国新闻联播》在扩大信息量上下功夫，压缩稿件的长度，一组简讯的字数从1 500~1 600字压缩到1 000字左右，最少时200~300字，即十几或二十几个字一条简讯；节目的发稿条数从过去的每次十几条、二十几条，到20世纪90年代中期上升到七十多条。①

广播口播快讯的鲜明特点是短小精悍，用最简短的语言点明核心事实。口播

---

① 刘园丁，王晓晖，等．广播与祖国共同前进——《报摘》《联播》90年代至今的故事．中国广播，2011（1）．

快讯如电视屏幕上的流动字幕，能在第一时间向广播受众传递最新的消息；口播快讯如广播新闻的一道快餐，能时时刻刻向受众“送达”新鲜的内容。大容量、即时性的口播快讯与广播的伴随性特点相吻合，让广播成了一张时时刻刻都在出版的报纸，满足了受众的收听需求。

二、广播特写

广播消息和广播新闻专题都可以采用广播特写的形式进行新闻报道。而消息型的广播特写与通常意义上的视觉新闻有几分相似。所谓视觉新闻“无非是形象化、立体化，有典型细节、生动的画面，读来有声有色，使人能够具体地、形象地看到你所报道的事实的真面貌”①。这一说法主要是针对报纸新闻而言的，但广播新闻也同样如此。与专题型广播特写不同的是，消息型广播特写除了篇幅上的短小精悍以外，更注重新闻的时效性，而且其重点是突出新闻事件，有一些表现人物的特写性消息，还有关注新闻人物在事件中的动态及其表现。

广播特写是在广播新闻报道中运用声音对新闻事件、人物活动或场景中富有典型意义和特点的局部，以类似特写镜头的方法，作细致、突出的描绘和再现的报道形式。它蒙太奇式的形象化表现，既可以增强听觉印象，又有诱发听众共鸣和联想的力量。作为广播新闻报道形式，广播特写以细致、突出地再现某一局部为特点，表现事物或事实某一典型的横断面。它要求选材高度集中，突出特点，运用准确、生动的语言或表现力强的实况音响，对事物作动态的描绘和主体的再现，力求给人以如临其境、如见其人、如闻其声的感受。②来看看中央人民广播电台的广播特写《爱心穿越地层　生命奏响强音》：

华晋焦煤公司王家岭煤矿透水事故救援取得重大突破：昨天地面人员用钻杆探入2号垂直钻孔时，井下传递出了敲击钻杆的声音，井下被困的153名矿工还有生命的迹象，3 000多人5天5夜的紧张救援，终于换来生命的奇迹。请听中央台前方报道组发来的报道：《爱心穿越地层　生命奏响强音》。

（出录音）“敲击钻杆声，敲了，没有问题，当当的。”（录音止）

4月2号下午2点12分，沉默5天5夜之后，地层295米深处传来钻杆的敲击声，这是施工人员依然有人存活的证明，是经历灾难之后生命奏出的最强音。

（出录音）“我们很兴奋，心情很激动，我们在场的人都很激动，不断地呼喊。”

“因为5天了嘛，所有的人都感觉有生命传上来的信息，这一瞬间，我感觉

---

① 穆青．新闻散论．北京：新华出版社，1996：279.

② 赵玉明，王福顺．中外广播电视百科全书．北京：中国广播电视出版社，1995：53.

在场的人眼睛都湿润了，然后我们情不自禁地在一起互相拥抱。”（录音止）

下午6点，救援现场再次传来好消息，钻杆已经成功将营养液、矿灯输送到井下。

（出录音）“哎……钻杆里面有吃的，把钻杆头子砸开，哎……把钻杆头子砸开！”（录音止）

声声呼唤，呼唤的是153名矿工兄弟的生命和希望。不放弃，不抛弃，为了生命的尊严，救援人员加紧工作。正在现场指挥的国家安监总局局长骆琳说：

（出录音）“要全力以赴，毫不放松地争分夺秒，抢时间，抢速度，加快救人。”（录音止）

该消息采用广播特写的形式，截取的是整个王家岭矿难救援的一个片段，用声音再现了救援现场激动人心的一幕。导语对这次救援行动作了简要概述，主体部分是现场音响和记者口述。

这篇广播特写用了四段音响。第一段音响展现的是救援队员听到井下近300米深处传来被困矿工敲击钻杆声音之后的反应。第二段音响表现出了救援人员获悉井下施工人员存活消息后的激动和兴奋。第三段音响是救援人员将营养液、矿灯输送到井下后，向井下喊话：“哎……钻杆里面有吃的，把钻杆头子砸开，哎……把钻杆头子砸开！”撕心裂肺、声嘶力竭的呼喊，是呼唤生命的声音，每一个字都是那么有力，催人泪下，荡气回肠，震撼人心。第四段音响中，国家安监总局局长骆琳表达出了救援人员绝不放弃、毫不放松、争分夺秒救人的决心。

整条消息长1分57秒，内容精练，按时间顺序展现救援进程，结构清晰，环环相扣。声音具有震撼人心的力量，消息从头至尾以音响贯穿，构成一幅极具现场感的救援场景，“情节”跌宕起伏，抓住了听众的心，同时也给听众充分想象空间。这无不归功于音响的魅力、声音的力量，记者在艰苦条件采录到的井下生命之音成了永恒的绝响。

广播特写比一般的录音消息更加注重用音响来表现新闻事实、传递事实信息，更加重视声音的表现力。声音具有震撼力，音响饱含了丰富的感情，听众沉浸在声音里，会深深地被它感染，音响的力量能把听众从一般的状态中“提”起来，让人不得不凝神倾听。

对重大时政新闻的报道，最保险的做法是采用新华社通稿，在广播新闻节目中由播音员口播播出，但是口播的新闻不利用现场音响对新闻事件做完整的呈现，无法体现广播新闻的优势与特色。因此，新闻敏感度强的记者往往能够抓住机会，从重大的时政新闻中发现亮点，并用声音的形式加以呈现。不过，与报纸新闻相比，广播消息不能洋洋洒洒写很多字，必须惜墨如金；与电视新闻相比，广播消息没有画面，要让听众如临其境，需要用恰到好处的解说将现场音响串联起来。内蒙古人民广播电台的这则消息值得借鉴：

请听特写：《“你是代表，你有这个权利”——农民女代表顾双燕对话温家宝总理》，由内蒙古台记者郭杰、新娜采制。

（出录音）“总理在《政府工作报告》中说的都是大实话，我也想把我的大实话说给总理听。”（录音止）

今天上午，温家宝总理在人民大会堂与出席十一届全国人大二次会议的内蒙古代表团共同审议《政府工作报告》。来自通辽市奈曼旗明仁苏木保安村的农民代表顾双燕发言时坦诚的开场白立刻引起了总理的兴趣。

（出录音）“我就要给总理提几条小建议，供您参考。并不是说要求您怎样怎样。”

“不，你是代表，你有这个权利。”（笑声）（录音止）

总理亲切的笑容、真诚的话语，让顾双燕彻底打消了顾虑。她把乡亲们托她捎的贴心话一股脑地说了出来。

（出录音）“我希望国家再下大力度支持一下我们二、三产业，也就是养殖业和商业，多支持我们点贷款就可以。金融界能把这个门槛弄得低一点。”

“这说明我们的工作做得还不够。”（录音止）温家宝总理一边在笔记本上记录一边回答。

（出录音）“我不用发言稿了，干脆直接和您说吧！……第一，家电下乡是不是给农民消费券比较好一点？农民可以拿着这个消费券购买他自己需要的东西。”

“我们交流一下，我们搞家电下乡其实是两重考虑。一重是给农民实惠，另外一重是要给企业以支持。”

“我的第二个问题就是农民的养老保险。您在报告当中提到了给了（农民）10%的指标。”

“不是指标。”

“那是？”

“这应该是这次报告中的一大突破。它突破不在于10%的数字，而在于我们开始给农民建立的养老保险制度。现在农民也要有养老保险制度了。有了制度，就有了根本保证。”

“但是，我咋想呢。假如不是10%而是50%，是不是可以提前覆盖全国？”

“这就说，今年我拿不出那么多钱来。我也给你说我的苦处，你有3台拖拉机，我还有13亿人民。”（录音止）

温总理风趣而又实在的话语，引得会场一片笑声。

(出录音)“哦，那我能理解、能理解。”

“这个10%是开始，以后一定要覆盖全国。”

“那我就知道了。”

“这个意见，你也提得很好。”

“最后一个问题，也是2008年当中农民最困难的问题：粮食卖不出去，增产不增收。农民离卖粮点最远的达到60公里，如果是（把粮食）送到指定地点还有运费、押车费，2 500到3 000块钱。所以很多农民不得不选择在自己家门口卖粮。”

“我们当时推进粮食价格放开，政策是对的。但是我们应该考虑方便农民，还要有一定的商业网点。如果农民售粮跑很远、交押车费很多，实际挣的钱就会少了。”

“对。按照国家规定，国家国储粮的一级粮保护价是7毛8分钱，但是粮食公司却抬水压价。这样农民卖一吨粮就有200元的差价被公司赚走了。”

“双燕，你回去给农民宣传两条，一是粮食产多了，政府一定得收购上来，不能谷贱伤农；第二，当粮价下降时，玉米、小麦我们推出最低收购价。不能让农民吃亏。”

“总理您这次的报告我听得非常仔细，特别是农民这方面的事。我也将发挥好代表的作用，争取把更多群众的心声反映给您。大家让我给您捎一句话：您一定要保重身体!”

“谢谢。”

“因为农民需要你，全国人民也需要你。”

“谢谢。”（掌声）（录音止）

2009年十一届全国人大二次会议期间，温家宝总理来到内蒙古代表团与代表们共同审议《政府工作报告》。在审议报告的过程中，来自通辽市奈曼旗明仁苏木保安村的农民代表顾双燕与总理进行了半个多小时的真情交流和坦诚对话。这位农民女代表在交流时开门见山地给总理提建议，而总理的不断鼓励和回应，使代表的话语权得到了最大限度的保护和发挥。随团采访的记者被这段生动的对话深深地吸引和感染，敏锐地捕捉了这次谈话的精彩细节，完成了这篇广播特写。该作品用声音的形式生动形象地再现了农民代表与温总理对话的实况，信息的主体内容是两人的交流对话，解说在消息中只是点缀式地介绍场景以及串联对话。然而，解说与音响的有机结合把广播声音的优势和魅力发挥得淋漓尽致，极具感染力和现场感。

三、连线报道

广播传输技术与现代通信技术的合理对接，创造了连线报道这一广播消息的新节目形式。连线报道进一步强化了广播媒体快捷性的传播优势，将广播新闻的时效性推向了极致，为广播媒体所普遍采用[①]。连线报道是以声音为主要传播载体，以电话为媒介，由连线的记者以口述或与直播间主持人互动对话的形式，把新闻信息通过直播间信号传播出去的一种广播新闻报道方式。连线报道以其时效性强、具备现场感等特点受到听众欢迎，也越来越多地被广播媒体所运用。

我国的广播媒体从20世纪90年代初开始大量使用连线报道的形式传递新闻信息，但此阶段的连线报道只是现场直播或者现场报道的一部分。2004年1月1日，中央人民广播电台第一套节目改版为新闻综合频率“中国之声”，推出新闻直播节目《第一报告》，将“记者连线”作为节目的组成部分，连线报道开始被大量使用。此后，随着中国之声的多次改版，连线报道成为常态化的新闻报道方式，在全天大多数时段，听众均可听到中央人民广播电台记者和各地方台记者的连线报道内容。

连线报道突显了广播新闻“快”的优势，强调新闻与事件发生的同步性。与文字报道相比，连线报道省去了写稿、发送、编辑的过程，节约了时间；与录音报道相比，连线报道省去了录音、剪辑、合成的过程，也大大节省了时间。[②]从中国之声的新闻节目中，我们看到，连线报道已经成为一种主流的广播新闻报道方式。每个连线报道的时长通常在4分钟之内，除了时效性强之外，还体现出了广播新闻短小精悍、口语化、通俗化的特点。

一些研究者把连线报道等同于现场报道，认为连线报道以记者口语化的描述勾勒出新闻事件的画面，把现场氛围呈现出来，使听众如临其境，具有现场感，增强了广播新闻的吸引力和感染力。[③] 也有研究者认为，随着连线报道的使用范围日益广泛、使用频率日益频繁，它逐渐摆脱了对现场报道的依附而成为独立的报道方式。现场报道是记者在新闻现场对正在进行中的、有着典型现场和音响的新闻事件进行的报道，而连线报道的对象既可能是新闻记者也可能是专家学者，内容既有对新闻事件的描述，也有对新闻事件或新闻现场的评析。[④] 不过，从广播消息的角度看，连线报道严格来说应该是记者连线，因为专家学者对新闻事件

---

① 申启武．广播生态与节目创新研究．广州：暨南大学出版社，2008：88.

② 刘文庆．会议连线报道初探．中国广播，2012（10）.

③ 吕春璐．连线报道：广播新闻新亮点．新闻记者，2010（7）.

④ 王宇．广播新闻业务．北京：高等教育出版社，2012：164.

或新闻现场的评析带有新闻评论的性质与色彩。当然，连线记者可能以口述的形式播报新闻，也可能以与直播间主持人互动对话的形式传递信息，但是主体内容应该是新闻事实。在这里，连线记者以口述的形式播报新闻信息，并且将现场的音响一并呈现，就与现场报道没有多少区别了。只是通常所谓的现场报道有可能是录音播出，并不完全以连线报道的形式出现。中央人民广播电台的消息《漫长的瞬间》既具有现场报道的性质，也属于连线报道的范畴：

各位听众，现在是北京时间7月13日22：06，莫斯科时间18：06。决定2008年奥运会举办权的国际奥委会第112次全会进入了最后阶段，开始进行第二轮投票。中央台记者陈建奇正在莫斯科世贸中心会议现场。现在，就请他介绍第二轮的投票情况：

听众朋友，现在第二轮投票结果已经出来了。经过几位监票人的签字、认定，这个结果将要装到信封里。到底是封口不封口，我们现在来看一下。我想，全国的亿万听众，海内外的同胞，大家都非常关注这个时刻的到来。

啊，我们看到，他把信拿起来，现在要折叠成比它（原来）小一点。这是最后的结果？还是，不是最后的结果呢？我们再看，他在认真地审视着这张票上边的每一个数字，把它叠起来。啊，要装信封了，一个蓝色的信封。装进去！封口吗？我们看看他封不封口。封口啦，封口啦！啊，他把它叠起来，揣在怀里。这次是要很郑重地……从（往）他的西装的右手的内侧的兜里面（揣进去）。

这位委员，通过长长的通道，多么漫长的通道啊，走到（萨马兰奇）主席的前面。啊，萨马兰奇也在作最后的询问。为什么他（委员）把这个信封揣进去，到现在还不掏出来？真让我们着急！

萨马兰奇满面笑容，和几位执委在交谈。他拿着这个最后的信封走到主席台来了。那也就是说，这一次，应该是最后的结果应该出来了。我们静静听宣布吧。

（出现场音响）萨马兰奇主席宣布："2008年奥运会的主办城市是：北京！"（欢呼声）（混入）

胜利啦！全国同胞们，你们听到了吗？8年了，我们终于胜利了！现场的记者们欢呼起来。

各位听众，在祖国和世界各地的同胞们，北京赢啦！2008年奥运会的主办权是我们的啦！在投票大厅的外面等待了许久的中国人，都情不自禁地拥抱在一起，欢呼雀跃。喜悦的泪水在脸上流淌。

我们看到，奥申委的同志们相互在握手，在击掌相庆。8年啦，不懈的努力，锲而不舍的申奥精神，使我们的北京终于在新世纪到来的时刻，把举办奥运会的梦想变成了现实。亲爱的同胞们，想笑就笑、想哭就哭、想唱就唱吧！这是中华民族扬眉吐气的时刻。

我们看到，国际奥委会主席萨马兰奇的手和北京奥申委主席刘淇的手紧紧地握在了一起。这是奥林匹克运动和北京的亲切握手，这是世界和中国的握手，这是中国人民同未来的握手！

这里是莫斯科，世界贸易中心会议厅。有关投票结果的情况，就向大家报告到这里。

2001 年 7 月 13 日，国际奥委会第 112 次全会将投票产生 2008 年奥运会主办城市。中央人民广播电台记者陈建奇在莫斯科世贸中心投票大厅进行现场连线报道，向听众介绍投票的结果。记者在现场边观察，边通过手机向听众直播播报，而且关键之处还插入萨马兰奇宣布结果的声音以及现场的音响。听众的情绪完全被现场的紧张气氛所感染。

不过，像《漫长的瞬间》这样的连线报道在广播新闻节目中并不多见，因为对记者来说把控起来比较困难。首先，它需要找到一个时间节点与后方的播出系统有一个很精当的衔接。其次，在直播状态下以现场报道的形式完整地呈现新闻信息，需要记者拥有超强的把控能力、现场应变能力、语言表达能力、新闻判断能力以及即时性的语言组织能力。最后，记者在信息播报之前，需要做大量的准备工作，包括心理准备、材料准备以及对新闻事实出现两种结果的报道方式准备等。

当然，更多的连线报道并不需要寻找时间节点，只是记者在新闻现场用手机将自己的所见、所闻、所感通过后方的播出系统以直播的方式传递给听众，而且在播报过程中也不需要穿插现场的音响内容。此类连线报道近似于直播化的口播新闻，相对而言比较容易把控一些。但是，记者置身于新闻现场，其新闻语态又有现场报道的特征，在直播化的播出状态中，记者的语言表达能力和语言组织能力以及临场反应能力显得特别重要。我们来看看中央人民广播电台的连线报道《挺进映秀》：

主持人：现在我们中央台的记者王亮已经进入了汶川映秀镇的灾区最震中的地方，我们马上接通王亮的电话，因为连日来他不断跟我们连线，他的电池已经快不多了，赶快接通王亮的电话。王亮，赶快给我们介绍一下前方情况。

记者：好的，我们已经到达了这次地震的最震中的部分，也就是汶川县的映秀镇。冲锋舟登陆之后我们又徒步前行了两个多小时，这两个多小时确实特别艰难，可以说一路上，只要稍有不慎，我们就可能掉到岷江里边，岷江河流特别湍急。在前往映秀镇的路途当中，我们的右侧就是贡嘎山，我们左侧就是岷山，整个山体滑坡已经把公路全部覆盖和掩埋了。而且桥梁呢，我们看见有一座大桥，叫作百花大桥，也已经整体地坍塌了。我们就是从夹缝当中，从峡谷里边爬过来的。

现在我们浑身都是泥，而且有的战士陷在泥潭里边，这个泥已经都到了他腰的这个地方，我们一起把他拉上来，如果说再陷下去的话，他可能生命就保不住了，这一路确实是非常非常艰难。

总而言之不管有多么艰难，现在我们已经到达了这次地震的震中的中心区，就是汶川县的映秀镇。我们看到这边有很多房屋已经倒塌了，而且地上躺着很多的伤员。就在我们到达映秀镇的同时，我们看见有两架陆航的直升机，也已经飞到了映秀镇的上空，而且在映秀镇开辟出了一块比较空旷的场地，划了两个直升机的停机坪，两架直升机都已经降落，而且拉走了第一批伤员，所以说我们看到了希望！

“5·12”汶川特大地震发生后，道路中断、通信中断，震中汶川成为与世隔绝的“孤岛”，2008 年 5 月 14 日挺进映秀的过程中，记者王亮克服余震、塌方、泥石流、饥渴、体力透支、伤痛等困难，于当天 13 时到达受灾最严重的震中汶川县映秀镇，在初步了解灾情后，于 13 时 47 分 18 秒通过海事卫星电话接通中央人民广播电台直播间，用急促、疲惫的嗓音进行连线报道。记者从新闻现场传递出最及时有效的信息，如救援部队驰援映秀、震中灾情、直升机开始转运伤员等消息，播报准确到位，一气呵成，传递所见、所闻、所感。既有对现场环境的准确描摹，又有对新闻细节的到位捕捉，令听众有“身临其境”之感。

连线报道的另一种呈现方式是采用主持人与连线对象一问一答的形式传递新闻信息。通过这种形式报道新闻事实，有的有报道对象所在的新闻现场，有的并非事件性新闻，也就没有明显的新闻现场，但是依然相对完整地呈现了新闻事实。换句话说，“五个 W”的新闻要素在报道中也会在主持人与记者的一问一答中完整呈现。这样的连线报道目前也较为普遍。下面，来看看中央人民广播电台主持人胡凡连线江苏人民广播电台记者刘康亮介绍职场新人尤其是 90 后大学毕业生的职业适应情况的报道：

主持人胡凡：央广新闻，第一时间。最近北大清华等高校发布的大学生职业适应情况调查报告显示，职场新人在短短 3 年的时间里跳槽两次的占 57%，其中，跳槽 3 次以上的占到了 32%，而来自智通人才连锁南京分公司的一份调查报告也表述了同样的现象，相关的情况我们连线的是江苏台记者刘康亮。你好，刘康亮。

记者刘康亮：你好，主持人。

主持人胡凡：先给大家介绍一下北大清华等高校发布的大学生职业适应情况调查报告显示出哪些具体的结论呢？

记者刘康亮：好的。这份报告是从2011年11月份开始调查的，调查对象主要是2012届应届大学毕业生，还有工作时间不超过3年的职场新人，以及用人单位所在的人力资源部门负责人，主要是针对大学生群体的职业适应状况进行了历时一年的调查分析。报告显示，在这一类的职场新人当中，有91%的人有过实习经历，但通过实习转正留到单位的人是少之又少，不到8%的比例，在进入职场的短短3年之内，变动2次以上工作的占到了57%，变动3次以上的占到了32%。

主持人胡凡：智通人才连锁南京分公司的调查报告对大学生的"闪职"现象又做了哪些具体的调查呢？

记者刘康亮：这份调查结果跟北大清华等高校发布的调查结果是差不多的，也是显示，大部分大学生的第一份工作持续时间都不到一年，其中，大约有38%的大学生工作不到半年就跳槽了，接近26%的大学生只干了一两年，只有不到10%的大学生能够坚持干到两年以上。我们在采访中遇到一位90后的大学生，他今年7月份刚进一家公司，干了两个月就想跳槽，他自己说，是入错行了。智通人才南京分公司总经理介绍说，90后员工第一份工作持续时间是非常短的，频繁的跳槽现象在这个群体中是很常见的。

主持人胡凡：好的，刘康亮。

连线报道使广播的叙事方式发生了变化。传统意义上的广播叙事，是由播音员或主持人来完成的，是单向传播，播音员或主持人依照节目文稿进行新闻播报。连线报道出现后，广播叙事及信息传递方式正悄然改变。通过连线，信息的传递成为双向交流，对普通听众而言，这种信息传递方式是一种广播特有的新颖别致、个性化的新闻播报方式。

需要指出的是，主持人在与记者交流的过程中应见机行事，以迂回曲折的方式向记者提问，不要直奔主题，应给记者施展能力的空间。例如，中央人民广播电台中国之声《第一报告》曾播出一个连线报道，报道安徽合肥至江苏徐州高速公路上的一起重大车祸新闻。在预告中，主持人已经报告了先前所了解到的车祸伤亡的人数，当主持人与安徽电台记者连线时又直接询问伤亡者的最新情况，而记者因遭遇车祸造成的堵车现象一时难以深入事故现场，所以无法播报最新伤亡情况，结果使等待多时的听众一无所获。其原因在于主持人和记者只注意到了事故现场而忽视了另一个新闻现场。其实，记者当时所处的环境就是一个新闻现场。如果主持人意识到了这一点，并能在提问中稍加点拨，记者完全可以将自己在堵车现场所发现的一些信息，诸如自己离事故现场的距离、大约有多少车辆被堵以及司乘者焦急等待的心情等及时向听众传递。这些都与车祸有着直接的联系，应该是非常有价值的新闻信息。

第九章　广播新闻专题

广播新闻专题是广播新闻报道的一种常见节目形态。长期以来，学界和业界研究者较多使用“广播新闻专稿”一词。有学者认为，专题的外延要大于专稿，专稿是专题的一种主要形式。也有学者认为，广播新闻专稿在实际工作中往往被称为广播新闻专题或广播专题，二者的含义可以等同。我们认为，广播新闻专稿是在“报纸有声版”影响下而形成的一个历史性概念。随着广播新闻行业的不断发展，“用音响说话”在广播新闻传播实践中越来越受到重视，并成为一种普遍的价值追求。作为“报纸有声版”的广播新闻专稿已很少出现在广播新闻节目中，用广播新闻专题取代广播新闻专稿更加符合广播新闻传播的实际，所以越来越为学界和业界所认同和接受。

第一节　广播新闻专题的基本特征

广播新闻专题是就某一新闻事件或新闻现象，采用叙述、描写、议论、抒情等手法，或结合实况音响、人物谈话录音等手段做成的专题作品。它具有新闻性，但它不是新闻消息的拉长，也不是新闻消息的组合；它具有专题性，但它不应止于一般意义上的说清一件事、说清一个主题，它应该有深层挖掘或有打动人心之处。① 从根本上说，广播新闻专题往往围绕某一主题，对一些具有普遍社会意义的新闻事件、现象或具有典型意义的新闻人物进行深入、细致的报道和评说，以揭示隐含在新闻事件、新闻现象或新闻人物身上的社会意义和价值的本质内涵。

广播新闻专题包括广播通讯、广播专访、广播特写和调查性报道等几种类型。不同的类型有不同的规定和要求，但是它们有着新闻专题共同的运行规律和表现特征。

---

① 曹仁义．新闻专题不是消息的拉长——2002 年度中国广播新闻奖新闻专题评选述评．中国广播，2003（11）．

一、新闻性

广播新闻专题虽然不像广播消息那样强调时效性，需要以最快的速度在第一时间将新闻信息传递给听众，但是其报道的对象毕竟是新闻事件、新闻现象或具有典型意义的新闻人物，而且需要在报道过程中对新闻事件、新闻现象或具有典型意义的新闻人物进行叙述、描写、解读和评说，以揭示隐含其中的社会意义，所以广播新闻专题报道对象本身就应该具有新闻性。具体来说，广播新闻专题报道对象本身不仅要具有新闻价值，而且要拥有可供解读与挖掘的意义空间。

所谓新闻价值，是指凝聚在新闻事实中的社会需求，就是新闻本身之所以存在的客观理由。在我们比较固定的认识中，它包括时效性、重要性、显著性、接近性以及趣味性等几个价值要素。一般说来，新闻事实所包含的价值要素越丰富，它所包含的满足社会需求的素质越高，新闻价值越大，听众也就越感兴趣。当然，重要性、显著性、接近性、趣味性等作为新闻价值的可变要素并不一定在新闻事实中同时出现，但是时效性作为新闻价值的不变因素是不可或缺的，是广播新闻专题必须重视的价值因素。然而，由于广播新闻专题并不仅仅是传递新闻信息，而且要深刻挖掘新闻事件、新闻现象或具有典型意义的新闻人物身上所蕴含的具有某种社会意义的内容，所以其对时效性的要求不像广播消息在第一时间传递新闻信息那样强烈，而是更加注重新闻报道的时宜性，从而让听众感知报道该对象的需要。江苏电台的新闻专题《选择》并不是一篇新闻事件发生时的现场播报，而是时隔一个月，记者在北京召开的表彰大会上采访时，被“7・21”暴雨救人民工兄弟的故事打动后，由他们的两次“选择”启发了创作灵感而制作的专题节目。如果单纯从信息传递的时间角度上看，其时效性不是很强。然而，节目一开始的交代就向听众表明这一新闻事实不仅具有新闻价值，而且拥有可供解读与挖掘的意义空间，让听众感知到对这一新闻事实进行专题报道的客观原因：

一个月来，“7・21 北京特大暴雨”盐城农民工见义勇为的事迹从首都北京传遍全国，全国人民都知道，盐城民工兄弟好样的！

一个月来，在北京，人们听得最多的就是“谢谢”这个词。被救的人这么说：

（出录音）被救者一：“以后再说农民工素质低，我们坚决不干，坚决不同意。就通过把我们给救了这件事，这得多伟大啊！”

被救者二：“我也不知道写什么，反正就发自内心想写的，就是“大水无情人有情，天南地北一家人”，献给‘7・21’大雨的农民工兄弟。”（录音止）

“伟大!”“了不起!”在北京，从京腔“的哥”到外地游客，从网络点击率到政府表彰，盐城民工兄弟被空前关注，他们成了家喻户晓的新闻人物。8月21号，北京市丰台区民政局副局长杨承对丰台河西再生水厂项目部的60名盐城籍民工表示感谢。这是丰台区政府向民工兄弟的致敬：

（出录音）“我们再生水厂项目部的包括我们江苏籍的咱们的工人，在危难之时奋不顾身，冒着生命危险，积极地去营救我们这些被困的群众，挽救了他们的生命，这种行为值得我们学习和宣传、弘扬。”（渐弱）

这一个月里，首都人交口称赞道谢，崔永元和他们一起吃饭，社会捐助找上门来，盐城民工兄弟的心态也发生着微妙变化：从平和到浮躁，最终又回归平和。

一个月来两次选择，一个担着生死，一个牵扯人生：

（出录音）“如果说，社会无故不加限制地给咱们捐助，就失去了我们做这件事的本身的价值。”（录音止）

这样的平静和淡定，其实起源于一个月前的那个暴雨之夜。

由此，节目展开对盐城民工两次选择的回顾与评析，并以此来传达真善美，传播正能量。虽然在“7·21北京特大暴雨”中盐城民工见义勇为的英雄壮举已是一个月前的事情，但是作为新闻人物的盐城民工们有过新闻报道、名嘴追捧、社会捐助的经历，也有因“名人泡沫”迷失自我，又很快自我修正、回归本我的选择过程。两次选择究竟是怎样的“一个担着生死，一个牵扯人生”？上面这一段叙述无疑会触动听众的神经，吸引听众去关注，给节目创造了一个解读与评说的客观理由。而某家电台2012年播出的新闻专题《陈大华和他的“爱民牌”自行车》就因为新闻由头的缺少而导致时效性的缺失。道理很简单，一个37年如一日的好干部为什么偏偏在2012年才被记者发现，才在广播中介绍和宣传呢？记者没作交代，听众也无法理解。

二、故事性

有研究者认为，新闻就是报道事实，讲故事应该是新闻最基本的特征和最基本的表现手法。用讲故事的方式写新闻报道能够在一定程度上克服死板、生硬、单调，让新闻报道变得吸引人、打动人、感染人，从而易于传播，更具功效。[①]这一说法虽然有些偏激，但是强调故事性在新闻报道中的作用和价值并不是没有

① 袁凤忠．新闻报道故事化现象探究．中国新闻出版报，2011－12－27．

道理的，对于广播新闻报道尤其是广播新闻专题报道而言更有其合理性。之所以这样认为，是因为广播是线性传播的，声音转瞬即逝，高深复杂、空洞说教、概念化的枯燥内容是广播新闻报道的大忌；广播媒体又是声音媒体，声音是听众收听广播新闻唯一可感知的信号，而人们对外部世界的感知首先是通过视觉实现的，而声音符号只作用于人的听觉器官，所以有着“只闻其声，不见其人”的先天缺陷。有研究表明，接收信息时的集中度为：视觉占 81.7%，听觉占 54.6%；记忆保持率为：视觉占 20%，听觉占 10%，两者结合的占 65%，存活性较高。[①] 因此，广播新闻专题只有在报道中通过强化新闻的故事性实现听觉信息的形象化、视觉化，才能吸引听众、打动听众并感染听众，才能达到预期的传播效果。

不仅如此，广播新闻专题“不仅报道新闻事实，而且注重反映事物或事件的发展变化过程、原因和影响；不仅要求事实具体，而且重视发挥典型事例和细节的作用；不仅看重事实的新闻价值，而且更看重事实能否反映社会脉搏和时代精神”[②]。其中，新闻事件发展变化的过程本身就包含故事性的内容，而重视发挥典型事例和细节的作用也能够赋予新闻故事更加精彩、更加生动、更加具体的内容。也就是说，广播新闻专题的功能与作用本身与新闻的故事性就有着某种联系。因此，从目前各家电台广播新闻专题报道的具体实践中，我们看到，故事性越来越得到重视，并在广播新闻工作者之间形成一种共识。

在广播新闻专题报道中，故事化叙述可以由解说完成，也可以通过对采访对象进行录音谈话来实现。采用何种方式应该根据新闻题材的选择和主题表达的需要来确定。不过，让采访对象讲故事相对来说难度大一些，因为需要采访对象拥有一定的声音条件和语言表达能力。当然，如果采访对象有能力讲故事并且能够在接受采访时讲好故事，这无疑会赋予节目真实性与真切感。唐山电台的新闻专题《永不褪色的小英雄雨来》以新编评剧《小英雄雨来》公演为新闻由头，挖掘抗日儿童团尘封七十多年的故事，以表达爱国主义的思想精神。节目采用男女对播的形式穿插多位至今仍然健在的儿童团团长的录音谈话。节目中的故事既出自演播者之口，也由采访对象讲述，给听众留下深刻的印象。我们来看看其中的一段叙述：

男：说起这些大多数人今天已经陌生的往事，老人眼中焕发出一种神采，语气中透着一分自豪。然而当年每一次送鸡毛信的过程都是在刀尖上行走。

---

① 路金辉，周晔梅．解读广播媒介角色定位．中北大学学报（社会科学版），2006（1）．

② 曹仁义．新闻专题的结构．中国广播，2010（6）．

女：通过在儿童团的学习、锻炼，逐渐成长起来的孩子们懂得了如何面对残酷的斗争，他们机智、灵活、勇敢地与敌人进行周旋。

孙伟老人讲述了这样一个故事：

（出录音）“我记得是1942年的1月份，长城北面的无人区里头的一个儿童团长叫王玉华，小女孩。她呀从敌人嘴里头得知呢敌人要上遵化这部分扫荡来。得到这个消息以后，她躲过敌人的封锁线连夜就把这个消息送到北营的交通站。接到了王玉华给转来的鸡毛信，当时的区长他们一块儿商量，必须得冲过敌人的封锁线送到指定地点。区里的干部啊他们就发愁，谁送好呢？当儿童团长的小柱他就是接过来了，我去送。他爸爸跟他母亲包括这个区干部都挺为难，因为他年龄小嘛。他理直气壮地说，他是儿童团团长，这个他一定办得到。最后在紧急的情况下就把这个鸡毛信交给了他。他就说别的啥也不用，就给他一头毛驴就中了，他骑着毛驴去……”（录音止）

男：董小柱的母亲把鸡毛信缝在了小柱的棉裤腰里。送信的地点是60公里之外的黄各庄，天黑之前必须送到。时间紧迫，再绕道根本来不及，只有走大路。小柱骑着毛驴刚走到半路，就被一队日伪军抓住。一个日本鬼子上去就是一记耳光，另一个伪军随声附和：“准是个小八路，搜!”小柱装作害怕，坐在地上号啕大哭，边哭边说：“我是良民，我是去走亲戚的。”那名伪军搜了半天一无所获，但是仍然不肯罢休，逼着小柱用毛驴给他们往据点里运送刚刚抢来的两麻袋粮食。为了不引起敌人的怀疑，小柱满口答应下来。但是他哪会乖乖地跟着他们走。

经过一个村子时小柱灵机一动，偷偷地用手指把驴背上的麻袋抠出两个窟窿，黄澄澄的小米像点种似的，“哩哩啦啦”地流出来了。小柱放慢了脚步，落到了队伍的最后面，然后他放声大叫：“老总，口袋漏了!”一个伪军跑过来一看，急得团团转，小柱装作真心实意的样子说：“老总，去村里找两个口袋换换吧，不然你们还吃啥!”伪军一听有道理，就对小柱说：“你在这儿等着!”说完就进村找口袋去了。

小柱见时机已到，使足全身的力气拽下两麻袋小米，跳上毛驴跑进了村里的胡同，七拐八拐，终于甩开敌人，从村子的另一头跑了出去，天黑前顺利地把鸡毛信送到了黄各庄。

根据王玉华和董小柱送来的情报，1942年1月4号，八路军冀东军分区十三团三营和遵化县游击队在日伪军扫荡的必经之路刘备寨与梁子河之间的山沟里，打了他们一个措手不及，两个营的日伪军被全部歼灭，成为冀东抗日军民“反扫荡”中的一个经典的伏击战。

女：王玉华，抗战胜利后担任了村里的妇女主任。董小柱，后来参军入伍。

男：参军入伍也是雨来朝思暮想的期盼！

需要指出的是，注重故事性只是强化广播新闻专题节目可听性与感染力的一种手段，切忌为了故事化而故事化。像《永不褪色的小英雄雨来》这样的广播新闻专题，在尊重历史事实的基础上对一些情节做适当的渲染和演绎情有可原，而对于现实社会中新闻事件或新闻人物的报道就不能做任何的渲染与演绎，其故事化叙述应源于新闻事实本身的故事性。诚如有的研究者所言，“故事化叙事只是新闻报道的一种表述方式，和纯粹讲故事有本质的不同。因此，我们在追求广播新闻故事化的同时，最关键的是要遵循新闻的真实性原则，保持清醒的新闻意识”①。

三、深刻性

广播新闻专题的主题表达通过对新闻事实的形象化描写和故事化叙述固然能够在一定程度上得到有效体现，但是仅有这些是不够的，因为并不是所有的新闻信息都可以被纳入新闻专题的报道范畴，新闻专题报道的对象即新闻事实本身一定会拥有比较大的可供解读的空间，这就意味着隐含在新闻事实背后的社会意义和价值必须通过深入细致的分析和评说才能得到较为充分的揭示。也正是因为如此，为了充分地表达新闻主题，广播新闻专题在新闻事实呈现的过程中除了采用形象化描写和故事化叙述的方式外，还常常采用抒情和议论的方式以抒发记者对新闻事实的感受和感想，表达记者对新闻事实的观点和看法，从而进一步揭示和深化新闻主题。这样，深刻性无疑成了广播新闻专题的又一基本特征。换句话说，叙述、描写、抒情和议论的有机结合赋予了广播新闻专题深刻性这一特征。

当然，抒情是建立在新闻事实基础上的有感而发，叙述得生动、具体、充实，让听众如闻其声、如见其人、如临其境，让听众对所传递的新闻事实有深入的理解，产生深深的情感，抒情才能打动人心；议论也不是空洞的说教，同样需要与所叙述的新闻事实建立有机的联系，因为议论是为了帮助听众对新闻事实有更加深刻的认识，从而起到画龙点睛的作用，所以新闻专题的形态主体是叙述，议论必须服从并服务于新闻事实的呈现。

除新闻特写外，广播新闻专题大多属于深度报道的范畴。深度报道不满足于向受众提供简单的新闻事实，而是对新闻要素作进一步的深化，一方面剖析新闻事实的内部，另一方面展示新闻事实的宏观背景，从总体联系上把握其真实性，

---

① 王珩．广播新闻的故事化叙事．青年记者，2013（8）．

说明来龙去脉，阐明本质意义，预判事件影响，揭示发展趋势。[①] 有研究者将深度报道定义为将今天的新闻事实放在昨天的背景之下，对之加以思辨性的剖析，给明天以规律性的启示。而广播新闻专题恰恰是通过对新闻事件、新闻现象或新闻人物的解读和评说揭示隐含其中的社会意义和价值。这种具有普遍的社会意义和价值的本质内涵显然会给明天以规律性的启示。上文提到的辽宁电台的新闻专题《搬迁》就给我们提供了一个很好的范例。阜新是资源性城市，地下的煤矿采光了，出现了地层塌陷，80 万矿工失业。专题一开头展示的是一件新闻事实：失业矿工在大连的炮台镇由一个企业家给盖了楼找了工作，一批失业工人到那里安家落户，并拿到第一月的工资。这是一件新闻事实，由这个事实做开头，把它放在煤矿采光了、地层塌陷了、城市面临着转型这个背景下加以剖析，加上一些音响实况，很感人。那么，它给明天什么启示呢？这种资源性城市我国还有好几个，世界上也不少。在我们这样的国家，资源转型城市中的职工怎么安排？城市怎么转型？这个新闻专题提供了三条启示：一是失业职工要自强；二是社会要关爱；三是党和政府要帮助。用这三条可以解决未来的资源性城市转型的一切问题，这就是给未来的规律性启示。[②]

第二节　广播新闻专题的结构形式

广播新闻专题涵盖广播新闻通讯、广播新闻特写、广播新闻专访和广播新闻调查等多种体裁。由于不同的体裁拥有不同的结构形式和结构要求，同一体裁因新闻对象的差异也往往会表现出不同的结构特征，具体到不同体裁的广播新闻专题，其结构形式可谓五花八门、丰富多彩。即便如此，不同的体裁毕竟都需要通过新闻事实的呈现表达主题思想，揭示社会意义，因此它们在目标追求上有着某种“一致性”。为了实现这种“一致性”的目标，从节目形态整体的呈现方式上看，不同体裁的广播新闻专题仍然会表现出某些相同的结构特征。

一、广播新闻专题的结构要素

相较于广播消息，广播新闻专题的结构要自由灵活得多，结构安排也更加丰富多样、不拘一格。不过，总体而言，其结构要素包括开头、主体和结尾三个部分。

---

① 甘惜分. 新闻学大辞典. 郑州：河南人民出版社，1993：153.

② 曹仁义. 新闻专题创优. 中国广播电视学刊，2005（5）.

1. 开头

在广播新闻专题所涵盖的广播新闻通讯、广播新闻特写、广播新闻专访和广播新闻调查等体裁样式中，除广播新闻特写往往是一开头就直奔主题，对新闻事实展开叙述外，其他几种体裁一般都会在开头部分向听众交代对某一新闻对象进行解读、专访以及调查的原因。广播新闻专题的开头既告诉听众对该新闻对象进行解读、专访以及调查的原因，围绕主题为节目定下主调，也使听众对了解新闻事实的具体内容产生某种心理期待，从而达到吸引听众继续听下去的目的。与此同时，广播新闻专题的新闻性也因此得以体现。

无论是人物类的新闻专题还是事件性的新闻专题，开头部分都会针对一个新闻点陈述相关的新闻事实，而这个新闻点的背后一定会蕴含深刻的社会意义、人生价值或包含某种社会问题，只有通过深入的解读分析或实地调查才能揭示其社会意义、人生价值或深刻挖掘其所隐含的社会问题的本质。比如河北电台的《“连锁”遭“封锁”》是这样开头的：

全国中成药50强企业——石家庄神威药业公司接到国家药品监督管理总局下发的首批跨省药品经营批文后，迅速制订了雄心勃勃的连锁计划：今年投资5 000万元，先在石家庄市属18个县（市）建100家药品连锁店，随后跨省连锁。可是谁也没有想到，它连跨县这一步都没走通，屡遭刁难和封锁……

拿到国家药品监督管理总局批文，说明跨省药品经营已经得到国家相关管理部门的允许。而作为全国中成药50强企业之一的石家庄神威药业公司也拥有跨省经营的实力和能力。然而，这样一个“连锁”的美好愿望却因“刁难和封锁”连跨县经营都走不通，其背后肯定隐含着许多有待探讨的问题。该专题在陈述新闻事实的过程中所针对的新闻点就是“刁难和封锁”。

2. 主体

主体是新闻专题的核心内容。主体内容的建构过程是对开头部分所预设问题进行具体化解读、分析和评判的过程，也是揭示新闻对象背后所蕴含的社会意义、人生价值，或者是深刻挖掘新闻对象所隐含的社会问题本质的过程。换句话说，广播新闻专题的主体特别强调具体的新闻事实的呈现，体现“用事实说话”的报道原则，或者通过描述新闻事实发生、发展的来龙去脉及其与周围事物的联系实现揭示事实的本质、原因、意义和价值的目的。不光是新闻通讯、新闻特写和新闻调查，即使是新闻专访，采访对象也会在接受专访的过程中讲述发生在自己身上的或自己所了解的新闻事实。

不同体裁的广播新闻专题主体的功能和目标是一致的，在呈现方式上也都不同程度地体现“用事实说话”这一共同的报道原则。但是，不同体裁的广播新闻专题毕竟拥有自身的规定和要求，所以其主体的表现方式还是存在一定差异的。一般说来，新闻通讯和新闻特写在表现方式上有某种相似性，都是通过叙述和描写表达主题，并在关键处融入抒情和议论；新闻调查同样离不开叙述，但是其叙事少了几分情感，多了几分缜密和严谨，而且注重通过现场音响展示新闻调查的过程；新闻专访是解说和谈话音响的有机组合，解说的过程也是叙述的过程，但是解说是为呈现新闻对象的谈话音响服务的，在节目中发挥着衔接、引导和铺垫的作用。广播新闻专题主体内容的建构更多的还是通过采访对象的讲述来完成的。

3. 结尾

广播新闻消息受篇幅和时长的影响，有时需要结尾，有时不需要结尾，是否需要结尾要视报道对象而定。而广播新闻专题属于深度报道的范畴，深度报道所反映的新闻事件、新闻人物或新闻现象往往蕴含着深刻的社会意义和人生价值，有着鲜明的主题倾向，需要在结尾中加以揭示。不仅如此，相较于广播新闻消息，广播新闻专题涉及的内容庞杂，信息量大，需要一个有力的结尾来收官。再者，广播新闻专题所反映的社会问题意在引起社会重视，给社会以警醒，结尾的巧妙运用往往能够达到这一效果。

内容决定形式，不同的题材选择决定不同的表达方式。根据主题的表达需要，广播新闻专题的结尾也会有不同的表现形式，如归纳式、回味式、呼吁式、启发式、感叹式、反问式、联想式和评论式等。上文提到的河北电台的新闻专题《“连锁”遭“封锁”》就是通过这样一段解说来收尾的：

时不我待，机不可失。今年遇到的是跨县连锁，明年遇到的是跨省连锁，后年遇到的就是跨国连锁。

以此作结，既回应了前文中国加入世贸组织的内容，也让听众产生联想：跨县经营都遭遇如此封锁，何来跨省甚至跨国经营？而随着中国加入世贸组织，跨地区经营又是大势所趋，这不能不引发听众的思考。

二、广播新闻专题主体的结构类型

广播新闻专题主体现有的结构类型主要包括：纵式结构、横式结构和递进式结构。当然，有的节目主体的结构类型不是单一的，同一主体可能包含两种或两种以上的结构类型。

1. 纵式结构

纵式结构是以新闻事实发生、发展、高潮和结局的时间顺序组合和编排材料的一种结构形式，一般用来表现新闻事实的发展过程。在叙事过程中，它往往根据一个线索、一个方向向前推进，直到故事结束。纵式结构也叫单线条过程链接式结构，又称纵贯式结构、演进式结构或垂直结构，与横式结构相对。这种结构在形态上常将新闻事实发生、发展、高潮和结局的时间顺序直接作为节目的主要线索，适用于叙述新闻的中心事件、中心故事、中心人物的事实，事件性专题常使用这种结构。当然，这种结构形式也可以按照新闻事实中的一连串故事的时间顺序，依次展开叙述。总之，按时间顺序叙述是纵式结构常采用的叙述方式。纵式结构可以使听众原原本本地了解新闻人物的经历或新闻事件发展的过程，掌握新闻人物成长或新闻事件发展的来龙去脉，从而突出中心，给人深刻完整的印象。

纵式结构的叙述方式自然应该是顺叙，即按时间先后或事情发生、发展的过程顺序来组织材料。但是，倒叙、插叙和补叙三种叙述方法也常常出现在纵式结构中。倒叙不完全按时间的先后顺序来组织材料，先叙述新闻事实的结果或事件后发生的某件事情，再叙述新闻事实的原因及其发生、发展的过程；插叙，则是在叙述新闻事实的中心事件的过程中，暂时中断叙述的线索，插入一段与中心事件相关的情况，以对情节起补充、衬托作用，使中心思想更加鲜明；补叙往往用两三句话或一小段话对与主要内容有关的人或事件做一些简单的补充交代。

内蒙古电台的新闻专题《破解沙产业盈利难题—— 一家沙漠电厂的低碳之路》就是典型的纵式结构。该专题主要记述内蒙古毛乌素生物质热电有限公司通过利用生物质培育螺旋藻的“三碳经济”发展模式破解沙产业盈利难题的过程，展示了生物质发电产业链对中国生态建设的影响，倡导企业积极参与生态建设，并进一步揭示了在生态建设过程中应由“政府为主”变为“企业为主”的深刻主题。

在表达主题的过程中，该作品是按照新闻事实发生和发展的时间顺序安排和组织材料的。2003 年，有着公益治沙经验的李京陆走进内蒙古库布其沙漠，经过几年的努力发现公益化治沙的不可持续性。2006 年，李京陆从农牧民手中租下了 60 万亩沙地，雇用当地人种植了 36 万亩能源林。2009 年 2 月，伴随着第一批能源林平茬收割完毕，毛乌素生物质热电有限公司装机容量 2×15 兆瓦的发电机组开始并网发电。2011 年，它的螺旋藻养殖全面试种成功。公司运转 3 年后，产生了明显的生态效益，改变了曾经黄沙弥漫的毛乌素“沙进人退”的局面，而且螺旋藻产品也通过 QS 认证，计划 2013 年投产。

在对新闻事实进行具体叙述的过程中，该专题主要采用倒叙的方法。首先记述的是2012年3月26日，李京陆作为唯一的中国企业代表，出席当天在纽约联合国总部举办的里约可持续发展大会预备会议，并因为在会议上做了关于“三碳经济”模式的发言而引起当地媒体关注这一新闻事实。这既是节目的新闻由头，也是新闻事实发生、发展过程中的一个令人瞩目的结果。接下来才采用顺叙的方法按照新闻事实发生、发展的时间顺序具体解读李京陆走进联合国总部并受当地媒体关注的原因及其如何借利用生物质培育螺旋藻的“三碳经济”发展模式破解沙产业盈利难题的过程。为了强调将生态建设由“政府为主”变为“企业为主”的重要性，记者在叙述中心事件的过程中插入“20世纪80年代初钱学森提出大力发展沙产业，但是由于治沙造林依然要靠政府和公益组织推动，沙产业盈利难，导致企业不愿投入生态治沙领域”的叙述，从而深化和升华了主题。

2. 横式结构

横式结构是按照新闻事实的内在联系或逻辑关系，以多侧面拼接的形式来安排材料的结构形式。这种结构形式所反映的往往不是一个中心内容，也不是孤立的新闻事件，所以一般不受时间和地点的限制，可以把发生在不同时间、不同地点的若干新闻事实，用同一个主题串联起来，它们之间的关系是并列的，其基本的呈现方式是将一个个情节或一个个故事叠加在一起，通过横向组合而形成一个完整的节目整体。横式结构多用于报道工作、分析问题、探求经验的新闻专题。横式结构表现为多种具体形式，主要有并列和对比两种。

并列形式往往把重要性大致相同的新闻事实、新闻人物或新闻事实的几个方面并列呈现，分别叙述。例如，辽宁电台的新闻专题《菜头、鱼头、蟹头当上了村头》通过“菜头”赵书本、“鱼头”韩书成和“蟹头”张忠奇当了“村头”后带领农民共同致富的新闻事实，生动而具体地展示了“三个代表”重要思想在农村的实践过程，并由此揭示在党中央提出全面建设小康社会的大背景下农村基层干部带领村民群众奔小康这一思想主题。在结构安排上，记者从一张大客票把记者送到了地头来展开故事情节，用赵书本扣大棚时的吆喝、韩书成老槐树下的谈判成功和张忠奇看大戏的热闹有机串联了故事中的三段情节。三个人物三个故事，时间不一，地点有别，内容各不相同，但是彼此则有着内在的联系和思想上的一致性。因此，三个故事围绕共同的主题通过横向组合并列推进，组成了一个完整的节目整体。而广东番禺电台的新闻专访《乔铁：全世界拥有发明专利最多的医生》的主体是通过主持人对作为新闻人物的嘉宾乔铁的深度采访，介绍乔铁创造发明的艰辛之路，但是作为记者的主持人并不是按照时间的先后顺序安排和组织材料，而是以由中德内镜研究所、广州市番禺区第二人民医院主办的“医疗设备与技术创新高峰论坛”为新闻由头，从他创造发明实践中所包含的“对自主研发高端医疗设备重要性的认识”“被质疑不务正业”“CHiAO牌的含义”

以及“实现中国发明、德国制造的过程”等几个层面具体展示其艰辛历程和面对各种困难、挑战时的大无畏精神，以及“上医之境”的高尚情怀，进而表达要增强自主创新能力，最主要的就是表达要坚定不移走中国特色自主创新道路的主题。

对比形式则是将一正一反的新闻事实相互映衬与比照。例如，广东中山电台的新闻专题《驱散“医闹”的阴霾——发生在中山医院的故事》，从结构整体上看采用的就是一正一反的对比形式。该专题共包括四大部分——过去：“之前有很多医闹”；打击：“处置时间加快了”；机制：“老百姓信服”；重建：“最好的信任”。后面的三个部分与第一部分相互映衬与比照，形成了鲜明的对比关系。不过，后三个部分本身又从不同的层面展示驱散“医闹”阴霾的方式、方法和效果，具有并列形式的特点，共同表达解决医患问题的根本在于重建医患双方相互理解、相互信任的关系的主题。

总之，横式结构的优点是条理性强，便于揭示新闻事实的意义与本质特点，但若把握不当，则容易造成新闻报道的松散和拖沓。

3. 递进式结构

递进式结构往往是透过现象层层深入到事实的背后，步步深入，环环递进，从现象到本质的一种结构方式。这种结构往往是一开始摆出一种现象或事实，接下来层层推进，由浅入深地进行分析和调查，最后得出结论或得出完美解决的结果。递进式结构分析问题，一般按照由现象到本质、由原因到结果的层层深入的思维轨迹。这种分析要紧密结合事实，而不是靠空话来推导。它的层次与层次间不是并列、平等的关系，而是推进的关系、向前发展的关系，就像剥笋，由表及里，一层比一层深入，最后挖掘出真相。因此，也有人把这种结构称为“剥笋式”结构。这种结构方式一般都是先摆出一种现象或一件新闻事实并带出一个问题，然后层层递进加以剖析，最后提示本质或使问题得以完美解决。① 在广播新闻专题中，递进式结构更多用于新闻调查类节目。例如，广东清远电台的新闻专题《托管？脱管！——清远市校外托管乱象》从托管机构给家长的一纸协议切入，继而对遍布市区中小学周边，涉及上万中小学生人身安全的校外托管机构进行明察暗访，从托管机构的“零持证”现象，到发现其场所设施简陋，学生安全隐患多，食品安全、公共卫生状况堪忧，师质、环境、监管缺失等一系列问题，步步深入，环环递进，深刻反映了校外托管机构的各种乱象，对一些托管机构只考虑经济利益，不顾中小学生人身安全的错误做法给予严肃批评，并呼吁政

---

① 曹仁义．新闻专题的结构．中国广播，2010（6）．

府对托管机构加强引导和监管。

第三节　广播新闻专题的文本建构

广播新闻专题的文本建构非常重要，因为节目文本是播音员或主持人进行“二度创作”的基本依据，是节目制作过程中的基础性环节。广播消息的文本建构可以用手写作，也可以用嘴讲述。由于广播新闻专题的篇幅普遍较长，需要对新闻对象进行细致的叙述、描写和深入的解读、分析，所以与广播消息文本建构不同，广播新闻专题的文本建构一般都是用手写来完成的。严格来说，不同体裁的广播新闻专题在文本建构方面有不同的规定和要求，限于篇幅，这里就不做具体介绍了。本节拟就不同体裁的广播新闻专题在文本建构过程中所存在的共同性和规律性的问题做些探讨。

一、在新闻主题的提炼和深化上下功夫

广播新闻专题的功能和使命是通过新闻信息的呈现表达新闻主题。新闻主题是广播新闻专题的灵魂，是新闻事实的统帅；新闻事实是广播新闻专题的血肉，是新闻主题的有力支撑。广播新闻专题如果没有新闻主题的统领，新闻事实的呈现就会像一盘散沙。当然，广播新闻专题如果缺少具体生动的新闻事实，新闻主题同样无所依托。因此，新闻事实与新闻主题相互依存，密不可分。但是，新闻事实是客观的、第一性的，新闻主题源于新闻事实，是记者在对新闻事实进行分析、总结、思考的基础上提炼出来的一种思想和观念，是主观的、第二性的。一般来说，先有新闻事实，然后才能提炼新闻主题，有什么样的新闻事实才能反映什么样的新闻主题。

新闻主题由浅到深，包含自然层面、社会层面和延伸层面三个含义。其中，自然层面是新闻自身带有的意义和价值，是一般记者不需深入思考便显而易见的，一般通过新闻的五要素就可以表现出来；社会层面是新闻主题中所包括的社会价值，就是让受众从新闻中知道什么，悟出什么，使人的思想和社会环境得到提升和优化；延伸层面就是把新闻主题的社会层面拓展下去，推广开来，使社会层面的意义得到巩固和扩大，让新闻的社会价值得到应用和发挥。① 因此，广播新闻专题往往需要通过深入挖掘新闻事实的社会价值和延伸意义才能更好地表达新闻主题。

---

① 武俊叶，白立功．新闻主题开掘要深．中国广播，2008（5）．

需要指出的是，新闻主题就是新闻的主旨和灵魂，主题正确与否直接决定新闻导向的正确与否，主题偏差就会导致舆论导向的重大失误。所以，提炼和深化主题必须在尊重新闻客观事实的基础上，从政治的高度、以全局性的眼光把握主题的导向，坚持以正确的主题来正确引导舆论，绝不能以偏概全、一叶障目，只看现象不见本质。在提炼和深化新闻主题时，首先必须把握以下四点：一要从讲政治、讲大局的高度出发，坚持以团结、稳定、鼓劲和正面宣传为主的方针，把好舆论导向，新闻主题必须符合党的路线、方针、政策和国家法律法规，符合科学发展观，紧紧围绕中心，主动服务大局；二要坚持以马克思主义新闻观和科学发展观为统领，遵循新闻规律和新闻的真实性原则，在尊重新闻事实的基础上，同时选择新的角度、新的表现手法，突出新闻主题的新颖性、独特性；三要准确把握事物发展变化的规律，透过现象认识本质，去粗取精，去伪存真，挖掘有前瞻性、指导性的重大主题；四要坚持按照“三贴近”的要求，关注社会热点、焦点问题，深入基层、深入生活、深入群众，把干部群众及广大读者共同关注的结合点、共鸣点和兴奋点作为新闻报道的主题。① 那么，在广播新闻专题的文本建构过程中，究竟如何提炼和深化新闻主题呢？

1. 追根溯源，剖析原委

新闻事实的本质，往往需要经过由此及彼、由表及里的深入分析才能被挖掘出来。新闻事件的发生需要人们对其背后的原因进行剖析，才能弄清其来龙去脉。因此，建立在深入采访、掌握实情和认真思考、把握导向的基础上，记者需要采用追根溯源的方法，多问几个为什么，才能提炼出新闻主题。这种方法多用于对新闻现象以及社会热点的解读分析，比较适用于新闻调查类专题报道。在河北电台的新闻专题《“连锁”遭“封锁”》中，记者首先交代的是神威药业在一些地方建连锁店屡遭当地药店和行政主管部门刁难的事实，然后通过同期的人物谈话音响指出“连锁”遭“封锁”的原因：既有地方利益的驱动，也有保守思想的支撑，而根本问题在于体制，即药品监督局下边有众多医药公司，它们既是监督者又是管理者。这种政企不分、管办不分的管理体制自然容易导致“连锁”遭“封锁”这种社会现象的产生。由此，听众会深刻地认识到切实转变思想，更新观念，剪断“封锁线”，拿掉保护伞，在地方创造良好的外部环境的重要性。唯其如此，地方经济才能健康快速发展。

2. 筛选取舍，归纳推理

围绕一个新闻选题采录搜集到大量的新闻素材和音响资料后，记者要通过认

---

① 余晓林．谈如何提炼深化新闻主题．新闻世界，2009（11）．

真分析思考，在文本建构的过程中对所搜集的新闻素材和音响资料进行必要的筛选取舍和归纳推理，从个别现象中推导出一般性、普遍性的结论。运用归纳推理法提炼主题，必须善于用数字说话、用典型事实说话，从中概括提炼出典型经验和重要意义。这一方法常见于新闻综述、典型报道、成就报道和分析性的深度报道等。广东东莞电台的新闻专题《携手远航——献给2014广东21世纪海上丝绸之路国际博览会》在新闻素材的筛选取舍和归纳推理方面的有益尝试就值得借鉴。由于马来西亚派出了包括180名企业家在内共540人的庞大代表团来到东莞参加“海博会”，记者就专门采访了马来西亚前旅游部长黄燕燕和企业代表罗美煌；泰国在博览会上精心布置了自己的展位，记者就专门采访了泰国驻广州总领事馆主任助理文善山。不仅如此，记者还采访了“海上丝绸之路”非沿线国家的嘉宾。在叙述博览会规模时，记者列举了一系列由不同的参展国家和地区的企业、个人以及展位组成的数字信息，如25个海上丝绸之路沿线国家、14个非沿线国家以及中国香港、澳门、台湾地区的1 136家参展企业，应邀与会的境内外采购企业6 000多家，还有100多位国家或地区政要、使领馆官员、商会会长与专家学者，安排展位2 500多个等。也正是由这些具有典型意义的数据信息，记者推导出了下面这样一段具一般性和普遍性的结论：“如此规模的一次国际活动，使人们对‘21世纪海上丝绸之路’有了更为具体的认识，对建设‘21世纪海上丝绸之路’的前景有了更为殷切的期盼，对广东在这样一个伟大构想中所能发挥的作用和影响有了更为深刻的印象。”

3. 纵向对比，左右联系

有些新闻事实孤立起来看很难发现其特殊的社会意义和价值，但如果将其放在历史与现实的宏观背景之下，通过纵向对比、左右联系，其新闻价值就会凸显出来。运用对比联系的方法提炼深化新闻主题，一般采取交代新闻背景、对比同源新闻、添加新闻链接等方式。这样既能有效地表达新闻主题，又可丰富节目内容。在安徽电台的新闻专题《小岗村的好书记——沈浩》中，记者就采用了纵向对比的方式记录了沈浩挂职前后小岗村村民的实际生活状况：

2004年2月，沈浩作为安徽省财政厅的干部被选派到“大包干”发源地——凤阳县小岗村担任村党支部第一书记。上任伊始，沈浩怎么也没想到，闻名遐迩的中国农村改革第一村，竟然只有一条泥土路通往外界，自来水还没入户，村里人均年收入只有区区2 300元。村里流行着一句话：“一朝迈过温饱线，二十年没跨过富裕坎。”……

据不完全统计，2004年至今，小岗村累计利用国内外资金30多亿元，项目涵盖了农业综合开发利用、村级工业发展、旅游业振兴、医疗卫生体制改革、改善村容村貌等多个方面，为当地老百姓带来实实在在的效益。2004 年沈浩刚刚上任时，小岗村人均年纯收入仅为 2 300 元，到了 2008 年年底，这个数字达到了 6 600 元，比 2004 年翻了一番还要多，同时也远远高于安徽全省农民的平均收入水平。

4. 见微知著，意蕴深远

在日常生活中，出现的大多还是平凡的人、平凡的事，不可能经常碰到重大的新闻题材，这就要求记者能从平凡之中发现不平凡，在平凡中找到新闻的“闪光点”。而《小岗村的好书记——沈浩》所记述的“红手印”的故事就有着小中见大、意蕴深远的效果。1978 年，小岗村村民的“红手印”掀起了中国农村改革的序幕，可见“红手印”虽小，但其蕴含的社会意义却如此巨大。该专题记述了小岗村村民曾因为挽留沈浩连续两次摁下了“红手印”，更详细叙述了第三次为沈浩摁下“红手印”，要求把沈浩的骨灰永久安置在他为之奋斗了 6 年并终生热爱着的小岗村的土地上。这一方面表明了小岗村村民对沈浩的眷念与爱戴，另一方面也充分说明沈浩作为一个党的优秀基层干部在小岗村村民心中的美好形象。

5. 角度新颖，出奇制胜

同一新闻事实，可以从不同侧面和角度对其加以观察、理解和表现，所以对其进行主题提炼与深化应该选准角度，善于根据不断发展、变化的新形势，认真分析复杂事物，多面展现生活，在其他媒体已经报道的题材里找出别人没有展现的角度。这就要求记者善于从相同题材中变换新角度反映不同的主题，使主题有新鲜的特色，又具有普遍的社会意义。只有抓准特点，选择好角度，才能提炼出新的更加富有社会意义的新闻主题。黑龙江电台的新闻专题《忏悔》的成功在很大程度上就得益于节目制作者新闻视角的新颖独特。在黑龙江省“首届现身说法警示大会”上，7 名罪犯做了典型发言，但该专题仅仅选取了其中最有典型教育意义的焦锋作为报道对象，而且选择亲情这一独特的视角来安排结构和组织材料，让妻子薛玉莲的诉说和焦锋的忏悔在亲情的笼罩下形成心灵的碰撞，并在亲情中创造了能够与听众产生情感共鸣的契合点，从而产生打动听众的感染力。

二、用事实说话，化抽象为具体

广播新闻专题的主体功能是通过报道新闻事实，表达新闻主题，以揭示蕴含在新闻事实背后的社会意义和价值。新闻主题是记者在新闻专题报道中通过各种材料所表达的中心思想。它渗透、贯穿于新闻专题报道的全部内容，体现着记者进行新闻专题报道的主观意图，包含着记者对所报道的新闻事实的基本认识、理解和评价。从根本上说，主题是从具体的新闻事实中抽象出来的一种思想倾向，是统领节目的灵魂。所要指出的是，主题表达的方式和方法多种多样，而在广播新闻专题文本建构的过程中，如果记者直截了当地表达主题，就会显得生硬而不容易为听众所理解和接受。为了克服这一缺陷，记者理应通过具体的新闻事实对新闻主题进行形象化的表达，从而达到一种“随风潜入夜，润物细无声”的传播效果，让听众在不经意中理解和接受节目所表达的主题思想。因此，无论是新闻通讯、新闻特写，还是新闻专访、新闻调查，用事实说话、化抽象为具体应成为不同体裁的广播新闻专题在文本建构中共同的表现方式。具体说来，可从以下几方面入手：

1. 合理安排结构，精心组织材料

主题是在记者对新闻对象进行深入采访调查的基础上形成的。用事实来说话，就是选择恰当的事实材料准确地表现主题。如果所选用的新闻事实与节目所表达的主题相游离，而不是紧密联系，新闻事实所说明的问题就会偏离主题所阐述的内容，形成“两张皮”的现象。那些与主题无关的新闻材料，即使再生动，再有趣，再来之不易，也要忍痛割爱。因此，主题形成后，在广播新闻专题的文本建构过程中，记者要根据新闻主题的表达需要精心选择材料和组织新闻素材，合理安排结构，借助新闻事实的逻辑力量，巧妙地体现自己的思想倾向。当然，如何安排结构主要还是视新闻对象的选择和不同体裁的特点而定。精心选择材料和组织新闻事实意在强化新闻事实的典型性和说服力；合理安排结构则是为了更完美地呈现新闻事实，同时让听众更好地理解和接受新闻事实。这样，上文述及的纵式结构、横式结构以及递进式结构便成了广播新闻专题普遍采用的结构形式。我们来看看广东电台的新闻专题《悠然说南山》：

回首2003年广东“抗非”这段感天动地的历史，人们将永远不会忘记一个人。他的名字，他所代表的精神，已经成为广东“抗非”的一面旗帜。他，就是中国工程院院士、著名呼吸疾病专家钟南山。请听广东台记者钟翠萍、徐婉玲、万准、王坚、孙景燕采制的新闻专题：《悠然说南山》。

（音乐起）杰出（音乐收）

这是一份了不起的赫赫战报：自5月8日以来，广东省已经32天没有新发病例报告，到6月17日，广东全省累计报告“非典”病例1 511例，治愈率高达96%，病死率仅仅是3.84%。这是迄今为止全球治疗“非典”所取得的最高的治愈率和最低的病死率。这份了不起的战报后面，站着一个功勋卓著的人，他是中国工程院的院士，一个有良知的知识分子；在这场人类罕见的天灾面前，他又分明是一个坚持真理、勇往直前的战士，是人民的英雄。5月29日，中共中央政治局委员、广东省委书记张德江在中山纪念堂举行的一次会议上满怀感情地高度评价了他：如果这次抗击“非典”没有钟南山院士，结果可能就不会是这样。（出录音：钟南山是抗击“非典”先锋）

（音乐起）受命（音乐收）

早在2002年年底以来，广东省的河源、中山等地先后出现了不明原因的肺炎病例。67岁的钟南山就开始马不停蹄地奔走在全省各大医院，调查病原，指导救治。2003年2月，广州“非典”疫情告急，日均发病15例。大年初三，钟南山临危受命，出任全省医疗救治专家指导小组组长。作为中国著名的呼吸病权威、最早接诊“非典”患者的专家之一，钟南山不可能不知道他和他的同行们正面临着一场前所未有的恶战。因为，此时已有一批前线医务人员倒在了“非典”的魔爪之下。然而，也就是在这个时候，钟南山做出了一个令举世皆惊同时也是一个令举世皆服的决定：把最危重的病人都送到他任职的广州医学院第一附属医院呼吸病研究所来。（出录音：SARS病主要是呼吸传染疾病，正好发挥我们的特长，我们是义不容辞的）言简意赅，却掷地有声。

（音乐起）勇敢（音乐收）

做出这个决定，是需要很大的勇气的。第一，当时病因不明，谁都没把握治好病人，治不好就等于砸了自己的牌子；第二，当时已经明确该病具有极强的传染性，病情越重，传染性越强。

事实上，救治的过程堪称惨烈、悲壮！为了救治重症患者，广医一院先后有26位医务人员被感染。在发病高峰期，救治一个重症患者，就有一个医务人员被感染倒下。其中有一位病得很重的姓郑的医生，他是从门诊紧急抽调到ICU支援而感染上“非典”的。有一天，他已经病得说不出话，他想到自己年轻的生命、年幼的孩子，不禁潸然泪下，并用眼神向钟南山求助，面对自己下属这双流泪的眼睛，钟南山心中承受着一般人难以想象的压力。但是，正是这双眼睛，让他战胜“非典”的决心更加坚定！他知道，勇往直前，是他唯一的选择。（出录音：就像一个战士，刚在打仗的时候，你跑了，是不可想象的，我想，没有一个逃兵，是对医务人员的基本要求，而不是过高的要求）

（音乐起）直言（音乐收）

2月上旬，广州全城恐慌，谣言满天，街上突然刮起抢购潮。2月11日，省政府召开新闻发布会，对外公布了“非典”疫情。中国科学院院士钟南山以专家身份在这次发布会上宣布，“非典”并非不治之症，而是可防、可控、可治的。（出录音：现在应该说，初步掌握了它的治疗规律，绝大多数病人是能够恢复的，其中有几个病人的病情一开始非常严重，现在肺部完全清晰了，恢复到完全正常）“非典”肆虐，人心惶惶。德高望重的呼吸道疾病专家钟南山院士字字千钧，一言九鼎，成了市民的定心丸、政府的镇山宝。这次新闻发布会后，社会恐慌情绪迅速平复下来。

4月10日，钟南山出席国务院的新闻发布会。当时社会上有些人盲目估计形势，宣称"'非典'已得到有效控制"，钟南山当场予以反驳，再一次语惊四座。(出录音：你不知道它是什么病源，又不知道它怎么传播的，又没有有效的药物治疗，又没有针对性的预防，你怎么能说它是控制了呢？我们只能说对它是遏制）事实证明，钟南山的"遏制论"，对当时社会上存在的防治"非典"的松懈情绪及时地敲响了一次警钟。

(音乐起）诚实（音乐收）

2月18日，北京国家疾病预防控制中心传来消息：引起广东非典型肺炎的元凶是"衣原体"，并建议使用抗生素进行治疗。新华社和中央电视台向社会发布了这个消息。当天下午，广东省卫生厅召开紧急会议，对这一结论进行讨论。轮到钟南山发言了，他本来可以选择沉默，因为发布衣原体消息的权威人士其实也是他的好朋友。但这不是一般的科学研究领域的争论，这事关无数人的生命安全！钟南山良久沉默，摇了摇头。(出录音：对这个衣原体，我们是抱否定态度，一个呢，事实告诉我们，这个病的临床表现不像；第二个，采用抗衣原体感染的药物没有解决问题，我想最重要的是相信事实，而不是相信什么条条和指引）

这一诚实之举，带给钟南山始料不及的压力和麻烦。在一次有关"非典"的防治会议上，作为专家组组长的钟南山竟然不被获准发言，只能一直干坐到会议结束。但是，真理面前，人人平等。事实也证明，钟南山是对的。广东省决策层采纳了他的意见。以钟南山为首的广东专家继续在实践中摸索，逐步总结出了"三早"和"三合理"的治疗经验，广东非典型肺炎3.8%的低死亡率就来源于这一宝贵经验。当时任广东省卫生厅厅长的黄庆道一语道破天机。(出录音：如果我们当初不是坚持实事求是、依靠科学、尊重科学的态度，按照衣原体来治疗的话，我们现在死的就不是57个，可能是157个人了）

钟南山以非凡的勇气，捍卫了科学和真理的尊严。

(音乐起）仁厚（音乐收）

平时，钟南山的病人们总是争相诉说着这样一些细节。譬如，在天冷的时候，钟南山总是很细心地把听诊器在自己身上焐热了才给病人听诊。如此点点滴滴，让病人们感动不已。

而"非典"时期，病人们所体会的就绝不只是感动了！钟南山所领导的广医一院呼研所成为全省危重"非典"病人的庇护所，其中需要插管的危重病人就超过50位。为了救治这些生命，他坚持到ICU重症监护室查房，而且一查就是两个小时，每个病人都看得很仔细。一位病人这样回忆说：（出录音：他当时

给我做了检查，给我看了片子，每个病人他基本上都看过，真的是很难得很难得的）

几个月下来，钟南山呕心沥血，不休不眠，他曾经连续工作超过 38 个小时。他经常一天只睡两个小时。他也曾经两次因疲劳过度而病倒。同事们发现，平时喜好吹拉弹唱，坚持打篮球，身形俊朗的钟院士明显地苍老了许多。

唐代名医孙思邈在《大医精诚》中这样阐释了“大医”的含义：凡大医治病，务当无欲无求，誓愿普救含灵之苦，不得瞻前顾后，自虑凶吉，护惜身命，昼夜、寒暑、饥渴、疲劳，一心赴救。我们眼前的钟南山，就是这样一名“大医”。

（音乐起）悠然（音乐收）

处事低调、为人平和的钟南山从来不讲空话、套话。央视《面对面》记者曾问他：你关心政治吗？钟南山这样回答：（出录音：我想，我们搞好我们的业务工作，做好防治疾病，这个本身就是最大的政治）

“非典”大敌当前，钟南山却说，他很从容。这是为什么？因为他有一支能打硬仗的团队。（出录音：这支队伍挺能干的，从我开始是经过了 30 年，最少经过十几年的锻炼，他们遇到一个病人都能很从容地来对待，这个队伍在这里，我觉得也很有信心）

钟南山以他的仁心仁术潜移默化地影响和带动着他身边乃至全省的医务人员。呼研所的专家和医生们比如肖正伦、黎毅敏等医生，因为一场“非典”成为老百姓心目中的英雄。

荣誉当前，钟南山一样处之泰然。当全国五一劳动奖章、抗非特等功臣的桂冠以及无数的掌声、鲜花像潮水一样涌来的时候，钟南山淡然地说：（出录音：我觉得很平常，你给我是这么做，不给我也是这么做）

诚实、勇敢、仁厚、杰出。本篇报道的关键字都是一些我们感觉有些疏远了的字眼。这就是钟南山。

该专题记录了抗击“非典”功勋卓著的中国工程院院士、著名呼吸疾病专家钟南山的故事。在平和自然的描述中，从“杰出、受命、勇敢、直言、诚实、仁厚、悠然”七个方面表现了一个不平凡的医务工作者迎难而上、救死扶伤、仗义执言、淡泊名利的崇高形象。其中的每个方面的叙述都选取一段典型性的事实，用以展现钟南山的思想行为和精神境界。与此同时，该专题在展现钟南山思想行为和精神境界的叙述中还穿插了钟南山、时任广东省委书记张德江、时任广东省卫生厅厅长黄庆道以及被钟南山救治的“非典”病人的谈话录音，既强化了新闻事实的说服力，也使得钟南山“诚实、勇敢、仁厚、杰出”的形象跃然纸上。不仅如此，该新闻专题打破了传统人物专题按照时间先后顺序和内在逻辑联系来安排层次、谋篇布局的做法，创造性地采用横向式的“板块组合”来安排结构。每个“板块”突出钟南山的一个侧面，七个板块突出了七个侧面，组合在一起则让听众了解了一个完整的钟南山。这种结构灵巧别致，独具匠心，很符合广播的特点。

有研究者称，这部作品给人的印象是大气、舒展，取材简约，人物形象丰满。钟南山在抗击“非典”中几个关键时刻的突出表现，被浓缩在一部不到13分钟的新闻专题中，使人听时感到信息密集，头脑中不断出现兴奋点，自然就乐意听下去，这种“可听性”是广播作品应注重的第一因素。①

2. 延展时空维度，浓缩新闻事实

选择典型的事实材料用以表达主题虽然具有比较强的感染力与说服力，但是仅有这些是不够的，因为无论是人物的思想行为还是事物的存在方式，都是处在特定的社会环境之中，并随着时空的转换而不断发生变化的。如果仅仅局限于一些典型事实的呈现而忽视对不同时空状态下的新闻信息加以延展，人物形象就不够丰满，事物呈现也不够全面。因此，在广播新闻专题文本建构过程中，如何通过浓缩新闻事实让人物形象更加丰满、事物呈现更加全面，就成了记者必须思考的问题。浓缩新闻事实是指用简洁的事实、精辟的语言概括丰富的思想内容，就像制作“压缩饼干”，体积虽小，营养丰富。这种浓缩的手法多用于背景材料的概括，反映“面”上的情况，用作处理新闻专题中的衬托材料。在新闻专题《悠然说南山》中，记者在延展时空维度、浓缩新闻事实方面就有着不俗的表现。比如，在“仁厚”板块中，中心内容是钟南山在“非典”时期为了治病救人，坚持到ICU重症监护室查房，而且一查就是两个小时，每个病人都看得很仔细这样典型性的新闻事实，但是记者并没有因此放大情节而加重篇幅，而是在浓缩中进行必要的铺垫，介绍他平时救治病人的行为表现，即“在天冷的时候，钟南山总是很细心地把听诊器在自己身上焐热了才给病人听诊”，借此展现其仁厚的医德与胸怀。而在中心内容之后又在浓缩中叙述了这样一段新闻事实：“几个月下来，钟南山呕心沥血，不休不眠，他曾经连续工作超过38个小时。他经常一天只睡两个小时。他也曾经两次因疲劳过度而病倒。同事们发现，平时喜好吹拉弹唱，坚持打篮球，身形俊朗的钟院士明显地苍老了许多。”至此，听众不难发现，正是因为拥有一颗仁厚之心，钟南山才会呕心沥血、不休不眠地工作；也正是因为几个月的辛苦工作，身形俊朗的钟南山才明显地苍老了许多。

3. 用故事还原事实，用情节和细节丰富故事

本书在探讨广播新闻专题的基本特征时对广播新闻专题的故事化特征已作了

① 曹仁义．取材简约　人物丰满——简评新闻专题《悠然说南山》．中国广播，2005（4）．

具体的介绍。用故事还原新闻事实不失为一种行之有效的方式，因为广播新闻专题篇幅较长，便于故事的从容展开，它可以突破单纯的信息传播，在讲述一个事件发生、发展的过程或一个人物的经历时通过一些展示人物性格以及表现人物与人物、人物与环境之间相互关系的具体事件来设置故事情节。一般来说，情节是框架，细节是血肉；情节是形成故事的基本元素，细节是一些细微但具有典型意义的行为或现象。在广播新闻专题文本建构过程中，如果记者能深扩挖掘具有典型意义的情节和细节，就能够很好地编织故事，而用故事还原新闻事实往往有着一以当十、小中见大的表现力。可以这样认为，虽然新闻专题《悠然说南山》取材简约、情节简单，但是节目所叙述的钟南山“杰出、受命、勇敢、直言、诚实、仁厚、悠然”七个方面中的每个方面都是在呈现一个新闻故事。之所以这样认为，是因为几乎每个方面都能够展示钟南山的性格特征，表现“非典”期间钟南山与医护人员、病人以及相关专家之间的相互关系。不仅如此，即便是几个情节简单的故事依然是通过一些具有典型意义的细节对新闻事实进行细致描写的，如“他想到自己年轻的生命、年幼的孩子，不禁潸然泪下，并用眼神向钟南山求助”“钟南山良久沉默，摇了摇头”以及“在天冷的时候，钟南山总是很细心地把听诊器在自己身上焐热了才给病人听诊”等。这样，听众在收听节目的过程中既领略了钟南山的人格魅力和精神风采，也感受到了新闻事实的力量，而不是说教的力量、叫喊的力量。

三、控制叙事节奏，明晰结构层次

节奏原本指音乐中交替出现的有规律的强弱、长短现象。而通常意义上的节奏则是指用反复、对应等形式把各种变化因素组织起来，构成前后连贯的有序整体。节奏的基本规则是动态的，它既可以是疾速的，也可以是舒缓的；既可以是一致的，也可以是交错的；既可以是快与慢的组合，也可以是一致与交错的复合。[①] 因此，节奏具有震撼人心、征服受众的力量。不仅如此，广播新闻专题往往从多个层面和角度对新闻对象进行叙述、解读和分析，需要在文本建构过程中清晰把握结构层次。

1. 控制叙事节奏

广播新闻专题在报道新闻事实的同时还需要对新闻事实进行解读和分析，并由此提炼、深化和表达主题，所以不同体裁的广播新闻专题本身就有其特殊的叙事节奏及基本要求。考虑到节奏在内容和形式上的差异，广播新闻专题可以分为

---

① 蔡之国．论新闻报道的叙事节奏．新闻采编，2007（2）．

内部节奏与外部节奏。内部节奏是指新闻事实本身表现出轻重缓急给听众心里留下的主观感受；外部节奏则是通过具体的有声语言、音响和音乐等声音符号有机组合而形成的高低、起伏、强弱等有规律的运动。需要指出的是，广播新闻专题虽然以声音形式呈现在听众面前，但是其基础性的环节是文本建构，而文本建构建立在尊重新闻事实的基础上，毕竟具有很强的主观能动性。既然如此，记者在文本建构的过程中完全可以赋予新闻内容和节目形式以节奏感，让广播新闻专题的节目文本疏密相间、张弛有道、跌宕起伏、富有韵味，从而使节目更具可听性和征服力。

就广播新闻专题的内部节奏而言，节目文本的叙述时间与新闻事实的产生时间并不是等时的，或者说，广播新闻节目的叙述节奏与新闻事实本身的节奏并不是等速的。新闻报道往往是通过省略、概略、减缓、停顿或者加速、延缓等来改变新闻事实本身的节奏，不断破坏人们固有的心理程序来促使听众心理活动增加，实现对叙事张力的内在控制。为此，记者在文本建构过程中需要作以下两方面的考虑：①

一是正确处理“核心事件”和“卫星事件”的关系。法国叙事学家罗兰·巴尔特根据事件在写作中的不同地位和性质，把事件分为“核心事件”和“卫星事件”。这一划分虽然更多地指向文学创作，但是对广播新闻的文本建构同样具有借鉴作用。那些对新闻的发展起积极推动作用或者导致不同悬念产生的事件应该属于“核心事件”；而那些比较琐碎却又不可或缺的事件当属“卫星事件”。“核心事件”对新闻的发展具有决定性作用，它一旦产生，必然引发接踵而至的下一个事件；“卫星事件”则对整个新闻叙事具有丰富、催化功能。

新闻报道总是按照与新闻话题紧密程度的不同而得到不同程度的突显。那些与“核心事件”最相关的事实应该得到最好的呈现，而“卫星事件”的叙述则应该概略甚或是省略。“核心事件”与“卫星事件”在新闻专题中的合理搭配，会使整个新闻文本疏密相间、重点突出，节奏也张弛有度。这一点与上文所探讨的对新闻事实的把握其实是一个问题的两个方面。

二是正确处理“同构叙述”与“扭曲叙述”的关系。“同构叙述”的文本结构与新闻事实的发生、发展进程基本一致，与受众的接受心理节奏保持基本一致，便于受众接受新闻信息。“扭曲叙述”或拉长叙述时间、放慢叙事节奏，或缩短叙述时间、加快叙事节奏，都是为了强化听众对新闻事实的感受。在广播新闻专题文本建构的过程中，应根据新闻事实本身的性质特点以及主题表达的需要

---

① 蔡之国．论新闻报道的叙事节奏．新闻采编，2007（2）．

处理好“同构叙述”与“扭曲叙述”的关系。一般说来，新闻事实本身的故事性、情节性较强，可以采用“同构叙述”方式；新闻特写及一些烘托主体信息的事实可采用“扭曲叙述”方式。

关于新闻的内部节奏，有人认为其“主要表现为语言音调的抑扬顿挫、句式的长短搭配以及语言的疏密相间而产生的类似音乐的节奏美”①。这当然有其合理性，但是对于广播新闻专题而言，仅有这些远远不够，因为这一观点只是从新闻写作的角度对其加以定义，而文本建构的外延比新闻写作更宽泛些。考虑到广播新闻专题包含的符号元素除有声语言外，还有音响、音乐甚至留白等，也就是说，音响、音乐和留白的合理运用也可以起到有效控制广播新闻专题内部节奏的作用。因此，在文本建构过程中如何根据主题表达需要正确处理有声语言与音响、音乐甚至留白的关系同样重要。

2. 明晰结构层次

层次，原指文章思想内容的表现次序。它反映和表现客观事物的发展阶段和矛盾的各个侧面，同时也是作者思维流动发展过程的具体体现。层次又称为“意义段”“结构层”，或叫作“部分”，常由若干个自然段组成。广播新闻专题拥有不同的结构形式，但无论在纵式结构、横式结构还是并列结构中，由于新闻事实本身有其发展过程和阶段，同时记者在呈现新闻事实的过程中往往从不同的侧面和角度表达思想主题，所以结构层次的安排、设计是记者在文本建构时必须思考的问题。对于单信号传播的广播来说，明晰节目的结构层次就更加必要，因为清晰的结构层次能够推动信息转换，消除听众的听觉疲劳。一般说来，广播新闻专题的结构层次设计与安排既可以在写作过程中注重反映和表现新闻对象的发展阶段和矛盾的各个侧面，也可以用“片花”进行结构层次的间隔。

“片花”本来是电影和电视节目中用以切换镜头时使用的转场方式，它插播在片子中间或结尾部分，包括简单的故事介绍、幕后故事等。在广播新闻专题节目中，“片花”则是美化和包装节目的有效手段。“片花制作一般应遵循以下原则：语言精练、构思巧妙、手法多样、画面感强。片花既可以是各种相关音乐的精妙组合，可以是中文和外语的互相呼应，还可以是音乐与相关音响的有效融合。”② 广东中山电台的新闻专题《驱散“医闹”的阴霾——发生在中山医院的故事》中“片花”的运用就恰到好处。节目引子结束后，记者展开对“之前有很多医闹”的叙述，中间穿插了这样一段“片花”：

---

① 蔡之国. 论新闻报道的叙事节奏. 新闻采编，2007（2）.

② 刘文俊. 广播节目片花的现状及发展趋势. 中国广播，2015（2）.

（音乐·压混）“我们在2012年之前还是有很多医闹，整天堵大门、跟踪医务人员，反正也是搞得很紧张，影响了医疗质量，也影响了别的患者的就医。”这是一名医务工作者的心声。新闻专题：《驱散“医闹”的阴霾——发生在中山医院的故事》正在播出。（音乐止）

而在展开对当地相关部门针对医闹问题狠狠打击、“处置时间加快了”的叙述时，穿插了这样一段“片花”：

（音乐·压混）“一个是驻院民警的专业性，给我们护院队专业的训练，第二就是处置时间加快了，2～3分钟就能到场。”这是一位医院安保负责人的看法。新闻专题：《驱散“医闹”的阴霾——发生在中山医院的故事》正在播出。（音乐止）

在接下来叙述老百姓对调解机制的信服时，节目又穿插下面这段“片花”：

（音乐·压混）“最大的特点就是引入了第三方的调解机制，角色更加中立，老百姓信服，他更愿意选择这种方式去解决医疗纠纷。”这是一名法律工作者的看法。新闻专题：《驱散“医闹”的阴霾——发生在中山医院的故事》正在播出。（音乐止）

最后，节目对全市开展“医德、医风、医技”教育活动，重新建立医患之间的信任关系的叙述，穿插的“片花”是：

（音乐·压混）“毕竟他是个医生，他懂这一行，我们一定要配合他，他肯定会配合我们的，这也是一种最好的信任。”这是一名患者家属的看法。新闻专题：《驱散“医闹”的阴霾——发生在中山医院的故事》正在播出。（音乐止）

这里，节目采用的是音乐与人物谈话音响的蒙太奇剪切以及解说合理组合完成“片花”的文本建构方式。而“片花”在节目中不仅起到美化包装节目的作用，而且使节目的结构层次“一目了然”。

第四节　案例举隅

为了让大家对广播新闻专题有一个具体深入的了解，本节我们对几个具体的案例加以介绍分析。

“爱心煤”为何寒了农户的心

上篇

男主持：现在天气一天比一天冷，确保百姓温暖过冬，成了各地政府民生工程的重中之重。在山西，省政府出台了一项温暖人心的好政策，从今年到2015年年底，山西的低收入农户，每年每户冬天将免费领到一吨取暖用煤。

女主持：这两天，煤是陆陆续续分发到了农户家里，大家却发现，不仅分量不足一吨，煤里还掺着大量石块和煤矸石，每家每户还得交数量不等的运输费才能领到煤。政府承诺的优质煤到了老百姓手里为什么烧不着？好政策执行过程中怎么就变了味？来听中央台记者李楠、刘黎的报道。

（村民领煤现场录音，混入）

16号下午，虽然下着小雨，山西翼城南梁镇程公村村口却格外热闹。村民们拿着盖有村委会公章的简易煤票，推着自家的平板车，排队到村口领煤。程公村村民说，他们交了30块钱的运费，一共领了900公斤的煤。

几公里外，山西绛县大交镇张村的村民却乐不起来，同样是发取暖煤，张村的不少村民去镇上的集中发放点——亿丰煤业一看，煤里掺了不少石块，拿回家一烧，根本点不着。村民张先生说，煤票11月底作废，因为煤的质量不过关，亿丰煤业的煤堆成了山，老百姓也不愿意领。村子周边一些做煤炭加工的企业主动上门，花钱买走了煤票。

（出录音）张先生：“所有老百姓把煤票领下以后，都不愿意拉，一看煤不能用，锅炉都不能烧，不知道怎么回事儿，村里有人收这个煤票，320一张煤票，就是一吨煤，收走了。”（录音止）

河津市的农户们最近也有类似的烦恼。虽然樊村镇张家巷村的多数村民已经把政府发放的取暖用煤领回了家，可试用过后，大家都说，这煤，不好烧。

（出录音）村民：“烧着就是噼噼啪啪的，不能烧嘛。全是石头！”

记者：“怎么打算呢，你们这煤？”

村民：“换个好煤烧。”（录音止）

一入冬，张大爷就花600多块钱买了一吨煤，家里炉火烧得正旺。把一捧刚领到家的煤添进炉子，噼噼啪啪一阵响，火苗却越来越小，七八分钟后，炉火几乎熄灭。

（出录音）记者：“现在把政府发的煤放进来了？”

张大爷：“倒进来了。”

记者：“可是怎么烟这么大？”

张大爷："烟一完了就不着了。"

记者："看不见火星了！基本上灭了！大概过了七八分钟。"（录音止）

在张大爷家的院子里，他把一塑料袋煤倒进水里，洗煤的水虽说也是黑色的，但煤块逐渐露出了石头的颜色。拿张大爷买的煤和政府发的煤在同一块砖上画横线，发的煤几乎画不出颜色。

（出录音）记者："再洗一下，这是煤矸石，这是石头。"

张大爷："洗一下，这是煤矸石，这是石头，确定它不是原煤！如果是煤画出来是黑色的，政府发的画不出来黑色，自家买的好煤一画是黑色的。"（录音止）

村民张先生多年来一直跑运输拉煤，他把刚发的煤块拿在手里掂掂分量，看看颜色，就能分辨出，这煤不是原煤。

（出录音）张先生："原煤，是黑的，发亮的，近煤者黑嘛！这煤是青的，就是石头！拿这块来说。"

记者："就有棱角了，有棱角。"

张先生："是原煤是有棱角的，棱是齐的。但这个就是圆的，洗煤厂的煤，成了圆的了。所以说它不是原煤。"（录音止）

且不说掏了15块钱的运输费、5块钱的装卸费，村民们对煤的质量更有疑问。樊村镇有村民把政府发的煤送到河津市一家质检机构检测，煤的发热量低位数值仅为每公斤3 983大卡。而据当地媒体报道，山西省政府要求发到群众手中的煤，发热量不得低于每公斤5 000大卡。按照分配方案，河津的煤来自大同同煤集团，樊村镇副镇长闫军学也证实，他们镇是从河津火车站领的煤，他只知道煤来自山西大同，煤炭已经发放到户。

（出录音）闫军学："我们老百姓肯定高兴，高兴得都激动，省里面分煤了，想都不敢想。老百姓领老百姓的煤，运输都是河津市里面管的，老百姓不出运输费。"

记者："煤的质量咋样？"

闫军学："差不多，好着呢！"（录音止）

男主持：山西是煤炭资源大省，除了运城，其余10个地市煤炭资源相对丰富，补贴给低收入农户的取暖用煤均自筹解决。运城市的120万吨煤，由同煤集团、焦煤集团等省属五大煤炭集团负责。记者调查发现，不仅是调运到运城的煤炭分量不足，质量不过关，各地市自筹的煤炭也有问题，甚至有些地市发煤还捆绑了附加条件。继续来听记者的报道。

沿着大运高速从运城北上，在山西霍州，师庄乡南庄村的曹老先生一提到政府发的过冬煤就直摇头。通过广播电视的宣传，曹老先生知道省里补的煤是一户一吨，可发到手里的只有半吨，1 000斤。村干部解释说，村里实际的农户数量大于上报的户数，下发的煤量不够，分到每户的量也就打了折扣。不仅分量少了一半，质量也不过关。

（出录音）曹老先生："没保质保量！质量呢，石头太多，不能烧这个煤；数量呢，说是一吨，结果发了就1 000斤。"（录音止）

在山西最北端的大同市，农户们这两天生活的主题也是发煤和领煤。大同需要供应煤的总量近60万吨，由大同市地方煤矿和同煤集团按煤炭产量比例分配。其中，我国第三大煤矿国有企业——同煤集团供应近48万吨。阳高县北徐屯村的供销社门前，堆满了刚拉来不久的补贴煤，多数村民交了100块钱运费后，并没有急于把煤拉回家。

（出录音）村民一："在当街堆着没人要。"

记者："在当街堆着没人要？（没！）为啥没人要？"

村民一："都是石头。五六十年盼这一天，拉的都是石头，烧火都烧不了，我们老百姓有什么办法呢？就这一户100块钱呢运费。"

村民二："煤不好！不好烧，这都是石头。"

村民三："烧不起来火。"（录音止）

天镇县在山西的最北端，张西河村的许先生今天刚把政府分的900公斤取暖煤拉回了家。他捧着颜色暗淡的黑煤块告诉记者，村里人都觉着这煤不光湿乎乎的，起码三成都是石头和煤矸石。

（出录音）许先生："几乎都是面煤，都是石头，又掺的水，都是石头，不是煤，打开都是白茬，都是石头。"（录音止）

张西河村的多数村民每户掏了140块钱的运费，已经把煤拉回了家。许先生说，村里离大同市180多公里，平时也是从内蒙古买煤，大概一吨500多块钱。今年冬天政府发煤，本来是好事儿，在他们这里，却捆绑了必要条件。

（出录音）许先生："不免费，一户收140元的运费，不交就别领这煤。还得一个人交50块钱合作医疗，不交合作医疗不给领煤。我家四口人。"

记者："就交了200块钱加140？"

许先生："340元！"（录音止）

早在今年8月30号，山西省政府已经下发文件，要从今年开始，对低收入农户供应冬季取暖用煤。沿着大运高速由南向北，3天辗转近2 000公里，记者调查发现，在运城、临汾、吕梁、忻州、大同等地市，在实际发放冬季取暖用煤的过程中，都不同程度地存在分量不足、以次充好等问题。究竟是哪个环节出了问题，老百姓也有自己的想法。

（出录音）村民："省政府肯定不会给老百姓发烂煤，发下来肯定全是优质煤，可是到了煤场以后，把好煤拉回来后用煤矸石、烂煤，全部搅了。"（录音止）

吕梁交城县夏家营镇段村的村民只是听说省里正在给老百姓发煤，村干部这两天给每户村民发了300块钱，煤就不组织运输也不会发了。在山西，一吨质量不错的原煤起码得八九百块钱，村民武大爷说，段村1 100多户村民，冬天只能烧柴火，或者买些煤泥、蜂窝煤烧，他们还是想要质量过硬的原煤。

（出录音）武大爷："我们想要煤的多，家里冬天都要烧煤，谁家也得烤火，原煤是买不起，也不好买，个人三吨、五吨到矿上也不好买。"（录音止）

女主持：发给老百姓的煤究竟是源头有问题，还是中途有人掺了假，掉了包？政府的好政策，怎么就在执行过程中衍生出了种种花样和应对手段？"爱心煤"为什么会被层层剥皮，利益究竟进了谁的口袋，又该怎么监管？中国之声将持续关注。

下篇

山西省委书记袁纯清表态：对"爱心煤掺假"一抓到底。

播音员：中国之声日前独家披露，山西部分县市在给低收入农户发放冬季免费取暖用煤过程中，出现以次充好、掺杂使假等问题，引起了山西省的高度重视。山西省纪检委、监察厅对爱心煤掺假事件做出处理，25名责任人分别受到了党纪政纪处理。山西省委书记袁纯清昨天表示，处理将毫不放松，一抓到底，取信于民。请听中央台记者康维佳、岳旭辉，山西台记者韩珮姗的报道。

为了让广大农村贫困人口过一个温暖的冬天，山西省委、省政府决定，今年起，连续5年为农村低收入家庭每户免费发放一吨煤炭过冬。然而这样一个利民的大好事，在执行的过程中，却在一些地方出了偏差。中共山西省委书记袁纯清说：

（出录音）袁纯清："确有少数企业为富不仁，唯利是图，一些干部不负责任，造成了我们一些农户要么得到的煤是缺斤少两，要么是掺假。恶劣到何种程度？"（录音止）

对于在爱心煤发放过程中出现的违法违纪行为，山西省纪检委、监察厅深入基层调查取证，对25名相关责任人做出党纪政纪严肃处理。山西省委书记袁纯清说：

（出录音）袁纯清："是一个执政为民的政治问题，是一个工作作风问题，决不可用我们的良好的愿望和善良的心理来对待这些恶劣行为，今年不抓好，明年怎么取信于民？我们的处理毫不放松，一直抓到底。"（录音止）

这是一篇具有舆论监督性质的新闻调查类专题报道。产煤大省山西为了让农村低收入人群温暖过冬，通过财政补贴，将价值40亿元的700万吨煤炭，免费发放给农村700万户低收入农户，每户一吨煤。然而，这个好举措由于监督不力，在一开始执行时就被一些利欲熏心、不负责任的人员掺杂使假，坑害农户利益。每家每户要交数量不等的运输费才能领到煤，煤在分发到农户家里之后，村民还发现，不仅分量不足一吨，煤里还掺着大量煤矸石，无法燃烧取暖，村民对此意见很大，有的村民甚至没有去领，把煤票低价卖了出去。

政府承诺的优质煤到了老百姓手里为什么烧不着，好政策执行过程中怎么就变了味儿？记者发现线索后，意识到其中存在少数企业和部分干部坑害群众利益、损害党和政府形象的问题，记者在3天时间行程上千公里，对山西由南而北进行多点采访求证。该广播新闻专题在中央人民广播电台中国之声《新闻纵横》节目播出之后，引起了山西省的高度重视，山西省纪检委、监察厅对“爱心煤”掺假事件作出处理，25名责任人分别受到了党纪政纪处分。

记者的采访深入扎实，掌握了大量第一手新闻素材，通过由南而北多达6个点的采访，摸清了整个“爱心煤”发放过程中存在的掺杂使假现象，并按照逻辑联系组织材料、谋篇布局。该专题运用了多地村民的大量采访录音，音响丰富，现场感强，充分发挥了广播的特点。农户张大爷把自家买的煤和政府发的煤进行现场洗煤的操作实验，音响极具冲击力，使听众如临其境。

该新闻专题紧扣民生主题，发挥媒体监督功能，事实准确，导向正确。该报道系全国独家首发，时效性强。播出后相关部门对劣质煤炭进行了更换，《人民日报》、新华社、中央电视台随后也做了跟进报道。①

广播新闻专题《“爱心煤”为何寒了农户的心》是舆论监督报道，也是深度报道。它以追问之势挖掘新闻事实的内部，全面了解事件的真实情况，阐明事件本质。广播新闻的特点是用音响说话，通过音响来展现新闻事实，广播新闻的真实性和现场感就体现在大量音响的使用上，广播新闻专题亦是如此。

军人的担当——记舟山警备区大学生军官纪晓飞

南京军区舟山警备区上尉军官纪晓飞，出差途中突然遇到凶犯持刀砍杀同车乘客，危急时刻他挺身而出，在身负重伤的情况下，与司机和乘客联手勇斗凶犯，保护了全车群众的生命安全。近日，纪晓飞被荣记一等功。请听专稿《军人的担当——记舟山警备区大学生军官纪晓飞》，采写：浙江之声记者甘洋。

4月20号晚上10点左右，一辆从宁波开往安徽颍上的大巴车在江苏宜兴境内停靠，突然，坐在最后一排的乘客王守道，从包里拿出一把长约45厘米的砍刀乱挥乱砍，车内顿时乱作一团。当时正在车上的刘维涛回忆：

（出录音）刘维涛：“当时光线是比较暗的，我听到有人大喊，就说‘砍人

① 资料来源：中华新闻传媒网，http：//news. xinhuanet. com/zgjx/2012 -06/19/c_ 123305174. htm。

了，大家快跑’，我就看到一个小个子在拉女乘客，歹徒就挥刀砍向了他的头部，当时血流得满脸都是。”（录音止）

刘维涛所说的小个子就是纪晓飞。当时，被惊醒的乘客纷纷向车门涌去，但其中一名妇女，却因惊吓过度呆坐着一动不动。眼看身材高大的歹徒挥刀向她砍去，身高不到一米七的纪晓飞上前一下用身体护住了这名妇女。刘维涛说：

（出录音）刘维涛：“纪晓飞把那女乘客压在身下，如果他不去挡那一刀的话，那女乘客肯定是活不了了。”（录音止）

然而，由于车内空间狭小无法施展，刀狠狠砍在纪晓飞的头上。满头鲜血的纪晓飞忍着剧痛跟大家一起与歹徒搏斗，最终将其制服。而当时大家都不知道身着便服的小个子原来是一名军人，刘维涛说：

（出录音）刘维涛：“3 天之后我才知道他是一个军人，很佩服，当时他个子很小，能站出来很不容易的。当时没有他的带头，可能我就很犹豫的。”（录音止）

在这场突如其来的灾难中，纪晓飞头部中刀生命垂危，另外还有 4 人受轻伤。但是，其他 40 多名乘客全都安然无恙。

身负重伤的纪晓飞被立即送往宜兴医院，医生确诊他头部的刀口长达 15 厘米，深 1.5 厘米，颅骨脑组织外露，不得不实施了开颅手术。

一个月后，纪晓飞被转往舟山警备区医院进行康复治疗。院长徐斌介绍，目前，纪晓飞生命体征趋于稳定，但是当时如果再偏一厘米，砍中中枢神经，那后果将不堪设想。

（出录音）徐斌：“他现在是六乘六厘米的一个缺损，手术疤痕达 15 厘米，目前来讲已经基本上康复，如果出现癫痫的话，对后续绝对是有影响的。”（录音止）

其实，发现歹徒挥刀砍人的那一刻，身着便服的纪晓飞紧挨过道，一抬腿本可以逃离危险。但，纪晓飞没有那样做。纪晓飞说：

（出录音）纪晓飞：“前面都是人民群众，作为军人如果不管的话，可能当时不会有皮肉伤，但肯定心灵会留下永久的伤疤。”（录音止）

父亲纪雪祥事后分析，儿子的见义勇为绝非偶然。他说，纪晓飞是唱着红色歌曲、听着英雄故事长大的。小学读的就是以革命烈士命名的如东县“德耀小学”。2000 年，高考成绩超过重点线 30 多分，纪晓飞却坚持报考了军校。几年后，军校毕业，也是纪晓飞主动打报告请求到基层一线锤炼。

纪晓飞勇斗歹徒的事迹，很快传到他所在的部队，战友们在心疼之余，也纷纷表示并不惊讶。战士吴延东清楚地记得，有一次他们上街办事，在公交车上，纪晓飞用霹雳一声吼吓退了正在行窃的小偷。与纪晓飞搭档 3 年多的指导员钟光明说，他身边的这位“小个子”，就是这个脾气，天生疾恶如仇。

（出录音）钟光明：“不惊讶的是，平时生活中我们了解到他对保护人民群众的利益，他是非常义不容辞。”（录音止）

身高一米六七，体重仅55公斤的纪晓飞在面对凶残歹徒时，顶起了天地正义，践行了当代革命军人的核心价值观。面对当前的各种赞誉，纪晓飞谦虚地说：

（出录音）纪晓飞：“在人民群众生命财产遭到损失的时候，作为军人我站出来，是我军人的职责所赋予的，在那种情况下我必须站出来，才能对得起我这身军装。”（录音止）

这条录音专题是人物专题，真实还原了大学生军官纪晓飞突遇持刀歹徒砍人时见义勇为的事迹，诠释了当代军人的忠诚使命和不怕牺牲的英雄气概。该专题按照新闻事实的内在联系组织材料，属于新闻专题的横式结构。报道把纪晓飞在大巴车上见义勇为勇斗歹徒的行为作为新闻由头，由目击当时情景的一位乘客还原了现场的一幕；纪晓飞在搏斗中身负重伤，舟山警备区医院院长向记者介绍了病情；记者还对身体正在恢复中的纪晓飞作了采访。该专题的后半部分两次使用了纪晓飞的采访录音，纪晓飞朴实的话语显得义正词严、大气凛然，当代军人的英雄形象显现于电波之中。

按照中国新闻奖的评奖规则，4分钟以内的广播新闻作品为广播消息，这篇作品仅为4分42秒，虽然是广播新闻专题，但其文笔简练，结构洗练，内容精练，近似于一篇广播消息。广播新闻的特点是短小精悍，“鸿篇巨制”的广播专题不一定达到好的传播和宣传效果，制作广播新闻专题同样要按短小精悍、内容充实的要求去做。

该新闻专题4分多钟的内容让听众听起来不会觉得有任何烦闷。纪晓飞在车上勇斗歹徒的一幕可谓惊心动魄，该专题报道首先从惊心动魄的一幕引入，吸引了听众的注意力，继而也引发了人们对纪晓飞伤情的关心和关注。记者在医院中完成了对纪晓飞的采访，从他铿锵有力的话语中，人们看到了当代军人疾恶如仇、敢作敢当、忠于使命的光辉形象。

该专题报道的人物纪晓飞是普通的大学生军官，但也是见义勇为的典型人物，报道中通过详尽的细节描述再现事件现场，富有感染力的音响和简洁有力的文字，让英雄形象更具体、形象。该报道通过“还原”纪晓飞关键时刻挺身而出的英雄行为，展示了当代革命军人的核心价值观，也充分展现了人民子弟兵的爱民情怀和优良作风。①

玉树地震：无论你在哪里，我都要找到你

主持人：今天（15号）中午12点，中国国家地震灾害救援队在青海玉树地震灾区一处废墟成功救出了4名幸存者，这是救援队开赴灾区以来最成功的一次救援行动，中央台记者王亮记录了救援全过程。

记者：今天一早呢，中国国家地震救援队是兵分两路来展开救援，现在我跟随其中一个小分队，所处的位置就是玉树县城的有一个叫作西北牛宾馆的位置，这个宾馆现在还没有开始启用，在地震的时候，有一支施工的装潢队伍，（在这里）被掩埋了。在半个小时之前，已经听到了里面有微弱的敲击的声音。

搜救队员1：这就是一个楼道？

群众：这是楼道。

搜救队员2：这边一个楼梯？

群众：这边楼梯。

搜救队员1：你听见他那个声音的时候，是在什么时间？

群众：今天听见，昨天我没听见。

搜救队员1：今天听见。

群众：今天早上听到了。

记者：刘队长，刚才您看这边情况是？

搜救队长：现在是有希望，但是营救难度确实是非常大，现在有一线希望就得做努力。

搜救队长：把"蛇眼""声波"都拿上来，拿上来然后具体定一下位，他要真有那种敲击声，那一下就听出来。

记者：现在搜救队员开始用声波探测仪，还有蛇眼探测仪，蛇眼探测仪就是一个很长的内窥镜似的摄像设备，伸进去来寻找里边的生命迹象。

[同期声：（指挥搜救犬）坐，坐！嗅！]

搜救队员3：你看这个搜救犬非常激动。

记者：而且很兴奋。

搜救队员3：很兴奋，对对对，里边应该是有生命迹象，否则它不会反复地这么嗅。

搜救队员4：现在我们从两边，这边是打开预制板，然后这边主要是人工清

① 资料来源：中华新闻传媒网，http：//news. xinhuanet. com/zgjx/2011－06/29/c_ 13956517. htm。

理，最早先接触到下面，看下面到底是什么情况，因为现在我们也看不到下面。

搜救队员4：下面空吗，空隙大吗？

搜救队员2：下面有空隙。

搜救队员4：有空隙，拿凿岩机凿吧，准备上那个凿岩机。对，凿小孔，斜孔。

（同期声：凿岩机凿楼板的声音）

搜救队员4：好，稍微慢一点，下面可能还有幸存者。

搜救队员3：把这个支撑起来。

搜救队员2：它一倒，当作支撑，你一断，“哗”就倒过来了，这正好当个支撑，这个梁。

［同期声：（搜救队员向废墟下喊话）有人吗？好！你们几个人？4个。坚持住啊！］

搜救队员1：大概就在这个位置，慢慢扒，然后千万别整塌了，慢慢来，好吧。

搜救队员5：来来来，慢慢地，拿手捡，记得拿手捡啊，慢慢地。

搜救队员2：你先把上面这一层去掉，知道吧。

［同期声：（搜救队员向废墟下喊话）大哥，大哥，你那时候地震了，往外跑，跑到楼道这儿来了吗？就在你那个屋里边，是吧？你那个屋子是哪间啊？现在我们在这儿敲呢，你听着是不是上方，正上方？（敲击声）你在第几个房间？你在第几个房间？第几个？第一个？第一个房间。你是第几层啊？第一层？第一个房间？好嘞！坚持住啊！］

记者：刚才通过您感觉，他们说话的这个力量怎么样？

搜救队员1：他的体质方面应该是非常不错，他喊出的话非常有力，说“4个人”，应该是没问题。

搜救队员1：这个位置往下挖，把这个东西都挖出来之后，幸存者就在一楼一层，就在这个办公室里，有4个人，4个幸存者。好吧，开始，大家。哎，兄弟们，刚才我说的那个，注意安全，一定要记住啊，我一说“撤”，你们就赶紧往安全的那个地点撤，好吧？

（同期声：来来来，上几个人，来，一、二、三！）

记者：我们这个救援的现场非常危险，它是一栋楼，一边是三层，一边是四层，都向中间倾斜，而且整体地破碎。我们是在中间挖了一个洞，一有余震的话，两边的楼就会往中间塌，搜救队员就有可能被埋在里边。我们是把一个矿泉水瓶倒立竖在旁边的这个危楼上面，一旦有动静的话，这个观察员就会让旁边的搜救队员，包括现场的记者，赶快通过逃生通道逃离出来。

[同期声：（搜救队员向废墟下喊话）老哥，我们现在马上就要挖到你们一层了，你们现在的位置是在什么位置？也就是说你这个房间，你是在中间，还是在后头，还是在门口？啊？墙角，对吧？然后你的墙角是前墙角，出门的墙角，对吧？靠近门口，对吗？靠近门口吗？什么……]

搜救队长：好！对啦！就这个位置！上几个比较灵活一点的，现在就要动主体了，随时咱们要逃生的。

搜救队员3：这块一有余震……

搜救队长：对，余震来以后，它属于A字形的……

记者：越接近被困者越难。

搜救队长：越难，对，因为现在就和绣花一样了，真的，关键时候就这样了，就得和绣花一样了。

搜救队长：问他看见亮了没？

搜救队员2：能看见光了吗，好嘞！马上到了！

搜救队长：好嘞，稳住，稳住，安慰两句，安慰两句，你跟他说让他稳住，他有时候激动啊，一见光了，就激动了，一激动血压就升高。

搜救队员2：哎，大哥，你不要着急啊，马上就通了啊！我们是国家救援队的，相信国家救援队马上把你们救出去了啊！一会儿你们在里边出来的时候把眼睛闭上，外面的光线特别强。

搜救队长：走，来劲儿了，兄弟们！担架先送上一个来！

搜救队员2：看见他了，看见他了。好嘞！

搜救队员3：马上就要出来了。

搜救队长：余震！闪开！余震！

众人：没事，没事，慢点，慢点，别动了，小心，小心。

众人：哎哟！又余震！

搜救队员1：这个余震比较大的啊。

搜救队长：要创造奇迹啊，创造中国救援史的奇迹。

众人：又余震！闪开！闪开！小心啊！不要乱，不要乱！那边山塌方了……

众人：出来了，出来了！担架，担架！好！好！慢点，慢点，把眼睛挡着，眼睛挡着，把眼睛捂上！架起来，架起来，这边，这边，上担架，躺着！好，走，好！好！

众人：下一个，下一个，不要着急，队员不要撤，队员不要动。

记者：现在12点整，第一个被困的群众已经安全从洞口里边爬出来了！现在是12：02，第二个也已经出来了，他能够自己主动地爬出来，而且还能够站立起来，感觉他的状态很不错。

众人：趴下，趴下，好，不错，不错啊。第三个，第三个。

记者：现在第三个群众已经出来了！现在出来的三个群众都是自己爬出来的，而且他脸上还带着微笑，还能挥手！你太棒了！

众人：别激动，小伙子！慢点，慢点，闭上眼，闭上眼。

记者：现在第四位，第四位已经出来了！

众人：担架，担架，快上担架，第四个。

记者：现在第四位被困的群众也已经救出来了，他的身体状况相对于前三个可能稍微有点差，可能是有一些受伤，现在用一个简易的担架把他固定在上面，现在他已经被成功地抬出了废墟。

今天，5 个小时之前，探测到的 4 个活生生的生命现在已经被全部救出来了！而全部从洞口被抬出来的时间只用了 5 分钟。尤其是最后，马上还有 3 分钟就要到出口的时候，有一次非常强的余震，所有的人都往外撤，我们看到洞口里边拉着被困群众手的这个搜救队员非常勇敢，他心理素质也非常好，他一直待在里边，一个一个地把里边的 4 个被困的群众救出来，他可以说是冒着生命危险。现在搜救队员就在我的旁边，我们来让他说两句。

搜救队员 6：我们在 5 个小时内打通了四层楼板，当我的手跟下面幸存者的手握住的那一刻，我的心情特别激动，这就是我们的职责，我为我的工作感到自豪！

在中国新闻奖的参评作品项目中，“广播新闻特写”没有作为单列的一类广播新闻作品来参评。广播新闻特写时间长短不一，通常，4 分钟以内的广播新闻特写归入消息类，4 分钟以上的广播新闻特写归入新闻专题类。有研究者认为，无论是消息型新闻特写，还是专题型新闻特写，都非常关注重大事件中有特殊意义的细节，或某一个特定历史时刻中有特殊意义的场景和精彩局部，其时间跨度并不大。无论是消息型新闻特写，还是专题型新闻特写，都要抓住有特殊意义的细节或场景，将其放大，将其中有意义的内涵展现出来。[①]

广播新闻特写不是展现事件的全过程，而是截其片段或细节，抓住有特殊意义的细节和特定意义的场面，对一个片段、一个场面、一个细节，做有现场感的形象化报道。这篇专题型广播特写和前面所举例的录音专题相比，其明显的不同之处在于不仅描述新闻现场的一幕场景，而且通过大量的现场音响和记者的现场解说，构筑了现场的“原生态”，声音把听众带到了一个真实情境的新闻现场。

---

① 危羚．广播音响报道实用教程：第二版．北京：中国传媒大学出版社，2012：121－122.

该特写记录了救援队在青海玉树地震灾区的一处废墟成功救出4名幸存者的过程。这是一段完整记录一次成功救援行动的广播新闻特写。

20世纪著名战地摄影记者之一的罗伯特·卡帕说:“如果你的照片拍得不够好，那是因为你靠得不够近。”对于广播记者来说，亦是如此。如果你采录的音响不够清晰逼真，听众不能够通过你采录的音响真实感受到现场的情景，那是因为你的话筒不够近。

记者王亮做到了这样的“近距离”。在玉树地震第二天，记者跟随搜救队员一起爬上倒塌的楼房、钻进废墟洞穴，搜救被掩埋的幸存者，废墟上方是两幢主体破碎并向中间倾斜的危楼，救援持续了近5个小时，其间发生三次余震，一度造成砖头塌落和附近山体塌方，采访过程异常危险艰辛。正是在这种困难的条件下，记者用话筒记录了整个救援过程。

该录音专题音响丰富，现场报道流畅，感染力强，是一篇多年来难得一见的现场新闻特写。现场报道一气呵成，细节捕捉到位，体现了记者善于驾驭重大新闻现场的深厚功底。这篇新闻特写由现场音响和现场播报节选而成，叙事依靠音响层层推进，全部是现场“原生态”。音响极具画面感和现场感，像电视镜头一样捕捉情境，听众通过现场音响和记者的现场播报，如同“身临其境”。

声音可以记录历史，声音具有震撼人心的力量。搜救犬的吠叫声、机械破碎楼板的钻击声、搜救队员朝废墟下的喊话、余震发生时现场的紧张气氛……记者冒着生命危险采录到的这些现场音响，记录了历史“那一刻”的惊心动魄与一波三折，也见证了一个“生命的奇迹”。

这是一篇由广播音响谱写的生命的礼赞，生命的尊严在作品中被大写和升华。震后灾区群众了解信息的主渠道是广播，在这处废墟中发现的4名幸存者全部获救，这一“生命的奇迹”经广播报道后，极大鼓舞了灾区群众和各方救援力量。在最艰难的时候，广播传递了“大爱的力量”，传递了“生命的信念”。①

① 资料来源：中华新闻传媒网，http://news.xinhuanet.com/zgjx/2011-06/29/c_13956509.htm。

第十章　广播新闻访谈

在广播新闻节目中，新闻访谈是较为常见的一种节目类型，它是主持人、嘉宾以新近发生的新闻事件以及近期出现的社会热点和新闻人物为谈论话题，以传播者和受众之间的实时交流互动为传播形式，从而实现介绍新闻人物、叙述新闻事件、分析新闻现象、预测社会趋势、反映公众意见的目的。根据播出方式，广播新闻访谈分为直播访谈和录播访谈。录播访谈也叫录音访谈，与广播新闻专题中的新闻专访有些类似。不同的是，新闻专访中的访问者是记者，新闻访谈中的访问者是主持人；新闻专访的访问对象只有一人，新闻访谈的访问对象可以是一人，也可能是两人、三人或多人。

第一节　广播新闻访谈的基本特征

广播新闻访谈围绕某一新闻对象，通过主持人和嘉宾之间的交流互动对新闻事件、新闻现象或新闻人物进行介绍、解读和分析，既不同于传统意义上的广播新闻专访，又与“脱口秀”性的新闻谈话节目存在着这样或那样的差异。所以，作为一种相对独立的节目类型，广播新闻访谈有着自身的个性特征。

一、时效性

广播新闻访谈虽然不像广播消息那样强调新闻信息的快速传递，但是其依托的对象毕竟是新近发生的新闻事件以及近期出现的社会热点、新闻现象或新闻人物。当这些新近发生的新闻事件以及近期出现的社会热点、新闻现象或新闻人物身上所蕴含的具有某种普遍的社会意义和价值的内容需要通过新闻媒体解读分析呈现给受众时，广播媒体有必要发挥快捷性的传播优势，迅速作出反应。直播化的播出方式集采、编、播、制于一体，制作程序相对简单，赋予了广播适时播出、迅速跟进的能力，所以广播媒体往往通过新闻访谈的节目形式在最短的时间里对新近发生的新闻事件以及近期出现的社会热点、新闻现象或新闻人物作出反应。不仅如此，在目前较为流行的大直播节目中，新闻访谈这一节目样式还常常被嵌入到整体的节目中，成为节目的有机组成部分，对于一些可预知的新闻事件，主持人与嘉宾的访谈可能在新闻事件发生之前对相关的新闻背景进行介绍分析，或者是在新闻事件刚刚发生后进行解读和分析，以揭示其社会意义和价值。如2001年6月15日，中央人民广播电台联袂上海电台、东方电台推出现场直播的《“上海五国”元首第六次会晤》，就是在五国元首们正式签约之前，安排了主持人对上海国际问题研究所俄罗斯主任赵华胜的访谈，主要关注“‘上海五国’机制产生的具体原因”“首脑会晤形式相似，但内容年年不同”“‘上海五国’为何能取得良好的发展”等问题。对于一些不可预知的新闻事件，前方记者传递新闻信息后，直播室里的主持人会在第一时间就此与嘉宾进行深度访谈，如中央人民广播电台在2008年1月19日至2月12日雨雪冰冻灾害期间播出的《爱心守望　风雪同行》和2008年5月汶川地震期间播出的《汶川紧急救援》等大直播节目在这方面都进行了有益的尝试。

二、探询性

在广播新闻访谈中，主持人虽然操控着节目行进的节奏，并通过对嘉宾的访问不断推进节目，引领问题的探讨，但是节目的主体内容还是由嘉宾提供，因为主持人在走进直播室之前或许对新近发生的新闻事件以及近期出现的社会热点、新闻现象或新闻人物有了大致的了解和把握，但是对其身上所蕴含的深层次的社会意义和价值并不十分清楚，这种深层次的社会意义和价值又是需要向听众传递的重要内容，为了传播既定的节目内容，帮助听众解疑释惑，主持人在具体把握节目的行进路线、有效控制节目节奏的同时需要对与新闻对象相关的一系列问题通过向嘉宾适时发问从嘉宾那里获得答案。因此，广播新闻访谈节目行进的过程也是主持人就新闻对象向嘉宾探询问题的过程，也正是在这样一个不断探询的过程中，节目的悬念感越来越强，听众也才越来越想了解真相，解开谜底。例如，在广东番禺电台的新闻访谈《乔铁：全世界拥有发明专利最多的医生》中，节目所展示的乔铁经历“炼狱般的一年，一年体重掉了30斤”“艰难迈过跨学科的坎”“被质疑不务正业”“CHiAO牌的含义”以及“实现中国发明、德国制造的过程”等具体细节，都是在主持人对嘉宾乔铁的不断发问中，由乔铁自己说出来的。显然，乔铁是节目主体内容的提供者。由于悬念感较强，虽然节目时长为29分17秒，但是听众收听节目时并未有疲劳感。

三、互动性

一般说来，广播新闻访谈的行进过程是主持人与嘉宾就与新闻对象相关的一些问题交流对话的过程，而这一过程也是节目主体内容的呈现过程。但是，随着直播化播出方式的推出，为了给予听众参与节目、对新闻对象发表意见和看法的机会，节目制作者常常会在节目进程中通过现代通信工具或新媒体提供的互动平台让接收终端边的听众就与新闻对象相关的一些问题或向嘉宾提问，或直接表达意见。因此，除了时效性和探询性特征以外，互动性也是广播新闻访谈其中一个较为显著的特征。在直播状态下，广播新闻访谈节目互动平台的搭建最早是从热线电话开始的，随后是短信平台。随着新媒体的勃兴，目前，微博、微信等新媒体平台被广泛运用于广播新闻访谈节目中。颇为常见的做法是，主持人在节目开场白中向听众交代互动方式，然后在与嘉宾对话交流时，会巧妙地中断嘉宾的谈话，适时穿插听众通过互动平台向嘉宾提出的一些问题或者对新闻对象发表的某些看法。互动平台的搭建一方面满足了听众的参与热情和表达欲望，另一方面也丰富了节目的内容，同时起到间隔嘉宾谈话、明晰节目的结构层次的作用。当然，互动平台的搭建应根据节目的需要，从目前各地电台播出的节目来看，并不是所有广播新闻访谈在节目进程中都给听众提供参与节目的机会，有时可能在节目播出后让听众参与讨论再另行安排互动内容的播出。

第二节　新闻访谈节目与新闻谈话节目的区别与联系

新闻谈话和新闻访谈都是广播新闻节目中的主持人节目类型，然而在发展过程中，这两种节目形态常常被杂糅在一起，很多人无论是在理论研究层面，还是在实践操作的层面上，都往往将二者笼而统之，混为一谈。严格说来，新闻谈话节目和新闻访谈节目是并列关系，二者属于两种不同的节目类型。但是，由于它们都以谈话的形态特征与听众见面，所以二者之间有着某种必然的联系。

一、新闻访谈节目与新闻谈话节目的区别

广播新闻谈话节目是主持人与若干嘉宾在一定的时空环境中围绕某一话题进行讨论甚至争辩的节目样式；而广播新闻访谈节目是主持人在营造出来的适合交流的时空环境中，通过有效的沟通、深入的探询，不断展示出访谈人物人生经历，揭示其内心世界或者通过针对性的发问让嘉宾揭示新闻对象蕴含的社会意义和价值的节目样式。对于新闻访谈与新闻谈话，单从词义的角度便能够辨出其中的某些差异。新闻谈话与新闻访谈无疑是一对近义词，都有围绕新闻谈话、交流的意思。但是，新闻谈话泛指人们围绕新闻的谈话和交流，新闻访谈则是围绕新闻“访”与“谈”的结合。“访”有调查、探询之意，新闻访谈强调了围绕新闻谈话和交流中探询的意味。具体说来，二者有以下区别：

1. 节目的重心不同

新闻谈话重在新闻话题，新闻访谈重在新闻人物或新闻事件。构成新闻谈话

节目的核心要素有三个：话题、主持人、嘉宾。主持人与嘉宾的活动围绕新闻话题展开，而话题往往是节目制作者根据新近发生的新闻事件或新闻现象预先设定的。新闻访谈节目的核心要素有两个：主持人、嘉宾。主持人的所有工作都以嘉宾为中心展开，而且主持人与嘉宾谈话与交流的集中点不在预先设定的新闻话题，而在新闻事件、新闻现象或新闻人物本身。换句话说，新闻访谈所涉及的内容范围比新闻谈话要广一些，新闻对象所包含的社会意义和价值可能会随着节目的推进在主持人的作用下有新的发现。

2. 主持人与嘉宾的关系不同

在新闻谈话节目中，主持人与嘉宾的关系是中立的，而持不同观点的嘉宾们之间的关系是对立的，“主持中立、观点对立”成为新闻谈话节目中的关系图解。观点的对立和交锋成为谈话节目的一个亮点，而主持人一般不倾向任何一方，只是掌控着节目的进程，在穿针引线中让每个嘉宾的不同观点充分展示，由听众收听节目时自己作出判断。而在新闻访谈节目中，主持人与嘉宾之间的关系呈现出一种哲学意义上的对立关系，与新闻谈话节目中话题已知不同，新闻访谈节目关注的新闻对象无论是新闻事件、新闻现象还是新闻人物都具有某种神秘色彩，而且通常情况下，新闻访谈所关注的新闻人物的嘉宾是新闻人物本人，主持人的任务就是要通过对嘉宾的访问剥开新闻对象的神秘面纱，将新闻事件、新闻现象的意义和价值以及新闻人物鲜为人知的经历和内心世界展现出来。

3. 主持人的角色和功能不同

在新闻谈话节目中，主持人是“主人”，嘉宾是节目请来的“客人”。在节目行进的过程中，主持人一般担当起组织者的角色，发挥协调、调度、控制的功能，努力保证节目有序并精彩的进行。而在新闻访谈节目中，有时主持人与嘉宾之间像是朋友，主持人以关注的心态倾听其心声，或探询其对新闻对象的看法；有时主持人又像是嘉宾的对手、揭秘者，既代表个人，更代表媒体和受众通过不断的探询，甚至是深刻的质询，层层展示出新闻事实的意义和价值以及新闻人物的人生经历和内心世界。

二、新闻访谈节目与新闻谈话节目的联系

不管是新闻谈话节目还是新闻访谈节目，由于其本身都是围绕新闻进行“谈话”，都是以谈话为基本的形态特征呈现在听众面前，所以真正将二者严格区分开来还是一件不容易的事情。基于这样的考虑，有研究者根据节目形式将谈话节目分为“交谈式谈话节目”“访谈式谈话节目”“论辩式谈话节目”和“综合式

谈话节目”[1] 几类，也是有一定道理的。不仅如此，在直播化的播出方式中，无论是新闻访谈节目还是新闻谈话节目，都可能为听众搭建参与节目的平台，听众都有机会对新闻对象发表意见和看法，所以互动性是双方共同拥有的特征。

第三节　广播新闻访谈节目的前期策划

与传统的广播新闻专访不同的是，广播新闻访谈的节目“文本”不是记者根据前期采访写出来的，而通常是运用“提纲＋材料”，通过对嘉宾的具体访问“说”出来的，而且在直播化的播出状态中，广播新闻访谈节目的“文本”建构与节目播出同步进行，也就是说，广播新闻访谈节目的“文本”建构过程即节目的播出过程。因此，前期策划对于广播新闻访谈非常重要。

节目的前期策划是一个系统工程，需要大量信息和综合分析。有研究者从节目的选题、谋篇布局、嘉宾选择以及和主持人的沟通等方面探讨了广播新闻谈话节目的前期策划。[2] 由于新闻谈话节目与新闻访谈节目在运行程序和环节方面具有某种一致性，其意见与看法为广播新闻访谈节目的前期策划提供了借鉴和参考。不过，在直播化的播出状态下，广播新闻访谈节目更多的是在“主持人中心制”原则的作用下，集采、编、播、制于一体与听众见面的，所以广播新闻访谈节目的前期策划从根本上说依赖于主持人自身。基于这样的认识，本节拟从题材选择、谋篇布局、嘉宾选择和主持人要求四方面谈一谈广播新闻访谈节目的前期策划问题。

一、题材选择

常言道，良好的开头是成功的一半，广播新闻访谈节目策划的首要环节是题材选择。而恰当的选题必须首先对广播新闻访谈节目质的规定性有一个准确而清晰的认知和把握。考虑到广播新闻访谈节目本质上是以访谈的形式揭示蕴含在新闻事件、新闻现象和新闻人物中的具有某种社会意义和价值的内容，所以把握时代脉搏，展现社会风貌，关注新闻现象，追踪社会热点无疑是广播新闻访谈题材选择的基本取向，而且应该贴近百姓生活，讴歌人间大爱，体现人文关怀，同时发挥广播的舆论监督作用，在针砭时弊、惩恶扬善方面做出努力。不过，在具体的选题过程中，应该着重思考所选择的新闻对象有没有典型性，社会的关注度高不高，其蕴含的社会意义和价值究竟有多大，有没有可供访谈的意义和价值空

---

① 王宇，金梦玉．广播新闻报道与节目创新研究．北京：中国传媒大学出版社，2006：113－114.

② 饶雷，李跃强．浅析广播新闻谈话节目的前期策划．中国广播电视学刊，2007（6）.

间。从这个意义上说，广播新闻访谈的题材选择与传统的广播新闻专题的题材选择有某种相似之处。当然，广播新闻访谈题材选择的范围应该比广播新闻专题更广一些，因为广播新闻访谈还具有新闻评论的功能和作用，对那些有争议的新闻事件、新闻现象甚至新闻人物也常常品头论足，表达观点。

广播新闻访谈的题材选择并不是一件容易的事情，它需要主持人具有一定的新闻敏感性、社会观察力，并能多渠道掌握新闻信息，密切关注社会动态。唯其如此，才能从新近发生的新闻事件以及近期出现的社会热点、新闻现象或新闻人物中发现具有典型意义的新闻题材。例如，“中东有石油，中国有稀土”是改革开放总设计师邓小平南方考察时说的一句话，这句话道出了中国稀土大国的地位。然而，一段时间以来，由于国际市场的压价行为，以牺牲环境为代价开采出来的我国稀土产品降到了“白菜价”。也正是由于国际国内的价格差导致稀土走私泛滥，进而引发私挖盗采。2010 年，中国政府对稀土出口实行配额限制，却马上引起了国际恐慌并议论纷纷。2010 年 10 月中旬，商务部官员回应了外界对“中国封锁稀土出口”的指责。在这样的社会背景下，北京人民广播电台以此为选题制作播出了新闻访谈节目《稀土为何卖了“白菜价”》。主持人方达因为非常清楚国家的大政方针和发展战略，并掌握了大量的背景资料，所以在节目中既能提出问题，又能配合专家分析问题，最后还能引导专家提出解决问题的想法。2010 年 9 月初，巴菲特与比尔·盖茨决定来中国举办慈善晚宴并对中国富豪进行邀约。由于怕被劝捐，一些接到邀请的富豪犹豫不决，甚至还有不少富豪将其当成了“鸿门宴”拒绝参加。而就在此时，中国私营企业家陈光标发出公开信响应此慈善晚宴，表示在离世后会捐出所有财产用作慈善。一石激起千层浪，这封公开信不仅将这名昔日的“中国首善”再次推向风口浪尖，也让人们对于财富观及中国慈善环境等问题激辩四起。基于这样的考虑，安徽电台主持人第一时间联系上了陈光标，并就“裸捐”等相关问题以面对面的访谈方式，通过辛辣的提问让新闻人物陈光标直面社会上的各种质疑，也让听众能够更加直接地、全面地了解陈光标和他“裸捐”背后的种种原因。在这里，财富观、慈善观等观点的碰撞、理念的冲突凸显了节目的新闻性和可听性。

二、谋篇布局

广播新闻访谈节目既不像传统的广播新闻专访那样中规中矩，注重结构安排与形式设计，也绝不像具有“脱口秀”性质的新闻谈话节目那样相对松散和随意，它在前期策划中更注意节目行进中的节奏控制和节目整体上的谋篇布局。主持人、嘉宾虽然以平等的身份出现并在访谈中对新闻对象进行解读和评说，有时甚至会通过互动方式与场外听众即时互动，但是观点的开放和多元并不意味着节目可以七嘴八舌、不知所云，仅仅满足于一时热闹而失去导向。如何引入话题，中间怎样制造高潮，以及如何结尾都要既恰到好处，又意味深长。这些都是节目策划者要重视的。如果节目中缺乏节奏的控制、协调，嘉宾就主持人提出的某一个问题信马由缰，长篇大论谈个没完，一个问题就占用节目的大半段时间，其分析再精辟，观点再出彩，听众也会产生收听疲劳。基于这样的认识，“为什么说”“什么时候说”和“说什么”等，都应该是节目制作者在前期策划时需要着重思考的问题。

主持人就新闻对象向嘉宾发问时，要考虑谈话内容的思想性、人文性、发散性、实际性，切忌为了填满时间而随意发挥，空洞无物，即所谓的“口水多过茶”。广播新闻访谈节目应注重人文思想的表达，不管是高雅还是通俗，不管是弘扬正气还是针砭时弊，人文关怀应该是其不变的追求。当然，关注一个选题，不能仅仅局限在这个选题里，而要善于联系社会实际，从广阔的社会视野中针对新闻对象寻找提问的角度，努力做到与嘉宾进行多方面、立体化的发散式交流对话。与此同时，为了有效控制节奏，使节目张弛有度，节目制作者在策划中可以准备一些音乐、片花和旁白等辅助元素以强化节奏、明晰结构层次，也可以准备一些新闻事实的背景材料以丰富节目内容，增强整体节目的表达张力。例如，广东番禺电台的《乔铁：全世界拥有发明专利最多的医生》在主持人与乔铁对话过程中就适时穿插了配乐旁白。配乐旁白有针对性地展现乔铁从事发明创新所遇到的一些问题，而主持人则恰当地就旁白中的问题展开与乔铁的对话，所以旁白的运用不仅起到承上启下的作用，而且使得节目层次分明，推进节奏也张弛有度。同时，旁白中加入权威人士的谈话录音也很有创意，在很大程度上体现问题的重要性和解读的必要性。而广东韶关电台的《不一样的会客厅》重点抓住会客厅的“不一样”来做文章：工作模式不一样，官员和百姓在其中的表现和感受不一样，工作效果不一样，每一处的不一样，都是通过主持人对县委书记、私企老板、乡镇干部、研究党建的党校副校长等不同嘉宾的访谈体现出来的。

三、嘉宾选择

广播新闻访谈节目是通过主持人与嘉宾的交流对话完成信息传播任务的。由于主持人与嘉宾在节目中有明确的分工，节目的主体内容是嘉宾对主持人就新闻对象所提出问题的详细回应，节目的主题表达、观点呈现主要通过嘉宾受访过程实现，因此，选择题材之后，就要慎重考虑访谈嘉宾的人选问题，好的嘉宾能使节目事半功倍。

有研究者认为，新闻访谈要选择有谈资、谈品和谈技的嘉宾，这很有道理。所谓谈资即嘉宾本人的经历要有故事性，或者嘉宾对某一话题占有足够的资料并具有权威性或个性化的发言权；谈品即嘉宾应注意与主持人和其他嘉宾之间的互动与协调，而不是一味地表现个人，搞话语霸权，要通过内容互动、心理情感互动与受众产生共鸣；谈技即嘉宾不仅知道“我是谁”，明确自己在节目中的地位和作用，而且知道“说什么”，确保其话语与节目的基本定位及价值取向一致，还知道“如何说”，善于运用话语的层次性、冲突性、合适性及文化性，从而恰到好处地遣词造句，恰如其分地畅所欲言。当然，嘉宾还应把握话语的“时空”，注意说话的场合和时间，达到嘉宾话语与节目语境相得益彰、贴切自然的效果。① 有些嘉宾专业知识丰富，但谈起话来过于理性，频繁出现专业性的概念，并不适于广播新闻节目的口语化表达，不利于听众的理解；有些嘉宾观点又过于偏激和前卫，会影响节目的整体风格。因此，知识既“博”又“专”、阅历丰富、谈吐深入浅出的“亲和型”嘉宾最适合广播新闻访谈节目。一般来说，听众最喜欢谈论问题既一针见血，又善于联系实际生活，引经据典，风趣幽默的嘉宾。

此外，节目嘉宾还要尽量满足广播节目的声音清晰、普通话标准的要求，而且具有出口成章的语言表达能力。同时，嘉宾应非常熟悉节目所关注的新闻对象，对新闻对象拥有评头论足且令人信服的话语权。

四、主持人要求

无论是传统的录播方式，还是现行的直播方式，主持人都是广播新闻访谈节目的核心和灵魂，需要把握节目的全局，调动节目的气氛，掌控节目的节奏。在节目行进的过程中，主持人既是掌控者、访问者，也是协调者、倾听者。因此，广播新闻访谈节目对主持人有严格的规定和要求。

1. 用开场白巧妙引入新闻话题

开场白是节目开始时引入访谈话题的一段叙述。开场白的成功与否在很大程度上影响着节目的成败，因为开场白告诉听众对新闻对象进行分析和解读的理由，是吸引听众收听节目的关键要素。通常情况下，开场白可采用故事式、悬念式、引用式、幽默式、强力式和开宗明义式等方式进入新闻话题。究竟采用哪种方式，需要看新闻对象的选择以及话题引入的契机，但开场白的基本要求是简洁明快而富有吸引力，切忌拖泥带水，迟迟不进入正题。

目前，为了强化节目的形式感，主持人的开场白往往伴随着节目的片头进入新闻话题，那么，如何与节目的片头和谐一致，应该是主持人在开场白中注意把

① 朱炜．话题·嘉宾·主持人——广播电视谈话节目三元素的魅力．新闻世界，2010（9）．

握的问题。如果片头已将新闻对象的基本情况作了交代，主持人还采用故事式的叙述方式，显然就画蛇添足，所以开宗明义地进入新闻话题就非常必要。广州电台的《从广东姑娘到“新疆古丽”，80后冯卓怡的南疆路》就提供了有益的参照：

（版头）2014年6月8日，一位26岁的广东姑娘冯卓怡“忽然”成为全国知名的新闻人物，中央电视台《新闻联播》推出时长达1分26秒的专栏报道。

（压混：央视报道音频）冯卓怡，1988年生，广东外语外贸大学外交专业高材生，三年前她放弃保研，成为广东首批援疆志愿者，奔赴南疆喀什。一年前，她考上乌鲁木齐公务员，今年在南疆反恐形势严峻的情况下，她申请调回喀什。

生活在沿海大都市的时髦女孩为何决心扎根边疆？《新闻在线》节目特别访谈，为您展现80后冯卓怡的南疆路。

（声带）2011年，已获得保研资格的冯卓怡得知“大学生志愿服务西部计划”，她决定趁年轻多做“傻事”，到西部去，还要到最艰苦的南疆喀什去……

显然，片头呈现新闻对象的新闻点，并通过作为旁白作用的“声带”引领主持人问题的提出，所以主持人开宗明义，直奔问题，甚至省略了简单的寒暄：

主持人：你是2011年毕业的。毕业的时候，你是怎么会想到去新疆做志愿者呢？

冯卓怡：毕业就属于长大成人了嘛，自己就想着要独立一点。当时参加西部计划是由于各种原因促成的。

主持人：有什么原因啊？

冯卓怡：一个是自己有这种理想和信念。当时看着那个飘带，有种特别热血的感觉。

主持人：那个飘带就是宣传的时候？

冯卓怡：就是那个“到西部去，到基层去，到祖国最需要的地方去”的飘带。那种在心中油然而生的感觉让人十分激动。

主持人：就是一股气从丹田涌出的那种感觉？……

当然，更多情况下，主持人都要在开场白中对新闻对象的基本情况作画龙点睛式的交代，以强化节目的新闻性，让听众对节目解读和介绍新闻对象的原因有个大致的了解，以激起他们收听节目的欲望。如广东肇庆电台的《谁言寸草心 报得三春晖——访带父上学的90后女孩卢佩勉》：

主持人：听众朋友大家好！我是主持人陈茹，欢迎您收听这期《记者视角》节目。

本期《记者视角》向大家介绍一位带父上学的90后女孩，这位女孩把瘫痪的父亲从揭阳老家带到肇庆，一边上学读书，一边照顾父亲。今年3月份，这位女孩被评为“第二届肇庆市道德模范”。6月份，她入选为中国好人榜“孝老爱亲”类别好人。这位女孩，就是肇庆医学高等专科学校2013级涉外护理班学生卢佩勉。

卢佩勉三岁的时候，母亲出走，父女俩从此相依为命。高中时，父亲因心脑疾病半身瘫痪，基本丧失劳动能力和自理能力。从此，卢佩勉担负起了照顾家庭的重任。很多人都以为，卢佩勉会辍学打工，照顾父亲。但是，坚强的卢佩勉并没有因此放弃学业，在社会爱心人士的帮助下，她坚持读完了高中。去年，她以较好的成绩被肇庆医学高等专科学校护理专业录取。

在本期的节目里，我们和这位带父上学的90后女孩卢佩勉聊聊天，听听她和父亲生活的那些感人的故事。

2. 善于倾听

在新闻访谈节目中，主持人是一个指挥者和调度者，需要把握节目的全局，控制节目行进的节奏与谈话的氛围。但是，由于新闻访谈节目是以嘉宾受访时的谈话为主体内容的，所以纵然主持人在节目中担负着指挥者和调度者的责任，也不能喧宾夺主，在访谈中争抢话题，要善于倾听，要给嘉宾适当发挥的空间和机会。倾听既是一种态度，也是对受访嘉宾的尊重和鼓励，更是节目主持人应具备的基本素质。只有主持人善于倾听，将自己融入与嘉宾的交流中，才能从嘉宾的谈话中发现进一步发问的话题，为节目挖掘出更多的新闻亮点。我们来看看广州电台的《从广东姑娘到“新疆古丽”，80后冯卓怡的南疆路》中主持人与嘉宾的一段对话：

主持人：你是2011年毕业的。毕业的时候，你是怎么会想到去新疆做志愿者呢？

冯卓怡：毕业就属于长大成人了嘛，自己就想着要独立一点。当时参加西部计划是由于各种原因促成的。

主持人：有什么原因啊？

冯卓怡：一个是自己有这种理想和信念。当时看着那个飘带，有种特别热血的感觉。

主持人：那个飘带就是宣传的时候？

冯卓怡：就是那个“到西部去，到基层去，到祖国最需要的地方去”的飘带。那种在心中油然而生的感觉让人十分激动。

主持人：就是一股气从丹田涌出的那种感觉？

冯卓怡：差不多吧。而且新疆在我的心里十分神秘，二十几年从来没有去过，只是从纪录片里了解到一些片段，是很碎片化的认识。再者，我是学外交专业的，内政决定外交，那就需要了解清楚国内问题，尤其是这种边疆民族问题，我觉得这对自己将来的工作有很大帮助，就想亲身去调研。当时就有那样的想法。因为新疆离我们比较遥远，我们了解到的很多的学术资料都是第二手的资料，可以说是道听途说，我就希望可以得到一些一手的、直观的感受。

主持人：但是在我想来，你是想研究这种边疆的民族问题，如果你能够读研的话，会不会接触到的材料更加丰富？读完研再去新疆会不会更好？

冯卓怡：读完研年纪比较大，可能做事会多权衡一下，理性一点，不会做出这么毅然的决定。尤其是女孩，年纪大就需要考虑成家立业，顾虑的问题会越来越多，所以我一定要趁年轻过去。如果将来我想继续进修去研究这些问题，我可能会继续去学习。不是说本科毕业学习就停止了，学习是无止境的，对知识的追求是无止境的，要不断地探索。

主持人：当时的西部计划具体是涵盖了哪些志愿服务内容？

冯卓怡：支医，支教，支农，扶贫工作，基层社会工作和基层青年工作。

主持人：那你是在哪一部分？

冯卓怡：我应该属于基层社会管理，所以我在党政部门机关里面帮忙。如果是基层青年，工作就会去县市的团委里面开展青年工作。

主持人：当时有没有一些志同道合的同学约好一起去？

冯卓怡：因为这个是有严格的筛选程序的，还有面试的。当时我们是需要交成绩单的。

主持人：就是只有成绩好的才能去？

冯卓怡：是，要择优录取。因为名额是有限的，而且需要你有坚定的理想和信念，不能是玩票性质那种玩了就回来。所以，当年我们广外派去了两个同学，我是在南校，还有一个北校中文系的胡绍坚同学，他是去广西。实际上我当时应该是要去广西。当时我填报（的志愿）是新疆兵团，但兵团要求的是专业性比较强的医疗人员和建筑工程类的学生，我是学文科的，所以其实是不对口的。

主持人：那你是怎么去的？

冯卓怡：申请，向组织请愿，接着就调剂，在派遣之前还有一个调剂的。当时我先是被调剂到广西，然后我再跟高校项目办协商，希望老师能够帮我争取一下。接着我也向团省委表达我的意愿，写了一封请愿书。我真的是十分希望去新疆。我觉得既然要做，既然要去，就去最偏远、最艰苦、最需要我的地方。

主持人：作为一个女孩，你真的是不怕苦的喔……

这里，主持人多把谈话的机会留给嘉宾，而自己则是在倾听中根据嘉宾的谈话适时提出新的问题，所以整个访谈在信息的不断切换中亮点频现。

3. 巧妙引导，机智发问

在新闻访谈过程中，主持人既要尊重嘉宾、信任嘉宾，又要主动引导、积极配合，让嘉宾充分发挥主动性。主持人既不可因为嘉宾是领导或某方面的专家、知名人士而显得局促紧张，也不可因为嘉宾是普通民众而态度傲慢，应该平等对待、洒脱自如。这样，在节目的行进过程中，主持人与嘉宾方能配合默契，达到相得益彰的效果。在目前各地电台开办的政风行风热线节目中，访谈的对象基本都是政府职能部门的负责人。在访谈过程中，当涉及矛盾比较突出的问题时，需要主持人以刨根问底的精神，引导嘉宾说出具体的措施。例如，安徽淮南电台的《政风行风热线》栏目有一期节目关注的是食品安全问题。主持人与市容局领导在访谈过程中聊到某学校周边小摊小贩的“三无食品”问题时，主持人问嘉宾：“这个群众反映的问题什么时候能够解决好？”嘉宾的回答是“尽快”“不久”，太过含糊。主持人见机行事，马上追问，“尽快”是多久？市容局领导沉吟了一下：“一个月内，开学之前保证解决好。”[①] 如果主持人与嘉宾关于问题的访谈仅仅停留在“尽快”“不久”上面，就给人一种敷衍、搪塞的感觉，进而影响政府在公众心目中的形象。

① 朱炜．话题·嘉宾·主持人——广播电视谈话节目三元素的魅力．新闻世界，2010（9）．

第十一章　广播新闻评论

广播新闻评论是广播媒体对当前具有普遍意义的新闻事件和重大问题发议论、讲道理，用以阐明广播电台对于新闻事件、社会现象、热点话题的看法和态度，有着鲜明针对性和指导性，融新闻性和政论性于一体的新闻体裁。它是广播媒体的旗帜和灵魂，是反映和影响社会舆论，帮助受众开辟认识真理道路的有效载体。广播新闻评论是新闻评论和广播媒介相结合的产物，既有新闻媒介中所有新闻评论的共性，也有它独有的形式与特点。

第一节　广播新闻评论概说

本节我们从广播新闻评论的概念、特点、构成要素、我国广播新闻评论的发展历程等方面，对广播新闻评论做一个概括性的介绍。

一、广播新闻评论的概念阐释

新闻评论是新闻媒体就新近发生的新闻事实、思想倾向、社会现象和具有普遍意义的社会问题发表议论的一种政论性的新闻体裁。它主要运用逻辑思维的方式和说理的手段，着重从政治、思想和伦理的角度分析事物、阐述问题，旗帜鲜明地提出自己的见解和主张，以达到引导舆论、指导实践的目的，不论是以本台（本报）的名义还是署名评论，都代表或体现媒体的基本立场和态度。不同媒体对评论有不同的分类方法，有的按规格、等级分类，有的按作者署名和不署名分类，有的按篇幅长短分类。常见的有本台评论（社论）、评论员文章、短评、编后记和编者按，以及记者述评、署名短论等。而广播新闻评论是新闻评论体裁与广播媒介结合的产物，一般要求论题具体，立论集中、中肯；论点正确、鲜明、新颖，论据具体、充实，论证逻辑严密；议论深入浅出，语言通俗、合乎语言规范和口语表达习惯，让听众一听就懂，能透彻地理解其中的主张、见解和态度；

篇幅短小、结构严谨。① 广播新闻评论依靠声音的直接表现力和感染力，利用音响，创造更为生动活泼的形式和气氛，以听、说为基本传播手段，声情兼备，感染力强。

广播新闻评论是广播电台的旗帜和灵魂。它通过对重大新闻事件或现实问题进行分析论述，直接表明自己的立场、态度和具体见解，借以引导社会舆论、指导社会实践，包括人们的思想和行为倾向，不仅是广播电台表达见解、表明态度的主要渠道，而且是社会判断广播电台的政治面貌和思想水平的重要标志。中国新闻奖评选对于新闻评论类作品的定义和要求是："对社会关注的新闻事件、热点话题、社会现象等进行事实分析和说理的新闻作品，包括社论、评论员文章、署名评论等，不包括杂文和系列评论，广播电台、电视台评论类作品包括以评论为主的述评性节目。评论类作品要求观点鲜明，论点正确、有新意，论据准确，分析深刻，论述精辟，论述有力。"

二、广播新闻评论的特点

广播新闻评论具有新闻评论的一般特点，论题具有新闻性，论理具有思想性，论说具有公众性，它以新闻事件、社会现象、热点话题为依托，有强烈的时效性，它就事说理，摆事实、发议论、讲道理，面向公众传播，有广泛的群众性。由于与广播媒介相结合，广播新闻评论还具有它独特的特点。有研究者认为，相对于报纸等印刷媒介而言，广播新闻评论有以下三个特点：一是谈大众最关切的问题。广播的听众，较之报纸的读者，涉及面更为广泛，广播新闻评论题目的选择，要注重大众的兴趣与要求，选择现实生活中与其利害相关的问题。二是文字力求口语化，意义表达力求通俗化。广播自身的语言特点，要求口语化，凡能以通俗语言表达的，就不追求典雅，在意义表达上，力求深入浅出，讲得通俗，使尽可能多的听众都能了解。三是要条理分明。广播的选择性和保留性都很差，听众如果没有听清楚，或缺乏了解，不能再听第二遍，因此，广播新闻评论的内容必须力求条理分明。②

广播新闻评论除有主持人、评论员、专家的口述评论之外，还有以音响（采访录音）作为素材的广播述评（也有学者称之为录音述评、音响述评或音响评论），大部分的广播新闻谈话节目或新闻访谈节目也带有广播新闻评论的性质。综合考虑，我们将广播新闻评论的特点概括为以下三个方面：

---

① 赵玉明，王福顺. 广播电视辞典. 北京：北京广播学院出版社，1999：107－108.

② 刘建明. 宣传舆论学大辞典. 北京：经济日报出版社，1993：248.

1. 碎片化

当今时代，作为传统媒体的广播在多媒体发展的竞争格局中仍然占有着极为重要的一席。当下，新媒体深刻影响着传统媒体，传统媒体不断融合新媒体，传统媒体的新闻从内容到形式均出现了新的变化，这是传统媒体适应媒介环境的变迁和受众需求的变化做出的一种与时俱进的调整。广播新闻亦是如此，传统的广播新闻在新媒体时代出现了许多新特点，“碎片化”便是其中一个显著的特点，这也是广播新闻评论的一个特点。

随着微博、微信的兴起，整个社会进入了“信息碎片化传播”的“微时代”，短小精练是其文化传播的特征。微时代信息的传播速度更快，传播的内容更具冲击力和震撼力。对于受众而言，消化信息的时间非常有限，而信息内容与数量却异常丰富，这就要求信息生产者提供黏度高、冲击力巨大、可以在极短时间内吸引受众并提高受众阅读兴趣的内容，大块文章的时代正悄然褪色。

传统意义上的解说加音响的新闻节目，尤其是篇幅较长的新闻专题节目，往往会因为声音元素的单一，以及制作手法的呆滞与僵硬，给听众带来单调、乏味之感。为了克服这一缺陷，以强化听众收听兴趣、消除听众收听疲劳为旨的新闻节目碎片化，成为广播新闻发展过程中的重要特征。① “碎片化”也是广播新闻评论的重要特征，反映在广播新闻评论中，就是短、平、快，播出及时，语言平实，没有长篇大论，篇幅简短、内容精练、以短制胜。

很多广播电台的新闻栏目中都设有短评，经常播出二三百字，时间只有 1 ~ 3 分钟；还有比短评更简短的“微评论”，就事论事，简明扼要地点出观点，观点性文字只有 100 多字，播出时间在 1 分钟左右。这种形式的短评以主持人口播评论居多，也可以采用连线专家、评论员点评的形式。例如，中国之声《新闻纵横》2013 年 3 月 3 日的节目中就“一位在国企工作的女硕士在校园 BBS 上发帖抱怨年薪只有 5 万元，低于农民工，是选择跳槽还是留下”一事，主持人进行了简明扼要的点评：“与 19 年的寒窗苦读相比，年薪 5 万或许确实有点让人寒心，但高学历一定和高薪酬画等号吗？如果必须要画等号，那又有多少硕士、博士面对只有大专学历的袁隆平要痛哭流涕了呢？一分耕耘，一分收获，薪资待遇的高与低，体现的是劳动价值的多与少，而不是学历的丈量尺。高学历不是资本，抱怨社会不公不如积极转变，否则就是跳槽也还是年薪 5 万元。”

新闻谈话节目也是一种形式的广播评论，以中国之声《央广夜新闻》为代表。每半个小时的时间段里，主持人与嘉宾就不同的热点话题展开互动讨论，从

---

① 申启武．广播生态与节目创新研究．广州：暨南大学出版社，2008：153.

不同的角度、以不同的观点去解读新闻事件，同时主持人通过短信、微博、微信与听众展开互动。完整的新闻和“大段”的时间在谈话中成为“碎片”，听众收听节目感觉更加轻松，还可以从“悦听”的广播新闻谈话节目中得到思考和启发。

2. 通俗化

通俗，就是不高雅，不深奥，深入浅出，浅显易懂，具有社会通用性。新闻语言如果离开通俗，就等于脱离千千万万的读者和听众，新闻语言的通俗化，对于新闻写作，对于整个新闻传播事业，都是至关重要的。新闻语言通俗化，也是对于新闻评论的要求，广播评论与报刊评论、网络评论不同，受众不能够专注地阅读评论文字，它是在受众的听觉状态下传播的，广播评论的语言必须比报刊评论、网络评论等文字评论更加通俗易懂、口语化、大众化，比如句子短、节奏明快、生动明了、易懂好记、入情入理。

有研究者指出，广播新闻评论的通俗化体现在多个方面：选择的论题来自生活，是大家熟悉的、关心的；说理的方式是合乎民族习惯的、平易近人的；阐述的道理是深刻的、实际的、使人心悦诚服的；使用的语言文字是浅近的、大众化的，要播起来顺口，听起来顺耳，易懂好记。广播新闻评论要对听众不易理解的生涩概念进行“稀释”，使广大听众易于接受和理解，要运用具体事例、数字、常识、历史事实和概括社会生活经验的成语、格言等人们熟悉的各种材料，以及举例、比喻、比较等各种方法说明道理，帮助听众由具体事例理解抽象内容。思想到位，语言才能到位，不一定是华丽的辞藻才能表现主题，最准确的，往往是最朴素的、最接近事物本身的。①

2013 年 8 月 12 日中国之声《新闻纵横》的“特别声音”栏目中，关注了企业对应聘者的“雷人”要求并就此进行点评：“在求职者正为找工作焦头烂额的当口，‘雷人’的招聘启事却络绎不绝地涌现，比如对于星座、血型的限制，比如对于微博粉丝数量的要求，甚至有企业要求员工‘追过女孩、打过群架’，如此招聘启事引发网友强烈‘吐槽’：用人单位，你们真的是去招聘吗？原本说着玩的星座与血型却登堂入室成了科学标准，这不是企业在招人，而是 HR 们人来疯。”这段口播文字，是一段述评，既有对新闻事实的叙述，也有简短的点评，通俗易懂，一语中的，听起来也觉得比较酣畅。

3. 音响化

音响是体现广播优势的主要手段，也是广播区别于其他媒体的重要标志。音

① 吕智胜．新闻评论．北京：北京师范大学出版社，2010：170－173.

响能再现新闻的本来面貌，生动形象的实况音响可以强化节目的真实感和现场感，增强节目的可听性与感染力，使新闻事实更加真实可信，使新闻报道更加亲切感人，由实况音响与解说共同构成的音响报道是广播新闻的主要报道形式之一。广播新闻评论中常见的广播述评就是一种音响报道。

广播述评是广播新闻评论的重头戏，它既报道新闻事实，又对新闻事实进行评论，述评结合，既对新闻事实进行叙述交代，使听众了解新闻事件的信息，又对所叙述的事件加以议论、分析，表明作者的态度。广播述评也被称为录音评论或者音响评论等（对该种广播评论形式的详细讲解，请见本章第二节的相关内容），述评中的采访录音，也就是音响，是广播新闻评论的重要组成部分，它呈现出新闻事件的现场情况，以及现场的人物采访情况。广播述评依赖于音响，它也体现出了广播的特点。

福建电台2007年9月23日播出的广播新闻评论《和平的赛场需要更宽广的民族胸怀》获得了中国新闻奖一等奖。这篇评论关注了2007年在中国举办的女足世界杯中德国队和日本队的一场比赛，评论的开头，首先播放一段现场音响——一阵嘘声，原来日本队一旦拿球，现场就会响起嘘声，而比赛结束时，日本队员扯开了一条印有中文、英文、日文的横幅“谢谢！中国!”并深深地向中国观众鞠躬致意。就此现象，作者引用专家学者的观点指出，和平的赛场需要更宽广的民族胸怀。该篇评论的作者采访到了福建社科院历史所研究员麻建敏、著名体育评论员文国刚、福建师范大学传播学院院长颜纯钧、福建省2008年奥运会火炬手李珊珊，采用了社会学家、体育评论员、传播学者、奥运火炬手共四位人士的采访录音作为强大论据印证作者的观点，这些被采访者的采访录音加上作者的平实叙述，共同说明了一个道理：用喝倒彩的形式表达情感，是狭隘的民族情绪的宣泄，不是爱国主义情绪的表达，和平的赛场需要更宽广的民族胸怀。

在此种类型的广播新闻评论中，音响的作用是不可替代的，如果没有合适的、有代表性的、清晰高质的音响，广播述评也就变成了主持人播讲的口播评论，成了报纸评论的有声版，也就无法体现广播新闻评论的特色。述评式的广播新闻评论离不开音响，音响化是广播新闻评论的一个重要特点。

三、广播新闻评论的构成要素

广播新闻评论的要素和其他媒体的新闻评论要素是一样的，即论点、论据、论证三大要素。论点提出“证明什么”，论据提出“用什么来证明”的问题，论证解决“如何来证明”的问题。

论点是评论作者对所论述的事物或问题的主张、看法和所持的态度，明确表示作者肯定什么、否定什么，赞成什么、反对什么，歌颂什么、批判什么，集中反映作者对于某件事物或某个问题的基本见解。

论据是论点形成的根据和用来证实、说明论点的证据，是作者从客观事实中直接或间接提炼出来的，这些事实对论点来说便是论据，即论点提出的依据。任何一个论点，如果是正确的，就必然会有现实的客观基础，只有当它被充分、准确、可靠的论据证实之后，才能认为是正确的，如果论据不充分，论点就会被架空，评论就没有血肉，没有说服力。

论据有事实性论据和理论性论据两种。事实性论据是表述事实的判断，指现实生活中有代表性的人证、物证，以及典型事例、历史资料和统计数字等。理论性论据是表述客观规律的判断，是来源于实践并且已被实践证明和检验过的正确理论。

论证，从形式逻辑角度讲，就是运用和组织论据去说明和证实论点的过程和方法；从写作角度讲，就是把材料和观点统一起来，组成一个完整的说理体系的过程。论证的任务，就在于使论据能够突出说明论点，帮助听众理解论点的意义，相信论点的正确。

在一篇评论中，论点、论据、论证三者互为依存，不可或缺，因而有灵魂、血肉、骨骼之喻。论点是灵魂，是因为它对论据、论证起统率作用；论据是血肉，是因为论点靠论据证明或说明；论证是骨骼，因为它是联结论点和论据的桥梁和纽带。①

广播新闻评论在酝酿阶段的两个基本环节是选题和立论。选题，又叫论题，是广播新闻评论要评述的事件或要论述的问题，它规定了一篇评论的议论对象和论述范围，决定着一篇评论具体评论什么，以及怎样论述。立论，是指确定一篇评论的论点，也即确定一篇评论的中心思想和基调，论点相当于一篇文章的主题，它是评论的灵魂，立论的过程也是确定文章思想和基调的过程。

广播新闻评论必须从新闻性、政论性和广播听知规律三方面规范要求来采制，优秀的广播新闻评论具有以下特征：选题具体，立论集中；论点明确，论据充实；论证有力，逻辑严谨。②

四、广播新闻评论的发展

我国广播新闻评论工作的发展历程，与我国广播新闻事业的发展历程，遵循同样的轨迹。最早的广播新闻评论是报刊评论的有声版；改革开放以后开始“自己走路”，逐渐探索出适合广播特点的评论形式；20 世纪 90 年代以后，我国广

① 丁法章．新闻评论教程．上海：复旦大学出版社，2006：60－72.

② 张君昌．广播评论的若干概念．中国广播，2007（2）.

播媒体开创出形式多样、形象生动、内容丰富的广播新闻评论形式，走出了一条自己的路。

我国最早的人民广播电台——延安新华广播电台于1940年12月30日开播，延安新华广播电台隶属于新华通讯社，创办初期，只广播报纸和新华社的言论，没有自己的评论。这一时期的广播新闻评论，多数是根据新华社的文字稿改编的，只是按照口语广播的要求，作了一些口语化的加工。1946年6月，新华社语言广播组扩大为语言广播部，增办了《广播评论》节目。这个节目除播出报纸、通讯社的言论外，自己也编写部分评论。《广播评论》节目的创办，标志着我国人民广播的新闻评论节目开始起步。①

新中国成立后，广播电台成为独立的新闻单位，但由于主客观原因，广播受到的重视程度不够，中央人民广播电台也只是摘编报纸和新华社的评论。从20世纪50年代后期到"文革"结束前，受国内政治环境的影响，广播的发展受到严重的制约，广播电台播发的新闻评论掺杂了很多"假、大、空"的内容，脱离了客观现实。改革开放以后，广播新闻评论工作开始走向正轨。

1979年4月26日，中央人民广播电台在《全国各地人民广播电台联播》节目播出了本台评论员文章——《改善中越关系的根本办法》，这是新中国广播史上第一篇署名"本台评论员"的文章，标志着广播新闻评论开始成为广播新闻的一种基本体裁。20世纪80年代初，广播新闻评论开始"自己走路"，即不再满足于只摘播报纸的评论，而是建立自己的评论队伍，培养自己的评论员，发表自己的评论。1980年9月，中央人民广播电台组建了评论组，同年9月28日播出本台评论《大快人心的审判》，这是我国新闻媒体中第一篇有关审判"四人帮"的评论。②

随后，各类具有广播特色的评论样式不断涌现：1982年3月11日中央人民广播电台的《市长换锅的启示》，最早将报纸上的小言论与广播谈话方式结合在一起，以一种聊天的方式展开话题；1985年8月9日上海电台播出的《关心老年人的精神生活》，最早以两个人对话的方式写作和播出；1986年12月26日辽宁电台播出的《请您说声"对不起"》，成功地把音响引入广播新闻评论节目。到1988年，音响评论的形式已经为许多电台所使用。

进入20世纪90年代，广播新闻评论在制作内容上从"为说而写"发展到"以说为主"，突破了谈话体评论的界限，增强了评论的时效性和现场感，使评论从单向传播转变为双向交流。1994年10月1日，中央人民广播电台开办了以

---

① 白谦诚．纵览80年代广播评论的发展轨迹．中国广播电视学刊，1999（1）．

② 李法宝．中国广播评论的发展历程．现代视听，2007（3）．

"焦点"类新闻事件为主要报道和评论对象的新闻评论性栏目——《新闻纵横》，该栏目叙述事件以现场录音为主，调动一切手段充分报道事件本身，然后有针对性地引出评论分析，其出现标志着新时期中国广播界新闻评论性节目的开始。①

中央人民广播电台《新闻纵横》开播后，各省、市广播电台纷纷成立新闻评论部，改版或开设《新闻纵横》式的广播评论栏目。此外，各级广播电台的评论节目还努力挖掘声音本身的优势，在形态上，除了脱胎于报纸评论的本台评论、短评、编后语和记者述评外，口头评论、音响评论、广播谈话评论等也被广泛应用。

进入21世纪以后，随着网络技术的发展，新媒体时代逐渐到来，给传统媒体带来了冲击，与此同时，广播新闻的传播速度更快、传播范围更广，广播新闻评论的速度也随之更快，同时形式更加多样，广播元素更加鲜明，有关这些内容，我们在本章第三节再做探讨。

第二节　广播新闻评论的分类

广播新闻评论与其他媒体的新闻评论相比，在新闻评论的构成要素等方面，有一定的相似之处，但广播新闻评论依托于广播媒介，广播媒介有它独特的媒介特点，依托于广播媒介的广播新闻评论也有它独特的形式和特点。本节我们从广播电台实际播出的节目出发，对广播新闻评论进行分析，来认识广播特有的评论形式——口播评论、录音评论、新闻访谈类评论。

一、口播评论

口播评论是由广播电台的播音员、主持人、编辑记者、评论员等广播新闻工作者进行口头播讲的广播新闻评论形式。严格意义上说，广播诉诸声音，播出的所有内容都可以认为是口播的，但为了同广播的其他评论形式相区别，此处，我们把没有音响内容和不以评论节目形式出现的口头播讲评论称为"口播评论"。

我国广播新闻评论曾长期是报刊评论的有声版，说教意味浓厚。20世纪80年代以后，口播评论逐渐摆脱了说教式的语态，特别是20世纪90年代以来到现在，口播评论的形式不断发展，不仅有播音员、主持人的口头播讲，还有记者连线述评、评论员连线述评、评论员走进直播间发表短评等，口播评论的主体不断扩大。

1. 配发短评

短评是一种短小精悍、运用灵活的评论形式，在报纸上的篇幅通常在600字

① 殷俊，杨金秀．改革开放30年与新闻评论发展．新闻知识，2008（11）．

左右，在广播中播出的短评更为简短，通常在500字左右，它以新闻事件为依托，以新闻事实为立论依据，开门见山，内容单一，分析扼要。广播短评通常是为配合某一特定的新闻报道撰写的评论，它就事论事，短而精，阐明一个道理或一个观点。它既可以表达广播媒体的立场和态度，也能帮助听众深化对新闻事件的认识。

2013年1月4日，河南省兰考县城关镇一幢居民楼发生火灾，事故造成7名儿童死亡。中央人民广播电台中国之声在第一时间对事件进行报道，1月5日18点30分播出的《全国新闻联播》继续关注此事件的后续进展，连线记者跟进报道并配发短评。来看一下连线报道和配发短评的文字实录：

主持人：河南省兰考县的一处居民楼发生火灾事故，当地居民袁厉害收养的孩童当中，有7人不幸罹难，在火灾过去30多个小时之后，兰考县委县政府在今天下午终于有了第一次正面表态，详细情况连线正在现场的河南台记者王伟华。王伟华，给大家介绍一下现场的情况。

记者：好的。在刚刚的新闻发布会上，兰考县副县长吴长胜表示，目前幸存的一名伤者还在开封市第二人民医院的重症监护室进行治疗，其他4名事发时不在现场的儿童已经转往了开封市社会福利院。火灾发生的原因，公安部专家已经来到了事故发生地点进行调查取证，兰考方面也向公众公开承认了错误，发言中，提到袁厉害本人并不具备收养这么多儿童的条件，但考虑到这是一种关心弱势群体的行为，当地政府部门采取了默许纵容的态度，突显了当地民政公安工作上的管理漏洞，下一步，兰考方面还要检讨自身，排查安全隐患，建立自己的孤儿收养中心，主持人。

主持人：一场未知原因的火灾夺去了7个无辜的小生命，早夭的生命让人悲痛，但背后折射出的政府部门的责任缺位更令人心痛，请听央广评论《兰考大火，烧出收养之痛》，撰写：中央台记者吴晶。

也许突发的火灾只是一个偶然意外，但这一偶然意外遮掩不住背后大量的必然。孩子们虽然被收养，有了一个遮风挡雨的家，可他们仍然处在缺失社会关怀的阴冷角落，烂苹果，旧衣服，因得不到医疗救治而病重死去，这就是孩子们挣扎求生的环境，而7名孩子在火灾中丧生，只不过将这些被忽视遮蔽的残酷景观掀开了一个角。

其实，按照我国收养法的相关规定，袁厉害并没有合法收养资质，这些情况当地民政部门也了然于心，可就是这样，自发收养问题却一拖就是25年，这25年间，当地不仅没有建起一所福利院，相关部门还会主动把弃婴送到袁厉害家里，正是相关部门的不作为，公益救助的不及时，一步步地将袁厉害和那些孩子推到了火坑点。

今天，面对7个逝去的生命，我们必须还要重提，求解之道还在地方政府，让每一个失去亲人的孤儿能够得到基本的生存保障，是政府必须要承担的责任。在我们的制度设计里，早已有这种救助规定，关键是一定要不折不扣地执行！

这篇广播短评不足400字，播出时间只有1分钟，却一针见血，一语中的，点明了造成悲剧的真正原因："正是相关部门的不作为，公益救助的不及时，一步步地将袁厉害和那些孩子推到了火坑点。"7个生命已经逝去，令人惋惜，对于如何才能避免此类悲剧的再次发生，作者一针见血地指出："求解之道还在地方政府，让每一个失去亲人的孤儿能够得到基本的生存保障，是政府必须要承担的责任。在我们的制度设计里，早已有这种救助规定，关键是一定要不折不扣地执行！"这篇广播短评击中要害，指出了问题实质，发人深省，令人深思。

2. 主持人点评

主持人点评也是口播评论的一种，是主持人就新闻事件、社会现象或热点话题所作的口语化的点评，用三言两语，抓住事实的某一方面，提出观点，做一些解释，表明看法和主张，点到即止。

中央人民广播电台《新闻纵横》节目的"纵横点评"环节中，主持人首先简述新闻事件，然后做"纵横点评"，用两三句话发表观点，表达看法，这种形式充分发挥了广播新闻评论的特点，让人感觉耳目一新，听后久有回味。

如2012年12月31日《新闻纵横》的"纵横点评"报道的新闻事件中，公交车上的时髦老太太嫌农民工太脏，斥责他应该走路回家，这一举动引发其他乘客的不满。主持人就此点评。

（声音）"你穿得这么脏，就不应该坐公交车，应该自己走路回家！"这是一名老太太在公交车上呵斥身旁农民工的话。前几天，重庆一位农民工上了825路公交车。他衣服上沾着尘土和涂料，虽然有空座位，这位民工还是等了一会儿，看看没人坐，才小心翼翼地坐下。即便如此，他还是遭到身边一位穿着时髦老太太的呵斥。开始，农民工并未作答，可老太太却继续说："你应该自己走路回家！"这话马上引起了其他乘客的愤怒。

（纵横点评）古话说"仓廪实而知礼节，衣食足而知荣辱"。数不清的案例在提醒人们："仓廪实"未必"知礼节"。从"仓廪实"到"知礼节"并不是一个自然而然的过程，如果不注重个人的道德修养，没有仁爱之心，即使再有钱、衣服再光鲜，依然无法赢得社会的普遍尊重。

再如2013年1月14日《新闻纵横》的“纵横点评”新闻报道中，29名硕士研究生为了带编制的工作应聘环卫工，只有7人成功上岗，其中一位没有入围的研究生说：“就算是死，我也要死在编制里！”主持人就此点评。

（声音）“就算是死，我也要死在编制里！”研究生专业是教育的王洋，在说这句话时，虽然面带笑容，但心里并不轻松。2012年10月中旬，在哈尔滨市招聘事业编制环卫工人的考试中，王洋并未成功入围，但到现在，他还是坚持对“编制”的追逐，在他看来，只要是带编制的工作，即使是做清洁工，也在所不惜。而就在去年，哈尔滨市环保系统招聘考试，457个工勤技能岗位却引来1万余人报名，其中29人拥有统招硕士研究生学历，最终有7位研究生成功上岗。

（纵横点评）对于编制如此迷恋和追逐，是因为一份编制划出了身份上的三六九等，因为编制背后带来的是户口、福利、教育、社会保障的优待，也因为一份编制带来的是一个人少奋斗若干年的诱惑。与其站着说话不腰疼地指责年轻人的就业观，倒不如想想什么样的现实让年轻人做出这样的抉择。

3. 记者连线述评

在新闻节目直播过程中，主持人有时会连线前方记者进行互动对话，记者既可以对新闻事件做详细的介绍，也可以根据采访了解到的情况做出分析和判断，对新闻事件进行点评。连线述评即有叙述，又有点评，通常以叙述的内容居多。连线述评是连线报道的一种，亦可归入广播消息的范畴，此处，我们也把它认为是广播新闻评论的一种形式。

2013年1月14日中国之声《央广新闻》的一篇连线报道中，既有记者对事件具体情况的介绍，也有记者梳理采访内容之后总结得出的观点，对事件有分析与评价。

主持人：河南周口近日召开出租车运价调整听证会，会上多数代表赞同提价方案，而前一天向消费者发放的调查问卷显示，9成消费者是反对涨价的，为什么听证会会内和会外的意见迥然不同呢？我们连线河南台记者刘俊华。刘俊华，给我们介绍一下听证会上的情况。

记者：周口是一个地级市，农业生产是当地的经济支柱，目前执行的出租车价格是起步价3元，每公里运价1元，拟调价格为起步价5元，每公里运价调整为1块2到1块5，听证会当天，有消费者，出租车司机，出租车企业、消协和政府部门工作人员，一共是15人，有14名代表都表示在社会物价涨幅较大的背景下，出租车价格微调是合理的，持支持意见，主持人。

主持人：那听证会外的消费者又是什么一种意见呢？

记者：可以说是迥然不同。听证会的前一天，周口市消协连同人大代表、记者，一同走进了机关社区、商场，现场发放调查问卷 1 000 份，调查结果就显示 907 位市民对涨价填了“反对”，93 位市民填了“接受”。

市民持反对意见的理由，主要集中在 3 个方面：一个是出租车行业享受国家的油补政策，不应该涨价；第二是涨幅太高，3 元涨到 5 元，每公里从 1 块涨到 1 块 5，不符合周口的消费水平；再一个就是出租车行业的服务质量较差，这也是市民反映强烈的一项。

为什么会内会外意见迥然不同呢？就此我采访了郑州轻工业学院的教授管洲。他认为，当前听证会人员选拔缺少公开、透明、公正，由于不公正，或者公开的范围有限，就会导致价格听证的结果比较片面，所以，建议听证人员的选拔应该让更多的消费者参与其中，主持人。

主持人：我们关注的是最后出租车是涨价还是不涨价？听谁的，听听证会的，还是听消费者的呢？

记者：那这个肯定是以尊重民意为主了，有关此事的最新进展，我也会继续关注。

4. 评论员点评

评论员点评以电话连线点评和坐镇直播间点评两种形式出现，其中以连线点评的形式居多，不少广播电台称之为“连线快评”。而拥有庞大评论员阵容的中央人民广播电台，则是把评论员请到直播间，即时点评热点新闻。中央人民广播电台中国之声在 2011 年改版之后，把“第一评论”纳入轮盘式《央广新闻》中，每 30 分钟一轮盘中就有一档“第一评论”，由坐镇直播间的特约观察员对新闻事件和热点话题做出点评，时长为 3 分钟左右。

特约观察员坐镇直播间点评新闻，加强了新闻的深度和思想性，评论员口播的评论要比主持人口播的评论更有权威性和厚重感。同时，节目中由主持人口播到评论员口播，语言和语态的变化，使节目的声音变得多元丰富，符合广播新闻的“碎片化”原则，增强了广播新闻的可听性。

2013 年 1 月 10 日开始，我国华北、黄淮至江南地区被大雾重重围困，到 1 月 14 日仍然是雾霾锁城，中国之声 1 月 14 日上午的《央广新闻》“第一评论”中，特约观察员吴永强就此进行点评，指出环境恶化倒逼建立严苛的环保机制。

吴永强：这几天席卷几乎大半个中国的浓雾阴霾，给各级政府以及每一个国人都敲响了环保的警钟。多个城市 PM2. 5 指数频频爆表，民众在面对雾气毒害侵扰的同时，也不断发泄着怨气，但残酷的现实使得我们不得不更深刻地面对生存环境恶化的严峻形势，也让我们呼唤更加完善甚至严厉的环保机制迅速建立。换言之，雾锁长城内外大江南北的现状，倒逼环保机制更为严苛。

此起彼伏的重大环境污染事件一次次提醒我们当前环境恶化程度之深，如饮用水问题，大气污染问题，林木资源、耕地资源急剧减少，沙漠化不断加剧等问题，乃至这两天的雾霾毒气。如此众多的环境难题，不仅给我们的生活带来了极大的不便，更深层的还在于给中国的经济社会发展带来深远的影响，换言之，中国经济如果想保持改革开放30多年来的持续发展，不解决好环保问题，可能30多年取得的成绩都会因为环境问题而被消耗，甚至治理环境所付出的代价要远远超过改革开放所取得的成绩。

各级政府这些年虽然也认识到了环保的重要性，但还没有深入骨髓般地重视，如倡导多年的绿色GDP迟迟难获得广泛认同。从中也可见，若干地方政府主政者急功近利，认为环保逼债还有待时日，为自己任上能出政绩而枉顾后来人。如此种种弊端呼唤我们的环境机制需从政治、经济、社会发展、民众权益等各方面加以统筹规划，环保机制的设计需要从顶层来设计，也需要当政者比较大的政治决断和魄力来平衡好未来中国发展和环保这两个问题。

5. 其他媒体人士点评

媒介融合是当今媒介发展的一个重要趋势，内容的融合是媒介融合的一个方面，广播媒体可以和其他媒体合作发展，共享新闻资源。报纸的评论也可以融入广播新闻评论中，今天的广播新闻评论仍然可以做报纸评论的有声版，丰富广播新闻评论的内容。目前，很多广播电台和报社合作，广播节目可引用报纸内容，主持人读评报纸消息，摘播报纸评论。

中央人民广播电台的《新闻和报纸摘要》，是中国广播听众家喻户晓的一档知名新闻节目。在改版后，报纸摘要的内容由播音员播读发展到各家报纸的编辑亲自“出声”来说。报纸编辑作为报纸内容的阅评者，对评论文章的重要观点非常清楚，能够用简短的几句话，一语中的地指出问题的症结，指出解决问题的办法。报纸编辑的“出声”点评，转换了新闻节目的语态，丰富了声音元素，增强了广播新闻评论的厚重感和可听性。如2013年1月15日《新闻和报纸摘要》中播出以下内容：

男主持人：山西太原市公安局局长李亚力因在处理其子违章驾车并妨碍交警执行公务过程中滥用职权，被省纪委建议撤职。《人民日报》今天刊发“人民时评”设问：假如没有当事交警的举报，此事能否曝光并得到应有的处理？法律的尊严，首先是执法者的公正，来听报纸编辑李整（音）的介绍。

报纸编辑：政法机关掌握着执法司法权，是各种社会消极因素侵蚀的对象，政法干警不是生活在真空里，面临的考验诱惑往往更多，这一方面要求行政司法权力都要在阳光下运行，公平正义要成为政法工作的首要价值追求，另一方面也意味着必须依法依纪严肃查处害群之马，以此彰显政法队伍防腐拒变的决心，增强人民群众对增强社会正义的信心。

女主持人：《中国商报》报道，当年为躲避一、二线城市楼市限购政策，大量开发商曾战略转移到三、四线城市，但眼下他们纷纷重新调整，重点开发大城市，原因何在？《中国产经新闻》载文分析，来听报纸编辑李宏的解读。

报纸编辑：尽管房价高，但房地产商的开发实践证明，一、二线城市是楼市利润的主要来源，一些房地产地头甚至占了七成多。他们认为，相比一、二线城市，三、四线城市产业支撑不足，人口不断向大城市迁移，缺乏核心竞争力，消费能力不足，过去两三年，很多开发商转战三、四线城市，导致供应量上升，户存压力加大，楼市泡沫越积越大，尤其是随着城镇化加快，非三、四线的城市兴起大规模的造城运动，暗中也积累着楼市的潜在危机。

男主持人：不过《新华每日电讯》援引专家争鸣的观点说，未来城市化主体战场还是在三、四线城市，看不到中小城市的房地产发展潜力是短视的。

二、录音评论

录音评论，又称为音响评论，是一种以音响为表现内容的广播评论形式。音响是录音评论的必要组成部分，音响作为论据存在，通常是论据的一部分，只有同解说结合起来才能成为完整的论据。运用音响，是录音评论同其他广播评论形式相区别的主要标志。① 我们也可以简单认为，录音评论就是带有大量采访录音的评论，是以运用音响为主要特征的评论，它有述有评，评述结合，借助叙述事实，表达观点态度，给听众以启发、思考和引导。

录音评论通常在综合新闻节目中播出，时间较长的录音评论也可用一期节目的形式播出。例如，中央人民广播电台《新闻纵横》在拓展为多事件聚焦的2小时综合新闻直播节目之前，就是一档每期20分钟的新闻评论节目，该节目敏锐捕捉新闻事件，深入分析社会现象，适时进行舆论引导，节目中播出大量的采访录音，用音响说话，音响作为作者提出观点的依据。有学者认为，《新闻纵横》

① 王振业，李舒．新闻评论与电子媒介．北京：中国广播电视出版社，2004：164.

的开播是广播新闻评论“走自己的路”的成就。《新闻纵横》作为一档音响丰富的广播新闻评论节目受到听众喜爱，今天120分钟的《新闻纵横》依然保留了评论元素和评论功能。

接下来，我们从《新闻纵横》播出的《西安电子科技大学“卡门”事件调查》来看广播新闻评论是如何用音响说话并提出观点的：

主持人：西安电子科技大学的学生近日向中国之声的记者反映，他们从未申请办理过工商银行的信用卡，但是在当地的工商银行查询时却发现，自己名下平白无故多出了一张信用卡。中国之声记者杨超前往西安调查采访，发现共有一万多名学生在毫不知情的情况下，被校方冒用信息办理了信用卡。校方为什么这样做？银行方面是否违规，又从中得到了什么呢？学生的权益受到了哪些方面的侵害？请听记者从前方发回的报道。

记者：一张小小的工行信用卡近日搅动了整个西安电子科技大学，整个事件的起因是12月8号一位西电学生在网上发布帖子，称自己去学校旁边的工商银行办理网上银行，被告知不能办理。原因是他名下已经有一张牡丹信用卡，并且已经开通网上银行，可他从未办理过工行信用卡。由此这起学生个人信息被盗用事件揭开冰山一角。此后很多学生开始查询工行的客服电话，发现自己的名下都有一张从未见过的工行信用卡。

学生1：宿舍里的、班里的同学都办了嘛。然后就说大家都打听问一下，95588。打了之后，他就说7月3号办了这样一张卡，但是我从来没有办过信用卡，但是（电脑）显示是有一张（信用卡）。

学生2：好像学校财务处给办的，学生根本不知道，我们根本什么都不知道，突然就有张卡了，都不知道这个卡是怎么来的。他凭啥用我们的身份证啊。网上就有人说，我就不认可这张卡，因为没有我的签字嘛。

记者：大概多少人有这种情况？

学生1：网上说至少是四位数的，上万了吧。

记者：在西安电子科技大学，记者做了深入调查，发现在老校区的硕士生和博士生被办卡的比例很大，在新校区06、07、08级通信工程学院、电子工程学院、机电工程学院、经济管理学院都有学生反映，被冒用信息办了工行信用卡。

办理信用卡有着严格的规程，必须本人提出申请，提供详细信息，亲笔签名办理。可是这么多学生竟在毫不知情的情况下被办理了信用卡，银行方面是怎么操作的呢？记者查到这些冒名信用卡的办理银行是中国工商银行西安分行南关支行。信用卡部两位负责人承认，从今年4月份到7月份，一共给一万多名学生办理了信用卡，卡都是由学校统一办理的，那就是说连持卡人本人签字这样的事都由学校代劳了。

银行：这个卡我们就是针对学生批量办，办这个卡第一你是免5年年费，信用额度是零。办卡的流程呢，我们首先跟学校的校方签这个协议，我们是批量办卡的性质，双方都是在为学生做好事的基础上签了一个协议的，这是经过校方认可的。

记者：学生跟我们反映说，他们根本就没有拿到卡，根本就不知道有这么一个卡，是不是咱们之前在申请这个卡的时候应该对学生有一个告知，或者说让本人有一个签字？

银行：这个我们应该是跟学校谈的，学校在发卡的时候他应该宣传，他们校方今天也谈到这个。

记者：是发卡还是说办卡的时候就应该告诉学生？

银行：我们办的时候就是学校给我们提供身份证，然后给我们提供一些相关的资料，我们给他办了，这也是符合我们的办卡条件的。发卡的时候你学生可以进行选择，你可以不要，你不要我们可以进行销卡。

记者：针对学生现在的反应这么大，很多学生说他们根本不知情，或者说他不想要这个卡，还有无法注销的情况，咱们下一步准备怎么办？

银行：针对这个，我们前期也跟学校协商过了，学校也把他们所有部门安排到一块儿开了个会。他们现在要针对每一个学生进行宣传，宣传的途径就是如果你学生要的话，那你就填表办理；如果你不要，我们就集中进行销户。现在这批卡已经在做销户处理了。

记者：全部做销户处理了？

银行：对，这个流程里面，我们以后唯一要借鉴的就是我们跟校方在谈的时候要把这件事情让所有的学生知悉。

主持人：在学生们毫不知情的情况下办了一万多张信用卡，中国工商银行西安分行南关支行有关人员竟然说符合程序，不违规。他们为什么要这么做？真的是仅仅出于好心吗？记者采访了多位银行界业内人士：

记者：办一张卡都会有提成，有一个工作量是吧？

业内人士1：对。

记者：大概提成会有多少钱呢？一张卡。

业内人士1：上了一定量以后一张卡就会有10块（提成），多的二三十块的都有。

业内人士2：银行内部他有一个考核指标，比如说每个业务人员一年要开拓多少个客户，你一个学校一万个客户，他一下就能完成全年的工作目标。第二个问题是，银行通过这种途径，他可以培养自己潜在的客户，你大学毕业的时候，第一时间你接触了这家银行，你就有可能一生都会和这个银行打交道。

主持人：在学生不断反映以及舆论关注下，西安电子科技大学有关负责人终于承认：学校配合中国工商银行为学生集体办理了信用卡。

17号上午9点多，记者见到了学校宣传部部长强建周以及一位自称是财务处处长的人。他们马上表示一个小时后就要发布一个情况说明，并向全体学生致歉。然而面对如此大规模的盗用学生个人信息事件，两位领导却没有表现出丝毫的歉意。

记者：怎么最后留的是财务处的电话啊？联系电话。

财务处处长：这个没有问题，有啥问题？

记者：这个没有问题吗？可是为什么都说不知道呢？

财务处处长：不知道就不知道嘛，不知道咋了？

记者：他不知道就给办了信用卡，这不是一个很严重的问题吗？

财务处处长：这给你省事了，不好吗？

记者：学生被办了信用卡，没拿到卡也没签过名，他不知道，这个您觉得是省事了？

财务处处长：不知道就不是你的卡了！就完了嘛！

记者：就在我的名下怎么能假装不是我的卡呢？

财务处处长：这个卡呢，让我理解就是低成本无风险，这么好的事情为什么不去给学生做呢？

记者：可是办信用卡的时候一定是要本人签字，本人知道啊？

财务处处长：这是常规啊，我们中国讲一般情况下，这个东西，还有个二般啊。

记者：您指的二般是什么？

财务处处长：还有个特殊情况嘛。这样办快嘛，银行效率高嘛，迟早会让他们知道的，对不对？

记者：那为什么不能通知每个学生本人，他现在名下有一张卡，那这张卡你可以透支也好……（打断）

财务处处长：这就是我们做得不对的嘛，这是我们大人做得不对！这个跟学生讲了！（念学生的信）在同学的提醒下，我尝试去了工商银行，确认该行为我办了一张信用卡，这应该是我们的个人信息，怎么能透露给第三方？这是我给这个同学的回复，原话是，据我了解，你所反映的是在我校与工商银行密切合作过程中出现的。为什么会出现这种事？我理解的是，这几年我校跨越式发展需要银行给予资金上的大力支持，比如说，没有钱，我们咋建新校区？与此同时，银行也需要学校帮忙给他做一些事情，通过学生这种潜在的消费群体，完成一定量的办信用卡的任务，我认为合情合理！你在最困难的时候求银行，银行反过来也求你，双赢互利才是合作的基础，这个道理你们学生应该懂吧！

主持人：校方为了回报工商银行的支持，竟然毫不吝啬地将学生的个人资料拱手相让。《中华人民共和国居民身份证法》第十七条明确规定，冒用他人居民身份证由公安机关处二百元以上一千元以下罚款，或者处十日以下拘留。如果校方稍有法律常识的话也不会对擅自使用学生身份证的行为表现得如此满不在乎。在采访中，当记者询问到学校对保护学生个人信息有何规定时，宣传部部长强建周勃然大怒。

记者：学校对学生的个人信息在管理上有什么样的规定吗？比如说能保障学生的个人信息不被泄露？

宣传部部长：你这个，我跟你说啊，你现在别按照你的思路，你跟着我的思路走。我们马上要在网上公布消息，而且要占领天涯，占领你们所有得到信息的渠道，所以你再不要挖这个事了，这是学校的一个集体行为。你一问我就理解你想做啥，你想说学校对学生的信息是否应该保密？

记者：那您觉得应该吗？

宣传部部长：不是应该不应该，我们为啥要向银行保密？银行他是个信用单位。

财务处处长：银行还要替储户保密，你懂不懂？

记者：但是你们不应该对银行透露啊！

财务处处长：我为什么不应该向银行透露，为什么不能给银行呢？

记者：行，那谢谢您吧，我们了解情况了。

宣传部部长：您稍等一下，既然来了啊，既来之，则安之，西电是阳光的……

记者：那我们就先走了啊，谢谢。

宣传部部长：先请坐，先请坐。

记者：不用了，不用了，我们还有别的工作！

宣传部部长：你先别走，你要这样，我可以让保卫处来扣留你！我可以马上扣留你！

记者：您为什么让保卫处来扣留我呢？

宣传部部长：你学习过这个没有，请坐，学习一下，让我们秦老师给你学习一下。

记者：我的采访已经结束了，谢谢您配合我的采访。

宣传部部长：干吗啊？啊！找门卫把她扣住。

记者：您刚刚说什么？

宣传部部长：叫门卫把她扣下来！我今天要做一个轰动全国的事情！来！我要做一个轰动全国的事情！

记者：我的采访已经结束了，我为什么不能走呢？我的采访没有任何违规的地方！

主持人：反思整个事件，西安电子科技大学在得到学生的身份证等个人信息后，当作学校资产回报给了支持学校建设的银行，缺乏基本的法律常识；而中国工商银行西安分行南关支行为了追求业绩，违反操作规程，在学生不知情的情况下强制办卡，也体现出监管的缺失和法律意识的淡漠。

因个人信息被泄露给当事人带来损害的事情时有发生，例如网站泄露用户信息、医院泄露病人信息等。而这次学生戏称的“西电卡门事件”再次为我们敲响警钟。有关专家呼吁，应尽快出台《个人信息保护法》，只有通过立法才能使困扰公众已久的个人信息泄露问题得到彻底解决。

2008 年 12 月 8 日，西安电子科技大学一学生在网上发帖称，自己去工商银行办理网上银行时被告知不能办理，原因是他名下已经有一张牡丹信用卡，并且已经开通网上银行，可他从未办理过信用卡，此后很多学生开始查询工行客服电话，发现自己名下都有一张从未见过的信用卡。记者得到新闻线索后连夜赶往该校，做了深入细致的调查，采访了近百位师生，在采访银行和校方时遇到极大阻力，仍然坚持完成了采访，获取了大量采访录音。节目播出后，听众反响强烈，全国多家媒体全文转载，整个事情也因此被称为“卡门事件”。

一些大学拿学生个人资料做交易、泄露个人隐私的问题普遍存在，该篇评论的选题，可以说社会关注度较高，作品中我们可以听到学生、校方领导、银行业内人士的大量采访录音，作品中叙述的部分就是用音响说话，现场感和真实性都很强，大篇幅的现场音响带给听众极大的震撼力。其中，将该校宣传部部长勃然大怒、强词夺理的情绪和行为展现得淋漓尽致，正因为此，该宣传部部长被听众和网友冠以“史上最牛宣传部部长”的称呼，足见音响冲击力之强。

在充分掌握了相关情况后，作者一针见血地指出，西安电子科技大学将学生的个人信息当作学校资产回报给了支持学校建设的银行，缺乏基本的法律常识；而银行为了追求业绩，违反操作规程，在学生不知情的情况下强制办卡，也体现出其监管的缺失和法律意识的淡薄。作者还引用专家呼吁的话表达了观点：应尽快出台《个人信息保护法》，只有通过立法才能使困扰公众已久的个人信息泄露问题得到彻底解决。

这是一篇典型的录音评论。全篇用音响说话，将音响的力量发挥得淋漓尽致，由述到评，水到渠成，立场鲜明。

三、新闻访谈类评论

中国新闻奖评选办法规定，广播电台新闻评论类作品包括以评论为主的述评性节目。同时，对新闻谈话类节目的定义是，主持人与嘉宾就新闻人物、新闻事件和热点话题进行讨论的谈话作品和新闻人物访谈作品。其中，主持人与嘉宾就新闻人物、新闻事件和热点话题进行讨论，谈及对事件的态度、意见和看法，通过深层次的探讨和挖掘，阐明事件的原因和本质、意义和价值，表达一种态度或主张，从而帮助听众深入认识新闻事件，达到解疑释惑的目的，就具有新闻评论的性质。

中央人民广播电台中国之声的《央广夜新闻》，每期节目同步跟踪新闻事件和热点话题，同步展开主持人、评论员、听众网友的实时互动讨论。主持人首先叙述新闻事件，让听众和嘉宾对所要讨论的事件和话题有深入的了解，并在此基础上展开讨论，在讨论过程中，主持人作引导，主要时间交由两位嘉宾来谈，主持人通常也会持有一定立场，三个人之间的观点和看法不尽相同，但都是站在一定的高度、从一定的角度阐明道理，听众不难通过对节目的收听和理解，把握其中主流的观点，而这种观点也必然符合当前社会的主流价值观和大多数人的价值取向。

例如，2013 年 1 月 11 日《央广夜新闻》23 点至 24 点之“品味夜视觉”，前 30 分钟讨论的话题为：作为职场“敲门砖”的简历该“长”什么样？依托的事件是：宁波市刚落幕的首届毕业生简历大赛，脱颖而出的一等奖简历普通得出乎很多人的意料。在直播间里的是主持人嘉锋和两位特约观察员彭伟祥、杨超，来看一下节目的部分文字实录：

主持人嘉锋：央广夜新闻，同步你来说。我是主持人嘉锋，今夜和我们一起评说新闻的还有中国之声特约观察员彭伟祥和杨超，接下来我们关注的是简历。

相信很多人都见过招聘现场被用人单位扔在地上的简历，在职场激烈竞争的环境当中，提高简历的存活率是每个求职者关心的话题，目前正值大学毕业季，一份优秀的简历被不少人看成是进入职场的敲门砖，然而投出的简历缘何石沉大海，成为不少求职大学生的困惑。如何将一个人的才能，巧妙地融入一纸简历当中呢？由宁波市人力资源和社会保障局主办、宁波市人才服务中心和各赞助高校承办的宁波市首届毕业生简历制作大赛日前落幕了，经过了激烈的角逐，最终评选出了一二三等共 10 名获奖者，简历大赛选出的一等奖简历会是什么样呢？

出乎所有人的意料，获得一等奖的简历格外普通，和许多人之前预想的有很大差距，封面上是主要信息：姓名、联系电话、E-mail、求职意向，次页是一封自荐信，300多字，主要写的是自己的一些专业技能，接下来是简历的正文，总共分7块：求职意向、个人概况、教育状况、基本技能、实践及所得奖励、兴趣爱好、个人评价，每块之间都有加粗的直线作为分隔线，重点阐述实践，但是每一点只用简单的一句话来说明。总的来说，简历真的是非常简单，几乎没有什么装饰，与微博上被捧的各类创意简历有着天壤之别。

获奖者是来自浙江万里学院通信工程学院的大四学生邵洋江，在几个月前的校园招聘会上，就是凭借这样一张纸，小邵在投出十多份简历之后，收到了9个电话让他去参加面试，目前小邵已经在一家大型的集团公司找到了实习岗位，每周工作三天半，实习期的工资是两千五百块钱，同学们都挺羡慕的。

每一年都有对简历的攻略和介绍，像我找工作，都是十多年前的事情了，那会儿都已经有很多花里胡哨的简历了，包括做得跟杂志一样，装订好，到印刷厂去印刷，现在被追捧的反而是返璞归真的一页纸。这几天，在微博上也能看到，很多有创意的简历，特别受追捧，有些简历还设计得比较巧妙，独具匠心，还配备了大量的漫画和图表，这种方式真的值得借鉴吗？彭老师和杨老师，你们看到简历的时候，什么样的简历是给你们留下比较深刻印象的或者说是比较夺眼球的？

特约观察员彭伟祥：我确实招过员工，也有过看简历的经历，我孩子投简历，也有这么一个过程。我看简历就是一带而过，你能让我在第一页看到你的能力，我才把简历留下，我不能说所有的判断都是正确的，但起码是我想看到的一些东西，如果这些东西没有的话，我可能随手就丢掉它了。简历简历，第一，要简，用简单的办法叙述你的经历，如果一个大学毕业生在投简历的时候，连这个都不懂的话，白学了，连高中都没学好。简历在求职路上是第一关而已，第一关哪怕你有一个闪亮点能够抓住。第二，你要对症下药①，即使是应聘新闻单位，电台、电视台、网站、报社，都是不一样的，简历简历，一定要删繁就简，在短时间内对症下药。

特约观察员杨超：我特别理解求职过程中，很多人会花很多的心思来包装简历，很多人认为是过度包装。很多求职的年轻人是在走一个误区，我们需要有创意，并不是在简历上排斥创意②，而是排斥过度的包装。我们很多的毕业生没有

---

① 为节省篇幅，这里根据节目录音内容所作的文字摘录有省略，此处简要表达嘉宾观点。该嘉宾还以面试官的经历讲了自己曾经拒绝录用一个优秀女生的故事，原因是她的文艺特长不适合在一本新闻杂志中发挥。

② 该嘉宾提到报纸上某毕业生以有创意的个性简历成功应聘一家广告公司的报道，认为应聘某些岗位有创意的个性简历更有优势，但简历有创意跟过度包装是两码事。

走到一个正确的方向上。最基础的还是要有真才实学。

主持人嘉锋：用人单位在选人的时候，目的性是很强的，我觉得一个人的修养更为重要，倒不是临时抱佛脚去学一些技巧能够应对得来的。好，我们听一下听众朋友在微信上是怎么说的。

听众1：简历比较重要。因为无论是从运气还是从其他方面来看，简历是你打动公司的第一步，所以，有特色的简历是你求职路上迈出的第一步吧。

听众2：无论是简单的，还是花哨的，都不是很重要，只要是把自己真实的经历、经验，还有对工作的热诚度写好，这样我觉得非常重要。然后，面试过程中要下好决心，展示自己对未来的美好愿景。

听众3：简历吧，我觉得不是特别重要，书面的东西并不能完全表达，也确实有很多作假的简历，还是真实的面试更为重要。当然，一份简历能够在很多简历中有很多的不同，做得很特别，我觉得这个人也肯定是不一样的。

听众4：简历还是以诚信、实事求是为主，客观真实地介绍自己的特点、学历、特长、工作经历和求职愿望。可以做适度的包装，但是过于花哨，喧宾夺主不太好。

这期20多分钟的节目中，主持人叙述事件之后，两位嘉宾都表达了看法和观点，嘉宾彭伟祥老师作为一家新闻杂志编辑部的负责人，从自己招聘员工的经历谈起，认为简历必须简洁，“对症下药”。此外，他更注重通过与应聘者的交谈来判断对方是否合适。嘉宾杨超老师是资深编辑记者，她认为简历可以有个性，但不能过度包装，真才实学最重要。主持人嘉锋认为，个人修养很重要，临时抱佛脚在简历上做点手脚是行不通的。节目中还选用了四位听众的微信语音留言，他们代表了几种不同的观点，但都认为花哨的简历不如简单真实的表达更好，听众自己“出声音”表达的内容成为节目的一部分。

通过收听新闻访谈类评论节目我们可以看到，主持人和嘉宾在围绕新闻话题作讨论时，嘉宾要对新闻话题表达态度和看法。嘉宾表达的态度和看法，就是一种观点，相当于评论文章中的论点；嘉宾表达观点之后，还要通过一定的说理阐述来印证自己表达的观点，嘉宾的说理内容就相当于评论文章的论据；嘉宾通过说理来印证自己观点的过程就是一个论证的过程。因此，其中评论的三要素都具备，评论元素是非常鲜明的，可以认为它是新闻访谈式节目、互动聊天式节目，也可以认为它是评论式谈话节目或广播评论。

不过，新闻访谈类评论与口播评论、录音评论有以下几个明显的不同：

（1）单独播出，时间较长。口播评论和录音评论时长较短，经常在联播式新闻节目或新闻综合节目中出现，作为新闻节目的一部分；新闻访谈类评论则是一档单独播出的节目，时间方面要长于口播评论与录音评论，通常时间在20分钟至30分钟甚至更长。

（2）广播叙事元素更多。新闻访谈类评论节目所具有的广播叙事元素更多，在主持人与嘉宾谈话之前要引出新闻话题，就要回顾一下新闻事件，这既可以由主持人口头叙述，也可以播放一段录音新闻来介绍新闻事件，还可以连线对新闻事件做采访报道的记者做介绍，新闻访谈类评论节目融入了口播新闻、录音新闻、连线报道等广播新闻报道形式。

（3）互动性较强。与口播评论和录音评论缺乏听众互动性相比，新闻访谈类评论节目有很强的互动性，听众和网友都可以参与其中，通过短信、微博、微信、网络论坛、贴吧等工具均可参与互动，而有代表性的留言观点则会在节目中播出。近来，微博和微信互动渐热，微博留言和微信语音的内容都可以融入节目，听众的观点成为节目的一部分。互动性强是新闻访谈类评论节目的一个显著特征。

第三节　新媒体时代广播新闻评论的发展特点

新媒体时代中，信息量空间无限扩大且信息传播速度更快、节点更多、范围更广，在这种形势下，作为传统媒体的广播必须用信息承载理念，用评论提高品质，追求评论强台，强化评论力量，把广播打造成思想媒体，用深度提升影响力，这是新媒体时代广播的责任担当，也是应对竞争的取胜之道。① 在新媒体时代，广播新闻评论（以下简称“广播评论”）呈现出了与时俱进的新特点，评论速度加快，选题和形式日趋多样化，评论员队伍逐渐扩大，广播元素也更加鲜明。新时期的广播人也需要紧跟时代脉搏，推进广播评论的创新发展。

一、赋新闻以思想，“评论强台”观念强化

广播有多种功能，其作为媒体的基本功能就是报道新闻、提供信息、引导舆论。广播的本质是新闻媒体、资讯媒体，“新闻立台”是广播媒体必须坚持的首要原则。在新媒体环境下，受众每天面对着四处涌流的海量信息，随着网络的普及以及技术的发展，受众获取信息的途径和方式也有了更多选择。在媒介融合的背景下，媒体及其提供的内容出现了同质化倾向，信息已经不再是稀缺资源，而观点却可以独树一帜。对广播来说，可以没有独家新闻，但不能没有独家观点，

① 张振华．百舸争流，更需励志．中国广播影视，2011（15）．

也就是说，广播要做思想媒体，强化新闻评论，以评论强台，通过评论传达一种思想力量。打造有思想的广播，是全国多家有影响力的广播媒体所坚持的方向。

拿破仑曾经说过一句话："世界上有两种东西最有力量，一是剑，二是思想，而思想比剑更有力量。"作为媒体灵魂和旗帜的评论，可以让新闻变得有思想。在新媒体环境下，媒体的竞争已由信息之争进入观点之争，在这种形势下，广播不仅要强调"新闻立台"，更要强调"评论强台"。广播作为主流媒体，不仅要报道新闻、传播信息，同时也必须提升对信息的解读能力，不仅要第一时间报道新闻，而且要第一时间做出评论。

作为中国新闻广播旗舰的中央人民广播电台中国之声，致力于打造有思想的媒体，从早间6点30分开始一直到午夜12点，全程扩大特约观察员对新闻解读和评论的时间、领域及融入样态，主编加强与特约观察员的沟通与策划，保证了中国之声的新闻观点和评论信息量大、价值高、评说精彩、导向正确。以半小时为单元的《央广新闻》，设立子栏目"第一评论"，即时解读重大新闻。《央广时评》贯穿中国之声全天多档新闻节目，实现了新闻的"随进随出"和即时解读。评论解读揭示出新闻的深刻内涵，新闻的思想性也更加突出。

追求"评论强台"，打造思想广播，在地方电台也同样受到重视。杭州新闻广播（现更名"杭州之声"）在坚持"新闻立台"的同时，明确提出"评论强台、观点强台"的办台理念。从2010年4月26日起，杭州新闻广播招揽杭州和北京、上海等地的资深媒体人、大学教授、公务员、专业领域的专家学者等，建立了"新闻评论员专家智库"，从早8点到晚8点，在每个整点推出两分钟的原创评论栏目《连线快评》，电话连线特约评论员，对新闻事件发表观点和看法。《连线快评》紧跟在新闻资讯栏目后播出，实现了速递新闻资讯、紧跟精彩观点的目的，增加了新闻的厚重感与思想性。深圳电台努力打造"高、精、尖"水准的评论节目，特约了曹景行、梁文道、唐师曾等一批各领域的评论专家，深圳电台新闻频率《898早新闻》节目还开设《时事论坛》专栏，邀请时事评论员对热点新闻进行即时点评，突出对新闻的评述和解读。

作为中国首家跨境广播的广东电台南粤之声，依托凤凰卫视国际化、高端化、品牌化的影响力和知名记者、评论员队伍，把深圳、珠三角乃至中国政治、经济、社会、文化等多个领域的热点、焦点及时深刻地反映在改版后的节目中，致力于打造中国媒体人的思想高地。有学者指出，评论是决定媒体高度、深度、品质和影响力的核心标志。在新媒体时代，"独家新闻"已不可求，广播必须坚持"评论强台"，加强新闻评论，向思想和深度进军。

二、评论速度再提升，选题来源多样化

评论作为一种新闻体裁，如同消息、通讯等体裁一样，具有强烈的时效性。广播较之纸媒的优势之一是它的时效性，声音单信号的传播较之声画合一的电视，也有时效性的优势。广播评论和报纸评论与电视评论相比，具有先天的时效优势，而在新媒体时代，广播评论时效性的优势得到了进一步的发挥。广播可以在新闻事件发生后或发生、发展的过程中，通过记者、主持人评述或专家连线等形式发表即时评论。同样，在新媒体时代，广播评论的选题来源更加广泛，越来越多的话题进入到广播评论的范畴，为受众拓宽了视野，启迪了思维。

中央人民广播电台中国之声作为中国第一新闻广播频率，改版后以耳目一新的面貌呈现在受众面前，在增加第一时间、第一现场、第一话语权报道的同时，通过对事件第一时间的解读、点评、追问，为人们打开了视野。以半小时为单元的《央广新闻》，对事件的发生、发展进行同步报道，同时引入"第一评论"，由中国之声特约观察员坐镇直播间，对最新发生而又引起听众关注的新闻事件或话题进行即时解读和评述。杭州之声《连线快评》节目，12 个整点滚动播出，能在报道重大突发事件时，插入即时评论，充分发挥出广播评论"短、平、快"的优势。陕西电台新闻广播的评论节目《新闻新观察》，每天选择 5 条到 6 条公众关注的热点新闻事件进行评说，节目采用直播形式，评论的时效性得到了充分体现。

在评论速度提升的同时，广播评论选题的来源范围也在不断扩大。新闻评论的选题一般也称为论题，决定着一篇评论的评论对象和论述范围，选题是采制评论的"制高点"，从根本上决定着评论的成败。有学者提出广播评论选题的三个来源：一是党和政府的重要会议、重要文件和重要领导人讲话，二是近期出现的具有全局意义的典型事件，三是具有评论价值的焦点事件和社会现象。[①] 新媒体时代，受众接触到的信息比以往更加广泛，也需要媒体给予更多的信息解读。因此，广播评论的选题范围也必然随之扩展，涵盖社会生活的各个方面，各种社会现象、社会热点以及网上的热议、热评话题等都包括在内。

以中国之声 2013 年 1 月 16 日至 18 日播出的《央广新闻》为例，评论中就涉及了诸如企业利润和产能过剩、中国劳动年龄人口数量减少、公务员考试培训对考生实质能力的影响、农村医保大病报销比例提高、佛山夫妻收 10 元代订火车票被刑拘、马云辞去阿里巴巴 CEO 等多方面的话题。对于地方电台来讲，其

① 张君昌．广播评论的选题原则．中国广播，2007（3）．

评论的选题更强调挖掘本地新闻资源，如杭州台《连线快评》的《探寻西湖边环湖建筑，为何摇身变成高档会所?》《杭城“最便宜处方”带给我们的思索》《杭州房地产市场具有较强抗跌性》等选题突显地域性和贴近性，更易为本地听众所喜闻乐见。

三、评论形式多样性，广播元素更鲜明

广播评论曾长期沿袭报纸评论的分类形式，如本台评论、本台评论员文章、本台短评和编后语等，且大多是报纸评论的有声版，广播元素不够鲜明。广播在个性化探索的过程中创造出了一些独具特色的评论形式，如广播谈话、口头评论和音响评论等，一定程度上体现了广播的特点。在新媒体时代，在“评论强台”观念强化的同时，广播评论的形式也不断得到丰富和发展，呈现出了多样性的特点，如新闻评论节目、广播评论专栏、直播间讨论、专家学者连线、记者现场述评、主持人点评、网友热评、微博热议等，广播元素也更加鲜明地体现在各种形式的评论中。

传统意义上的广播谈话是一种模拟日常谈话的评论形式，由说话的一方借助中介，创造类似双方交流语言环境的“类交流”，其实质是以完全平等的态度和口吻面向听众说理论事。① 目前的广播谈话类节目是对传统广播谈话的突破，节目中由主持人与作为嘉宾的评论员或观察员就某些话题展开讨论，同时借助微博与微信平台，及时把听众有代表性的观点反映在节目中，通过展开讨论来表达一种符合社会主流价值观的观点，及时引导舆论。如中国之声 2013 年 1 月 21 日《央广夜新闻》23：30—24：30 时段，主持人与两位观察员讨论的话题是：又到一年艺考时，艺考一个月花费近万元，家长感叹“考不起”，艺考热背后我们需要做哪些冷思考。一位观察员评论指出：艺考培训班在一定程度上起到了积极作用，给孩子增加了成功的机会，每个孩子都是有梦想的，但是要清楚地知道自己的优势究竟在什么地方，别人都去做的，你未必能胜任，别人都不去做的，如果你去做了，也有可能获得成功，不管是艺考还是其他考试，在人生的关键节点，都要做到不害怕、不后悔，理智、理性地去应对。

许多电台都聘请了一些专家学者做特约评论员，并开辟了专门的评论节目或在新闻节目中开辟评论专栏，专家连线即时评论、记者述评和主持人点评等形式是口头评论和音响评论的具体表现。如无锡新闻广播《1161 早新闻》节目的广播评论就以三种形式体现：一是主持人在新闻串联中加入点评，短小精悍，一语

① 王振业，李舒．新闻评论与电子媒介．北京：中国广播电视出版社，2004：159.

中的；二是记者就某些社会现象产生的不同观点采制的录音报道；三是记者或编辑针对时事焦点和社会热点撰写的评论文章，或精选其他媒体的精彩评论，在节目的“今日快评”专栏播出。再如哈尔滨电台新闻频率在全天整点新闻《新闻进行时》节目中开设“现场连线评论”及“主持人点评”环节，对现场发生的新闻事件进行同步的直播和评论。

不同于报纸评论的有声版，新媒体时代广播评论中的广播元素非常鲜明。广播利用电话连线可以充分发挥出其快捷便利的优势，连线快评正是发挥了广播“快”的优势，第一时间连线记者或评论员评述新闻传达观点，短小精悍、生动活泼、通俗易懂的口语化评论为广大听众所接受和欢迎，这正是广播评论的优势。在《新闻纵横》等节目中，音响评论得到了充分运用，当事人各方的话语及相关专家的评论被以录音形式呈现给听众，如2013年年初，北京出现严重雾霾天气，《北京市大气污染防治条例（草案送审稿）》应声而出，面向社会公开征求意见，记者采访了部分市民、大学教授和律师，对条例草案的内容做出评价，最后引用律师观点指出：“广开言路，才能政通人和，适当举办听证会并设立试行期，为政策微调制造空间很重要。”把采访对象的话语真实地呈现给听众，音响效果得到了鲜明体现，使得广播评论更富真实情境、更具震撼效果，新闻的感染力和厚重感也陡然增强。

四、评论员队伍扩大，评论主体多元化

如果说新闻评论是媒体的灵魂与旗帜，那么作为评论创作者的评论员则是灵魂的指引者和旗帜的高举者，评论员队伍的建设关系到媒体的发展程度及其影响力的强弱。评论工作在广播媒体的发展中曾一度被忽视，地方电台缺少专门的评论员，宣传报道需要配发评论时通常是转读报刊评论。新媒体时代，媒介竞争多元化，多数媒体的竞争策略由挖掘独家新闻转向挖掘独家观点，打造有思想的广播已在业界形成共识。基于此，广播评论得到了充分重视，作为评论主体的广播评论员队伍也在不断扩大，专家学者、部门官员、资深媒体人等相继加入，甚至一些市民代表或草根阶层也融入评论队伍中，评论主体呈现出多元化的倾向。

目前，很多电台自身的评论队伍不足，评论水平不高，而广播评论的内容涉及各个领域和各个层次，单纯依靠内部的评论队伍难以做到面面俱到，建立一支专兼职评论队伍就显得尤为重要。广播媒体既要立足自身的评论队伍建设，努力培养本台知名评论员，同时也要广泛挖掘社会资源，建立多层次的评论队伍，追求有深度、有价值、有说服力的观点。

中央人民广播电台中国之声加强新闻评论力量，把该台的部分资深编辑、记者、主持人充实到本台评论员队伍中，同时聘请了50名观察员，储备了超过

1 800名专家，以对重大事件与政策做出及时解读，国家统计局总经济师兼新闻发言人姚景源、担任过中央政治局集体学习的主讲专家巴曙松研究员、曾任凤凰卫视资讯台副台长兼言论部总监的曹景行、国防大学战略教研部副主任金一南教授等都被囊括在特约观察员名单中。观察员和评论员及时解读新闻背景，评点新闻事件，极大提升了新闻的深度和广度。

地方电台方面亦是如此。深圳电台新闻频率一个明星级的专家库正在组建中，曹景行、梁文道、闾丘露薇、阿丘、唐师曾等一批国际时事、社会、财经、体育、文化领域评论专家成为深圳电台的特约评论员，打造“高、精、尖”水准的评论类新闻节目是深圳电台新闻频率的目标。杭州电台一方面借鉴中央级媒体的智库建设，邀请权威人士担任评论员，另一方面注重评论的贴近性、通俗化，发掘民间草根评论人，评论员队伍从最初的几位资深媒体评论员逐步发展为由 30 多位社会各界人员组成，包括部分市民代表在内的评论员团队。

部分电台正在吸纳不同行业、不同层面的人士加入广播评论员队伍，如宁波电台聘任包括报社评论员、政府部门专家、高校教授、社会资深评论员等在内的特约评论员作为评论写作的主体，以本台领导、新闻采编人员为主组成的本台评论员队伍，对播出的重大新闻及时配发评论，还吸纳社会上的评论写作爱好者参与评论写作。浙江温州新闻广播积极拓展本地新闻资源，强化舆论监督和新闻评论，让新闻广播传达“思想”的力量。在采编人员撰写评论的同时，邀请各行业专家加入特约评论员队伍，还建立了广泛的公众评论员队伍和听众评说热线，将各种独特而不失偏颇的观点以录音报道的形式在新闻中呈现。

第十二章　广播连续（系列、组合）报道

随着新闻事业的发展，新闻报道方式也日益丰富，连续报道与系列报道就是其中重要的两种报道方式。连续报道和系列报道不是广播新闻的特例，无论是平面媒体、电子媒体，还是网络媒体，都能见到连续报道与系列报道。

连续报道和系列报道也是中国新闻奖的评选项目，在中国新闻奖的评选中，连续、系列、组合报道被归为一类，称为“系列（连续、组合）报道类”。中国新闻奖评选条例规定连续报道是指围绕正在发生的新闻事件连续播出的“跟踪式”报道，单件作品不少于3篇；系列报道是指围绕某一主题或已经发生的新闻事件等所做的多角度、多侧面报道，单件作品不少于3篇，作品策划性强，单篇作品间的关联性强，成系统；组合报道是指围绕同一主题、现象、人物、事件在同期同一专题内播出的不同体裁的报道。

由于广播组合报道是不同新闻体裁的单篇组合，彼此虽有关联性，但单篇自身在报道中所表现的体裁特征依然明显，缺乏独立性，这里不作专门介绍。本章主要结合广播媒介的特点和一些具体的广播新闻作品，来谈一下广播连续报道和系列报道的问题。

第一节　广播连续报道

广播连续报道从体裁角度看应该属于消息类新闻报道，因为它围绕正在发生的新闻事件进行跟踪式报道。然而，正是具有这种“跟踪”性质，且不少于3篇，单篇作品彼此的相关性较强，所以与消息类的新闻报道又有所不同。

一、广播连续报道的定义

关于广播连续报道，研究者们已做过诸多探讨。有研究者认为，广播连续报道是对同一新闻事件的发生、发展、变化做跟踪式的多次报道，最大限度满足听众及时了解新闻全过程的需要。连续报道可以由多种报道体裁组成，各篇报道尽管围绕同一事件，但可以各有侧重，各有独立的视角，共同阐述同一报道主题。

连续报道具有非常强的时效性，报道突发事件发挥优越性。① 也有研究者认为，广播连续报道是对一个新闻事件发生、发展和结果分阶段进行的相对完整的报道，它专指用于报道新闻的文体，是对刚刚发生的新闻事件的多篇报道，时效性非常强。只要新闻事件不结束，报道就没有终结。连续报道可以是连续的录音新闻，也可以是连续的现场报道，还可以是连续的现场直播或直播访谈。② 还有研究者认为，广播连续报道紧紧跟踪新闻事件的进程，以持续报道的形式反映事件的最新态势。广播的传播特性决定了广播在传播的即时性和便捷性方面具有其他媒介难以比拟的优势，连续报道对事件的动态把握和同步跟踪是发挥这一传播优势的关键。③

上述观点并不完善，像“连续的现场直播或直播访谈”以及“由多种报道体裁组成，各篇报道尽管围绕同一事件，但可以各有侧重，各有独立的视角，共同阐述同一报道主题”等看法尚待商榷，但是关于广播连续报道是广播媒体对刚刚发生、正在发展的新闻事件进行的连续性跟踪式报道，这在研究者那里已成为共识。

二、广播连续报道的特点

有研究者认为，广播连续报道一是以时间为顺序，随着事件的发生、发展的进程而展开。报道对象本身的连续性决定了各次报道之间存在的有机联系，内容承上启下，时间、事态衔接，事态呈线性分布，各篇报道之间的顺序不能变动。二是在事态进展过程中进行报道，属于“现在进行时”。报道的时间跨度小，应是追踪或跟踪报道，各篇报道的播出时间相隔较近。每篇报道连接起来，记录了事态发展的全过程，从事态发生到追踪、跟踪一直到结束，应有头有尾，呈现完整无缺的事态主体的全部。④ 由此可见，广播连续报道有呈连续性、时效性、动态性以及独立性与完整性相统一的特点。这里，我们以海峡之声广播电台播出的《7·23 动车事故大救援》为例，具体探讨广播连续报道的特点。

2011 年“7·23”甬温线动车事故出现后，海峡之声广播电台连续 2 天跟随事件进展进行了 10 次连续报道，10 次报道的形式有所不同，有现场连线、录音新闻，也有记者的口头播报，每次报道的时长均在 3 分钟之内。可以看到，该连续报道注重的是新闻的时效性，注重在第一时间把前方的消息传达给听众，每次

---

① 王文科．广播新闻报道．杭州：浙江大学出版社，2002：357－358.

② 危羚．广播音响报道实用教程：第二版．北京：中国传媒大学出版社，2012：208.

③ 曹璐．广播新闻理念与实务创新研究．北京：中国广播电视出版社，2007：148.

④ 曹仁义．新闻实用业务系列谈之九——连续报道与系列报道．中国广播，2010（5）.

报道的时长也较短，符合广播新闻短小精悍的特点。同时单篇报道相对独立，但又完整而具动态性地呈现了“7·23”动车事故大救援的全部过程。具体的播出时间和报道内容如下：

7月23日21：00，温州双屿路段发生动车事故，温州消防第一时间投入救援（2分52秒）；

7月23日21：06，周围部分群众自发参与救援（2分钟）；

7月23日21：10，大型机械车赶到现场，准备切割车体救人（2分30秒）；

7月23日21：15，医疗救护力量到达，救援人员全力救人（2分50秒）；

7月23日22：20，温州各区县医院投入现场救援（2分04秒）；

7月23日23：30，医院救援血液告急，温州市民排队献血（2分12秒）；

7月23日23：45，安全旅客的转移安置工作启动（2分48秒）；

7月24日7：00，上千名旅客的转运与安置结束（2分36秒）；

7月24日19：00，坚守在现场，守护住希望（2分53秒）；

7月24日21：00，温州各医院心理医生接受培训，灾后心理救助明起全面展开（2分45秒）。

下面，我们选取7月23日21：00、21：15和24日19：00播出的三篇报道作简单介绍：

温州双屿路段发生动车事故，温州消防第一时间投入救援

主持人逸舟：这里是海峡之声新闻广播正在为您播出的《海峡广角镜》，现在是北京时间21：00整。听众朋友，现在插播一条突发新闻。今晚20：40左右，由北京发往福州的D301次动车发生了严重车祸，本台记者洪涛就在这趟列车上，他刚刚爬出车厢。接下来我们来连线洪涛，了解现场的情况。

记者洪涛：这趟列车是从北京开往福州的D301次。我是今天下午2：11左右从南京上车，现在车行驶到达的是浙江温州的双屿境内。刚刚这趟列车突然发生翻车事故，前几节车厢冲破了高架桥的轨道，掉到了地面上。前三节车厢，基本上已经粉碎，我所在的第四节车厢正好是架在天桥和地面之间，我往下看，原来平行的通道已经（变成）向下的很深的通道了。我当时已经进入梦乡，突然间，车发生很大的摇晃，之后所有的电都停了，我也不知道发生了什么事情，之后用手机打开亮光，找到我的鞋，找到我的旅行包，然后把（包厢）门推开、（用旅行包）架住，看到下面有一些旅客自行把车玻璃敲碎，然后从底下两节车厢连接的折断处爬出来。我也顺着平时（过道）边上的观光扶手爬下来，然后从底下钻出来，看到地面上已经有一些躺着的人，可能会有一些伤亡数字，因为现在场面特别的混乱，还不太好确认这些。120急救车马上就赶到，现在消防车

已经到达了，现场聚集了很多围观的周围的群众。目前我掌握的情况就是这些，因为现在我的情绪可能还有点波动，我的腿还有点发软。

主持人逸舟：洪涛，你刚才说救护车很快就会到了，那目前还有其他一些救助力量到达现场了吗？那么，现在现场的其他乘客，他们情绪怎么样？

记者洪涛：后面的车厢都在铁轨上，没有动，所以后面的旅客应该是比较安全的，现在最主要的就是一、二、三节车厢和第四节车厢。前三节车厢，我看粉碎比较大，三、四节车厢的连接处可能有人员困在中间出不来，我出来的时候看见有一位妇女，脚可能受伤，走不动，里面可能有她的亲戚，她在哭喊，孩子也一直跟妈妈说：妈妈，对不起！对不起！我现在身旁就抬过来一个大哥，浑身是血，还有一位女士。现在救援的人员正在陆陆续续（赶来）。救护车还没有到，温州消防的人员正在把里面的伤员一个一个往外抬，目前情况就是这些。

主持人逸舟：洪涛，你在那边一定要注意安全，和我们保持联系，注意安全！

医疗救护力量到达，救援人员全力救人

主持人逸舟：这里是海峡之声广播电台新闻广播正在播出的《海峡广角镜》，现在是北京时间晚上21：15，我们继续来关注温州动车事故的消息。据刚才本台记者洪涛的连线报道，温州消防官兵已经在第一时间展开现场救援，大型破拆设备和周围的部分群众也投入了救援。现在再次接通洪涛的电话，了解现场的最新情况。洪涛，我现在听到你身边有救护车呼啸的声音。

记者洪涛：对，现在温州市急救中心的好几辆（救护）车已经赶到了，现在救援工作基本上是在顺利地开展，受伤的人员正被陆陆续续地往车上运。我现在还在事故的现场，最新了解到的情况是，事故发生的原因是两辆车相撞，一辆从温州开往杭州方向的动车正好停靠，我所乘坐的从北京到福州的D301次没有注意到这辆车，所以撞上，导致我所乘坐的D301次前三节车厢从高架桥上摔了下来，第四节车厢横跨在高架桥和地面之间。前三节车厢伤亡的情况可能会比较严重，我刚才在第一现场看到受伤的人还比较多，有些人可能（已经去世），我现在没法判断他们到底是不是已经没有生命体征，因为他们没有任何动作，包括刚才我旁边的一位大姐，躺在地上，呼吸非常微弱，旁边一些好心人在给她按压胸腔，大喊救护人员，后来是被消防的救护人员抬上了救护车，祝愿这位大姐能够挺过这一关。还有一些小孩也受了重伤。

主持人逸舟：洪涛，你刚才提到，从第四节车厢往后，其他乘客目前是安全的，那么，现在这些乘客有没有相关部门来对他们进行一些帮助或者安置？

记者洪涛：（D301整列车）一共16节车厢，从第五节车厢往后，后面的旅

客还是比较安全的，因为列车还在铁轨上，就是没有电了。他们说，第四节车厢，我所坐的这节，虽然斜跨了下来，是竖的，目前也比较安全，不会发生倾倒或者火灾、爆炸这类的事故。在后续安排方面，目前还没有进展到这一步，他们都在忙着救人。因为车厢摔下来以后，有的地方封闭比较严密，他们在敲啊，打啊，把人往外拉，救援工作确实也比较艰难。

主持人逸舟：谢谢洪涛给我们带来最新的消息，你在那边还是要注意安全，跟我们保持联系。

坚守在现场，守护住希望

（救援现场）

听众朋友，今天下午5点多，温州消防的搜救人员在对高架桥上的损毁车厢进行清理时，发现了一名幸存的小女孩。解放军118医院应急医疗分队队长、五官科主任罗光华说：

（出录音）“当前方的清理队发现了她以后，我们医疗队非常快地跑到高架桥上面，马上就到了现场，帮助工作人员把她抬出来。当时，她被夹在钢板里面，把缝撬开以后，慢慢移出来，发现小女孩的生命体征还比较平稳，对她进行了简单包扎，立即就转送到了我们医院。”（录音止）

这名被救的小女孩名叫项炜伊，今年只有两岁多。据医生介绍，孩子的伤势比较严重，但暂时没有生命危险。她现在正在解放军118医院的抢救室接受手术治疗。

由于距离事故发生已经过去了将近21个小时，所以，孩子在被发现的时候，现场的医疗救援队只剩下了解放军118医院的应急医疗分队，他们第一时间的医疗救助为孩子的治疗赢得了宝贵的时间。解放军118医院应急医疗分队队长、五官科主任罗光华说：

（出录音）“当时天气也很热，说实在话，我们已经坚守了将近20个小时，身体也相当疲劳。”（录音止）

动车事故发生一个多小时之后，距事发现场有40分钟车程的解放军118医院才得到消息，与此同时，事故伤员也陆续被送到该医院。解放军118医院立即启动了战时应急预案。

（出罗光华录音）“一个方面，把所有科主任以及医疗骨干全部集中起来，对在院的（伤员）进行抢救。另外一方面，就是组织20人的应急医疗分队奔赴现场。”（录音止）

在接到消息5分钟之后，解放军118医院的应急医疗分队就赶往了事故现场。但到达现场后，事故的紧急救援已经结束，这让他们有些懊恼。

（出罗光华录音）“我们得到消息相对比较晚，我们医院距事故现场也比较远。去了以后，没有能够救助到事故现场的伤员，但是院长、政委讲：只要在清理现场，可能就有希望，我们就是要坚守。所以，我们坚持了下来，而且等到了希望。”（录音止）

由于目前事故现场的清理工作已经基本结束，项炜伊很可能会成为这次动车事故救援当中获救的最后一名幸存者。解放军118医院的官兵用军人的坚守，守护了这最后的一丝希望。祝愿孩子早日康复，希望为她铺就了生命通道的橄榄绿让她的生命更加翠绿。海峡之声记者洪涛温州采访报道。

2011年7月23日，由北京开往福州的D301次动车与由杭州开往福州的D3115次动车于当晚20：40左右在浙江温州双屿路段发生追尾事件，造成特大动车事故。

海峡之声记者刘洪涛恰好乘坐D301次动车回福建，他在悬挂于高架桥和地面之间的车厢里，用了20多分钟才从十几米高的半空中成功逃生，他不顾内脏的剧痛和身上的擦伤，立即与电台连线并展开现场采访。在自救成功2分钟之后，便在21：00播出的《海峡广角镜》节目中发出了全球传统媒体中的第一条来自“7·23”动车事故现场的详细报道，占据了舆论先导。随后记者对事故救援进行了跟踪采访，形成了这次连续报道。

该连续报道内容从温州的消防官兵迅速反应，第一时间到达事故现场展开救援，到解放军118医院的应急医疗分队坚守20多个小时，为最后一名被发现的幸存者——小女孩项炜伊提供及时的专业医疗救助；从大型机械驰援，破拆坚固车体，争分夺秒救人，到周围群众积极增援；从温州市医疗救助力量及时赶到，到温州各区县医院全部出动参与救援；从周围群众率先自发投入救援，为抢救生命赢得了宝贵时间，到温州市民排队献血，解决了救援血液告急的问题；从大量安全旅客的转移安置，到灾后心理救助的及时跟进……该连续报道脉络清晰，前后呼应，紧跟救援进展层层递进，全景式展现了动车事故发生后，中国的民间力量与专业力量、地方政府与当地军队联动聚能，迅速展开救援的整个过程与感人故事，鲜明、全面、生动地反映了重大事故面前“救人第一”的人道主义精神，散发着浓烈的人文关怀温情。

该连续报道采用记者现场连线和现场录音报道的形式，时效性和现场感都很强，充满感染力，给人震撼，令人回味。该连续报道的文字稿件还通过海峡之声网以及其他多种传播平台得以迅速和广泛传播。尤为可贵的是，在事故发生26个小时之内无官方信息发布的情况下，该连续报道紧扣舆论关切点，利用舆论先导和记者亲历的优势，以及时、全面的报道主动实施了舆论引导，充分发挥了媒体的功能。有研究者认为，该报道堪称教科书级的现场连续报道佳作，它具有以下特点：

（1）时效性强。记者克服了强烈心理刺激后的情绪波动，凭着过硬的职业素养迅速投入现场采访，在自救成功2分钟后即发出了第一条直播报道，并持续跟踪救援进展，报道及时。

（2）现场感强。呼啸而来的救护车鸣响、急促的脚步声、现场救援的指挥声……原汁原味地呈现了现场救援工作的紧张与扣人心弦。

（3）语言平实。报道用语客观平实，没有主观臆断和情绪化的语言，且简洁生动，饱含人情味和画面感。

（4）信息完整。该作品是亲历式报道，既有记者惊心动魄的经历、事故的原因、现场的描述、典型细节的抓取，也有现场救援的艰难、民众的温情、心理的救助……全面反映了救援工作的全貌，结构完整，满足了受众对信息的渴求。

（5）主题突出。报道突出了“救援”的主题，凸显了重大事故面前“救人第一”的人道主义精神。①

三、广播连续报道的适用范围

广播连续报道本质上是“现在进行时”的报道，每一则报道的新闻价值或对听众的吸引力，同它究竟以多快的速度传播，提供多少关于事物或事件的最新发展状况，能在多大程度上回答“它现在怎么样”成正比。从根本上说，广播连续报道的价值取决于新闻事件的本身状态，即它是否处在变化发展之中，只有仍处在变化发展之中，人们才急于了解最新事态，连续报道才能满足人们的这种需求，才有存在的价值。如果事物已进入稳定状态，连续报道就不具有表现优势。连续报道要有适于持续报道的过程，持续的时间短、节奏快，在一般情况下不宜作连续报道；如果持续时间太长，节奏十分缓慢，也不具备连续报道的条件。② 换句话说，广播连续报道有一定的适用范围，并不是所有的新闻事件都适合做连续报道。

连续报道的核心在于，依托一个引起受众关注并且正在进行中的事件，一般以新闻事件为中心，严格按照事件的发展过程而展开报道。连续报道的间隔时间没有特定的规律，情况需要时，可以在短时间段内做多次报道，如果报道对象没有明显变动，则报道的数量会明显减少直至停止报道。广播连续报道适合对突发性新闻事件和影响较大的灾害性事件做报道，例如对2008年南方冰冻雨雪天气

① 资料来源：中华新闻传媒网，http：//news. xinhuanet. com/zgjx/2012－06/19/c_ 123305609. htm。

② 吴缦，曹璐．新闻广播研究．北京：北京广播学院出版社，1997：355，358.

灾害、2008年汶川特大地震、2010年青海玉树地震和2010年舟曲特大滑坡泥石流的报道等。广播连续报道不仅是对事态发展的持续关注，也是对抗灾救援进展情况的持续关注，突发性事件的发展变化情况不可预知，有新的情况也随时能够以口播或连线的形式进行报道，但更多的是通过录音报道的形式在新闻节目中播出。

重大突发并且发展态势不明朗的事件，适合做连续报道，听众希望及时得到现场最新的消息，广播媒体可以发挥优势。2010年3月29日至4月26日，山西电台推出广播连续报道《王家岭奇迹》，全程记录了王家岭特大煤矿透水事故发生后，救援队员全力营救，最终使115人获救的“奇迹”。该连续报道还对后续情况持续跟进，直到找到最后一名遇难者的遗体。该报道紧跟事件的进展，连续进行报道。该连续报道时效性强，第一时间播报现场最新消息，发挥了广播媒体快捷的优势，播报信息见下表：

《王家岭奇迹》连续报道信息表

序号	作品标题	播出日期	版面/栏目和时段	时长
1	华晋焦煤公司王家岭矿发生透水事故	3月29日	《山西新闻》7：00	1分20秒
2	华晋焦煤公司王家岭矿发生透水事故，153人被困井下	3月29日	《全省联播》18：00	2分29秒
3	截至昨天晚上8点30分，事故抢险人员已经超过1 000人	3月30日	《山西新闻》7：00	1分12秒
4	山西调集全省力量筹备抢险物资，水泵有69台，电缆1万多米	3月30日	《全省联播》18：00	1分45秒
5	井下投入排水的水泵达到11台	3月31日	《山西新闻》7：00	1分22秒
6	王家岭：排水量达到4.42万方，水位下降95厘米	4月1日	《山西新闻》7：00	1分46秒
7	王家岭：总排水量达到5.79万方，水位下降2.6米	4月2日	《整点新闻》12：00	1分20秒
8	120小时后，生命信号穿越地层	4月2日	《全省联播》18：00	1分47秒
9	井下发现生命迹象，已经输送营养液360袋	4月2日	《整点新闻》19：00	1分17秒
10	中煤集团一建公司公布153名职工名单	4月3日	《山西新闻》7：00	1分56秒

（续上表）

序号	作品标题	播出日期	版面/栏目和时段	时长
11	抢险指挥部预计今天可以下井救人	4月3日	《整点新闻》15：00	1分07秒
12	张宝顺再次要求坚定信心，加快进度千方百计营救被困人员	4月3日	《全省联播》18：00	1分27秒
13	骆琳、王君要求落实抢险救援各项工作，做好下井施救准备	4月4日	《山西新闻》7：00	1分12秒
14	3支矿山救护队已经就绪，只待命令下井救人	4月4日	《整点新闻》11：00	1分03秒
15	9名被困人员获救升井	4月5日	《山西新闻》7：00	1分00秒
16	王家岭透水事故有115人获救	4月5日	《全省联播》18：00	2分05秒
17	井下的其他38人仍然有望生还	4月6日	《山西新闻》7：00	1分04秒
18	井下找到5名遇难者遗体	4月7日	《山西新闻》7：00	0分47秒
19	遇难人数上升到7人，救援工作仍在继续	4月8日	《山西新闻》7：00	0分54秒
20	遇难人数上升到9人，救援工作仍在继续	4月8日	《全省联播》18：00	1分24秒
21	遇难人数上升到12人	4月9日	《整点新闻》11：00	0分59秒
22	遇难人数上升到17人	4月9日	《整点新闻》13：00	0分54秒
23	遇难人数上升到20人	4月9日	《整点新闻》15：00	1分34秒
24	王家岭矿特别重大透水事故调查组成立	4月13日	《山西新闻》7：00	1分54秒
25	“3·28”透水事故中遇难者已达37人	4月13日	《山西新闻》7：00	1分18秒
26	王家岭矿难找到最后一名遇难者遗体	4月26日	《全省联播》18：00	1分01秒

除不可预知的突发性事件之外，可预知但结果并不明朗的重大新闻事件也可以采用连续报道的形式播出。例如神舟飞船、嫦娥卫星的发射升空和空间飞行，在发射前期、发射过程中、发射成功后运载飞行过程中、飞船落地过程中及落地后，都会有新的情况出现，前方广播记者根据把握到的新情况，也可以随时与后方直播间进行连线报道，或者以回传录音报道的形式，传递听众最希望得到的消息。

第二节 广播系列报道

广播系列报道从本质上说属于新闻专题类报道，因为它是围绕某一主题或已经发生的新闻事件等做的多角度、多侧面报道。然而，正因为它是这样一种多角度、多侧面的报道，且其单件作品又不少于3篇，所以与新闻专题又有着一些区别。

一、广播系列报道的定义

关于系列报道，研究者已做过颇有见地的探讨。有研究者认为，系列报道是围绕同一主题或同一题材，将已经全部显现并已为报道者充分认识的报道对象，按计划多层次、多侧面依次连续推出的一种报道方式。系列报道以紧凑、系统、全面见长，它既能用于报道一些具有探索性与反思性的题材和带有启示与研讨性的问题，也能用于反映地区、行业和重大典型的风貌、成就、经验和事迹，起到示趋、解惑、传神、鼓劲的作用。① 系列报道最早出现在报纸上，广播系列报道是对报纸的移植和改造。因此，有研究者认为，广播系列报道是广播电台在一定时期内围绕同一新闻题材或同一新闻主题所做的有计划、多侧面（或多层次）、系统性的持续报道。它所反映的多为发展到一定阶段、处于稳定状态的事物，是在掌握了事物的全貌和全过程的基础上组织的、具有明确指导思想和周密计划的报道，其主要着眼点在于全面、立体地反映客观事物，深入揭示事物的内在联系，增强新闻报道的深度。系列报道单篇都具有相对的完整性和独立性，但彼此之间又相互联系、相互补充，成为可以更加充分地表现题材、体现主题的有机整体。② 也有研究者认为，系列报道是围绕同一主题或某一问题，多侧面、多层次、有计划地连续播出的拓展式报道形式，是对新闻事实的横向拓展，适用于时空跨度大、涉及范围广的报道。③ 可以说，上述观点和看法对广播系列报道的本质内涵做了较为准确的界定。不难发现，同一主题、多个侧面和多次报道是研究者对广播系列报道的共同认识。由于广播媒体是通过声音介质传递新闻信息的，音响元素应该是广播系列报道不可或缺的重要内容。

总之，广播系列报道是广播媒体围绕同一主题，从不同侧面和角度，通过对相关的新闻事实的解读分析做多次报道的形式，单篇报道可以表现新闻事实的一

---

① 彭朝丞．浅议连续报道、系列报道与深度报道的区分．新闻界，1997（4）．

② 赵玉明，王福顺．中外广播电视百科全书．北京：中国广播电视出版社，1995：54－55．

③ 曹璐，罗哲宇．广播新闻业务：第二版．北京：中国传媒大学出版社，2010：255．

个侧面，甚至表达一个小的主题，但是所有小的主题的表达都是围绕整个系列报道所要表达的大主题展开的。也就是说，单篇的小主题是为了烘托和表达整个报道的大主题。因此，广播系列报道克服了单篇专题报道势单力薄的不足，能在一定时期内形成强大的宣传声势，既可以反映面的广度，又可以挖掘点的深度，多层次、多视角地展现事实，表达主题。一般说来，广播系列报道适合于对非事件性新闻或隐含着社会深层矛盾的重大、重要题材的深度报道。

二、广播系列报道的特点

通过对广播系列报道概念的阐释，我们从以下几个方面探讨广播系列报道的基本特点：

1. 报道的计划性和系统性

由于广播系列报道关注的对象是重大或重要的新闻题材，所以对于系列报道，广播电台一般比较重视，不仅会选择最佳的报道时机，而且会抽调实力较强的新闻记者专门担负报道任务。不仅如此，对于报道的规模、方式、角度都会站在全局的高度进行通盘的考虑。如果说新闻报道是一场战争，广播电台往往会将系列报道当作一场硬仗来打。因此，为了做好系列报道，记者会精心制订一套系统完整的报道计划，包括内容安排、形式设计、采访对象的选择以及何时播出等。1997 年 11 月 18 日，广东省粤北的交通要道——清连一级公路建成通车。一个多月后，记者发现，这条路每天都要发生交通事故十多宗，觉得其中必有原因，于是便向新闻中心领导作了汇报，并按照领导要求进行深入采访。记者发现，整条公路没有警示标志，危险路段没有防护栏。有关方面为什么在交通设施未完善的情况下仓促通车呢？原来，公路每天流量 1 万多车次，平均每天收费 100 万元左右。换言之，早一天通车，投资者可多收 100 万元。于是，记者采制了系列报道《要钱，还是要命?!》。该报道分三篇：第一篇《一天 100 万一条人命》披露触目惊心的问题，指出问题的严重性；第二篇《要钱不要命》，剖析问题症结所在；第三篇《春运更要命》，提出春运将至，交通高峰在即，敦促交通、公安等有关部门紧急处置。

2. 内容的广泛性和深刻性

由于广播系列报道围绕同一主题从不同侧面和角度反映新闻事实，而且以多篇形式呈现，所以能够容纳诸多内容，信息含量很大。而这无疑赋予了广播系列报道内容广泛性。不仅如此，广播系列报道的单篇作品本身就类似于新闻专题，为了充分地表达主题，每个单篇作品在新闻事实呈现的过程中除了采用形象化描写和故事化叙述的方式外，还常常采用抒情和议论的方式以抒发记者对新闻事实的感受和感想，并表达记者对新闻事实的观点和看法。这样，深刻性无疑成了广播系列报道的又一基本特征。例如，北京电台的系列报道《探访大学生就业之路》，以“故事 + 调查 + 分析”的报道模式为主，以客观公正、积极向上为报道基调，在摆问题、追究原因的同时，总结、归纳出多条解决问题的办法和思路，在关键时候给大学生提出切实可行的就业方向，通过一个个就业故事，折射出全社会对大学生就业之路的关注。我们来看看其中的第一篇《2009，我的工作在哪里?》：

每一位即将从大学校门中走出的学生都要回答同一个问题，我的工作在哪里？在回答这个问题时，每个人的答案不尽相同，每个人的感受也都不太一样。在今天播出的《探访大学生就业之路》系列报道中，请听新闻广播记者曹力的报道——《2009，我的工作在哪里?》

华园，北京交通大学理学院的一名大四学生。尽管已经拿到了国家广电总局一家下属单位发来的录取通知书，但她那根紧绷了很久的神经却一点儿也没松下来，四处奔波找工作的一幕幕情景，仍然时不时地在眼前浮现。

（出录音）华园：“那次面试对我的打击特别大。我记得当时我敲门进去，那个人力资源的人就在里面，进去的时候我说你好，面试官就说你好，然后他就让我自我介绍。我当时想我平时也是一个比较爱说话的人，但是他让我自我介绍的时候我才发现，我当时有点儿紧张，而且表现得我自己都不满意。所以我当时就感觉肯定没戏。”（录音止）

就是在这样一次次失落、一次次重新振作中，华园渐渐地接近了目标，在投出了 100 多份书面简历、七八百份电子简历，参加了四五十场笔试、面试之后，华园找到了工作。

与华园相比，她的校友柴斌辉的求职经历似乎简单了许多，他只向 3 家公司投了简历，工作问题就解决了。同样是找工作，柴斌辉何以来得如此轻松?

（出录音）柴斌辉：“大一的时候我就比较努力地锻炼自己的社会工作能力，还有好好学习，在大二的时候一个偶然的机会，就是中国广东核电集团召开它的第三届大学生夏令营活动，在全国邀请了 10 所高校，我们学校就位列其中，而且我很荣幸地作为 31 名学生代表之一参加了他们的第三届大学生夏令营活动。从那次以后我就去他们企业了解了他们的企业文化，参观了他们的一些基地，我就觉得对我来说这个企业它的氛围很好，而且很有发展前景，以后我就树立了去中国广东核电集团的志向。”

记者：“也就是说两年前你就惦记上你这个岗位了?”

柴斌辉：“对，大二的时候我就觉得这个岗位非常适合我。”（录音止）

华园和柴斌辉两位同学是幸运的。在北京今年毕业的 21 万大学生中，也有很多人在为找到一份工作付出着努力，一些人有了着落，一些人还在继续寻找。

2009 年北京高校毕业生的人数比去年多了 8 000 多，总数延续了几年以来的上涨趋势。但从增加的幅度上看，与往年相比，今年略有下降。北京高校毕业生就业指导中心主任任占忠认为，增幅的下降并没有改变高校毕业生人数增加的事实。他说，影响就业形势的主要因素，一是毕业人数的浮动，另外就是岗位供给数量的变化。

（出录音）任占忠："拿北京市属单位的需求来说，按同口径，在去年年底时候的统计，降低了有 23%。另外一个就是说，从我们组织的毕业生的招聘活动来看，主要表现在难度加大，比如我们往年都要举办金融类的两场招聘会，2009 年我们到现在一场都没组织起来。"（录音止）

根据北京高校毕业生就业指导中心的统计，在各种岗位需求的变化中，银行、外企和信息产业今年招聘数量缩减最大，其他行业基本与过去相当。任占忠说，大学生的就业压力一直存在，并不是新问题，包括在大学生供不应求时，也有就业压力。只是当前的就业形势的确比较严峻，这种严峻第一是表现为供需总量的矛盾，第二是结构性的矛盾，第三是适应性的矛盾。

形势不可改变，能够改变的只有自己。长期从事大学生就业问题研究的王化深教授希望正在面临求职就业的大学生们调整好心态，迈好人生这一步。

（出录音）王化深："就业不只是找个工作，要把就业过程或者叫求职过程作为学习过程的延续。第二点应该作为一个锻炼自己的过程。我形象地开过一句玩笑，我说求职和求婚只差一个字，但目标是一致的。你要坦诚、诚实、实心实意去求职，不是说我投一份简历就完了，就等人家来找我来了。为什么要找你？那么多好人呢！跑，问，认真地表现自己。"（录音止）

这里，记者摆出了 2009 年北京地区的大学生面临的严峻就业形势：2009 年大学毕业生总数将创新高达到 21 万人，比 2008 年又多出了 8 000 多人！随后，话题逐步深入，探访大学生就业的难点，包括"找一份工作需要迈过几道'坎'""女大学生就业有多难"等，多角度、多层面地发现问题、追寻根源、寻找答案。在揭示就业难这一表象的同时，还通过《第一份薪水要多少?》《就业的心理压力有多大?》等报道从心理方面挖掘原因，并为大学生开出疏导良方。显然，该系列报道在内容上充分体现了广泛性和深刻性的特征。

3. 主题的同一性

广播系列报道的规模大小不一，小则 3 篇，多则 5 至 10 篇甚至更多。每一单篇都会通过新闻事实的展示表达一个小的主题，但是所有的篇目共同表达一个大的主题。换句话说，小主题并不游离于整个报道所要表达的大主题之外。例如，中央人民广播电台的系列报道《好工人许振超》，其标题本身就是报道所要表达的主题。该报道分3篇从不同的侧面和角度来展现许振超是怎样的一个好工人。上篇《干一行干好一行》生动具体地叙述了许振超从小事做起，扎扎实实地把事情做好的职业追求，表现许振超不虚妄、不浮夸的求真务实的工作精神；中篇《从学徒到专家》记述了许振超如何从一个学徒工到桥吊专家的过程，表现许振超勤奋努力、善于专研的刻苦精神；下篇《海一样的情怀》通过叙述许振超的工作态度及其对家的眷恋，表现了他的乐观开朗和似水柔情。而所有这些无不展现出许振超作为一个好工人的人生风采。

三、系列报道与连续报道的区别与联系

目前，国内各类新闻评奖将连续报道、系列报道和组合报道放在一类。一些新闻从业者对系列报道和连续报道质的规定性缺少认知，常常将二者混为一谈，视系列报道为连续报道。通过对系列报道和连续报道的概念与特点的阐释，不难发现，虽然二者表面确实有相似之处，但实际上却存在着很大差异。

1. 系列报道与连续报道的联系

系列报道和连续报道都是由3篇以上报道组成的多次报道，而且每篇报道之间都有一定的关联性。同时，多篇新闻的连续性报道，蕴含了大量、广泛的信息，其传播效果要比单篇新闻报道更强劲、更显著。

2. 系列报道与连续报道的区别

（1）题材选择的差异。

连续报道的题材多是事件性新闻，许多新闻事件是突发性的、不可预知的，因事态严重，涉及面广、影响面大，会引起社会各界的广泛关注，广播媒体常常需要通过连续报道及时向听众报道事态发展的最新动向；系列报道的题材多是非事件性新闻，又多是重大、重要的题材，所以着重于多次报道事物的某种现象，挖掘其共性，发现其普遍意义，试图通过多次报道突出新闻主题。

（2）报道时效的差异。

连续报道注重时效性，即每次报道的都是事件的最新进展。连续报道以时间为顺序，随着事件的发生、发展的进程而展开，讲求时序性。系列报道不注重报道的时效性，但是注重时宜性、时机性，也就是说，系列报道是适合当前形势需要的报道，强调对新闻事实进行意义解读。

（3）编制手法的差异。

连续报道所报道的新闻一般来说结果是不可预知的，记者会根据事件的发展状态，对所播报的内容随时进行调整，其灵活性较大；系列报道节目策划缜密，从题材的选择到问题的解读分析都是事前设置好的，计划性、秩序性较强，内容

相对固定，调整的可能性极小。连续报道时间跨度小，要求时态内容具有连续性，以及时间上具有先后次序的连续性，横向比较较少，拓展比较单一；系列报道时空跨度大。系列报道在空间上，也同样要注意事物横向联系、比较的开拓，有强烈的反差，有对比呼应，既要展现所报道事物的历史以及它今天状况在历史过程中的位置，也要展现事物和周围其他事物的相互关系，以及它在周围环境中所处的地位。

（4）报道顺序的差异。

连续报道中的每篇新闻都是围绕同一新闻事件展开的，报道要不断地反映事件发展的过程，其报道顺序与事件发展变化过程一致，各报道之间的顺序不能变动；系列报道带有很强的计划性，记者围绕同一新闻主题策划报道方案、安排报道计划，由于报道的多数不是事件性新闻，每次报道之间不存在前后连续或互为因果的关系，即使调换单篇的播出次序也不影响整个报道的完整性与逻辑性。

（5）传播功能的差异。

连续报道多是事件性新闻，有些报道的是重大的灾难性事件，这类报道可能不是深度报道，主要满足广大受众对事态发展最新信息的需求；系列报道多是具有很强指导性的正面报道，带有深度报道的性质，并且新闻报道本身具有很强的宣传价值，能够鲜明地体现出新闻的舆论引导功能。

第十三章　广播新闻现场直播

回顾国内广播新闻传播活动的历史进程，我们发现，广播新闻节目的播出方式呈现出一种嬗变与回归的发展轨迹。在广播问世最初的一段时期，由于缺少必要的录音设备，所有节目都是通过演播者面对话筒向受众直接播出的，这种直播属于原始状态的直播。当广播电台拥有了录音设备后，所有的节目重新开始采用录播方式播出，录播的播出方式持续了相当长的一段时间，并处于广播节目播出的主导地位。20 世纪 80 年代后期，在现代化传输装置的支持下，广播节目开始以直播方式播出，并且逐步在各地推广。经过多年来的发展，目前，直播化的播出方式已经成为国内广播节目播出的主流。

虽然目前大多数的广播新闻节目实现直播，但这种直播以直播间直播为主，直播的内容主要是在直播间完成，包括播音员、主持人在直播间即时播报最新的新闻资讯，主持人与前方记者进行连线报道，主持人与直播间的嘉宾就新闻话题展开谈话或讨论。本章拟探讨曾被称为实况广播或实况转播的现场直播以及目前较为流行的特别直播节目（或叫大直播节目）。

第一节　现场直播

广播现场直播曾长期被称为现场实况广播或实况转播，它是与事件本身发生、发展过程同时进行的直接播出形式。这种广播形式由于与被报道事件在时间上几乎完全一致，是最迅速、最能激发听众产生身临现场的参与感的传播形式，通常用于报道重大的政治集会、节日活动或重要的文艺演出、体育比赛。[①] 我国最早的现场直播，可追溯至 1949 年 10 月 1 日，当时的北平新华广播电台，对开国大典进行了实况广播。

现场直播具备极强的时效性，是新闻的实时播出，突显了广播媒体的传播优势。它满足了受众第一时间获取信息的需要，受众通过现场直播可以感知到新闻

① 赵玉明，王福顺．广播电视辞典．北京：北京广播学院出版社，1999：26.

现场的实况，增强了新闻的真实性、贴近性、现场感和亲切感。

一、现场直播的概念

对于现场直播，学者们有不同的阐述。有研究者认为，现场直播，也称现场实况转播或实况转播，是广播电台、电视台在新闻事件或其他公众活动发生、进行的同时，把现场的声音、图像及记者或播音员的口头报道或解说等直接同步播出的广播形式，是最迅速、时效性最强的广播，通常用于报道重大新闻、节日庆典、体育比赛、文艺演出和知识竞赛等。①也有研究者认为，现场直播是对一个正在发生的新闻事件同步进行报道的大型广播新闻报道形式。它以新闻现场的实况为主要声音信号源，以新闻现场发生的事件为主要报道内容，在与新闻事件同步的情况下，由主持人或记者按照新闻事件的发生、发展过程，边报道新闻现场的所见所闻，边对新闻事件进行必要的介绍和评述。②

我们认为，广播新闻现场直播是广播媒介利用电信号将新闻现场或其他公众活动场合的声音直接发送并同步播出的节目形式。它在记录现场实况变化、发展的同时，把记者的现场报道和播音员、主持人的解说也同步传播出去，集报道、知识、评析于一身，可以突破时空限制，把新闻时效性发挥到极致。现场直播使听众有身临其境的现场感和参与感，常用于重大事件、重要会议、节日庆典、体育赛事、文艺演出等。现场直播要求策划周密，各技术环节衔接流畅自如，准备充分，主题突出、翔实、准确，编播人员处事果断、应变能力强。现场直播中，播音员或主持人可能在现场，也可能在直播室，不管在哪里，都应在准备好直播脚本的基础上具备临场发挥的能力，否则将不利于直播。

1997 年，中国新闻奖首次设立了新闻现场直播参评项目，新闻现场直播在广播电视新闻节目中的重要性可见一斑。中国新闻奖对于新闻现场直播类节目的要求是，与重大新闻事件的发生和发展同步播出，集现场报道、背景介绍与事态分析等于一体，必须以自采新闻现场音像信号为直播主体，采用音像资料的时长不超过整个节目时长的 1/3，不包括纪念会、报告会、文艺演出、工程庆典、剪彩仪式、活动开幕式和以演播室直播谈话等为主体的节目。对于广播新闻现场直播节目来讲，要求主题重大、策划周密，能够全面、迅速、准确地采集与传播新闻现场的重要信息，导播调度合理，主持人应变机敏，音质清晰。

有研究者认为，将现场直播落实到操作层面必须考虑“一个基础，三个为

---

① 甘惜分．新闻学大辞典．郑州：河南人民出版社，1993：241.

② 危羚．广播音响报道与实用教程：第二版．北京：中国传媒大学出版社，2012：47.

主"①，这是很有道理的。

"一个基础"，指的是以新闻事件为基础。因为有新闻事件发生才会有新闻现场；有新闻事件也才有直播的必要。没有新闻事件，就没有新闻现场；既然没有新闻现场，也就没有现场直播。当然，这里的新闻事件往往指重大或重要的新闻事件，因为只有出现重大或重要的新闻事件，广播电台才会在新闻政策的允许下进行现场直播，一般性的新闻事件没有做现场直播的必要。

"三个为主"，即以新闻事实为主，以现场信号为主，以直播为主。

以新闻事实为主，意味着现场直播主体内容应该是新闻事件本身所呈现的新闻事实。现场直播可以有新闻事实背后的情况介绍，可以有与新闻事件相关的知识讲述，但相关的背景和知识不能太多，太多就会使直播游离事件主体。

以现场信号为主，要求现场直播的主体的音频信号应该是新闻现场的信号，与现场信号相关联的音频信号可以出现在现场直播中，但不能喧宾夺主，否则就不像现场直播了。也正是因为如此，中国新闻奖评奖条例规定，现场直播的现场信号至少要占总量的三分之二。也就是说，在绝大部分时间里，现场直播播出的音频信号与现场信号应该是同步的。

以直播为主，表明现场直播不能有太多的录播内容，虽然现场直播可以穿插事先准备好的录音内容，包括音响资料、片头、片花，也可以包括一些音乐，但播放的录音内容不能太长，长时间地播放录播内容会减少现场直播的新闻性特质，影响听众的收听情绪。

二、现场直播的特点

通过对广播新闻现场直播的概念阐释，我们对广播新闻现场直播有了大致的了解。接下来，再从直播事件题材重大、事件完整实时呈现以及真实现场真切感知三个方面具体探讨广播新闻现场直播的特点。

1. 直播事件题材重大

题材是指为表现作品主题所用的材料，由客观社会生活的事物和作者对它的主观评价两个方面构成。现场直播的新闻事件必须是重大题材，有较大的新闻价值，能够引起社会广泛关注，它可以是国家政治经济生活中的大事，可以是和群众利益密切相关的事件，也可以是和受众生活有着紧密关联的突发事件。

无论是重大或重要的新闻事件，诸如香港和澳门回归、青藏铁路通车、神舟号航天飞船发射升空、嫦娥一号和二号卫星发射升空绕月飞行、北京奥运会开闭

① 曹仁义．现场报道和现场直播．中国广播，2009（11）．

幕式、新中国成立60周年庆祝大会等，还是重大的突发事件，诸如2003年的伊拉克战争、2008年的南方雪灾和汶川特大地震、2010年的玉树地震和舟曲泥石流灾害等，中央人民广播电台都做了大时段的现场直播，上述题材无一不是重大题材。

地方电台也对和国家生活关系紧密以及和本地区人民群众生活密切相关的事件做过现场直播，如湖北电台对丹江口库区移民搬迁和三峡工程首次达到175米正常蓄水位的直播，天津电台对京沪高速铁路通车运营暨天津西站建成启用仪式的直播，黑龙江电台对中俄石油管道全线贯通注油的直播等。题材重大是必备的条件，只有题材重大，才适合做现场直播。

2. 事件完整实时呈现

一般的录音新闻和现场报道，受到报道人员、节目时间等多种因素的制约，仅能呈现事件的一个侧面或者一个点，难以对事件做全方位、多角度的报道和描述，新闻现场直播的事件则不同，直播开辟了大的节目时段，调集了全台精干的编辑记者，约请了相关负责人、责任人、专家和有代表性的听众作为嘉宾，节目中经常可见与前方记者多点连线，后方直播间配合现场情况做延伸性讨论，直播过程从头至尾，把新闻事件的六要素完整呈现，让听众对事件有完整的认识和把握。广播直播与听众收听是同步进行、实时呈现的，听众听到的，就是正在发生的。例如，中央人民广播电台2009年10月1日对首都各界庆祝中华人民共和国成立60周年大会进行现场直播，主持人在天安门的直播台上进行了2小时40分钟的直播，听众通过解说和现场音响可以完整地清晰感受到国庆盛典的实况。中央人民广播电台2010年10月1日的《嫦娥探月——“嫦娥二号”卫星发射特别报道（卫星入轨段）》的新闻现场直播，解说与卫星发射过程同步，听众可以实时、完整地感知整个发射过程。

3. 真实现场真切感知

广播节目以直播播出为主，日常的新闻直播节目“现场”不多，即使有“现场”，也通常是以记者连线报道形式出现的。新闻现场直播节目与日常新闻节目的不同之处在于，它更强调“现场”，没有“现场”，就没有现场直播，并且直播过程以现场报道情况为主。新闻现场直播的“现场”必须是新闻事件的现场，而不是事先没有事件，经过人为策划制造“事件”，进一步制造“现场”。当然，某些节日或纪念日的活动，广播媒体可以策划一些现场活动进行直播报道，这样的节目我们可称为现场直播节目，但不是新闻现场直播节目。

现场直播的新闻现场是真实的，现场的气氛是可感的、生动的、亲切的，听到现场真切的声音，听众会被现场音响所感染，产生如同身处新闻现场的感觉。在2008年汶川紧急救援的新闻特别直播节目中，主持人与正在抗灾救援一线的记者进行连线，听众可以一边听到救援队员营救被困群众的现场音响，一边听到记者对现场救援进展情况的解说，这样的现场是真实的、可以真切感知的。中央人民广播电台对神舟飞船发射和嫦娥卫星发射的直播中，现场的指令声、火箭发射升空的响声、发射阶段成功后的掌声等音响，都给听众营造了身临其境的感觉。

下面，我们通过对中央人民广播电台的神舟六号飞船载人航天飞行大型直播节目《再探苍穹》（返回段，有删节）的解读分析来看看广播新闻现场直播的魅力和风采。

（总片花）

神舟飞天，铸就登攀世界科技高峰的惊世伟业；

问鼎苍穹，谱写中华民族自强不息的壮丽诗篇。

中央人民广播电台神舟六号飞船载人航天飞行大型直播节目《再探苍穹》。

主持人朱江：中央人民广播电台。

主持人佳慧：中央人民广播电台。

朱江：各位听众，香港特别行政区同胞、澳门特别行政区同胞、台湾同胞、海外侨胞们，大家好，欢迎您收听中央人民广播电台神舟六号飞船载人航天飞行大型直播节目《再探苍穹》。我是朱江。这次节目是由我和佳慧共同为您主持。

佳慧：现在导播示意我前方记者王亮有最新的消息。我们马上连通王亮。王亮，你好！最新的消息是怎样的？

王亮：佳慧你好，我现在还在搜救直升机上，我们还没有降落。但是在4：17的时候，我们在飞机上已经目视到返回舱拖着长长的尾焰正在降落。现在草原上也是晴天，在返回舱的旁边是一轮皎洁的月亮，可以说是神舟与星月同辉，这个景色也让搜救队员们非常兴奋。我们的直升机在4：31的时候，已经接到返回舱着陆的消息，现在我们也刚刚接到航天员身体状况良好的消息。

佳慧：好的，谢谢王亮，希望你把最新的消息随时给我们传送过来。那么，两位专家，刚才我们的前方记者王亮说返回舱已经着陆了，那么稍后事件的发生是什么样的顺序？

董主任：着陆以后，航天员要看一下他落的地方是不是安全。如果是落在一个安全的地方，没挂在树上，没挂在山上，是个平地的话，航天员就要启动他的脱伞程序，按一下把主伞脱掉，随后他就要开舱门。

朱江：好了，听众朋友，继续我们今天的《再探苍穹》特别直播节目。我们再接进郭静的信号。

（现场音响，掌声）

郭静：我想刚才大家已经听到了我们的报告声，飞船返回舱的落点与预报的落点是非常接近的。预报落点的经度是（东经）111.43 度，纬度是（北纬）42.37 度，那么实际的落点呢，经度是（东经）111.27 度，纬度是（北纬）42.22 度，相差非常小。我们现在看到示意图上，这也是实时传回的数据显示出来的示意图，两架直升机从图上看，已经和降落点的圆点重合。

（现场声：我是北京，回收三号请讲。我回收呈前进状态，现场正在架设搜索台，开舱还需要几分钟，报告完毕。北京明白）

佳慧：现在我们收到前方记者唐振宇的最新消息，唐振宇你好。你现在在什么位置？

唐振宇：我现在在返回舱前面 15 米处。返回舱一直矗立在草原上，目前估计航天员应该很安全，挺成功的！这里噪音太大，我听不到你的声音！现在我在距返回舱 10 米左右的地方，目前搜救人员正在给返回舱搭建平台，已经跟里面的航天员进行了对话。由于这次返回舱降落是垂直降落，非常好，舱门已经打开，刚才搜救人员给航天员送了一下饮料，目前航天员中心的一位资料摄制人员正在舱顶对舱内情况进行拍摄。目前情况就是这样，先到这里吧，好吗？

佳慧：好，谢谢唐振宇。听众朋友，现在我们收到的最新消息，是在今天早晨 5：07，神舟六号飞船的返回舱的舱门已经打开，医监医保的工作人员对航天员进行初步的健康检查。好的，我们马上切进前方记者王亮。王亮，你好！

王亮：喂，佳慧。在 5：05 的时候，我们乘坐的搜救直升机已经降落了。现在我就在返回舱的旁边，现在我看见返回舱的外表有一些烧灼的痕迹。这个返回舱降落的姿势和“神五”的时候是不同的。它不是侧卧在草原的，它是直立的。现在工作人员正在架设一个铁架，他们从铁架上面爬上去，把航天员从上面（扶出来），航天员将会从顶部出舱。佳慧，能听到吗？

佳慧：能听到。

王亮：现在医监医保医生已经来到了返回舱的旁边，正在舱口对航天员进行舱口询问，来确定他们的身体情况健康与否，如果身体状况允许的话，两位航天员将会实现自主出舱。佳慧，能听到吗？

佳慧：能听到。

王亮：好，我现在继续关注返回舱着陆现场的最新情况。现在就是在返回舱的周围已拉出了 2 020 米见方的警戒区。现在，着陆场的总指挥隋起胜他乘坐的搜救直升机是最早到达返回舱着陆现场的。现在医监医保医生已经从返回舱舱口的铁梯上下来了，现在我来问一下他的情况。你稍等一下。现在隋总在这一边。隋总，你好，我是中央电台记者，现在航天员的状况怎么样？

隋总：很好，航天员状况很好。

王亮：你听到了吗？隋总说现在航天员的状况很好。你刚才听到了吗？

佳慧：我听到了，听到了这个消息，我非常兴奋。王亮，王亮，可以听到吗？……

（忙音，掉线了）

佳慧：听众朋友，我们前方的信号中断了，稍后我们会继续连线王亮。现在我们继续连线北京指控大厅的郭静。喂，郭静，现在指控大厅里的情况怎么样？

郭静：刚才我们这个现场显示，说741号长机已安全降落在返回舱着陆场附近。地面车队根据通报的返回舱位置以及车载定向仪的定位信息，正在赶往返回舱的着陆现场，四架直升机现在都已经着陆。现在我看到地面的搜救车队正在按照通报的返回舱的位置以及车载定向仪的定位信息赶往返回舱的着陆现场。

佳慧：听众朋友，那么在今天早晨4：32神舟六号飞船成功着陆，4：52搜救飞机到达了着陆点，现在医监医保医生正在对航天员进行舱口询问来确定他们的健康状况。好的，我们马上连线王亮。王亮你好。

王亮：我是中央电台记者王亮，我现在在内蒙古神舟飞船返回舱的着陆点为大家作现场报道。现在隋启胜指挥长在工作人员的陪同下，正在向返回舱走去。从现场的气氛来看，我感觉两位航天员马上就要出舱了。

现在工作人员已经站在返回舱的舷梯旁边，现在站在舱顶的两名工作人员……现在第一名航天员出舱了！

现在我还没看清是谁。第一个航天员出舱了！看起来，他的身体状况还不错。第一个出舱的航天员是……第一个出舱的是费俊龙，他现在已经出舱了，他现在正向现场的工作人员挥手致意。我们看见费俊龙面带微笑，他的身体状况良好。他现在是自主出舱，他现在自行走下舷梯，在工作人员的协助下自行走下舷梯。我们可以看到费俊龙的身体状况良好，他不停地向现场的工作人员挥手致意。费俊龙，好样的！费俊龙现在已经坐在了座椅上。

第二名航天员聂海胜出舱了，聂海胜也是自主出舱。现在聂海胜的笑容非常灿烂，他正向大家挥手致意，他的笑容特别的灿烂。我们真的为这两位航天员由衷的自豪和高兴啊。现在聂海胜走下舷梯，他是自己走下舷梯的。现在坐在座椅上的费俊龙还不时地回头看一看正在走下舷梯的聂海胜，聂海胜向在场的工作人员挥手致意。

现场的气氛非常热烈，人们都在欢呼，人们都在喊着两位航天员的名字。费俊龙、聂海胜。都在喊着两位航天员的名字。现在费俊龙、聂海胜，他们坐在航天员座椅上，向现场的新闻记者和工作人员挥手致意。他们将接受工作人员举行的简短欢迎仪式。两位航天员现在已经从座椅上站立起来，工作人员向两位航天员献上五彩的花束。

两位航天员把花束高高举起，向现场的工作人员和新闻记者挥手致意，他们面带微笑，看起来身体状况非常的好。我发现，聂海胜从出舱以后就一直地笑，他的笑容非常的灿烂……现在费俊龙和聂海胜正在发表简短的讲话。费俊龙开始讲话。……现在聂海胜开始说了。他们表示，在航天飞行当中感觉到有许多的人们在关注着他们，他们感谢祖国和人民对他们的厚爱。佳慧，你们听到了吗？主持人，你们听到了吗？

佳慧：听到了。但是刚才由于信号的关系，我们没有听清楚费俊龙说什么。

王亮：两位航天员站了起来，他们手举花束，向现场的工作人员和新闻记者挥手致意。他们手挽手……真的是太令人振奋了，两位航天员身体状况看起来是相当不错的。现在我们看到了60米警戒线的外面，已经是挤满了迎接航天员凯旋的当地群众。大家都纷纷地向航天员鼓掌，他们向航天员挥手致意。

（现场提问）

王亮：聂海胜，你好，我是中央人民广播电台的记者，你现在感觉身体状况怎么样？

聂海胜：很好！

王亮：你们听到了，聂海胜说身体状况很好！

佳慧：听到了，听到了！

王亮：听到了吗？

佳慧：听到了！

王亮：医监医保人员正在护送两位航天员朝着30米开外的医监医保的直升机走去。两位航天员坐在航天员座椅上，不断地向在场的工作人员和新闻记者致意，向在场的当地群众挥手致意。现在医监医保直升机和返回舱着陆现场之间开辟了一条约10米宽的临时通道。现在他们正在向医监医保直升机走去。两位航天员已经坐上了医监医保直升机……（噪音）

佳慧：好的，谢谢王亮，稍后我们会继续连线你。

（飞控大厅现场掌声）

郭静：好，听众朋友，现在我们在飞控大厅看到陈炳德指挥长已经走到前台。

陈炳德指挥长：各位领导，同志们，根据着陆场区的指挥部报告，神舟六号载人飞船返回舱于4：33安全准确着陆，航天员正常出舱，身体状况良好，现在我宣布，中国神舟六号飞船载人航天飞行获得圆满成功！

2003年10月15日，神舟五号一飞冲天，中华民族载人飞天梦想成为现实。2005年10月12日，神舟六号再探苍穹，首次搭载两名中国航天员翱翔太空，实现两人多天的在轨运行计划，完成了中国历史第一次真正意义上有人参与的空间实验活动。对这一举国关注、世界瞩目的重大事件，广播媒体必须进行现场直播报道。

如何在这场各大媒体的竞相报道中，充分展示广播的独家优势，突显广播的魅力和音响的作用，是广播人必须考虑的问题。中央人民广播电台大型直播节目《再探苍穹》2005 年 10 月 12 日至 17 日播出，通过 5 天总时长 17 小时的直播节目，将广播的特点、优势发挥到了极致，创下了广播新闻的新高度、新境界。可以说，《再探苍穹》是广播新闻现场直播节目的典范。

直播的核心资源是新闻现场，广播新闻现场直播必须以现场报道为主。有学者认为，各媒体直播中的激烈竞争，最主要的就是对于现场的竞争，在第一时间到达现场，以最快时间传递现场信息，就占据了直播竞争的制高点。神舟六号飞船载人航天飞行直播的现场，特点是信息极为密集、转换节奏极快、重要新闻稍纵即逝，在这种情况下，《再探苍穹》做到了在最短的时间内准确传递了现场的关键信息。

《再探苍穹》第一时间到达最关键的现场：在直升机上最早发现飞船归来、在警戒区建立前即最早到达飞船附近等；第一时间播报最重要的新闻：最先报道载人航天圆满成功，及时报道党中央、国务院和中央军委的贺电；寻找最权威的消息来源：采访登陆场总指挥隋起胜、在航天员去医监医保的途中抓住宝贵时机现场采访聂海胜等；发表有追溯力的现场提问，观察发现具有张力的新闻细节："神舟与星月同辉"的奇景、对夜色中的返回舱的描述、飞控大厅里的场景描述等。①

在一般的直播中，直播间两位后方主持人的话语权远远大于前方记者。但在"神六"返回直播中，一切以现场为主，只要前方记者还有话说，只要前方还有环境音响，后方主持人不得随意打断或者转换现场。在"神六"飞行的全过程中，无论是记者播报、航天员的声音、人们的欢呼，抑或是现场的片刻无声，现场的声音始终是最有魅力的。

直播过程中，各路记者紧密追踪神舟六号的最新动态，在第一时间连线后方直播间，将现场目击到的最新情况及时播报出去。这些现场直击的口播形象传神，极富感染力。有学者认为，现场记者的大段口播和精彩描摹，很能让人感觉到"二战"期间美国记者爱德华·默罗播报《这里是伦敦》的风采。

2005 年 10 月 17 日凌晨 4 点 38 分，记者王亮在航天员着陆后第一时间将这

---

① 李习文．《再探苍穹》的启示——"神舟"六号飞船载人航天飞行大型直播节目赏析．中国广播，2007（4）.

一激动人心的消息直播了出去。在航天员降落之前，记者4次打通直播间的电话进行现场直播，在现场巨大的轰鸣声中，记者扯着嗓子大声地喊，把嗓子都喊哑了，随着记者的声音由清晰到沙哑，再到嘶哑，全国广大听众的心也被揪了起来，这种现场直播声音，不仅构筑了信息主线、音响主线，也构筑起了广播独特的情感主线。凌晨5点38分，费俊龙、聂海胜两位航天员自主出舱，《再探苍穹》（返回段）的直播也达到了一个高潮。①

这个新闻现场直播节目的音响元素是多元的，有总主持人的领衔播报，有航天专家在直播间里的解读，有记者来自现场的口播，有发射现场零号指挥员清晰洪亮的口令声，还有火箭轰鸣升空的效果声，更有前期准备的采访同期声，以及表现神舟飞天的歌曲、音乐等。可以说，音响内容是十分丰富的。

但是，新闻现场的音响不需要任何解说，就可以把听众带入现场，如火箭发射现场进入倒计时读秒，指挥大厅里各系统之间现场联络的呼叫，整流罩脱落、逃逸塔飞离、箭船分离、太阳能帆板打开的一道道口令，飞船调姿入轨、指挥长宣布发射成功……听众听到这些声音，就会产生身临其境之感。

神舟六号载人航天飞行，是我国第一次真正意义上的有人参与的空间科学试验，技术含量高、试验项目多，在对神舟六号载人航天飞行的直播报道中，如何把神秘枯燥的数字、符号和高精尖技术深入浅出地讲出来，让普通听众能够听明白、感兴趣，对广播报道是一项考验。直播过程中，电台特地邀请航天专家作客直播间，与听众进行互动交流，现场为听众解疑释惑。专家的讲解通俗易懂，又有很大的信息量，增强了现场直播报道的深度和权威性。

在整个直播过程中，直播人员围绕着神舟六号载人飞船冲天奋飞、在轨运行、探秘太空、天外归来各个阶段的历程，设计了六场直播，每一场直播都分别有一个事件核心和思想集合点，主题鲜明、重点突出、结构严谨、气势恢宏。整个直播报道起点高，立意好，寓事于理，叙事抒情，既有思想性和感染力，又具有历史纵深感和厚重感，犹如一幅壮丽的航天画卷，胜似一部飞向太空的动人乐章。②

有研究者认为，如果更为宏观一点，从传媒发展格局和传媒间竞争的角度看，《再探苍穹》在重大活动现场直播的媒体“大会战”中脱颖而出，是在广播事业“乍暖还寒”时候的一次强力助推，带来了更多的亮色、希望和信心，向

---

① 肖平，孙利．用声音描绘“神六”飞行的壮美画卷——大型广播直播节目《再探苍穹》（返回段）采制体会．新闻战线，2006（10）．

② 肖平，韩瑞斌．《再探苍穹》彰显广播的魅力和影响——神舟六号载人航天飞行宣传报道回顾．中国广播，2006（1）．

世人展现了广播的魅力、实力与前景。[①] 从《再探苍穹》的现场直播中，我们也看到了广播新闻现场直播的永恒魅力和无穷价值，这也就是广播新闻的魅力与价值。

三、现场直播的采制要求

广播新闻现场直播具有对新闻事件发生、发展同步报道的功能和优势，可以把新闻的时效性发挥到极致。同时，现场直播的氛围浓厚、现场感强，容易让听众产生收听兴趣。在信息快速传播的今天，广播媒体如果能够充分利用好现场直播这一传播方式，会更有效地提升媒体的竞争力和影响力，在听众当中提升自己的形象，也能全面展示广播媒体的实力。需要指出的是，广播新闻现场直播是一项需要多方协作的系统性的报道方式，是需要倾全台之力完成的一项政治任务，所以广播新闻现场直播的采制有严格的要求。它不仅需要主持人、现场记者、嘉宾和相关技术人员在工作中密切配合，而且需要前期的精心策划、周密安排以及新闻现场的随机应变、灵活调度。

1. 精心策划，周密安排

为了实现广播新闻现场直播内容和形式的完美统一及其时效性、新闻性、现场性的有机结合，提升广播媒体形象，前期策划必须得到应有的重视。前期策划不仅包括背景资料的准备、直播预案的拟订、直播人员的配置、技术装备，而且包括采点分布和片头、片花的制作等。每个环节都要精心策划、巧妙设计、周密安排。一旦某个环节出了差错，将影响整个直播效果。例如，2000 年新疆电台与湖南电台联手直播了新疆杂技团演员阿迪力·吾守尔“跨越衡山，挑战世界”的壮举。该直播的前期策划有六大亮点：①抓重大题材，跨出新疆地域进行现场直播；②新疆电台与湖南电台强强联手，多频传输，扩大覆盖；③现场记者戴着维吾尔族花帽，在衡山采访阿迪力跨越成功后的喜悦，并播出了他和远在新疆的家人尤其是儿子的通话，增加了节目的感情色彩；④改变以往电话传输的落后手段，首次启用卫星传输，确保传输质量；⑤委派记者置身于新疆的阿迪力家中，随时传递家人的担忧与喜悦；⑥邀请自治区宣传部领导通过热线电话即兴祝贺阿迪力成功跨越衡山和两台联手成功直播。不过，本次直播原定时间为 1 小时，直播开始后，由于湖南衡山当时云遮雾罩，阿迪力跨越时间一再推迟，但按原计划开播的直播已无法停下来，最后整个直播时间长达 2 小时 55 分。由于前期对湖南云雾天气的出现估计不足，背景材料准备不够，如果不是主持人现场即兴发挥和迅速调动

---

① 李习文.《再探苍穹》的启示——“神舟”六号飞船载人航天飞行大型直播节目赏析.中国广播，2007（4）.

各路记者对区内外听众进行采访、交流来填充，差一点因跨越时间的延长而开了“天窗”。①

2. 随机应变，灵活调度

现场直播与新闻事件的发生、发展同步进行，新闻现场的情况变数很多，有太多不可预知的因素；即使是预知性的新闻事件，其发展过程中也有不可预知的情况发生。因此，随机应变、灵活调度对现场直播中的参与人员尤其是节目主持人来说就显得特别重要。新疆电台与湖南电台联手直播的《跨越衡山，挑战世界》之所以最后能获得成功，在很大程度上得益于主持人随机应变、灵活调度的能力。具体来说，广播新闻现场直播中的随机应变、灵活调度具体应注意以下几个方面：②

首先，在现场直播过程中，主持人和记者要第一时间报道最新的动态，同时要发挥现场的感染力，用声音构筑画面、调动情绪，使听众能够产生身临其境的感受。

其次，直播时，要发挥主持人和前方记者的主观能动性，不拘泥于前期策划和预案的编排，将对现场的描述和评价放在直播的核心位置，尤其是前方记者在第一时间和直播间的连线报道，应当成为直播的主要内容。主持人则应前后兼顾，将位于多个直播点的动态报道和后方直播间的专家访谈有机地串联在一起。

最后，参与的直播人员要根据新闻现场的需要及时调整节目架构。尽管预发事件的现场直播可以进行提前的准备工作，精心设计报道流程，但还是可能出现一些意外或冷场。面对这种情况，主持人需要灵活应变，避免报道的间断或混乱，还需要编辑、导播提前准备一些音响资料以备主持人灵活使用。

第二节　大直播节目

为了充分体现广播媒体快捷性的传播优势，现场直播越来越多地被应用于广播新闻传播的实践中。然而，随着时代的发展和广播技术的不断进步，广播新闻节目形态也发生了新的变化。就广播新闻现场直播而言，目前，传统意义上的实况转播和实况广播在现场直播当中已经不多见了，代之而起的更多的是特别直播节目，或称大直播节目。2008 年春运时期，我国南方遭遇了罕见的雨雪冰冻灾害，2008 年 5 月 12 日，四川汶川发生里氏 8 级的特大地震灾害，在两起重大灾

---

① 史林杰. 策划现场直播提升广播形象——兼谈新疆人民广播电台大型现场直播得失. 当代传播，2003（3）.

② 俞天颖. 广播新闻频率大型直播节目的组织协调与编辑理念. 中国编辑，2008（4）.

害事件中，受灾中的人们听到了广播、记住了广播，在电力通信中断、其他媒体无法通达的情况下，广播发挥了它的独特优势，实时把信息传递给了需要它的听众，这也使广播新闻发挥了具有时效性和实用性的优势。2008 年，中央人民广播电台连续多日开辟的大时段特别直播节目《爱心守望　风雪同行》和《汶川紧急救援》不仅在中国广播史上留下了恢宏的一页，同样也在中国新闻史上留下了浓墨重彩的一笔。

一、大直播节目的概念

广播大直播节目是广播新闻现场直播节目的延伸，它不仅是一次特别的直播节目或现场直播节目，还是广播媒体连续多日开辟大的时段，打破日常的节目编排模式，长时间地以一个特别主题为报道主线的新闻直播节目。它融合记者连线、嘉宾访谈、专家述评、快讯播报、录音报道、音响资料、背景介绍、节目片花等诸多内容，在报道重大或重要的新闻事件，尤其是给民众带来重大影响的突发性灾害事件时，发挥着积极作用。

目前，学界和业界使用“大直播”概念的并不多，多数学者和业界工作者还是把广播电视大时段的直播节目称为特别直播节目。广播大直播节目的起源可追溯至中央人民广播电台 1997 年香港回归祖国的报道，该报道从 1997 年 6 月 30 日 22 点开始推出长达 7 个小时的大型现场特别直播节目《百年长梦今宵圆》，这是中国广播史上罕见的规模大、时间长、横跨多区域、技术传输复杂、多兵种作战的宏大作品，它以香港、北京为中心，辐射内地六城市及海外多国，以记者现场报道为主，辅之以专家述评、要人采访、背景介绍、历史音响回放等手段，融新闻、历史、文学、音乐等多种体裁于一身。[①]

之后，中央人民广播电台还根据需要多次推出大时段的直播节目。1999 年国庆 50 周年，中央人民广播电台推出了 9 月 30 日的国庆招待会、10 月 1 日上午的“国庆阅兵和群众游行”和晚上的“群众联欢焰火晚会”三场直播。2003 年，美国对伊拉克宣战，从 3 月 20 日至 4 月 25 日，中央人民广播电台每天开辟 7 个小时的直播时间，运用新闻播报、战地留声、现场连线、专家访谈、听众互动等形式，及时报道伊拉克战争。2004 年，中央人民广播电台第一套节目改版为新闻综合频率中国之声，此后历经多次改版，新闻直播节目实现了常态化。不过，常态化的新闻直播节目报道的是日常新闻，与本章研究的新闻现场直播节目是有所不同的。

---

① 张舒．音响报道教程：修订二版．北京：中国广播电视出版社，2009：39.

真正的广播大直播节目的出现是在2008年，这一年中央人民广播电台推出的《爱心守望 风雪同行》和《汶川紧急救援》，是其为了应对突发自然灾情、打破节目日常播出模式而开辟的大时段特别直播节目，其中，《汶川紧急救援》更是开辟了全天24小时的不间断直播，这是中国广播史上的第一次全天24小时直播。2008年雪灾报道中，安徽电台、河南电台、江西电台、广东电台等地方电台也都打破正常的节目播出模式，采用大直播方式，高密度、滚动式播出高速公路、国道、省道等道路交通阻塞情况和车站旅客滞留信息，天气变化情况和预警信号，救援受困群众最新进展，抢修受损电网最新情况等。汶川地震之后，震区的四川电台、成都电台、绵阳电台、德阳电台等相关地方电台也都开辟了特别直播节目，报道灾情和最新救援情况。

二、启用大直播方式的原因

对于诸如香港、澳门回归祖国这样的重大历史性事件，2003年伊拉克战争这样影响全世界的新时期战争事件，广播媒体有必要启动大直播方式，开辟大时段，运用多种报道方式持续直播报道，始终把现场最新的消息传达给受众，满足受众欲知信息的渴求。同样，在影响和波及面较大的重大突发性灾害事件发生时，广播成为最具传播优势的媒介，它的传播速度快，传播信息通达性高，接收广播信号的终端工具轻便易携，移动性强，收听受限小，在受众无法通过其他媒体获得信息时，广播成为唯一的选择。启用大直播的播出方式，正是要发挥广播新闻的传播优势，实现广播新闻的随进随出，实时传递受众最想得到的信息。

在目前的信息传播格局中，大直播是一种非常时期非常态的运行模式，该模式是对多重传播关系和信息交换活动的一种有机整合，不仅能够迅速、及时、全方位地传递信息，而且通过组建建设性的信息平台，在非常时期最大程度上保障受众的知情权。由于具有接收终端简便、信号容易抵达、传播及时迅速、受众范围广等独特优势，在灾害来临、道路受阻、通信中断、其他媒体“哑然失声”的情况下，广播无疑成为受困群众唯一有效获取信息的途径。[①] 这时，特别直播的大直播节目既可以在第一时间发布灾情信息，搭建“空中指挥”平台，又能够通过资源融通将直播间前移并在各级广播媒体的联动中服务灾区群众。

突发的灾害性事件，往往破坏了电视、网络和平面媒体最应到达的受众空间，但广播受众的空间并未受到影响，广播电波在灾区能无障碍穿越并且接收方便，加上广播采访设备及采访手段简便，记者易于快速到达现场并及时发回报

① 申启武，陈媛.2008年广播发展面面观.中国广播电视学刊，2009（1）.

道。广播反应快速、制作简便、同步直播，能将时效性发挥到极致，对事件变化的随时跟进恰与广播的线性特征吻合，直播中的嘉宾访谈还能延展节目的深度①。

突发的灾害性事件时间不可控，事件波及范围具有延展性，结果具有不可预料性，而在非常态下，广播的播出条件、播出内容甚至播出环境正好可以打破常态规律，利用自身的媒介优势，有针对性地面向区域性受众传播，在第一时间将现场紧急救援情况迅速、准确地报道出去，以最快的反应，迅速再现现场的最新进展。这样不仅可以抢占报道先机，还可以取得其他媒体无法取代的社会影响力和良好的传播效果。②

我们看到，当突发事件发生时，受众的认知平衡被打破，出现强烈的信息渴求，而在作为中央级广播媒体的中央人民广播电台启动全天候大直播的特别直播节目后，极大程度上缓解了受灾地区受众的信息渴求，也使广播新闻的时效性优势得到了充分发挥。

2008 年 1 月，中央人民广播电台从听众短信中发现灾情趋势后，先于其他媒体在《新闻直播间》《全国新闻联播》等重点新闻栏目中启动了对雪灾的高强度聚焦式报道，并迅速向国家应急管理办公室汇报灾情，依靠驻站记者和地方台信息资源，形成一个覆盖全国主要受灾地区的灾情信息反馈网，于 2008 年 1 月 21 日早 7 点推出滚动直播节目《爱心守望　风雪同行》。相比之下，中央电视台新闻频道的特别节目《迎战暴风雪》，其时效性和信息量就打了不少折扣。该节目从 2008 年 1 月 26 日下午 1 点 30 分开始播出，比中央人民广播电台《爱心守望　风雪同行》晚了 5 天，每天的播出时间少 9 个小时。③

2008 年汶川地震之后，中央人民广播电台中国之声 5 月 25 日的《唐家山堰塞湖抢险指挥部确定新的抢险方案》报道，比新华网早播发 3 小时 21 分，当天的《武警水电部队和成都军区突击队正赶赴唐家山堰塞湖堰顶》《回良玉主持召开会议要求争分夺秒排除唐家山堰塞湖险情》两条报道，中国之声比新华网分别早播发 2 小时零 5 分和 1 小时零 5 分。堰塞湖险情是汶川地震最重要的次生灾害之一，对其抢险的重要信息，中国之声比国内新闻网站每次都早播 1 小时到 3 小时甚至 3 小时以上，显示了广播无与伦比的快捷优势。④

从上述相关学者和相关资料的分析与描述中，我们不难看到，广播在重大突

---

① 丁闻．新闻高端的广播竞争力．中国广播，2008（4）．

② 郭长江．论非常态下广播的张力．中国广播，2011（7）．

③ 韩鸿，莫尚凝．突发灾害中广播媒体的功能分析与问题反思．国际新闻界，2008（4）．

④ 中央电台中国之声《汶川紧急救援》特别直播后方报道组．抗震救灾报道与广播大直播体系运作探析．中国广播，2008（7）．

发事件发生后的独特传播优势，是由其自身的媒介特点所决定的，媒介的特点和现实的需要，决定了广播媒体在特殊时期有条件、有必要启用大直播方式，也必须启用大直播方式来应对现实的需要，广播媒体必须承担起无可替代的社会职责。只有通过大直播方式、通过全天不间断的直播才能实时传递信息。要通过实时播报、多点连线、专家解读、前后方互通信息等方式，发挥广播新闻的实用性功能，让广播成为特殊时期的“随身听”，服务于广大受众。

三、大直播节目的特点

本节我们以中央人民广播电台在2008年南方特大冰雪灾害和2008年汶川特大地震发生后推出的特别直播节目《爱心守望　风雪同行》和《汶川紧急救援》为例，来梳理一下广播大直播节目的特点。

1. 开辟大时段，信息大集合

大直播节目是广播新闻现场直播节目的延伸，由直播室直播和大量的现场连线报道组成，包括主持人实时播报道路交通信息和各类服务资讯，专家和相关负责人在直播间的解读和分析，直播间人员与前方记者和相关负责人、知情人的连线报道。

常规的某一天或某几个时段的现场直播节目的新闻事件通常是在计划之中发生的，比如神舟飞船和嫦娥卫星发射、京沪高铁天津西站建成启用、三峡工程首次达到175米正常蓄水位、中俄石油管线全线贯通注油等有重大新闻价值的事件的现场直播，直播前可以经过周密的报道部署和安排，虽然事件的发展过程可能会出现一些超出计划的变动，但整个直播报道过程是在计划之内的。

而重大突发事件的发生和发展过程均不在计划之内，发生和变化的时间是不可控制的，事件波及的范围具有延展性，其结果也有很多的不可预料性。这就是说，重大突发事件无法按照常规的新闻现场直播的模式来操作，必须打破常规的节目播出模式、开辟大的直播时段来实时关注前方的最新消息，实现新闻的随进随出，直播节目成为前后方信息的大汇总和大集合。

中央人民广播电台2008年1月20日至2月12日的特别直播节目《爱心守望　风雪同行》正是打破既定节目编排，全天全频率贯通，1月29日至2月5日期间还白天全天直播，前后23天的特别直播节目播出时长近200小时，播发消息6 000余条。2008年5月12日至6月2日，中央电台播出抗震救灾特别直播节目《汶川紧急救援》，也是从5月13日7点开始，全天24小时直播，开创了中国广播史上第一次24小时直播的历史，22天的特别直播节目连续播出420小时，连线报道和录音消息共4 000多条。

2. 第一时间连线，现场报道高频

常规的广播新闻现场直播节目，集现场报道、背景介绍与事态分析等于一体，与重大新闻事件的发生和发展同步播出，来自新闻现场的实时报道应占据节目的三分之二。广播大直播节目，更加注重来自现场一线的报道，只要前方记者有最新的情况要汇报，就要第一时间连线前方记者，第一时间连线成为特别直播的主打形态。

2008 年 1 月 18 日南方出现大暴雪，19 日灾情初显，20 日中午中央电台中国之声取消原定节目，全面关注雪灾。特别直播的第一个小时的前 20 分钟，直播间主持人就新疆大雪封路、三峡大坝下游滚装船码头拥堵、贵州出现雪凝天气、河南大雪郑州机场高速路的临时管制等情况，先后连线中央人民广播电台驻新疆站记者吴卓胜、湖北站记者张毛清、贵州站记者陈屹和郑州台记者李昌虎，由前方记者介绍相关情况。2008 年 5 月 14 日，中央人民广播电台记者王亮冒险挺进汶川地震震中映秀镇，随即连线直播间作现场报道，报道了救援部队驰援映秀、震中灾情、直升机开始转运伤员等消息。在《汶川紧急救援》特别直播中，每小时有 5 ~8 名前方记者、指挥员连线报道救援最新动态。

据资料显示，2008 年 1 月 29 日至 2 月 5 日期间，《爱心守望　风雪同行》全天直播，平均每小时播发消息 40 条左右、一线记者每小时电话连线报道 8 次左右。[①] 2008 年 5 月 12 日 19 点至 6 月 2 日 15 点，《汶川紧急救援》连续播出 420 小时，连线前方记者、各部委负责人、专家近 3 100 次。[②] 第一时间连线，确保了第一线、第一手的消息能在第一时间播出。

3. 滚动时钟编排，“碎片化”方式收听

滚动时钟编排是轮盘式的广播类型化播出方式，每隔一小段时间，各类消息和资讯就实现更新，滚动播出，同时通过丰富多样的音响形式包装节目内容，丰富节目的可听性，使大时段的直播节目变得“碎片化”，不断切换新闻的“兴奋点”，这种做法符合听众的收听习惯，容易形成收听期待。

《爱心守望　风雪同行》特别直播节目逢整点、半点播出 10 分钟的抗灾救灾工作的重大部署和决策、灾情动态、抗灾救灾工作最新进展、天气预报、道路通行、机场航班等实用信息，以及重大的国内外其他新闻；在全天滚动重点新闻的同时，不断对其进行改写，每一时段都会有所侧重，避免听众收听疲劳。节目导

---

① 万梅，魏胜利．灾害事件中广播的突破与信息的突围——中央人民广播电台《爱心守望　风雪同行》特别节目启示．中国广播，2008（4）.

② 中央电台中国之声《汶川紧急救援》特别直播后方报道组．抗震救灾报道与广播大直播体系运作探析．中国广播，2008（7）.

听滚动播出，收听黏性不断加大，每小时有本时段的导听提示，包装片花每日更新，多种版本弘扬正气、温暖人心、鼓舞士气。①

持续多日的24小时大直播是一个庞大的系统工程，每天的直播要随时给听众大量的新信息，不能出现大杂烩式的零乱、无规则等弊端，对此，《汶川紧急救援》采用轮盘式单元框架，以小时为单元，一小时中又分5分钟、10分钟、20分钟、25分钟4个小单元，将开始曲、各类片花导听、抗灾即时报告、预告、主题报道及其他动态报道、互动、歌曲、国内外新闻等元素放入各小单元，各板块在此框架内确定编排，这样使节目具有整体感，树立起总体形象，又避免某些报道过度重复播出，不断有序添加新的内容。②

有学者认为，特别直播节目是建立在广播应急机制构建和优化的基础之上的，包含着若干创新的理念与传播环节要素优化，特别直播节目进一步展现了广播在重大灾害报道中不可替代的媒介功能。③ 从特殊时期的大直播节目中，我们看到了广播新闻彰显的巨大影响力，看到了广播媒介焕发出的生命活力，看到了广播的前景依然美好。

---

① 魏胜利，侯永生．爱心守望风雪同行——记中央人民广播电台抗灾救灾特别直播节目．新闻战线，2008（3）．

② 中央电台中国之声《汶川紧急救援》特别直播后方报道组．抗震救灾报道与广播大直播体系运作探析．中国广播，2008（7）．

③ 曹璐．重大灾害中广播应急机制的构建与凸显——中央电台中国之声《汶川紧急救援》特别直播听觉文本解读．中国广播，2008（7）．

第十四章　广播新闻编辑

编辑是一种工作，也是一类职业身份。它是指各种媒体在出版或播出前进行的包括文字、图像、录音、录像、多媒体生成处理，以及制作审核、校对在内的后期制作的工序。从事此项工作的人士，被称为“编辑”。[①]

新闻编辑是编辑的一个分支，既指在通讯社、报社、杂志社、广播电台、电视台、网站从事与新闻内容相关的编辑人员，也指具体的编辑工作。新闻编辑作为一种职业，是在新闻媒介产生以后才出现的，随着新闻传播的发展，报纸、杂志、广播、电视、网站先后都有了专职的新闻编辑。广播新闻编辑工作是广播媒体的一项重要工作，既有与其他媒体的新闻编辑工作相同的部分，也有与广播媒介相应的特征。

第一节　广播新闻稿件编辑

广播新闻是广播电台的立台之本，也是广播事业的立业之本，这是由广播的特点和性质决定的。新闻节目在从中央电台到省、市、县各级广播电台中都居于龙头和主导地位。如何让听众了解刚刚发生、正在发展的新闻信息，以满足听众对高质量信息的需求，是广播新闻工作者需要考虑的问题。[②] 这也对广播新闻编辑提出了更高和更严格的要求。

通常意义上认为，广播是通过无线电波或导线传送声音的新闻传播工具，或者说是一种新闻传播的媒介。在新媒体时代，广播的接收终端发生了变化，不只是传统的收音机或车载广播，还包括网络，通过手机客户端接收广播也越发便捷。接收方式的变化并未改变广播的传播方式，它仍然是以声音为载体，运用听觉符号的有序组合来编辑新闻节目，向听众传递新闻信息的媒介。

---

① 百度百科：编辑，http：//baike. baidu. com/view/28525. htm#refIndex_1_28525。

② 申启武．广播生态与节目创新研究．广州：暨南大学出版社，2008：78.

一、广播新闻编辑的定义

与“新闻编辑”具有的两重意义相同，广播新闻编辑一方面是指广播新闻编辑工作者，即在广播电台从事编辑工作的新闻工作者，包括负责稿件加工、话题选择、节目策划、制作和播出的人员；另一方面指广播新闻节目具体的编辑工作。此处我们主要把“编辑”作为工作内容和工作流程来研究，并进一步探讨“广播新闻编辑”。

广播新闻编辑是广播新闻节目整个工作流程的总称，包括构思、组织、加工、制作和反馈等一系列环节，它按照新闻编辑的基本原理，以广播独有的媒介特点和传播方式，服务于广播听众。

声音是广播新闻的传播符号，而经过电波传递的声音是转瞬即逝的。因此，要让听众能在很短的时间内收听并理解广播新闻，广播新闻的语言必须短小精悍、通俗易懂，广播新闻稿件应少用倒叙、插叙等叙述方式。由于广播电台采编力量有限，所有新闻稿件都由记者采写显然有一定难度，因此不少广播媒体与纸质媒体或通讯社合作，共享新闻资源，使用报纸媒体或通讯社的新闻稿。但广播新闻不能是对报纸新闻和通讯社新闻的照抄照搬，而是要进行编辑，要把较长的新闻语言改短，把不易理解的语句用通俗易懂的语言转换表达，这些都是广播新闻编辑人员需要做的。

广播新闻的编辑要适应线性传输的要求，精选头条新闻，以热点新闻和重磅信息吸引听众收听；要精心撰写内容提要，让听众对新闻节目的内容有大致的了解，并在接下来的时间注意收听所关心的新闻；要合理配置稿件，运用多种形式和风格协调稿件内容的关联性，以达到节奏的和谐融洽；要充分运用片头、片花和采访录音，使新闻节目的音响丰富多样，强化节目的悦听性；要利用“峰谷”的编排手法，使新闻节目形成重要新闻、次要新闻以及其他新闻错落有致的形式。

二、广播新闻选题

新闻选题就是新闻报道的题材选择，它反映了新闻报道的范围。广播新闻编辑工作首先是对新闻事件的题材进行选择。哪些题材适合报道，哪些不适合报道，编辑人员要做出取舍。

人们每天都面对着海量奔涌的信息，世界上每天发生的新闻事件也数不胜数，但我们通过听广播接触到的新闻是有限的。广播电台新闻报道的来源很多，有本台记者自己所作的采访、其他电台提供的稿件、国内外通讯社的稿件、其他国内外主要媒体的报道以及听众“爆料”的新闻等，这大量的新闻并不能够全部出现在新闻节目中，而是经过了选择的。①

对新闻进行取舍，就需要广播新闻编辑人员对题材有良好的把握和掌控能力。在残酷激烈的传媒竞争中，题材占有很大的比重，毫无疑问，题材本身就是一种宝贵的资源。在很多情况下，好的题材就能成就一篇优秀的新闻作品。什么样的题材才是好题材呢？首先，围绕党的路线、方针、政策，以敏锐的眼光发现现实生活中鲜活的新闻事实，或褒扬先进，或鞭挞落后，或解疑释惑，或以正视听；要想百姓之所想，急百姓之所急，要更多地关注百姓身边的事情。这是新闻题材最基本的要求。其次，题材新鲜，个性鲜明，就是说新闻事件能够让听众觉得有新意，让听众感兴趣，并能够从中体会某种新的思想、新的理念。再次，题材有意义，共性深广，即新闻事件要有典型性和代表性，让听众从一件事情上看到社会上的一种现象，得到借鉴和思考。②

除了上述标准外，时新性、重要性、显著性、接近性、趣味性等新闻价值标准也是广播新闻选择的标尺，此外，符合新闻宣传纪律的报道题材，符合媒介报道方针的新闻内容，才能够进入广播新闻编辑的范畴。

三、广播新闻稿件改写

广播新闻编辑人员在选择了可供播出的稿件之后，还需要结合节目时长和其他新闻稿件的重要性及其他稿件的数量，对不同的新闻稿件进行不同的改写，包括对重要新闻的文字补充和音响资料补充，对非重要稿件的文字压缩，搁置时效性不强的稿件日后播出，对原稿件文字语言及采访录音的顺序调整，对采访录音进一步精剪等。

（1）改正。如果原稿件中的事实、思想、语法、修辞、逻辑、标点符号等方面出现差错，需要编辑进行改正，新闻稿件中出现的人名、地名、职务、时间、数字等要素，需要编辑进行核实和订正，用正确的内容替换掉原来不正确的内容。对于原稿中存在的疑点，如果不能得到准确的结果，而又不能延误新闻的播出时间，可以在不影响整体新闻事实报道的情况下，将暂不清楚的内容作删节处理。

（2）压缩。压缩就是对稿件删意、删句和删字，使原稿在内容上更加突出重点，在章节上更加紧凑，在表述上更加简练。③ 2012 年 12 月 4 日，中央出台“改进工作作风，密切联系群众”的八项规定，也提到了要进一步压缩报道的数

---

① 王宇．现代广播新闻实务．北京：中国广播电视出版社，2009：205.

② 申启武．广播生态与节目创新研究．广州：暨南大学出版社，2008：78－79.

③ 蔡雯．新闻编辑学：第二版．北京：中国人民大学出版社，2010：207.

量、字数、时长。广播新闻不能冗长，必须简明扼要、短小精悍，广播记者传给编辑部的稿件，可以提供更多的新闻事实和新闻细节，以便于编辑部对稿件进行选择和修改。编辑部的编辑人员选择稿件之后，就必须对不必要的事实和内容进行压缩，只保留典型的细节和现场录音，删除多余的空话、套话和不必要的解释、背景资料和音响材料等。

（3）增补。也可以称为“填补”，与压缩相对应，它是补充原稿中需要交代而又缺少的内容。当广播记者的来稿中有主体事实、新闻背景、重要人物场景交代不清或信息缺失，或一些专业性较强的内容没有解释清楚，影响听众对新闻的了解时，就需要广播新闻编辑对内容进行补充。对内容的补充方法既可以是编辑联系记者进一步补充采访完善稿件，也可以是编辑自己搜集并补充相应的文字资料或音响资料。对稿件的增补，也包括编辑对稿件所加的编者按或者配发的短评。

（4）改写。除了对广播稿件进行压缩或增补，广播新闻编辑工作者常常还要对原稿件进行改写，有时甚至是“大刀阔斧”的改写，甚至原稿件与播出稿相比变得“面目全非”也在情理之中。广播是声音的单信号传播，不像报纸新闻或电视新闻那样，可以“亲眼看见”，这也使得广播新闻稿与报纸新闻稿、电视新闻稿在语言组织和表达方式上有明显的不同。

报纸新闻可以用倒叙、插叙等方式突显新闻中精彩的细节，广播新闻则适合采用顺叙的叙述方式。电视新闻中出现人物同期声时，在电视屏幕中打出对方的身份信息即可，广播新闻则必须由记者或主持人叙述出对方的身份信息，才能让听众明白采访录音的来源。

广播媒体不可能做到一家独大，广播记者不可能所有新闻“全包”，广播媒体要丰富新闻报道的内容，就要博采其他媒体之长，跨媒体合作，共享新闻资源。采用了其他媒体的稿件之后，就需要广播新闻编辑对稿件进行改写，使之符合广播稿件短小精悍、通俗易懂的口语化播出要求。以北京人民广播电台的新闻广播为例，该台为扬长避短、节约成本、提高效率，对前方记者和后方编辑在新闻采集上做了明确分工。

有研究者认为，改写是对原稿重新写作，是改稿中难度最大、操作最复杂的一种修改方法。改写包括改变新闻报道的主题和角度，改变导语的表述方式，对原稿的结构进行调整，改变报道的体裁。改变体裁的例子有把广播专题改写为广播消息、把广播消息改写为简讯，甚至可以把广播评论改写为广播消息，还可以把篇幅较长的广播专题分篇做连续报道。关于如何对稿件进行改写的问题，涉及广播新闻的写作，可以参照本书“广播新闻的语言特点和写作要求”一章，此处不再详细展开论述。

（5）综合。综合就是把若干篇稿件合并、改写成一篇新闻稿。有时，编辑会收到若干篇反映同一题材的稿件，不同稿件各有各的长处，如果同时采用，会导致篇幅过长而且内容不够精练，效果也不理想。在这种情况下，采用综合的方法，就能有效解决问题。采用综合的方法对原稿的基本要求是，这些稿件的内容都与一个共同的主题相关，或者能从中提炼一个共同的主题，然后根据这个主题在每一篇稿件中选取可用的材料，重新进行组织，改写成一篇新的稿件。综合的关键是定题和选材，一方面要概括，从不同稿件中发现主题；另一方面需要提炼，在相似的内容中选择最有代表性、最能说明问题的典型事例。①

当特别重大或重要的事件发生时，编辑会策划或组织同一主题的稿件，或口播新闻，或连线报道，或录音报道，同主题下多条新闻集中编排、集中播发，这也是一种综合的方法，并且可以在第一时间满足听众获悉新闻信息的需要。如2011 年 3 月 11 日，日本发生 8.8 级特大地震后，山东电台的编辑人员就迅速启动“突发重大事件编辑应急方案”，推出日本地震特别报道，综合了一组消息，在 17 点时段《直播山东》中以完整编排的方式播出。具体如表 14－1 所示：

表 14－1　山东电台日本地震特别报道

报道标题	报道体裁	报道方式
日本本州东海岸发生 8.8 级地震	消息	连线
中国地震台网中心负责人介绍地震情况	消息	连线
国家海洋局海洋预报台负责人介绍海啸情况	消息	连线
日本地震对山东赴日旅游的影响	消息	连线
背景介绍：地震震级如何测定	消息	口播
背景介绍：本世纪日本发生的大地震	消息	口播
日本地震造成股市疯狂跳水	消息	口播

四、广播新闻音响编辑

广播是靠声音传播的，声音的要素是语言、音乐和音响，广播新闻中的音响通常指的是在采访现场采录的音响，即采访录音。音响的编辑是广播新闻编辑工作中不可或缺的，它包括对音响的选择、剪辑、插入、混播等方面。

---

① 蔡雯．新闻编辑学：第二版．北京：中国人民大学出版社，2010：234.

（1）音响的选择。音响是体现广播优势的主要手段，也是广播区别于其他新闻媒体的重要标志。正确使用音响可以强化节目的真实感和现场感，增强节目的可听性与感染力，如果缺少音响的运用，广播新闻只能称为报纸新闻的有声版。音响的选择应具有典型性，通常所说的典型音响就是具有代表性，最能体现、深化和烘托主题的那部分音响素材。音响的使用要与报道的内容相一致，与叙述性的文字相和谐，使二者浑然一体。①

（2）音响的剪辑。音响的长度应在10秒钟以上，过短的音响容易显得突兀、不自然，而过长的音响，比如一段长度在1分钟以上的音响，听起来就容易显得拖沓冗长，也不自然。对于较长时间的音响，应对音响进行精心的剪辑，把音响分隔成若干小段，为使其和文字稿和谐融洽地结合在一起，可以把部分音响的内容用文字转述，由记者或主持人口述，这样不至于一会儿出现一大段的记者口述，一会儿出现一大段的现场采访音响，整篇新闻会显得“碎片化”一些，更符合听众的收听习惯。

音响的剪辑还包括把采访对象的语言剪辑成连贯的语言。对方说话不流畅、断断续续，对方的口语词“啊”“呀”“吧”等比较多，对方使用了较多方言词，对方话语表达上有重复，或者对方说话啰啰嗦嗦不够简洁，这些在录音剪辑的时候都要注意，把不符合广播新闻播出要求的语言全部剪掉，留下一个“精简版”，这样听众在广播新闻中听到的音响就是采访对象言简意赅的话语。

（3）音响的插入。播音员、主持人口播导语或串词之后可以插入音响，记者在录音报道或连线报道中口述新闻缘由和相关内容之后，也可以插入音响，这时的音响相当于电视新闻中的“同期声”，会让广播新闻显得真实可感。在适当的时候插入音响，即出现采访录音，让音响与文字解说和谐融洽，需要广播新闻编辑在编辑稿件时精心思考。

（4）音响的混播或修补。如果采访对象使用的是地方方言、少数民族语言、外国语言等非汉语普通话语言或者音响质量较差，这些采访音响又必须体现在新闻中时，就可以采用混播或修补的方式，先让这些音响出现一两句，大概在5到10秒钟，然后把原音响的音量压低（注意是压低而不是消除），记者或播音员、主持人作旁白，把原音响语言用汉语普通话“翻译”过来，这样既显示出了广播新闻的真实性、现场感，保留了采访现场的“原汁原味”，同时也让听众听得清楚明白。

---

① 申启武．广播生态与节目创新研究．广州：暨南大学出版社，2008：78－80.

第二节　广播新闻节目编排

广播新闻节目编排是指将若干条不同体裁的新闻（消息、通讯、评论等），按照一定的编排思想和时间限度，精心编制成一次广播节目。广播新闻节目编排不是对新闻内容的简单堆砌和罗列，而是一种创造性的劳动，其目的是实现一次节目的整体优化，以求达到主次分明、层次清晰、衔接连贯、详略得当，使听众循序收听、清楚明白、印象深刻。①

在对广播新闻节目进行编排时，编辑要对节目进行构思，除了要遵循新闻传播规律和价值判断标准以外，还需要体现出广播特有的传播方式和节目的自身定位。② 广播新闻节目编排要具有自身鲜明的媒介特征，要适应声音的传播规律，适应线性传播的特点，适应听众的接收状态。

一、广播新闻节目编排原则

广播新闻编辑每天都要面对大量的新闻稿件，怎样把新闻稿件井然有序地编排播出，从而发挥其潜在的功能与价值，是每个广播编辑应该思考的问题。需要指出的是，广播新闻节目编排在符合广播传播规律和要求的基础上，应该遵循一系列的编排原则。

1. 重要性原则

广播作为主流媒体，是党和政府的喉舌，是连接党和政府与人民群众的桥梁和纽带，担负着宣传报道党的方针政策的主功能。因此，广播新闻节目编排应着眼于政治，在重要性原则的指导下决定新闻作品的先后、长短，从而体现党和政府的中心工作，符合国家的大政方针。

重要性原则首先要求广播编辑选好头条新闻。头条新闻是新闻节目中首先播出的重量级新闻，往往能引起听众的关心、关注和思考。头条新闻具有明显的权威性、导向性和时效性，头条新闻的选择，往往能反映广播媒体的影响力和公信力。

头条新闻的选择，具有明显的编辑意图色彩。选择头条新闻，不仅要考虑到新闻的显著性和重要性，还要考虑是否贴近当前的宣传报道主题，是否反映了国家的大政方针，是否能够为听众解疑释惑，是否具有鲜明的舆论导向。

以下选取中央人民广播电台《新闻和报纸摘要》2013 年 8 月部分头条新闻

---

① 曾芳．广播新闻编排的原则和方法．中国广播，2008（4）．

② 杨璐，贾艳艳．广播电视新闻编辑．北京：北京师范大学出版社，2009：190.

来看看头条新闻的重要性。

（8 月 1 日）习近平主持中共中央政治局第八次集体学习，强调努力建设海洋强国。

（8 月 2 日）全国政府性债务审计全面展开，发改委专家表示，中国城市不会出现底特律式破产。

（8 月 3 日）新《劳动合同法》实施满月，记者调查各地落实情况，人社部表示需加强监督。

（8 月 4 日）新疆：八成财政惠民生，安居乐业好地方。

（8 月 5 日）价格持续下跌，库存创近年最高，山西开出 20 条提振煤炭经济药方，引导煤企“治病”转型。

（8 月 6 日）全国 13 个省区市遭受旱灾，近 600 万人饮水困难；国办发出通知，要求做好当前高温干旱防御应对工作。

（8 月 7 日）上半年我国机械工业逐月走强，创新、升级引领可喜趋势。

（8 月 8 日）6 家乳企垄断价格，被罚款近 6.7 亿元！评论：用好反垄断利器，保障消费者权益。

（8 月 9 日）“汽车三包”十一起实施，媒体视点：汽车三包是撬动汽车产业、消费链条良性升级的支点。

（8 月 10 日）7 月份 CPI 同比上涨 2.7%，我国宏观经济发展趋势继续整体向好。

（8 月 11 日）南方旱情仍在持续，高温干热重旱加剧，各地千方百计减少灾害损失。

（8 月 12 日）特别策划“新型城镇化样本调查”：江西依托特色产业推进新型城镇化建设。

（8 月 13 日）尊重农民意愿，收益用于农民——郑州“新型农村社区”样板调查关于新型城镇化建设的思考。

（8 月 14 日）中宣部等五部门叫停奢华晚会，《人民日报》今天刊发评论：《狠刹奢靡之风》。

（8 月 15 日）今年第 11 号强台风“尤特”在广东登陆。

（8 月 16 日）东北和内蒙古汛情严峻，“南旱北涝”趋势值得关注。

（8 月 17 日）习近平会见全国援外医疗工作先进集体和先进个人代表。

可以看出，头条新闻的内容，既有中央对国家政策的安排、决定、部署，有中央领导同志的重要活动，有关系国计民生的国家形势和民生大事，还有跟百姓息息相关的突发自然灾害。头条新闻的选择既体现出强烈的时效性，反映事件的重要性、显著性，也突显出鲜明的导向性和与市民百姓的贴近性。

同一广播频率不同的新闻节目、不同广播电台的新闻节目，其头条新闻是有所不同的，不同的头条新闻反映和代表不同的节目风格、不同频率的新闻风格。头条新闻的选择除了具备时效性、重要性、显著性、导向性之外，贴近性是一个非常重要的因素，必须更贴近本地受众的收听习惯和接受心理。比如北京电台的新闻节目，头条新闻往往与北京市委市政府以及与北京市民百姓相关。

2. 系统优化原则

广播新闻是线性播出，在突出每一条新闻优势的同时，还需要兼顾整体，整体功能大于部分功能的新闻编排才是成功的编排。这就要求广播新闻编排层次分明，不拖沓，每一条新闻之间都能够相互联系，自然地过渡，不会给听众心理上产生过大的反差。广播新闻编辑人员只有考虑整体、突出部分才能使得每一条新闻的价值都能够得以发挥，而且详略得当，使得新闻整体的感召力更强。① 为此，在具体的节目编排过程中，应该考虑以下几种广播新闻节目编排方式：同类组合，即把题材相近的新闻编在一起，从而造成一种声势，给听众留下深刻的印象；对比性组合，即把两条内容相同、矛盾性质不同的稿件组织在一起，一褒一贬，形成鲜明对比，从而增加宣传效果；相关性组合，即将有内在关联的几条新闻编排在一起，形成一组，这样能增加报道的力度，让听众更好地理解事物的整体面貌。② 通过这些方式可实现一期节目系统的整体优化。

3. 时空性原则

听众最关心的是哪些新闻？毫无疑问，是与其切身利益密切相关的新闻。从时效性上讲，新闻越接近第一时间，听众对其关心度越大；从地域性上讲，新闻发生地距离听众越近，关心度越大。本地新闻比外埠新闻、国内新闻比国外新闻更令人关注。节目编排时，时效性越强、地域性越近的新闻，越要靠前并对其进行详细处理。例如，浙江电台在编排重点新闻节目时，都采用省内新闻、国内新闻、国际新闻的次序。数量上省内新闻占2/3，国内外新闻占1/3。当然，地域性原则并不是绝对的，有些新闻虽然发生在省外或国外，但与听众利益密切相关，或是话题听众特别感兴趣，同样是贴近性强的新闻，应该打破常规。国内新闻可以做头条，国际新闻也可以做头条。时效性对于广播新闻尤其重要，因为“快”是广播的优势，特别是突发事件报道的编排上应该充分发挥这一优势。③

---

① 李天世．广播新闻编排应把握的重要原则探讨．科技传播，2015（3）．

② 高旭．广播新闻节目的编排原则．记者摇篮，2012（10）．

③ 徐宝才．广播新闻节目的编排是一门艺术．新闻实践，2000（C1）．

下面，我们以河北电台新闻广播的《第一民生》2011 年 12 月 13 日播出的节目，来看一下新闻组合编排手法的具体运用，见表 14－2。

表 14－2　《第一民生》节目编排

栏目	《第一民生》			
时间	内容	体裁	作品来源	播出方式
板块名称：最新消息				
9：02	省内报纸头条	消息	本地新闻	口播
9：03	各大媒体关注的消息	消息	国内、国际新闻	口播
板块名称：记者直击				
9：05	省会南村垃圾堵路成常态，闹人心	消息	本台自采	连线报道
9：08	天然气管道不通，三方现场解决	热线	本台自采	插播
9：13	省会首家超市型菜市场今天开业	消息	本台自采	连线报道
板块名称：今日重点				
9：14	邢台“熊猫血”小伙手术今天进行	消息	本台自采	连线报道
9：15	“生”之大爱战胜“死”的威胁	专题	本台自采	记者报道
9：19	介绍“熊猫血”的发现和使用	访谈	本台自采	专家访谈
板块名称：民生关注				
9：22	保定一幼儿园崭新校车成摆设	专题	本台自采	记者报道
9：24	同药不同价，秦皇岛市民很受伤	专题	本台自采	记者报道
板块名称：社区“欢乐送”话题互动				
9：26	省会铁 16 小区听众谈校车安全 1	评论	本台自采	连线报道
9：27	省会铁 16 小区听众谈校车安全 2	评论	本台自采	连线报道

《第一民生》是河北电台新闻广播创办的以自采为主的民生新闻节目，它用热线、互动话题贯穿节目，体现“民生无小事，冷暖总关情”的节目宗旨，内容涵盖市井“小民生”和社会“大民生”，做到报道事件“地域贴近”和“心理贴近”，打造亲切、温暖、互助、关怀的节目形象。2011 年 12 月 13 日的《第一民生》代表了节目的日常水平，编排特点如下：

（1）主题集中，脉络清晰。

本期节目有一个主题："熊猫血"小伙张延北做手术。节目选取了手术正在进行、事件关键节点回顾、专家普及稀有血型知识三个角度进行梳理编排，有点有面，有因有果，比较立体地反映了事件的进展。主题用消息、专题、访谈重点打造，篇幅集中。

本期节目有一条主线：校车安全。由于甘肃正宁、江苏丰县等地相继发生导致多名学生伤亡的校车事故，校车安全成为全社会关注的热点民生事件。《第一民生》节目开始的最新消息、互动话题——"校车安全大家谈"，以及民生关注中的记者报道《保定清苑幼儿园崭新校车成摆设，深究原因为哪般》相互呼应补充，脉络非常清晰，也符合"全国热点，河北解读"的节目要求。

（2）内容丰富，编辑思想明确。

节目包含最新消息、记者直击、热线插播、今日重点、民生关注以及社区话题互动等环节。整套节目内容丰富，编辑思路清晰，细化处理各个环节的起承转合，很好地处理了主与次、轻与重的关系。

（3）节目形式新颖，广播特色明显。

节目运用了消息、报道、专访、评论等多种传统的富有广播特点的报道形式，音响元素的运用和主持人的聊说点评有机结合，增强了节目的可听性和节奏感。《第一民生》动态事件现场连线，听众热线三方通话现场解决问题，社区线下活动和节目线上互动，节目形式新颖活泼，体现了编辑对广播传播方式的不断探索和创新。整组节目时间虽长，但听起来信息量大，层次分明，形式多样，非常流畅。①

二、撰写内容提要

广播节目线性传播的特点，受众接收信息的被动状态，决定了广播新闻节目必须播出内容提要，它一方面可以简要介绍新闻内容，一方面可以使听众产生收听兴趣，引导和吸引听众注意对节目的收听。

有研究者总结指出，新闻内容提要，是对新闻内容的高度概括、揭示或评价，是用于提示新闻节目要点的一种配套性稿件，一般放在节目内容之前。它通常用于时间较长、内容较多的综合性新闻节目，有时也用于多篇稿件组成的新闻专题节目。②

有人认为，内容提要就是广播新闻标题的集合，编辑人员从播出的新闻节目中挑选出重要的、有代表性的稿件，将其新闻标题集纳起来，就是一组新闻内容

---

① 资料来源：中华新闻传媒网，http：//news. xinhuanet. com/zgjx/2012 - 06/12/c_ 131647666. htm。

② 王宇．现代广播新闻实务．北京：中国广播电视出版社，2009：217.

提要。其实，内容提要不等同于新闻标题，而是对新闻报道内容的再提炼，通过对新闻中最重要、最有新闻价值的事实的概括，将一组新闻中最重要、最有代表性的新闻提炼出来。

总之，不管如何归纳撰写内容提要，只要能达到好的提示和引导效果就好。内容提要为听众提供的便利在于让听众在收听整体节目之前，对即将播出的内容有一个大体上的了解，对播出内容有一个心理上的准备或期待，并且可以有选择性地收听。

一档30分钟的广播新闻节目一般可以播出40~50条新闻，内容提要的数量一般在10条之内。写内容提要之前，要进行新闻选择，内容重要、听众关心的新闻，才能上提要。如当天的时政要闻，重大突发性事件或灾害，与听众切身利益相关的内容，听众关心、关注的社会新闻等。

以下选取了2013年7月21日中央人民广播电台的《新闻和报纸摘要》《新闻纵横》和北京人民广播电台的《新闻大视野》的节目提要：

中央人民广播电台中国之声《新闻和报纸摘要》2013年7月21日内容提要（早上6点30分播出，时长30分钟）：

●人社部研究解决城乡居民养老保险与职工基本养老保险衔接问题，提高农民工参加社保积极性。

●生态文明贵阳国际论坛2013年年会开幕。习近平发贺信，张高丽出席开幕式、宣读贺信并讲话。

●习近平电贺马英九当选中国国民党主席，马英九复电表示感谢。

●特别报道“中国经济怎么看怎么办?”第五篇：大学生就业难怎么看?

●全国超90家中央部门公布2012年决算。三公经费支出总量压缩超5亿元。

●《中国留守儿童调查（下篇）》：校园，留守儿童快乐成长的家园。

●长江年度最大洪峰今天出现。

●四川芦山地震灾后恢复重建工作全面启动。

中央人民广播电台中国之声《新闻纵横》2013年7月21日内容提要（早上7点播出，时长2小时）：

● 问今晨：21名旅友深夜被困湖北兴山孔雀谷，1人受伤，消防深夜翻山涉水救援。

● 问焦点：湖南临武瓜农死亡事件，两名责任官员被免职，6名涉事城管被刑拘。

● 问热点：陕西神木被传财政亏空，官员辟谣仍难除群众疑虑，如何让谣言止步、群众安心？

● 问争议：湖北钟祥引入性格测试选拔干部，性格决定干部任用，靠谱吗？

● 问进展：福建泉州12天新生儿怀疑医院内烤死，专家组初步排除恒温箱，原因有待尸检。

● 追热点："白雪可乐"引发思考——当大病来袭，普通人生命该如何保障？

● 追市场：腾讯联通共推"微信沃卡"，化敌为友，微信牵手运营商究竟为哪般？

● 特别策划：《听见中国·我的中国梦》第二季——《爸爸妈妈在远方》第七篇《中国留守儿童调查（下篇）》

● 追现场：历经400年风雨，甘肃山丹明长城面临坍塌风险，伟大历史遗迹应该如何保护？

● 追体坛：东亚杯中国女足首战落败，"铿锵玫瑰"一路下滑，今不如昔。

北京人民广播电台新闻广播《新闻大视野》2013年7月21日内容提要（早上7点30分播出，时长30分钟）：

● 湖南临武死亡瓜贩颅内有伤，涉事6名城管被刑拘，城管局长等两名行政官员被免职。

● 财政部部长楼继伟说，没有人相信中国经济会硬着陆。

● 教育部表示，国家尚未考虑延长义务教育年限。

● 酒液原产地乱象纷呈，酒精勾兑，却仍标注地理位置产品。

● 停滞3年后，巴以和谈有望重新启动，以色列证实将释放部分巴囚犯，以重启和谈。

● 穆尔西支持者与反对者冲突致4人死亡，埃及宣布成立修宪委员会。

三、制作片头片花

节目的片头和片花，由广播频率、呼号、节目名称、节目宣传语、音乐或音响等元素组成。片头在节目播出之前播出，片花在节目播出过程中播出，片头、片花起着让听众认识和辨别节目、引导听众收听的作用。

每天晚上7点整，中央电视台播出《新闻联播》的开场音乐，全国的观众对其耳熟能详，当听到央视7点钟的音乐，便知道《新闻联播》开始了。广播新闻节目的片头亦如此，在广播新闻节目中，和《新闻联播》有着同样地位的中央人民广播电台《新闻和报纸摘要》每天早上6点30分准时播出，片头是歌曲《歌唱祖国》的伴奏，然后播音员在《歌唱祖国》的音乐声中说："中央人民广播电台，现在是《新闻和报纸摘要》节目时间。"节目播出时间是固定的，人们听到熟悉的片头声音响起时，很容易判断当时的时间，例如听到《新闻和报纸摘要》开始时的《歌唱祖国》音乐，就知道是早上6点30分；听到《全国新闻联播》开始时的《歌唱祖国》音乐，就知道是晚上的18点30分。节目的片头能起到报时的作用。

再如，北京新闻广播早上7点30分播出的《新闻大视野》，片头是："在深夜，世界风云尽收眼底；在清晨，动态生活一一展现。AM828，FM100.6，北京新闻广播《新闻大视野》。"上海东广新闻台早上6点播出的《东广早新闻》的片头是："从这里聆听上海，在上海感知世界，调频90.9，中波1296，调频89.9，中波792，《东广早新闻》。"

片花在节目播出过程中播出，通常作为新闻板块之间的间隔，也起到强化节目标识的作用。《新闻和报纸摘要》的片花以一段节奏明快的音乐做垫乐，播音员口播："您正在收听到的是中央人民广播电台中国之声《新闻和报纸摘要》。"通常在新闻节目中的连续报道或专题报道中，还会制作播出专门的片花。如《新闻和报纸摘要》8月13日至15日连续播出三集特别报道，分别关注了：入园难，如何破解；小升初乱象丛生，义务教育公平如何保证；异地高考求索路。它制作了专门的片花："（带垫乐）中国之声特别策划——大中城市教育衔接难点调查，孩子与学校牵手难在哪?"这样的单条新闻片花能起到强调、提醒、引起收听的作用。片花的播出还起到丰富节目音响，使节目"碎片化"，缓解听众收听疲劳的作用。

广播新闻节目编排，首先要精心制作节目的片头、片花，通常一个节目的片头在较长一段时间内是稳定的，不需要编辑重新制作，直接用在节目中即可。广播新闻节目片头的稳定，有利于形成节目的品牌标识，有利于培养听众对节目的信任和认可，如中央电视台《新闻联播》、中央人民广播电台《新闻和报纸摘要》的片头几十年保持稳定，受众也对长期熟悉的音乐产生了较强的心理依赖。当然，也有一些节目配合频率改版、新闻改革或内容创新的需要，片头会有一定的调整和变化。

第十五章　新媒体时代广播新闻的发展特点与趋势

西方著名新闻学者杰克·富勒在其专著《信息时代的新闻价值观》中指出："每一种媒介都有其自身的优势与劣势，它也会将这些强加在所携带的信息上。新媒介通常并不会消灭旧媒介，它们只是将旧媒介推到它们具有相对优势的领域。"① 当今时代，作为传统媒体的广播在多媒体发展的竞争格局中仍然有着极为重要的地位。当下，新媒体深刻影响着传统媒体，传统媒体不断融合新媒体，传统媒体的新闻从内容到形式均出现了新的变化，这是传统媒体为适应媒介环境的变迁和受众需求的变化做出的一种与时俱进的调整。

第一节　新媒体时代广播新闻的发展特点

在媒介融合的大背景下，在新媒体深刻影响传统媒体的媒介生态下，在新的历史时期和环境条件下，传统广播新闻在播出内容和播出方式上亦演变发展出新的特点，如播出内容的"碎片化"，播出方式的"轮盘式"，互动方式向新媒体化方向发展，广播新闻在以往短小精悍、通俗易懂的特点基础上，内容更新更快、传播速度更快、音响更加丰富、悦听性更强，更加符合人们在移动和伴随状态下的收听需求。"碎片化"是描述当前我国社会传播语境的一个形象化的说法，英文为 Fragmentation，原意为完整的东西破成诸多零块，由传统社会向现代社会的转型过渡期的一个基本特征就是社会的"碎片化"。②"碎片化"用于新闻与传播领域，多用来描述网络等新媒体影响下受众群体支离破碎的状态，完整节目的"破碎"与受众市场的破碎有某种相似之处，可以借用这一概念。广播新闻的"碎片化"打破了声音元素单一、制作手法呆滞与僵硬等弊端，表现为新闻信息的滚动播出，声音元素的日渐丰富，音响效果的多元运用，间隔化的播出形

① 杰克·富勒．信息时代的新闻价值观．展江，译．北京：新华出版社，1999：224.

② 喻国明．"碎片化"语境下传播力量的构建．新闻与传播，2006（4）.

式，多兴奋点的打造等。广播新闻的“碎片化”为听众营造全新的收听感受，成为广播新闻形态演变与发展过程中的一大倾向。

一、碎片化

随着互联网时代的到来，数字技术、网络技术、传输技术被大量应用，强化了受众作为传播个体处理信息的能力，“碎片化现象”不但让受众群体细分呈现“碎片化”特点，也引发着受众个性化的信息需求，整个网络传播呈现“碎片化”语境。①

1.“微时代”下的广播新闻“碎片化”

近年来微博的迅猛发展深刻影响了媒介形态。微博自2010年起进入快速发展阶段，我国2011年的微博用户数较2010年增长了296%，据中国互联网络信息中心2012年9月发布的《第30次中国互联网络发展状况统计报告》显示，截至2012年6月底，我国微博用户数达到2.74亿，网民使用率为50.9%，微博已经成为主流应用，是受众获取信息的重要渠道。

随着微博的兴起，整个社会也进入了信息碎片化传播的“微时代”，短小精练是其文化传播特征，微时代的信息传播速度更快、传播的内容更具冲击力和震撼力。对于受众而言，消化信息的时间非常有限，而信息内容与数量却异常丰富，这就要求信息生产者提供具有高黏度、冲击力巨大、可以在极短时间内吸引受众并提高受众的阅读兴趣的内容，大块文章的时代正悄然褪色。②

在这种时代背景下，广播媒体应对媒介形态的变化，广播节目也出现了与时俱进的革新变化，其中的重要特点即为“碎片化”。广播媒介是单信道传播，声音是听众收听广播节目时可感知的唯一信号，传统意义上的解说加音响的新闻节目，尤其是篇幅较长的新闻专题节目，往往会因为声音元素的单一，以及制作手法的呆滞与僵硬，给听众带来单调、乏味之感。为了克服这一缺陷，以强化听众收听兴趣，消除听众收听疲劳为旨归的新闻节目“碎片化”，成为广播新闻发展过程中的重要特征。体现在广播新闻节目的运作中，如新闻的滚动播出，单条新闻的简明扼要，提要式新闻的大量增多，编排信息量的加大，及时的连线报道，丰富的音响运用等。

2.“多元声音+间隔播出”，新闻兴奋点不断切换

广播媒介通过单一的声音信号传播，而广播曾长期依赖报纸和通讯社办节目，因为缺乏现场采访音响，加上篇幅较长，长时间的口播新闻，往往因为声音

---

① 刘昊．碎片化语境下的网络传播策略．新闻爱好者，2011（10）．

② 百度百科：微时代，http：//baike.baidu.com/view/5573191.htm。

元素的单一而让听众感觉单调。广播新闻节目如果文字语言过多，音响和音乐太少，不仅不符合听众的收听习惯，而且会使自己无法在新媒体时代的媒介环境中生存。广播新闻的“碎片化”，体现在将丰富的音响和音乐融入广播新闻节目中，一改往日的单调与呆滞，适应了新媒体时代的传播要求。

音响是指广播中除了人的语言、音乐之外的其他声响，包括新闻广播中的实况音响和文艺广播中的音响效果。音响在广播节目中可以增强真实性和感染力，在广播新闻中，音响不但可以起到增强现场感的作用，还能够表现一定的时间和空间，甚至起到渲染、烘托气氛的作用，在节目采编过程中最大限度地使用音响，可以充分体现广播的特性，展现声音的魅力。[①] 音乐与语言、音响相结合，构成了广播节目，音乐既可以作为节目的开始曲、结束曲等标志性音乐，也可以作为把节目分为若干个段落的间隔音乐。语言、音响、音乐的合理组合，可以让长时间的节目变得“破碎”，不断地转移听众的注意力，切换新闻的兴奋点，取得良好的播出效果。

以终身享有“中国新闻名专栏”荣誉的中央人民广播电台中国之声《新闻纵横》为例，可以分析出声音元素的多元运用让“碎片化”的效果得到了充分发挥，让两个小时的节目变得非常具有可听性。节目摒弃解说加音响的传统做法，缩短篇幅，丰富音响，采取多种形式反映内容，表现主题，阐明观点。《新闻纵横》的“碎片化”播出形态，还体现在采取“间隔性原则”，分散信息重点，每五六分钟就制造一个兴奋点。以 2012 年 9 月 27 日中国之声 7 点至 9 点的《新闻纵横》为例：

7：00：中国之声整点报时音乐 +《新闻纵横》栏目音乐 1。

（每个段落，栏目音乐各播出一次，作为节目标识和段落间隔）

主持人：新闻纵横——追问新闻，早 7 点至 9 点，每天两小时追问新闻答案。

今天是 2012 年 9 月 27 日星期四，下面的一小时，为您追问以下新闻答案：

问焦点：我国第一套全国对农广播频率——中国乡村之声正式开播，温家宝发来贺信。

问热点：中朝边境朝鲜经济特区进入招商引资阶段，两国货币均可流通。

问进展：摩托罗拉南京裁员最后通牒再延两个月，裁员风波能否画上圆满句号？

---

① 王宇．现代广播新闻实务．北京：中国广播电视出版社，2009：10.

问环球：时隔六年，安倍晋三再度当选自民党总裁，日本政坛是否迎来向右拐点？

问新政：干部任前先晒家底，浙江磐安试水干部任前财产公示。

问今晨：关注昨夜今晨的最新消息（盘点各大媒体的一组资讯）。

新闻面孔：由新闻事件当事人引出对新闻事件的关注。

特别声音：简述新闻事件，主持人“纵横点评”，对事件做一语中的的短评。

8：00：中国之声整点报时音乐+《新闻纵横》栏目音乐2。

（每个段落，栏目音乐各播出一次，作为节目标识和段落间隔）

主持人：新闻纵横——追问新闻，早7点至9点，每天两小时追问新闻答案。

稍后的一小时，《新闻纵横》继续为您追问以下新闻答案：

追热点：丹麦排除新型冠状病毒疑似病例，新型冠状病毒与SARS有何区别？

追市场：机动车新国标实施近一月，监管漏洞下拧不紧的电动车限速器。

追新政：千湖之省，因湖而困，立法先行，湖北省湖泊保护条例即将出台。

追真相：五得利深陷硼砂超标“罗生门”，各方调查截然相反，国标出台方能明断是非。

此时此刻：由此刻主播播报此刻最新消息、此刻各大媒体的头条关注。

今日出行：连线中国之声气象分析师和交通运输部路网中心路况分析员。

今日投资：第一财经广播主持人许澍泽为您观察资本市场的风云变化。

今日媒体：打开今晨的各大报纸，看看还有哪些新闻值得关注。

今日文娱：资深影评人史航带来今天的文化娱乐热点。

今日提示：对可预告的新闻、相关活动和比赛进行提示。

《新闻纵横》节目大量运用音响来协助报道，每条新闻播出之前，先由主持人播报新闻提示，以悬念式的导语引导听众继续收听，接下来播出记者采制的录音报道，报道内容中穿插大量的现场音响，包括现场的环境音响、记者与被采访者的谈话、采访对象的回答等，现场音响与记者的解说融为一体，使得新闻事实的真实感和现场感陡然增强，增强了新闻报道的真实性与可信性。

7点整和8点整播出的是节目片头，以刚劲有力、节奏明快的开始音乐配以“新闻纵横——追问新闻”的声音语言；7点整和8点整，分别对追问的内容进行内容提示，言简意赅，每条新闻的长度控制在3~7分钟，每条新闻结束之后，主持人对下一条要播报的新闻做内容提要，提要之后是0.5~3分钟的广告，留给听众缓冲和思考的时间；下一条新闻开始之前，配以节目的片花音乐“新闻纵横——追问新闻”，告诉听众广告结束，新的新闻内容即将呈现。

间隔性的“碎片化”播出形态，使听众收听新闻不至于感到疲劳和厌倦，能在节目播出过程中给听众留出休息和思考的时间，加上内容编排的环环相扣，从问焦点、问进展、问环球、问今晨、新闻面孔、特别声音等到追热点、追市场、追新政、追真相、今日出行、今日媒体等，新闻兴奋点不断切换，最大限度地吸引了听众的注意力。

3. 大时段直播节目通过信息的分解与组合解读新闻

直播化的播出方式不仅能够以最快的速度传递信息，而且改变了广播新闻的传播模式。在这里，专题类新闻节目已不再只是通过解说加音响对新闻进行渲染式的解读与评说，而是调动一切积极因素，采用现场主持、嘉宾访谈、记者连线、采访音响、新闻资料、背景音乐、主题歌曲、片头片花、多形式互动等多种方式与手段，在主持人、嘉宾、听众乃至前方记者之间通过信息的分解与组合多侧面、多角度、全方位地对新闻进行解读与评说，从而形成新闻场，在对听众形成一定作用力的同时，丰富了节目形式，淡化了节目时长。听众不管在什么时候收听节目，都能获得新的信息。

如今，新闻专题节目直播化已经成了常规性的节目形态，而在大型的报道活动中，更是被广泛运用。2007 年 7 月 1 日，中央人民广播电台中国之声与上海、深圳、香港电台联合推出了 12 小时的特别直播节目《潮涌香江》，全程直播了庆祝香港回归 10 周年的各项重大活动，并对香港回归 10 年来的风雨历程进行了全方位、多视角的展现。为了让听众能不间断收听，减少收听疲劳，《潮涌香江》采用了现场主持、连线报道、采访音响、故事、资料、各类片花、歌曲、衬乐、互动短信等表现手法。所有这些有机串联、环环相扣、及时切换，让听众始终保持新鲜感。

2010 年 10 月 1 日，中国之声在 16：30 到 20：30 播出嫦娥二号卫星发射特别直播节目《嫦娥探月》，中央人民广播电台在台内设总直播席，在西昌卫星发射中心、北京飞控中心、国家天文台各设分直播席，现场呈现多地配合互动的直播形式。直播紧紧围绕“现场”，四个直播席与各地布点记者的无障碍对话，使广播原本单一的表现方式变得丰富立体。卫星发射入轨过程中，主持人、评论员和专业嘉宾“三人组合”，配合北京飞控中心传回的实时音效，边看边说、边听边问，形成同步直播、同步解说、同步评论的“三同步”，让听众能听清、能听懂科学术语和发射流程。直播中，连线报道了青岛、新疆、海南等各地检测站的检测情况，上海世博园、北京火车站等各地群众的观看和庆祝情况，记者电话连线、专家连线访谈与卫星发射进展过程紧密结合，让直播视野更为开阔，广播元素更加丰富，现场呈现更为立体，也使听众在收听直播中产生了特有的现场感和镜头感。

4. 新闻谈话节目在“聊”中成为“碎片”

说到新闻“碎片化”，人们会认为新闻信息本身就非常“碎片化”了，但传统的新闻信息需要在一个固定的结构中叙述事件的前因后果和来龙去脉，从这个意义上说，它又相对完整。目前流行的“互动新闻”更多的是在直播间的主持人与前方记者互动交流中“聊”出新闻的。新闻谈话节目则是主持人与嘉宾就热点话题展开互动讨论，从不同的角度、以不同的观点去解读新闻事件，同时主持人通过短信、微博与听众展开互动。完整的新闻和“大段”的时间在聊中成为“碎片”，听众收听节目感觉更加轻松，还可以从“悦听”的广播新闻谈话节目中得到思考和启发。

以 2011 年 10 月新一轮改版后的中国之声《央广夜新闻》为例，节目重新定位后，打出“同步你来说”的口号，所有节目环节以互动方式呈现，每期同步跟踪正在进行的事件和网络正在热议的话题，主持人、评论员、听众网友同步展开实时互动讨论。21 点至 24 点，除整半点播出新闻资讯环节“此时此刻”之外，每半个小时的时段内讨论一个话题，3 个小时的时段，分为 21 点“新闻纵贯线”、22 点“今夜有话说”、23 点“品味夜视觉”3 个小板块，每个小时选择的新闻话题侧重点有所不同。以 2012 年 9 月 28 日的《央广夜新闻》为例：

21 点，“新闻纵贯线”：

互动话题 1：从“微博打拐”到“免费午餐”，公益项目发起人邓飞做客《杨澜访谈录》，讲述从监督者到建设者的转变。

互动话题 2：广东拟规定企业若罚员工款，老板将被罚钱。从此迟到无所谓PK 管理水平要提高。

22 点，“今夜有话说”：

互动话题 1：我国将制定《动物福利通则》，保障动物权益将有规可依。

互动话题 2：“见义勇为牺牲者奖百万才吸引眼球”，广东人大主任建议重奖见义勇为。见义勇为重奖百万，你赞成吗？

23 点，“品味夜视觉”：

互动话题 1：上万学生冒雨参加校庆后多人感冒，学校回应：完全是应学生的强烈要求。

互动话题 2：第 31 届大众电影百花奖颁奖典礼明晚将在中国绍兴举行，今夜回首百花 50 年。

“品味夜视觉”中，主持人方亮和两位嘉宾彭伟祥、徐冰以及听众网友展开互动讨论，首先从西安外事学院20周年校庆的两张照片谈起，一张是冒雨坐在操场上的上万名学生，一张是在升旗仪式上站在主席台遮雨棚下的校方领导。风雨之中学生感受寒冷，学校领导和嘉宾却坐在棚下，这样的场景不免让人唏嘘。网友发帖称，学校为追求视觉效果，让上万学生冒雨看表演，导致有学生感冒，而学校回应称，是学生强烈呼吁要在室外举行的。

互动中，两位嘉宾用通俗的话语、轻松的口气跟主持人一起聊对事件的看法，并进一步延伸到其他方面，其中一位嘉宾就说到，很多校庆是一种展示，一些学校特别重视一些出名的学生，以此证明学校的成功，这对它的生源、信誉、评奖、评比会带来很多的好处，各种利益交织在一起，在商业化比较泛滥的情况下，掺杂了各种各样的因素在里面，这才是校庆越办越多、越办越滥的主要原因。

主持人起到穿针引线的作用，一方面陈述新闻话题与嘉宾讨论，一方面把微博上网友有代表性的观点反馈在节目中，如网友李阿敏说：“学生是带着对母校的热情去参加校庆的，冒雨参加遭感冒后并没有对学校有抱怨，而学校却像是有意地去推卸责任似的。”网友追梦的小小鸟说：“参加母校的生日是我们的荣幸，但希望领导不要搞特殊。”网友揭阳玉树临风说：“校庆不应以学生的健康作为代价。”

每个新闻话题的讨论持续20多分钟，听起来感觉十分轻松，没有任何疲劳感，听众不仅可以从主持人、评论员、网友的互动讨论中加深对新闻事件的认知，而且能从中得到启发，以另一种视角和思维去看待类似的事件。21点至24点的《央广夜新闻》，通过聊天、互动讨论解读新闻事件，使3个小时的节目变得“碎片化”，给听众带来了不一样的听觉感受。

二、“轮盘式”播出

新媒体的迅猛发展，对广播新闻的传统生产和播出方式产生了巨大挑战，新媒体不仅在同广播新闻抢夺“快”，而且把新闻的历史、背景和海量信息全部呈现给受众。随着技术手段的革新，新媒体还用极容易参与的方式实现了从单向传播到多向互动的转变。新媒体不仅争夺广播媒体的天然优势，同时也培养出了主流人群全新的信息接受方式，广播新闻要应对主流人群接受方式的变化，就必须改造传统的生产流程，建立全新的播出平台。① 也正是在新的媒介环境下，我国广播媒体不断再造流程，并借鉴西方类型化新闻电台的运作模式，回归新闻本位，以滚动框架、轮盘播出的类型化播出方式“生产”广播新闻。

---

① 陈小平．流程再造广播新闻的多姿多彩．中国广播，2010（7）．

1. 类型化广播衍生“轮盘式”节目架构

有学者认为，竞争的压力使得广播媒介既主动又被动地衍生出“类型化广播”这一媒介表现形式。类型化广播的出现，是广播媒介形态为适应当今的媒介系统内部竞争而寻求到的有效诉求方式和表现方式，也是广播媒介以创新的形式服务于受众需求做出的积极转变，更是广播媒介在当今的媒介形态竞争中求得生存和发展的必然选择。①

类型化广播是西方国家电台尤其是美国商业广播电台发展过程中出现的一种模式。美国的类型化电台出现较早，二十世纪五六十年代美国商业广播中就有音乐台取代综合台，并且被进一步细分为乡村音乐台、古典音乐台、爵士乐台等，60 年代以来，新闻台、谈话台、气象台、各种音乐台等类型化广播相继出现。近年来，国内许多电台开始尝试寻找新的发展空间，借鉴西方的类型化电台运作模式，通过更加细分的受众市场来获得更加稳定的目标受众，类型化广播也受到了国内广播学界和业界的广泛关注。

类型化广播的概念来源于美国，国内研究者有较为一致的描述。类型化广播（英文名称 Format Radio），也称为格式化、个性化、风格化广播，它按照类型人群的需求、收听时间、接受方式进行格式化节目编排。该类型电台定位精确，细分市场，只面向特定的听众，提供特定的内容，在节目设置上，淡化单个节目，凸现整个频率的面貌，不再拆分时段去打造不同的节目。听众不需要打开节目表，不需要固定时间锁定自己喜欢的内容，打开广播即可随时收听所需内容。②

当前，我国的广播媒体在电视和网络等新旧媒体的竞争中处于“边缘化”地位，在有多种媒介可选择的情况下，受众更加难以在特定的时间和地点收听广播。受众一般是在移动和忙碌的伴随状态下接触广播的，广播的优势体现在伴随性上，整体内容相对稳定的广播频率，才能让受众随时听到想听的内容，在这种情况下应运而生的类型化广播受到欢迎。

中国大陆第一个可以称为类型化广播的是 2002 年中央人民广播电台推出的音乐之声，其节目以 2 个小时为一个段落，音乐和主持人的语言有严格的比例限制，除了广告，音乐之声播出的差不多都是流行歌曲，与原来文艺调频的节目编排相比，节目只锁定一部分听众，通过“窄播”来实现“广播”，音乐之声播出后受到听众的欢迎。

2003 年 12 月 1 日，中央人民广播电台经济之声改版，作为国内唯一覆盖全

---

① 黄学平，刘晓辉．媒介形态变迁视角下的类型化广播．中国广播电视学刊，2009（11）．

② 宋晓茜．类型化生存：理念、模式与市场——试论新媒体环境下的广播电台发展道路．中国广播，2009（7）．

国的经济、财经专业广播频道，它提出了天下财经“任意时间收听，20分钟搞定”的节目设置思路，于国内广播界首次推出了“轮盘式节目结构”，即在一天中人们收听广播的主要时段里将一天里的经济财经信息、相关财经背景和各种动态指数每20分钟播出一次，通过节目直播，实现最新、最重要内容的前置播出，每天滚动播出40次。①

2004年元旦，上海东方广播电台新闻综合频率整合为东广新闻资讯频率，即东广新闻台，它被称为中国大陆第一家纯新闻类型化电台，每天从《东广早新闻》结束后的上午9点至22点，每天播出13个小时的新闻，每20分钟一个单元，随时报告最新的新闻资讯，提供即时气象、要闻、综合新闻、体育、财经、生活资讯和交通路况信息，每个20分钟都设置一档4分钟的《前方连线》，播送记者发自新闻现场的报道，以及国内和国际正在发生的新闻。

2. 应运而生的轮盘式新闻广播

目前出现的全新闻电台就是一种类型化广播，最受国内研究者关注的是美国1010 WINS电台。1010 WINS的节目构成以20分钟为一个组合体，新闻是提要式的，每条长度不超过40秒，它的宣传语是：“你给我20分钟，我们给你整个世界。”在它的节目里，每20分钟就有一条重要的头条新闻，每小时播6次交通路况，每4分钟有一次天气预报，每小时有2次专家对体育的点评，这种格式已经运作了30多年，听众不管什么时候打开收音机，都能听到喜欢的内容。② 洛杉矶1070 WIBC、悉尼澳广新闻网、台湾中广新闻网、中国国际广播电台环球资讯广播、上海东广新闻台等为数众多的新闻电台均借鉴美国1010 WINS的节目模式，以类型化方式运作。

当今时代是一个信息爆炸的时代，微博、微信、飞信、手机报等方式的传播使得媒介接触更加便捷，“碎片化”的传播和接收方式，让各种各样的信息弥漫在人们周围，信息的时效性也达到极限。生活节奏的加快，使人们越来越没有大段的时间去接触一种媒介，受众越来越倾向于利用碎片化的时间接触媒介，“碎片化”已经成为一种普遍现象。

类型化广播的传播模式，特别是格式化编排的全新闻电台，很好地适应了“碎片化”的传播方式。类型化全新闻台的格式化编排，放弃了对节目播出表的依赖，它把收听对象设定于一种“碎片化”的流动生活状态之中，受众对于媒体的接触处于一种随时进入和随时离开的状态之中。碎片化传播的特点是适合伴

---

① 《中央人民广播电台国内首推轮盘式节目结构》，http://tech.sina.com.cn/me/2003-11-19/1406258013.shtml。

② 张云．类型化新闻广播的三种模式．视听界，2011（2）．

随收听，滚动播出最新资讯，单条新闻简明扼要，新闻编排信息量大，快速播报让听众有快速浏览之感，注重后续跟踪报道和滚动编排，发挥“节目流”优势随时报道最新进展、续入最新内容以及发挥广播连线优势，及时连线特约评论员，解读评析新闻事件。有学者认为，从新闻传播方式的变化来考量，全新闻电台也是适应并推动新闻传播方式巨大变化的“新媒体”。[①]

新闻类型化频率多采用滚动播出的轮盘式框架结构，每一时段的新闻保持一定程度的更新率。我国的新闻广播大多于2005年之后开始尝试类型化改造，但与美国的类型化全新闻电台相比，我国的类型化新闻广播还不是严格意义上的“全新闻广播”。最早尝试“全新闻化”播出的是中国国际广播电台环球资讯广播。2006年，中国大陆第一家纯新闻类型化电台——上海东广新闻台诞生，为新闻电台的改革发展提供了新的理念与模式。该台是目前国内较为严格地实行“全新闻广播”模式的电台，每天从9点至22点实行轮盘式新闻资讯播报。

2008年，中央人民广播电台中国之声按照“轮盘式改革”思路进行改革，以时间为单位循环，结构不变，内容更新，按照“板块+轮盘”的模式进行运作，同步报道新闻事件的最新动态，以“滚动式”播出方式，做到了“听新闻不用等”、随时打开随时听的收听方式，打造中国“最新闻”。以“全新闻广播”为口号的江苏新闻广播，是新闻综合与新闻深度相结合的类型化新闻广播，每个整点、半点的前10分钟是新闻，后20分钟为重点关注、评论、新闻故事等深度内容，早晚黄金时段设置板块化的新闻、评论节目。[②]

3. 广播新闻轮盘式的播出实践

今天的时代是信息的时代，新闻工作者每天面对着四处涌流的海量信息。随着人们生活节奏的加快以及新闻信息需求量的加大，原有的播报形式已不能满足今天受众的要求。因此，广播新闻必须与时俱进，革新传播方式。从作为国家新闻广播的中央人民广播电台中国之声到上海东广新闻台、江苏新闻广播等省级电台，均借鉴了西方类型化新闻广播的运作理念，并结合我国国情和具体的实际情况，以轮盘式为主线，采取了不同的类型化播出形式。

（1）中国之声的整体结构创新：板块+轮盘。

中国之声改版前90%的新闻资源在《新闻和报纸摘要》和《全国新闻联播》中播出，而这两档节目所占时间比重不足5%，很多有价值的新闻难以及时播报；而且这两档节目时间间隔长，《新闻和报纸摘要》6：30播出，而《全国新闻联播》18：30播出，延误了新闻的时效性。

---

① 吴生华．类型化全新闻台的机制与形态分析．视听界，2012（1）．

② 刘佳．透过纽约1010 WINS解读全新闻电台．视听界，2012（1）．

2008年改版后的中国之声采用“板块+轮盘”的节目结构方式，按照全天收听波峰设置早、中、晚三个板块，早间板块为《新闻报纸摘要》和《新闻纵横》，午间板块为《全球华语广播网》，晚间板块为《全国新闻联播》和《央广新闻晚高峰》等。除此之外，轮盘播出的《央广新闻》，以半小时为单元，滚动播发新闻，任何重大新闻都能随时插播，极大地提高了新闻时效，满足了受众源源不断的信息需求。改版后，所有重大国内、国际新闻都能在全天任何时段播出，真正做到了“报道正在发生的事实”。资料显示，改版之后，中国之声新闻滚动的更新率达到80%，新闻比例由过去的40%提高到75%以上。“板块+轮盘”的结构创新，不仅加大了新闻的信息量，并且保证了新闻的时效性。①

2010年1月，中国之声“劲锐”改版；2011年10月，中国之声改版“再起航”。中国之声的新闻，在继续保持新闻报道“快字当头”的同时，着力实现报道的有序和分层：通过加强各新闻工种的密切配合，实现能协同的快；通过加强各新闻元素的搭配呼应，实现有层次的快；通过加强各节目定位的相互补充，实现有差异的快。

白天6个半小时轮盘播出的《央广新闻》，以半小时为单元，与事件发生、发展同步进行报道，强调回归新闻本原，从新闻元素的“5个W”出发，用第一时间、第一现场、第一人物、第一真相、第一评论5个子栏目来分类新闻内容。同时，全天新设44档“此时此刻”，以“第三播报”的形式，以“说新闻”的方式，由“此刻主播”为听众集纳最新消息、媒体和网络热点热议、生活服务提示等即时内容。②

以2012年9月20日播出的一段《央广新闻》为例，可以看出中国之声新闻的轮盘播出形式：

13：00

此时此刻：民政部表示，见义勇为牺牲，评为烈士，可以获得居民年收入30倍补助。

此时此刻：扫描此刻各大媒体头条关注。

新华网此刻正在关注：北京市地税局表示，水灾导致车辆报废，可以退部分车船税。

---

① 梁铭之，帅才．出新入心做新闻——谈中央人民广播电台“中国之声”频率改版．新闻与写作，2009（3）．

② 《中央台中国之声“再起航”打造最具影响力权威媒体》，http：//china. cnr. cn/ygxw/201109/t20110930_ 508569895. shtml。

人民网此刻正在关注：国际舆论纷纷谴责日本侵犯中国领土主权。

中国新闻网此刻正在关注：多家制酒企业反对国酒茅台商标注册，联合递交异议报告。

《中国日报》此刻正在关注：法国杂志出版讽刺先知漫画，恐再次激怒穆斯林世界。

中国网络电视台此刻正在关注：国家正式实施人才特殊支持计划。

再来看其他方面的消息。

第一发布：北京秋季房展将于今天在国贸拉开帷幕。

第一时间：民政部国新办发布会介绍民生领域的10年进展。

第一时间：农业部召开全国秋冬种视频工作会议，韩长赋部长回应秋粮生产形势及产量等热点。

第一时间：日本右翼侮辱韩国国旗视频，引韩国网民愤怒。

第一评论：中国之声特约观察员点评，哈尔滨塌桥事故结论难平众议，调查组应该逐项回应公众质疑，不能在信息发布上偷工减料。

中国之声全天重点关注：温家宝总理出席中欧领导人会晤，期待经贸合作再上层楼。

双节临近，交通运输部今天召开发布会，回应免收过路费及卧铺客车等重点问题。

湄公河惨案6名嫌疑人，今天在昆明受审。

13：30

此时此刻：民政部表示，将加强境外非政府组织来中国登记管理。

此时此刻：扫描此刻各大媒体头条关注。(与上一时段形式相同，略，下同)

第一时间：北京秋季房展今天开幕，北京以外地区参展积极，反映出怎样的楼市现状?

第一现场：南京秋季房展今天开幕，开发商的心态如何，购房者对楼市的预期如何?

第一解读：斯诺克上海大师赛，中国选手全部出局，是意外还是正常?

第一时间：深圳拟规定公职人员不得担任慈善组织负责人。

第一进展：中粮调和油全线涨价10%，超市称，已接到口头通知。

第一评论：中国之声特约观察员点评，北航教授打八旬老人耳光，且坚决不认错，教授击穿人伦底线的言行应该受到道德谴责和纪律处分。

中国之声全天重点关注：(与上一时段形式相同，略，下同)

14：00

此时此刻：民政部提出，可以参照三无老人解决失独家庭养老问题。

第一时间：交通运输部召开新闻发布会，对目前过冷的航运市场、卧铺客车是否应该退出市场等热点问题进行回应。

第一真相：青岛市面上鱼翅9成是人造，专家称，鱼翅不如粉条。

第一回应：针对近期居民大量购买食盐，安徽盐务部门表示，食盐库存充足，完全能够保证正常供应。

第一评论：中国之声特约观察员点评，安徽再现食盐抢购现象，用平常心看待日常用品的日常抢购。

14：30

此时此刻：北京试点社区法官上门调解，解决“送达难”。

第一时间：温家宝总理出席第十五次中欧领导人会晤，期待经贸合作再上层楼。

第一背景：中欧领导人会晤背景及其第十四次会晤有何成果。

第一时间：全国铁路今天起，可以通过12306网站受理货运需求。

第一时间：联合国秘书长潘基文表示，不能在中日韩领土争端中采取某一立场，敦促所有相关方通过对话，和平解决分歧。

第一评论：中国之声特约观察员点评，五家老牌酒厂集体反对茅台注册国酒商标，不能让公共资源被单个品牌占用。

15：00

此时此刻：交通部提出，“十一”黄金周期间，强化动态监管，及时纠正违法违规行为，确保客运车辆运营安全。

第一解读：第十五次中欧领导人会晤今天举行，在中欧双边贸易形势堪忧、欧盟对中国光复产品发起反倾销调查的背景下，此次会晤备受关注。

第一时间：汇源商标纠纷案推迟，子公司授权招质疑，汇源集团执行总裁首次澄清说明，双方各执一词，案件如何发展？

第一时间：国家统计局今天举行第三届中国统计开放日活动。

第一评论：中国之声特约观察员点评，深圳自闭症男孩四次被普通学校拒绝，特殊儿童的入学资格需要法律予以刚性保护。

15：30

此时此刻：泰国连续降雨导致十五府水灾，受灾人口超过21万。

第一时间：双节临近，交通运输部召开新闻发布会，回应公众关注的热点问题。

第一热议：公安部拟提高驾考难度，增加实习期驾车限制等多种措施。

第一进展：视频显示，美国遇袭身亡大使是撤离时落单致死，给扑朔迷离的袭击事件增加了复杂性。

第一评论：中国之声特约观察员点评，南京市公示老城控制性详细规划，老城保护，贵在尊重标准和规划，无为而治，或是宝贵思路。

（2）上海东广新闻台的时钟框架结构：20 分钟轮盘。

上海东广新闻台的节目架构照搬了 1010 WINS 的模式：每个小时分三节，一节 20 分钟，每节的模板保持一致，按照这个架构滚动下去。这种模式的好处是结构简单清楚，听众容易获取新闻和信息，架构具有高度的开放性，可以随时插播突发新闻和重大事件，实现第一时间的报道。这种模式的挑战在于对信息量的要求极高，在新闻量不足的情况下重复率过高，听众不容易持续收听。①

如下表所示，6 点至 9 点的《东广早新闻》之后，从 9 点至 22 点，每个 20 分钟，是一组轮盘播出的新闻。

上海东广新闻台节目框架表

时间	节目
6：00—9：00	《东广早新闻》
9：00—22：00	滚动新闻，20 分钟/次
22：00—6：00	转播上海人民广播电台节目
6 点《东广早新闻》：东广快讯、今日视点、服务信息、体育特快、报刊导读	
7 点《东广早新闻》：东广快讯、昨夜今晨、东广聚焦、媒体传真、东方传呼	
8 点《东广早新闻》：重播 7 点东广早新闻	
每 20 分钟时间段轮盘播出内容	
区位	内容
00 分 00 秒	报时、片头
00 分 30 秒	要闻
01 分 45 秒	气象
02 分 45 秒	新闻快报
08 分 30 秒	前方连线
13 分 00 秒	体坛特快
15 分 30 秒	路况播报
17 分 00 秒	资讯快报

① 张云．类型化新闻广播的三种模式．视听界，2011（2）．

（3）江苏新闻广播的格式化运作：滚动资讯＋延伸节目。

江苏新闻广播被称为全国第一家省级广播新闻类型台，于2007年1月全新改版，其口号是“30分钟刷新全球资讯，24小时滚动播出新闻，永远在‘第一时间、第一现场’为您发回最新鲜、最迅速的报道”。

其在构架上采取30分钟一轮盘的滚动格式，除6：00—10：00的早间板块、17：30—20：00的晚间板块之外，其他时段均为滚动板块，每30分钟由“12分钟资讯＋18分钟延伸节目”构成，每次12分钟的模板是固定的，每时段由新闻提要、头条新闻、省内新闻、国内新闻、国际新闻、文体新闻、生活提醒和城市天气预报组成，18分钟的延伸节目则没有固定模式，以谈话为主，有评论、新闻故事、重点事件关注，采用专家评析、热线电话等多种形式，重在评论、深度剖析和背景分析。①

第二节 新媒体时代广播新闻的发展趋势

伴随着新媒体技术的发展，传媒、通信、软件、娱乐电子工业等领域不断渗透与交融，这场如火如荼的新媒体革命导致传媒业整体格局发生了重大改变，新兴的传播渠道和传播方式相继出现，新闻内容的生产和消费模式发生了巨大变化。②新媒体时代的信息量空间无限扩大且信息传播速度更快、节点更多、范围更广，新媒体时代的媒介环境，深刻影响着传统媒体新闻内容的生产，在新的媒介环境下，广播新闻的内容和形式也在不断演进和变化，表现出了许多新的特点，从中可以探视出广播新闻在新媒体时代的发展趋势。

一、声音元素多元化

“广播是声音的广阔舞台。”声音元素的综合表现是广播新闻获得听众认可的重要砝码，声音元素的恰当运用可以带给广播新闻无限魅力，而缺乏声音元素的广播新闻则显得缺乏生机与活力。③ 过去那种主要靠播音员播报新闻稿件的广播新闻方式已经不能适应时代的发展要求，特别是新媒体时代，广播媒体在与其他媒体的竞争中要独树一帜，就必须按照自身特性发展，重视音响的运用，制造多元化声音元素，才能突显广播新闻的优势与特点。

广播中的声音包括语言、音乐、音响三个要素，广播新闻中的声音包括主持

---

① 张云．类型化新闻广播的三种模式．视听界，2011（2）．

② 涂光晋，吴惠凡．新媒体时代新闻评论的变化与反思．国际新闻界，2011（5）．

③ 扎西顿珠．声音元素彰显广播新闻的魅力．中国广播，2008（6）．

人的语言、记者口述和评论员评述的语言、听众网友互动的语言、现场的采访音响、表现新闻主题的音乐和音效等。音响是体现广播优势的主要手段，也是广播区别于其他媒体的重要标志。音响能再现新闻的本来面貌，生动形象的实况音响可以强化新闻的真实感和现场感，增强节目的可听性与感染力，由实况音响与解说共同构成的音响报道是广播新闻的主要报道形式之一。

中央人民广播电台中国之声传统的品牌节目《新闻和报纸摘要》和《全国新闻联播》中，播音员播报提要式或悬念式的新闻导语之后，紧跟着播出记者采制的音响报道，音响报道由记者对新闻事件的口述和记者现场采访的音响组成，现场采访音响又包括了采访对象的语言和现场的环境音响，听众听广播新闻，不仅可以感觉到新闻的层次感，也可以体验到新闻的现场感。广播新闻中的片头和片花则是充分运用了音乐的力量，渲染和表现新闻主题，如中央人民广播电台2012年9月推出的《喜迎十八大——走基层转作风改文风系列报道》，每期报道所制作的片花除了语言和音响之外，还加入了激昂有力的音乐，传递了振奋人心的力量。

广播新闻中声音元素的多元化还体现在直播节目连线不同的记者播报新闻，连线评论员即时点评，甚至把嘉宾、评论员请进直播室对相关事件做评述或讨论；还体现在听众的声音也“加入”广播新闻中，如听众添加“中国之声”为腾讯微信好友可参与话题语音互动，2012年8月12日《央广夜新闻》讨论“大学新生欲花费两万购置苹果三件套气哭母亲”时，节目中就播出了多位听众参与微信互动发表观点的语音内容。

声音元素的多元化同样还体现在“碎片化”上。在前面的内容中，提到“碎片化”是新时期广播新闻的一个显著特点，而“碎片化”也将是新媒体时代广播新闻的一个重要的发展趋势。把用来描述受众群体支离破碎的概念“碎片化”“嫁接”到广播新闻中，指的是克服传统广播新闻中声音元素单一、制作手法呆滞僵硬、听众感觉单调疲倦的弊端，把广播新闻篇幅变短，间隔播出，分散信息重点，并充分运用音响和音乐，加上格式化的编排方式，让长时间的节目变得“破碎”，不断地转移听众的注意力，切换新闻的兴奋点，同时，也让听众随时打开广播就能获取最新鲜的新闻资讯。

二、新闻互动新媒体化

传播学大师施拉姆在《传播是怎样运行的》一文中提出了传播过程的“循环模式”，认为传播者和受传者都作为传播行为的主体，通过讯息的授受处于你来我往的相互作用之中，该模式强调了社会传播的互动性。① 广播新闻的传播过程中，也伴随着节目与听众的互动，随着社会的发展和技术的进步，听众参与互动的方式在不断变化，从早期的信件互动、“珠江模式”之后的电话热线互动、21 世纪以后勃兴的手机短信互动，发展到 2009 年 9 月以后逐渐兴起并广泛运用的微博互动。

微博是广播媒体与受众互动交流的更为快捷和透明的平台，近年来有替代短信平台之势。相比较而言，短信平台仅是电台节目主持人可以看到的互动交流平台，听众无法看到该平台，而微博平台则是节目主持人和听众均能看到的平台，电台通过微博发布新闻话题，听众可以留言发表观点或者提供新闻线索，也可以看到其他听众的留言。微博具有评论和转发功能，微博网友通过评论和转发，可以把相关话题进一步“扩散”给更多的受众，这在无形中扩大了广播新闻的传播空间，提升了广播媒体的影响力。

中央人民广播电台中国之声于 2010 年 2 月开通新浪官方实名微博，两年时间里，关注中国之声微博的粉丝数突破 200 万，2012 年 8 月，粉丝数更是超过了 300 万。由此可见，新媒体时代，广播媒体与新媒体结合，依然可以产生强大的影响力，中国之声在节目中大量引用微博互动内容，不仅调动了听众的积极性，也让节目的内容和观点更加多元。通过微博，广播媒体可以第一时间知道听众的所思所想，根据听众的反馈对节目做出优化，听众也能通过微博更好地了解节目、编辑、记者、主持人；通过使用微博，广播记者可以用文字、图像甚至视频发布新闻，极大地扩大了报道空间；微博已经成为听众和节目互动的主要桥梁。②

传统广播和微博的深度结合衍生出“微电台”，通过广播电台的微博页面可以直接进入“微电台”在线收听。微电台是频率实时在线播出的平台，它打破了传统广播媒体地域和终端的限制，可以实现网友与主持人边听边聊的交互传播，至 2012 年 10 月，微电台已经覆盖全国 33 个地区，根据新浪微电台的数据，截至 2012 年 10 月 8 日全国共有 386 家电台“入驻”微电台。新媒体时代，微博已经成为广播媒体与受众互动的主要平台。

微信是一款通过网络快速发送语音短信、视频、图片和文字，支持多人群聊的手机聊天软件，用户可以通过微信与好友进行形式上更加丰富的类似于短信、彩信等方式的联系。至 2013 年 1 月，中国微信用户已达 3 亿人。微信的出现，为听众互动提供了便利，只要手机具有微信应用功能，就可以免费参与，如听众

---

① 郭庆光．传播学教程：第二版．北京：中国人民大学出版社，2011：52.

② 《中国之声新浪官方微博粉丝破 200 万　列广播类媒体第一》，http：//china. cnr. cn/gdgg/201203/t20120313_ 509280628. shtml。

添加“中国之声”为微信好友，就可以便捷地参与微信互动，发送语音短信。

广播新闻的编辑通过及时梳理听众语音留言，就可以把有代表性的观点在新闻节目中播出，微信和微博一样，成为广播媒体新的互动方式，微信互动的内容成为部分新闻节目尤其是新闻谈话节目的重要组成部分。例如，中国之声在新闻谈话节目《央广夜新闻》中，就会播出听众的微信互动内容，在 2013 年 1 月 11 日的节目中，其中一个讨论话题是“作为职场‘敲门砖’的简历该‘长’什么样”，节目中播出了四位听众的微信留言观点，表达了听众对于简历的看法，即不应追求简历形式的花哨，要做到诚信，客观真实地表达求职者的自身经历。

新媒体互动方式的便捷性、即时性以及廉价的资费，较之传统的电话、手机短信优势明显，广播新闻的互动方式逐渐新媒体化的趋势已经不可逆转。

三、播报方式亲和化

20 世纪 80 年代后期，由于广播节目中直播方式的复归和主持人的出现，新闻报道方式也更加多样，直播报道与录音报道并存，进入音响报道时代。在录音报道时代，新闻解说主要由播音员担任，是一板一眼、照本宣科地“播新闻”。但进入音响报道时代，新闻解说逐渐多由记者本人担任，而且由“播新闻”改为“说新闻”。[①] 广播新闻的播报方式越来越具有亲和力，越来越亲和化。

“播新闻”是由编辑加工处理通讯员来稿、记者采写的稿件和选编的报纸、通讯社稿件，再由播音员口头播出这些新闻稿的一种新闻播报方式，形式上具有严肃性，不允许播音员有过多的个人情感和观点进入新闻播音当中。“说新闻”是指节目主持人用讲话的语体对新闻节目进行传播的口语化表述方式，主持人以一种平等、轻松、接近口语的表达方式进行新闻的播报，给人明快、新鲜、轻松的感觉，表现为新闻故事化、语言口语化、内容平民化，“说”者与受众心理距离贴近、平等，交流感强，保持了其在人际交流领域中的传播优势。[②]

在新媒体时代，人们接收信息的方式和思维越来越趋于“碎片化”，“碎片化”的趋势也契合了广播的一些特性，要求广播新闻节目语言口语化、通俗化，因此，“说新闻”的方式更为受众所普遍喜欢和接受。这种播报方式近年来也被各地的广播媒体大量使用，各地电台均开办有专门“说新闻”的节目，主持人以“说新闻”的方式进行表达；在节目之外，“说新闻”还体现在广播记者的“现身出声”上。新媒体时代，不仅仅是连线报道，常规的录音报道也体现出“说新闻”的特点，广播记者不仅仅是在采访结束后剪辑采访录音、撰写文字稿

① 张秀凤．中国广播音响报道发展史浅考．中国广播，2012（6）．

② 安卫光．论电视新闻的“播”与“说”．今传媒，2011（8）．

件供播音员播读，更多的是由记者亲自“出声”，口说串词并穿插采访录音合成一篇“说新闻”的音响报道，在新闻节目中播出。

考察中央人民广播电台中国之声《新闻纵横》《新闻和报纸摘要》《全国新闻联播》《央广新闻》等新闻直播节目，不仅连线报道是“说新闻”，录音报道也是“说新闻”。录音报道先由播音员或主持人简述新闻导语，然后就由记者来说，包括记者本人对新闻事件的口述以及现场采访录音。中国之声2011年10月改版后，全天新设44档《此时此刻》，也以“说新闻”的方式，为听众集纳最新消息、媒体和网络热点热议等内容。中国之声每晚21点至24点的《央广夜新闻》也是以“说新闻”的形式，以“同步你来说”为主旨，主持人与两位嘉宾每半小时谈论一个新闻话题，与听众网友展开实时互动。

广播的“说新闻”方式在新媒体时代将继续勃兴，亲和化的播报方式也会越来越受到听众的认可和欢迎。

四、新闻表达思想化

广义上的新闻包括消息、通讯、评论等新闻报道形式，新闻评论也是新闻的形式之一，它是媒体的旗帜和灵魂。广播新闻评论是广播媒体的旗帜和灵魂，它代表本台发表对于新闻事件、社会现象、热点话题的立场和态度。新媒体时代，受众面对着各种各样的海量信息，各家媒体及其提供的内容出现了明显的同质化倾向，今天的信息已不再是稀缺资源，独家新闻可遇而不可求，但观点却可以独树一帜。新媒体时代，广播可以不追求独家新闻，但不能没有自己的观点，做有思想的媒体，打造有思想的广播，强化新闻评论，以评论传达思想，是新媒体时代广播新闻发展所坚持的方向。

拿破仑曾说：“世界上有两种东西最有力量，一是剑，二是思想，而思想比剑更有力量。”新闻评论作为媒体的旗帜和灵魂，可以让新闻变得有思想。在新媒体时代，媒体的竞争已经进入观点之争，在这种时代背景下，广播媒体在强调“新闻立台”的基础上，更要强调“评论强台”，不仅要报道新闻、传播信息，也要提升信息解读的能力，在第一时间报道新闻的同时作出评论。

在广播新闻节目的运作中，评论正在努力做到与事件发生同步，即时解读重大新闻，实现了新闻的“随进随出”和即时解读。上海东广新闻台2012年改版后，每小时第二个20分钟推出的“东广锐观察”，对热点新闻进行及时点评，打造属于东广新闻台自己的“声音”和观点。中国之声以半小时为单元的《央广新闻》的子栏目“第一评论”，由特约观察员坐镇直播间以口语化的形式现场点评。例如，2013年1月10日开始，我国华北、黄淮至江南地区被大雾重重围困，到1月14日仍然是雾霾锁城，中国之声1月14日上午的《央广新闻》“第一评论”中，特约观察员吴永强就此点评指出，环境恶化倒逼建立严苛的环保机制。

可以预见，新媒体时代，广播新闻继续加强评论力量，打造有思想的广播，强化新闻的观点性和思想性，是一种必然的趋势。

五、新闻直播常态化

现代化广播传媒的潜能开发可以使广播形成开放的、与时间同步进展的听觉“时间版面”，以直播为主的广播播出方式为听众参与提供了开放的广播节目格局，与文字传媒相比，这是广播独有的传播态势。①

新媒体时代，信息传播的速度更快，广播的优势也在于“快”，而直播的播出形式保证了广播媒体及时传播新闻信息。过去，广播电台多按照节目时间表，在固定的时间播出固定的栏目，新闻节目多放在早、中、晚时间各播出一次，而且多是录播新闻，而最新的消息却无法在正常节目中播出，这无法体现出广播的优势。

早期的延安新华广播电台，条件非常艰苦，只能采取直播方式广播，新闻以口播文字稿为主，播出新闻当事人的讲话时，需请当事人到电台进行直播，因此最初的人民广播中，直播方式的广播讲话或实况广播使用较多。② 1986 年 12 月 15 日，珠江经济广播电台开播，以“主持人、直播化、大板块”为特点的“珠江模式”逐渐被全国的广播媒体借鉴和采纳。进入 20 世纪 90 年代，全国的广播电台已基本改为以主持人直播为主或直、录播相结合的形式。

新闻节目的直播走向常态化是从 21 世纪初开始的，2003 年 3 月 20 日伊拉克战争爆发，中央人民广播电台第一套节目推出特别直播节目《海湾零距离》，每天用十多个小时的综合新闻、整点新闻和早中晚三个大时段的《海湾零距离》不断报告前方战事消息，借助这一特别直播，当时广播的影响力一度超越了报纸、电视与网络。2004 年，中央人民广播电台第一套节目改版为新闻综合频率中国之声，推出了《第一报告》《直播中国》《新闻观潮》等多档新闻直播节目，然而很多时段播出的还是非新闻节目，使得很多重要新闻不能及时播出；2008 年开始，中国之声开始轮盘式运作，特别是 2010 年“劲锐”改版以来，中国之声成为专业化的新闻频率，从早上 6 点到深夜 24 点，全天不间断新闻直播。在地方电台方面，上海东广新闻台 2004 年开始改版为类型化全新闻电台，6 点至 9 点的《东广早新闻》，9 点至 22 点的滚动新闻，都以直播形式播出；江苏新闻广播也采用轮盘式模式，全天直播，30 分钟刷新一次新闻。

除了日常的新闻直播节目外，我们还可以听到广播大直播节目，例如中央人

---

① 吴缦，曹璐．新闻广播研究．北京：北京广播学院出版社，1997：433.

② 张秀凤．中国广播音响报道发展史浅考．中国广播，2012（6）.

民广播电台在2008年推出的《爱心守望　风雪同行》和《汶川紧急救援》，就是广播应对突发自然灾情、打破节目日常播出模式而开创的大时段特别直播节目。其中，《汶川紧急救援》更是开创了全天24小时不间断直播的新纪录，这是中国广播史上的第一次全天24小时直播。大直播是日常新闻直播节目的延伸，它不仅仅是一次特别的直播节目或现场直播节目，还是广播媒体连续多日利用大的时段，打破日常的节目编排模式，长时间地以一个特别主题为报道主线的新闻直播节目，融合记者连线、嘉宾访谈、专家述评、快讯播报、录音报道、音响资料、背景介绍、节目片花等诸多内容，在报道重大历史性事件，尤其是给民众带来重大影响的突发性灾害事件时，设立特别直播节目，实时传递最新的新闻资讯。

在广播新闻直播节目中，最常听到的是连线报道，它是突显广播新闻优势的一种报道形式。其中，以记者在新闻现场与直播间的连线报道最为典型，它是指前方记者在新闻事件发生发展的关节点，以电话连线的形式接通直播间信号，并通过电话直接向听众报道记者在新闻现场的所见、所闻、所感的形式。① 现场连线报道以记者口语化的描述，勾勒出新闻事件的画面，把现场氛围呈现出来，使听众如临其境，增强了广播新闻的吸引力和感染力。② 连线报道强调新闻与事件发生的同步性，与文字报道相比，连线报道省去了写稿、发送、编辑的过程，节约了时间；与录音报道相比，连线报道省去了录音、剪辑、合成的过程，也大大节省了时间。③ 中央人民广播电台中国之声特别直播节目《汶川紧急救援》大量使用连线报道，至6月2日15点，连线前方记者、各部委负责人、专家等近3 100次。④ 中央人民广播电台的品牌新闻节目《全国新闻联播》和《新闻和报纸摘要》分别于2007年11月和2008年11月改为直播播出，遇到灾害突发情况或最新时政消息，也在第一时间使用连线报道的形式，报道事件的最新进展。

从中央电台和地方电台新闻的实践中可以看出，广播媒体的新闻直播逐渐由少数时段发展到多数时段，由部分新闻节目的直播发展为多数新闻节目的直播，由特殊时期、特殊节目的直播发展为白天所有时间段节目的直播。直播节目中大量使用连线报道形式，突显了广播新闻的时效性。广播新闻直播由单一化走向常态化，在新媒体时代，广播继续发挥“快”的优势，直播的常态化已成为必然之势。

---

① 申启武．广播生态与节目创新研究．广州：暨南大学出版社，2008：88－89.

② 吕春璐．连线报道：广播新闻新亮点．新闻记者，2010（7）.

③ 刘文庆．会议连线报道初探．中国广播，2012（10）.

④《中国之声〈汶川紧急救援〉抗震救灾报道总结》，http：//news. xinhuanet. com/zgjx/2008－06/06/content_ 8321713. htm。

参考文献

1. 李岩．广播学导论．杭州：浙江大学出版社，2005.

2. 王宇．现代广播新闻实务．北京：中国广播电视出版社，2009.

3. 饶立华，杨钢元，钟新．电子媒介新闻教程——广播与电视．北京：中国人民大学出版社，2000.

4. 赵玉明，艾红红．中国广播电视史教程．北京：中国广播电视出版社，2009.

5. 曹璐．广播新闻理念与实务创新研究．北京：中国广播电视出版社，2007.

6. 周小普．广播新闻与音响报道．北京：中国人民大学出版社，2001.

7. 蔡铭泽．新闻传播学．广州：暨南大学出版社，2010.

8. 肖峰．广播新闻业务教程．武汉：武汉大学出版社，2010.

9. 王文科．广播新闻报道．杭州：浙江大学出版社，2002.

10. 麦克卢汉．理解媒介——论人的延伸．何道宽，译．北京：商务印书馆，2000.

11. 孟伟．声音传播——多媒介传播时代的广播听觉文本．北京：中国传媒大学出版社，2006.

12. 曹璐，罗哲宇．广播新闻业务：第二版．北京：中国传媒大学出版社，2010.

13. 沃纳·赛佛林，小詹姆斯·坦卡德．传播理论——起源、方法与应用．郭镇之，等译．北京：华夏出版社，2000.

14. 郭庆光．传播学教程：第二版．北京：中国人民大学出版社，2011.

15. 申启武．广播生态与节目创新研究．广州：暨南大学出版社，2008.

16. 刘善兴．新闻采访36式．北京：解放军出版社，2001.

17. 曹仁义．实用新闻广播学．北京：中国广播电视出版社，2000.

18. 杰克·海敦．怎样当好新闻记者．伍任，译．北京：新华出版社，1980.

19. 吴缦，曹璐．新闻广播研究．北京：北京广播学院出版社，1997.

20. 陆锡初．主持人节目学教程．北京：中国广播电视出版社，2001.

21. 老舍．出口成章——论文学语言及其他．北京：人民文学出版社，1984.

22. 赵玉明．中国现代广播史料选编．汕头：汕头大学出版社，2007.
23. 胡絜青．老舍生活与创作自述．上海：上海文艺出版社，1980.
24. 徐光春．中华人民共和国广播电视简史（1949—2000）．北京：中国广播电视出版社，2003.
25. 江欧利．中国广播电视新闻奖1999年度新闻佳作赏析．北京：新华出版社，2001.
26. 刘善兴．新闻写作36术．北京：解放军出版社，2001.
27. 危羚．广播音响报道实用教程：第二版．北京：中国传媒大学出版社，2012.
28. 王宇，金梦玉．广播新闻报道与节目创新研究．北京：中国传媒大学出版社，2006.
29. 赵玉明，王福顺．广播电视辞典．北京：北京广播学院出版社，1999.
30. 吕智胜．新闻评论．北京：北京师范大学出版社，2010.
31. 丁法章．新闻评论教程．上海：复旦大学出版社，2006.
32. 王振业，李舒．新闻评论与电子媒介．北京：中国广播电视出版社，2004.
33. 赵玉明，王福顺．中外广播电视百科全书．北京：中国广播电视出版社，1995.
34. 穆青．新闻散论．北京：新华出版社，1996.
35. 刘建明．宣传舆论学大辞典．北京：经济日报出版社，1993.
36. 张舒．音响报道教程：修订二版．北京：中国广播电视出版社，2009.
37. 蔡雯．新闻编辑学：第二版．北京：中国人民大学出版社，2010.
38. 杨璐，贾艳艳．广播电视新闻编辑．北京：北京师范大学出版社，2009.
39. 杰克·富勒．信息时代的新闻价值观．展江，译．北京：新华出版社，1999.

后　记

编写这本教材的动议开始于十年以前。

2003 年 10 月，本人从业界转入学界，并于翌年 3 月首次走进大学课堂，讲授“广播新闻”课程。虽然本人有过十余年的广播从业经历，但是真正将广播新闻理论与实务系统地传授给学生并不是一件容易的事情。于是，本人不得不花大量时间认真备课。在备课过程中，本人翻阅了一些广播新闻方面的理论著作，发现理论方面的探讨与广播业界实际的新闻实践有一段不小的距离。因为置身于不断变化的媒介生态环境中，广播新闻节目的内容形式、形态特征、传播方式也都随之发生了诸多变化。而指导业务实践的广播新闻理论本应与时俱进地探讨这些问题，并对广播新闻的未来发展有所关注，可是面世的一些理论著作在丰富和深化广播新闻理论体系的同时，恰恰在与时俱进方面有所缺失，对新形势下广播新闻的创新实践关注不够。因此，本人打算编写一本算得上与时俱进的《广播新闻学》教材，并尝试将备课的教案当教材来写。遗憾的是，多年过去了，这一愿望始终没能实现。

2015 年，本人申请的《广播新闻学》获批校本科教材资助项目和广东省高等学校“精品教材”项目。为了在规定的时间里完成任务，本人正式着手本教材的编写工作。既然追求与时俱进，就要关注当下广播新闻的业务实践，了解广播业界播出的新闻作品。好在自 2007 年起，本人一直参加广东省和广州市广播电视节目奖的评选工作，同时有幸参与第 22 届、第 23 届和第 25 届中国新闻奖广播新闻类作品的评选工作。评选过程中，不仅翻阅了大量的文本资料，而且生发出了不少感想。在此基础上，本人查阅了发表在不同期刊上的相关业务论文，意在了解一线工作者关于广播新闻经营运作的最新想法。通过整合原先的教案并融入广播新闻界新的探索和实践，经过近一年的编写，这本《广播新闻学》才最终得以完稿。当然，本人生性愚钝，编写过程难免出现纰漏，理论探讨和实践介绍尚嫌肤浅，追求与时俱进也可能只是一个美好的愿望。望各位同人批评指正。

褚俊杰同志不仅为本教材提供了大量的文献资料，而且参与了部分章节的编写工作；教务处为本教材提供资助并在申报广东省高等学校“精品教材”项目中提供许多帮助与支持；张晋升教授、王玉玮副教授为本人分担日常的一些分内工作。在这里，一并表示由衷的感谢！

申启武
2016 年 6 月 30 日